Les Avantures De Gil Blas, De Santillane

Alain René Le Sage

LES
AVANTURES
DE
GIL BLAS,
DE SANTILLANE.

Par Monſieur LE SAGE.

Derniére Edition revue, et corrigée.

Avec des Figures.

TOME SECOND.

A DUBLIN.

Chez JEAN EXSHAW, M.DCC.LXIII.

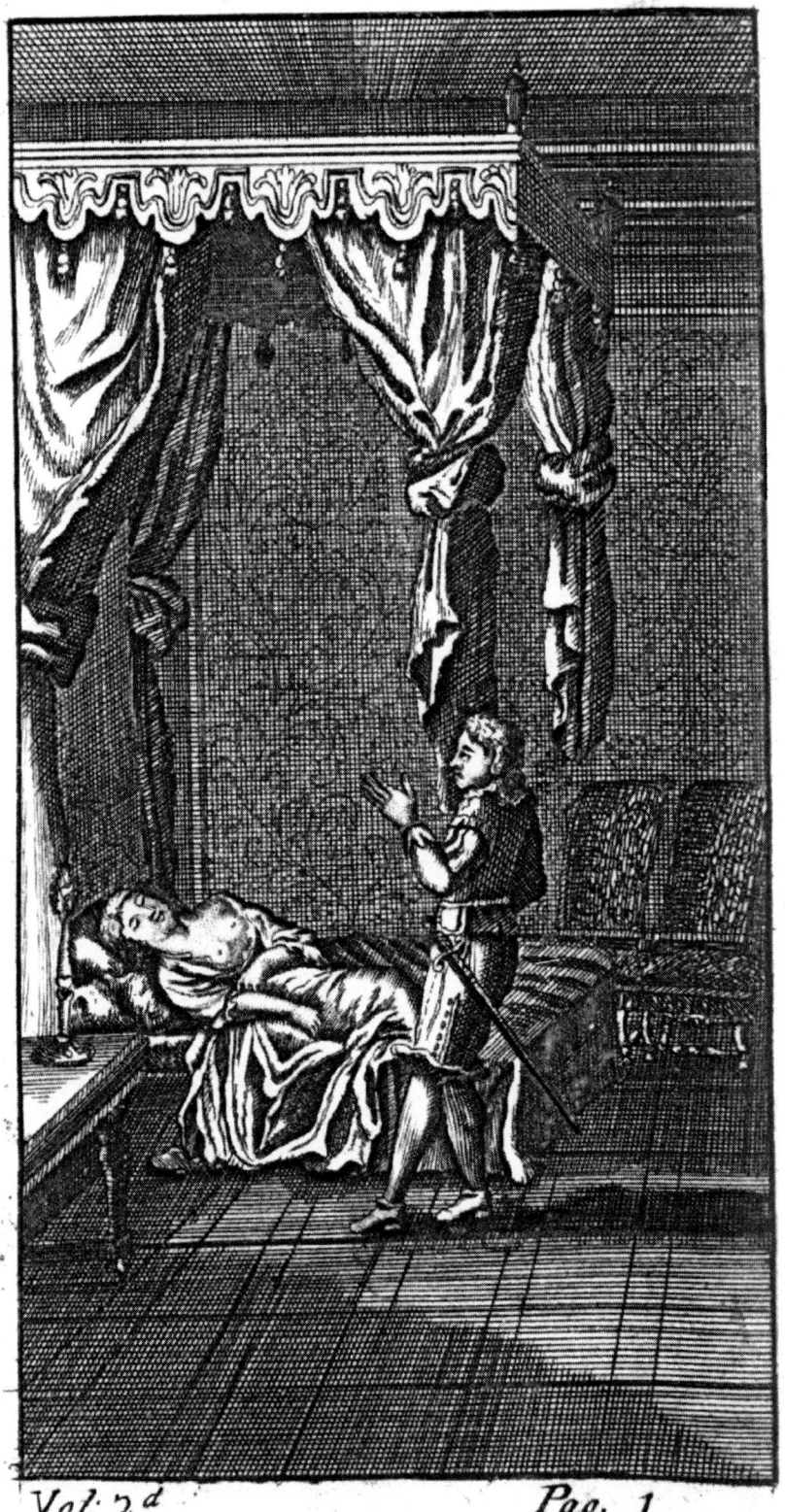

LES
AVANTURES
DE
GIL BLAS,
DE SANTILLANE.
LIVRE PREMIER.

CHAPITRE I.

Des Amours de Gil Blas, et de la Dame Lorença Sìphora.

J'ALLAI donc à Xelva porter au bon Samuel Simon les trois mille ducats que nous lui avions volés. J'avouerai franchement que je fus tenté fur la route de m'aproprier cet argent, pour commencer mon intendance fous d'heureux aufpices. Je pouvois faire ce coup impunément. Je n'avois qu'à voyager cinq ou fix jours, et m'en retourner enfuite comme fi je me fuffe acquitté de ma commiffion. Don Alphonfe et fon Père n'auroient pas foupçonné ma fidélité. Je ne fuccombai pourtant point a la tentation, je puis même dire que je la furmontai en garçon d'honneur ; ce qui n'étoit pas peu louable dans un jeunehomme qui avoit fréquenté de grands fripons. Bien des perfonnes qui ne voient que d'honnêtes gens, ne font pas fi fcrupuleufes ; celles fur-tout à qui l'on a confié des dépôts qu'elles peuvent retenir fans intereffer leur réputation, pourroient en dire des nouvelles.

Après avoir fait la reftitution au Marchand, qui ne s'y étoit nullement attendu, je revins au château de Leyva. Le Comte de Polan n'y étoit plus. Il avoit repris le chemin de Tolède avec Julie et Don Fernand. Je trouvai mon nouveau Maître plus épris que jamais de fa Séraphine, fa Séraphine enchantée de lui, et Don Céfar charmé de les

poffëder

posséder tous deux. Jé m'attachai à gagner l'amitié de ce tendre Père, et j'y réussis. Je devins l'Intendant de la maison, c'étoit moi qui règlois tout, je recevois l'argent des Fermiers, je faisois la dépense, et j'avois sur les valets un empire despotique. Mais contre l'ordinaire de mes pareils, je n'abusois point de mon pouvoir, je ne chassois pas les domestiques qui me déplaisoient, ni n'exigeois pas des autres qu'ils me fussent entièrement dévoués. S'ils s'adressoient directement à Don César, ou à son fils, pour leur demander des graces, bien loin de les traverser, je parlois en leur faveur. D'ailleurs, les marques d'affection que mes deux Maîtres me donnoient à toute heure, m'inspiroient un zèle pur pour leur service. Je n'avois en vue que leur intérêt. Aucun tour de passe-passe dans mon administration. J'etois un Intendant comme on n'en voit point.

Pendant que je m'aplaudissois du bonheur de ma condition, l'Amour, comme s'il eût été jaloux de ce que la Fortune faisoit pour moi, voulut aussi que j'eusse quelques graces à lui rendre. Il fit naître dans le cœur de la Dame Lorença Séphora, prémière femme de chambre de Séraphine, une inclination violente pour Monsieur l'Intendant. Ma conquête, pour dire les choses en fidéle historien, frisoit la cinquantaine. Cependant un air de fraîcheur, un visage agréable, et deux beaux yeux dont elle savoit habilement se servir, pouvoient la faire encore passer pour une espèce de bonne fortune. Je lui aurois souhaité seulement un teint plus vermeil, car elle étoit fort pâle ; ce que je ne manquai pas d'atribuer à l'austérité du célibat.

La Dame m'agaça longtems par des regards où son amour étoit peint ; mais au-lieu de répondre à ses œillades, je fis d'abord semblant de ne pas m'appercevoir de son dessein. Par-la je lui parus un Galand tout neuf, ce qui ne lui déplut point. S'imaginant donc ne devoir pas s'en tenir au langage des yeux, avec un jeune-homme qu'elle croyoit moins éclairé qu'il ne l'étoit, dès le prémier entretien que nous eûmes ensemble, elle me déclara ses sentimens en termes formels, afin que je n'en ignorasse. Elle s'y prit en femme qui avoit de l'école. Elle feignit d'être déconcertée en me parlant ; et après m'avoir dit à bon compte tout ce qu'elle vouloit me dire, elle se cacha le visage, pour me faire croire qu'elle avoit honte de me laisser

voir

voir sa foiblesse. Il fallut bien me rendre ; et quoique la
vanité me déterminât plus que le sentiment, je me montrai
fort sensible à ses bontés. J'affectai même d'être pressant,
et je fis si bien le passionné, que je m'attirai des reproches.
Lorença me reprit, mais avec tant de douceur, qu'en me
recommandant d'avoir de la retenue, elle ne paroissoit pas
fâchée que j'en eusse manqué. J'aurois poussé les choses
encore plus loin, si l'objet aimé n'eût pas craint de me
donner mauvaise opinion de sa vertu, en m'accordant une
victoire trop facile. Ainsi nous nous séparâmes jusqu'à
une nouvelle entrevue ; Séphora, persuadée que sa fausse
résistance la faisoit passer pour une Vestale dans mon
esprit ; et moi, plein de la douce espérance de mettre
bientôt cette avanture à fin.

Mes affaires étoient dans cette disposition, lorsqu'un
laquais de Don César m'aprit une nouvelle qui modéra ma
joie. Ce garçon étoit un de ces domestiques curieux, qui
s'apliquent à découvrir ce qui se passe dans une maison.
Comme il me faisoit assidûment sa cour, et qu'il me régaloit tous les jours de quelque nouveauté, il me vint dire un
matin, qu'il avoit fait une plaisante découverte ; qu'il vouloit m'en faire part, à condition que je garderois le secret ;
attendu que cela regardoit la Dame Lorença Séphora,
dont il craignoit, disoit-il, de s'attirer le ressentiment. J'a-
vois trop d'envie d'aprendre ce qu'il avoit à me dire, pour
ne lui pas promettre d'être discret ; mais sans paroître y
prendre le moindre intérêt, je lui demandai, le plus froidement qu'il me fut possible, ce que c'étoit que la découverte dont il me faisoit fête. Lorença, me dit il, fait secrettement entrer tous les soirs dans son appartement le
Chirurgien du village, qui est un jeune-homme des mieux
bâtis, et le drole y demeure assez longtems. Je veux
croire, ajouta-t-il d'un air malin, que cela peut fort bien
être innocent ; mais vous conviendrez qu'un garçon qui
se glisse mystérieusement dans la chambre d'une fille,
dispose à mal juger d'elle.

Quoique ce rapport me fît autant de peine que si j'eusse
été véritablement amoureux, je me gardai bien de le faire
connoître, je me contraignis jusqu'à rire de cette nouvelle
qui me perçoit l'âme. Mais je me dédommageai de cette
contrainte, dès que je me vis sans témoins. Je pestai, je
jurai, je rêvai au parti que je prendrois. Tantôt mépri-

sant

sant Lorença, je me proposois de l'abandonner, sans daigner seulement m'eclaircir avec la coquette; et tantôt m'imaginant qu'il y alloit de mon honneur de donner la chasse au Chirurgien, je formois le dessein de l'appeler en duel. Cette derniere résolution prévalut. Je me mis en embuscade sur le soir, et je vis effectivement mon homme entrer d'un air mystérieux dans l'appartement de ma Duégne. Il faloit cela pour entretenir ma fureur. Je sortis du château, et m'allai poster sur le chemin par où le Galand devoit s'en retourner. Je l'attendois de pié ferme, et chaque moment irritoit l'envie que j'avois de me battre. Enfin, mon ennemi parut; je fis quelques pas en matamore pour l'aller joindre; mais je ne sai comment diable cela se fit, je me sentis tout à coup saisir, comme un Héros d'Homére, d'un mouvement de crainte qui m'arrêta. Je demeurai aussi troublé que Pâris, quand il se présenta pour combattre Ménélas. Je me mis à considérer mon homme, qui me sembla fort et vigoureux, et je trouvai son épée d'une longueur excessive. Tout cela faisoit son effet sur moi. Néanmoins, par point d'honneur ou autrement, quoique je visse le péril avec des yeux qui le grossissoient encore, et malgré la nature qui s'opiniâtroit à m'en détourner, j'eus l'assurance de m'avancer vers le Chirurgien, et de mettre flamberge au vent.

Mon action le surprit. Qu'y a-t-il donc, Seigneur Gil Blas, s'écria-t-il? pourquoi ces démonstrations? vous voulez rire apparemment. Non, Monsieur le Barbier, lui répondis-je, non. Rien n'est plus sérieux. Je veux savoir si vous êtes aussi brave que galant. N'espérez pas que je vous laisse posséder tranquillement les bonnes graces de la Dame que vous venez de voir au château. Par Saint Côme! reprit le Chirurgien, en faisant un éclat de rire, voici une plaisante avanture! Vive Dieu! les apparences sont bien trompeuses! A ces mots, m'imaginant qu'il n'avoit pas plus d'envie que moi de se battre, j'en devins plus insolent. A d'autres, interrompis-je, mon ami, à d'autres. Ne pensez pas que je me paye d'une simple négative. Je vois bien, repliqua-t-il, que je serai obligé de parler pour prévenir le malheur qui arriveroit à vous ou à moi. Je vais donc vous révéler un secret, quoique les hommes de notre profession ne puissent pas être trop discrets. Si la Dame Lorença me fait entrer à la sourdine dans son appartement

partement, c'est pour cacher aux domestiques la connoissance de son mal. Elle a au dos un cancer invétéré, que
je vais panser tous les soirs. Voilà le sujet de ces visites
qui vous allarment. Ayez desormais l'esprit en repos sur
elle. Mais, poursuivit-il, si vous n'êtes pas satisfait de cet
éclaircissement, et que vous vouliez que nous en venions
absolument aux mains, vous n'avez qu'à parler. Je ne suis
pas homme à refuser de vous prêter le collet. En disant
ces paroles, il tira sa longue rapiére, qui me fit fremir, et
se mit en garde. C'est assez, lui dis-je, en rengainant mon
épée, je ne suis pas un brutal à n'écouter aucune raison:
après ce que vous venez de m'aprendre, vous n'êtes plus
mon ennemi, embrassons-nous. A ce discours, qui lui fit
assez connoître que je n'étois pas si méchant que je l'avois
paru d'abord, il remit en riant sa flamberge, me tendit les
bras, et ensuite nous nous séparâmes les meilleurs amis
du monde.

Depuis ce moment-là, Séphora ne s'offrit plus que desagréablement à ma pensée. J'éludai toutes les occasions
qu'elle me donna de l'entretenir en particulier. Ce que
je fis avec tant de soin et d'affectation, qu'elle s'en apperçut.
Etonnée d'un si grand changement, elle en voulut savoir la
cause ; et trouvant enfin le moyen de me parler à l'écart :
Monsieur l'Intendant, me dit-elle, aprenez-moi, de grace,
pourquoi vous fuyez jusqu'à mes regards : il est vrai que
j'ai fait les avances, mais vous y avez répondu. Rapellez-
vous, s'il vous plaît, la conversation particulière que nous
avons eue ensemble. Vous y étiez tout de feu, vous êtes
à présent tout de glace. Qu'est-ce que cela signifie? La
question n'étoit pas peu délicate pour un homme naturel ;
aussi je fus fort embarrassé, je ne me souviens plus de la
réponse que je fis à la Dame: je me souviens seulement
qu'elle lui déplut, on ne peut pas davantage. Séphora,
quoiqu' à son air doux et modeste on l'eût prise pour un a-
gneau, étoit un tigre quand la colere la dominoit. Je croyois, me dit-elle, en me lançant un regard plein de depit et
de rage, je croyois faire beaucoup d'honneur à un petit
homme comme vous, en lui découvrant des sentimens que
de nobles Cavaliers feroient gloire d'exciter. Je suis bien
punie de m'être indignement abaissée jusqu'à un malheureux Avanturier.

Elle

Elle n'en demeura pas-là, j'en aurois été quite à trop bon marché. Sa langue cédant à sa fureur, me donna cent épithetes, qui enchériſſoient les unes ſur les autres. J'aurois dû les recevoir de ſang froid, et faire réflexion qu'en dédaignant le triomphe d'une vertu que j'avois tentée, je commettois un crime que les Femmes ne pardonnent point. Mais j'étois trop vif pour ſouffrir des injures dont un homme ſenſé n'auroit fait que rire à ma place, et la patience m'échappa. Madame, lui dis-je, ne mépriſons perſonne. Si ces nobles Cavaliers dont vous parlez, vous avoient vu le dos, je ſuis ſûr qu'ils borneroient-là leur curioſité. Je n'eus pas ſitôt lancé ce trait, que la furieuſe Duegne m'apliqua le plus rude ſouflet qu'ait jamais donné femme outragée. Je n'en attendis pas un ſecond ; et j'évitai par une prompte fuite, une grêle de coups qui ſeroient tombés ſur moi.

Je rendois graces au Ciel de me voir hors de ce mauvais pas, et je m'imaginois n'avoir plus rien à craindre, puiſque la Dame s'étoit vengée. Il me ſembloit que pour ſon honneur elle devoit taire l'avanture ; effectivement, quinze jours s'écoulerent ſans que j'en entendiſſe parler. Je commençois moi-même à l'oublier, quand j'apris que Séphora étoit malade. Je fus aſſez bon pour m'affliger de cette nouvelle. J'eus pitié de la Dame. Je penſai que ne pouvant vaincre un amour ſi mal payé, cette malheureuſe Amante y avoit ſuccombé. Je me repréſentois avec douleur que j'étois cauſe de ſa maladie, et je plaignois du-moins la Duegne, ſi je ne pouvois l'aimer. Que je jugeois mal d'elle ! ſa tendreſſe changée en haine, ne ſongeoit alors qu'à me nuire.

Un matin que j'étois avec Don Alphonſe, je trouvai ce jeune Cavalier triſte et rêveur. Je lui demandai reſpectueuſement ce qu'il avoit. Je ſuis chagrin, me dit-il, de voir Séraphine foible, injuſte, ingrate. Cela vous étonne, ajouta-t-il, en remarquant que je l'écoutois avec ſurpriſe. Cependant rien n'eſt plus véritable. J'ignore quel ſujet vous avez pu donner à la Dame Lorença de vous haïr ; mais je puis vous aſſurer que vous lui êtes devenu odieux à un point, que ſi vous ne ſortez au plus vite de ce château, ſa mort, dit-elle, eſt certaine. Vous ne devez pas douter que Séraphine, à qui vous êtes cher, ne ſe ſoit d'abord révoltée contre une haine qu'elle ne peut ſervir ſans injuſtice

et

et fans ingratitude. Mais enfin, c'eft une femme. Elle
aime tendrement Séphora qui l'a élevée. C'eft pour
elle une Mere que cette Gouvernante, dont elle croiroit
avoir le trepas à fe reprocher, fi elle n'avoit la foiblesse de
la fatisfaire. Pour moi, quelque amour qui m'attache à
Séraphine, je n'aurai jamais la lâche complaifance d'adhe-
rer à fes fentimens là-deffus. Periffent toutes les Duegnes
d'Efpagne, avant que je confente à l'eloignement d'un
garçon que je regarde plutôt comme un frere que comme
un domeftique.

Lorfque Don Alphonfe eut ainfi parlé, je lui dis:
Seigneur, je fuis né pour être le jouet de la fortune. J'a-
vois compté qu'elle cefferoitde me perfécuter chez vous,
où tout me promettoit des jours heureux et tranquilles. Il
faut pourtant me réfoudre à m'en bannir, quelque agrément que j'y trouve. Non, non, s'écria le généreux fils
de Don Céfar, laiffez-moi faire entendre raifon à Séraphine. Il ne fera pas dit que vous aurez été facrifié aux
caprices d'une Duegne, pour qui d'ailleurs on n'a que
trop de confidération. Vous ne ferez, lui repliquai-je,
J'aime mieux me retirer, que de m'expofer, par un plus
long féjour ici, à mettre la divifion entre deux époux fi
parfaits. Ce feroit un malheur dont je ne me confolerois
de ma vie.

Don Alphonfe me défendit de prendre ce parti, et je
le vis fi ferme dans le deffein de me foutenir,qu'indubitablement Lorença en auroit eu le dementi, fi j'euffe voulu
tenir bon. Il y avoit des momens où, piqué contre la
Duegne, j'etois tenté de ne la point ménager; mais
quand je venois à confidèrer qu'en révélant fa honte, ce
feroit poignarder une pauvre créature dont je caufois tout
le malheur, et que deux maux fans remedes conduifoient
vifiblement au tombeau, je ne me fentois plus que de la
compaffion pour elle. Je jugeai, puifque j'etois un mortel fi dangereux, que je devois en confcience rétablir, par
ma retraite, la tranquillitè dans le château. Ce que j'exe-
cutai dés le lendemain avant le jour, fans dire adieu à
mes deux maîtres, de peur qu'ils ne s'oppofaffent à mon
départ, par amitiè pour moi. Je me contentai de laiffer
dans ma chambre un Ecrit, qui contenoit un compte exact que je leur rendois de mon adminiftration.

C H A P.

CHAPITRE II.

Ce que devient Gil Blas après sa sortie du Château de Leyva ; et des heureuses suites qu'eut le mauvais succès de ses amours.

J'Etois monté sur un bon cheval qui m'appartenoit, et je portois dans ma valife deux cens piftoles, dont la meilleure partie me venoit des Bandits tués, et des trois mille ducats volés à Samuel Simon ; car Don Alphonfe, fans me faire rendre ce que j'avois touché, avoit reftitué cette fomme entiere de fes propres deniers. Ainfi regardant mes effets comme un bien devenu legitime, j'en jouiffois fans fcrupule. Je poffedois donc un fond qui ne me permettoit pas de m'embarraffer de l'avenir ; outre la confiance qu'on a toujours en fon mérite, à l'âge que j'avois. D'ailleurs Tolede m'offroit un afile agréable. Je ne doutois point que le Comte de Polan ne fe fît un plaifir de bien recevoir un de fes libérateurs, et de lui donner un logement dans fa maifon. Mais j'envifageois ce Seigneur comme mon pis aller, et je réfolus, avant que d'avoir recours à lui, de dépenfer une partie de mon argent à voyager dans les Royaumes de Murcie et de Grenade; que j'avois particulierement envie de voir. Dans ce deffein, je pris le chemin d'Almanfa, d'où, pourfuivant ma route, j'allai de ville en ville jufqu'à celle de Grenade, fans qu'il m'arrivât aucune mauvaife avanture. Il fembloit que la Fortune, fatisfaite de tant de tours qu'elle m'avoit joués, voulût enfin me laiffer en repos. Mais elle m'en préparoit bien d'autres, comme on le verra dans la fuite.

Une des premieres perfonnes que je rencontrai dans les rues de Grenade, fut le Seigneur Don Fernand de Leyva, gendre, ainfi que Don Alphonfe, du Comte de Polan. Nous fumes également furpri l'un et l'autre de nous trouver là. Comment donc, Gil Blas, s'ècria-t-il, vous dans cette ville ! qui vous amene ici ? Seigneur, lui dis-je, fi vous êtes étonné de me voir en ce pays-ci, vous le ferez bien davantage, quand vous faurez pourquoi j'ai quitté le fervice du Seigneur Don Céfar et de fon fils. Alors je lui contai tout ce qui s'étoit paffé entre Séphora et moi, fans lui rien déguifer. Il en rit de bon cœur ; puis reprenant

nant

nant fon férieux, Mon ami, me dit-il, je vous offre ma
médiation dans cette affaire, je vais écrire à ma belle-
fœur .... Non, non, Seigneur, interrompis-je, ne lui
écrivez point, je vous prie. Je ne fuis pas forti du château de Leyva pour y retourner. Faîtes, s'il vous plaît,
un autre ufage de la bonté que vous avez pour moi. Si
quelqu'un de vos amis a befoin d'un Sécretaire ou d'un
Intendant, je vous conjure de lui parler en ma faveur.
J'ofe vous affurer qu'il ne vous reprochera pas de lui a-
voir donné un mauvais fujet. Très volontiers, répondit-
il, je ferai ce que vous fouhaitez. Je fuis venu à Grenade pour voir une vieille Tante malade, j'y ferai encore
trois femaines, après quoi je partirai pour me rendre à mon
château de Lorqui, ou j'ai laiffé Julie. Je demeure dans
cette maifon, pourfuivit-il, en me montrant un hôtel qui
étoit à cent pas de nous. Venez me trouver dans quelques jours, je vous aurai peut-être déjà déterré un pofte
convenable.

Effectivement dès la premiere fois que nous nous re-
vîmes, il me dit: Monfieur l'Archevêque de Grenade,
mon parent et mon ami, voudroit avoir un jeune-homme
qui eût de la littérature, et une bonne main pour mettre
au net fes Ecrits, car c'eft un grand Auteur. Il a compofé je ne fai combien d'Homélies, et il en fait encore
tous les jours, qu'il prononce avec aplaudiffement. Comme
je vous crois fon fait, je vous ai propofé, il m'a promis
de vous prendre. Allez vous préfenter à lui de ma part.
Vous jugerez par la réception qu'il vous fera, fi je lui
ai parlé de vous avantageufement.

La condition me fembla telle que je le pouvois defirer.
Ainfi m'étant preparé de mon mieux à paroître devant
le Prélat, je me rendis un matin à l'Archevêché. Si j'i-
mitois les Faifeurs de Romans, je ferois une pompeufe
defcription du Palais Epifcopal de Grenade. Je m'é-
tendrois fur la ftructure du Bâtiment. Je vanterois la ri-
cheffe des Meubles. Je parlerois des Statues et des Ta-
bleaux qui y étoient. Je ne ferois pas grace au Lecteur de
la moindre des hiftoires qu'ils repréfentoient. Mais je me
contenterai de dire qu'il égaloit en magnificence le Palais de nos Rois.

Je trouvai dans les appartemens un Peuple d'Eccléfiaftiques, et des Gens d'Epée, dont la plupart étoient des
Officiers

Officiers de Monſeigneur ; ſes Aumôniers, ſes Gentilshommes, ſes Ecuyers, ou ſes Valets de chambre.   Les
Laïques avoient preſque tous des habits ſuperbes.   On
les auroit plutôt pris pour des Seigneurs, que pour des
Domeſtiques.   Ils étoient fiers, et faiſoient les hommes
de conſéquence.   Je ne pûs m'empêcher de rire en les
conſidérant, et de m'en moquer en moi-même.   Parbleu,
diſois-je, ces gens-ci ſont bien heureux de porter le joug
de la ſervitude ſans le ſentir ; car enfin, s'ils le ſentoient,
il me ſemble qu'ils auroient des manieres moins orgueil-
leuſes.   Je m'adreſſai à un grave et gros perſonage, qui
ſe tenoit à la porte du cabinet de l'Archevêque, pour l'ouvrir et la fermer quand il le faloit.   Je lui demandai civilement, s'il n'y avoit pas moyen de parler à Monſeigneur.   Attendez, me dit-il d'un air ſec, Sa Grandeur va
ſortir pour aller entendre la Meſſe, elle vous donnera en
paſſant un moment d'audience.   Je m'armai de patience,
et je m'aviſai de vouloir lier converſation avec quelques-
uns des Officiers ; mais ils commencerent à m'examiner
depuis les piés juſqu'à la tête, ſans daigner me dire une
ſyllabe.   Après quoi ils ſe regarderent les uns les autres,
en ſouriant avec orgueil de la liberté que j'avois priſe de
me mêler à leur entretien.

Je demeurai, je l'avoue, tout déconcerté de me voir
traiter ainſi par des valets.   Je n'étois pas encore bien
remis de ma confuſion, quand la porte du cabinet s'ouvrit.   L'Archevêque parut.   Il ſe fit auſſitôt un profond
ſilence parmi ſes Officiers, qui quitterent tout-à-coup leur
maintien inſolent, pour en prendre un reſpectueux devant
leur Maître.   Ce Prélat étoit dans ſa ſoixante-neuvieme
année, fait à peu près comme mon Oncle le Chanoine Gil
Pérez, c'eſt-à-dire gros et court.   Il avoit par deſſus le
marché les jambes fort tournées en dedans ; et il étoit ſi
chauve, qu'il ne lui reſtoit qu'un toupet de cheveux par
derriere, ce qui l'obligeoit d'emboiter ſa tête dans un bonnet de laine fine à longues oreilles.   Malgré tout cela,
je lui trouvois l'air d'un homme de qualité, ſans-doute
parce que je ſavois qu'il en étoit un.   Nous autres perſonnes du commun nous regardons les grands Seigneurs
avec une prévention, qui leur prête ſouvent un air de
grandeur que la nature leur a refuſé.

L'Arche-

L'Archevêque s'avança d'abord vers moi, et me demanda d'un ton de voix plein de douceur, ce que je souhaitois. Je lui dis que j'étois le jeune-homme dont le Seigneur Don Fernand de Leyva lui avoit parlé. Il ne me donna pas le tems de lui en dire davantage. Ah, c'est vous! s'écria-t-il, c'est vous dont il m'a fait un si bel éloge! Je vous retiens a mon service. Vous êtes une bonne acquisition pour moi, vous n'avez qu'à demeurer ici. A ces mots, il s'appuya sur deux Ecuyers et sortit, après avoir écouté des Ecclésiastiques qui avoient quelque chose à lui communiquer. A peine fut-il hors de la chambre où nous étions, que les mêmes Officiers qui avoient dédaigné ma conversation, la rechercherent. Les voilà qui m'environnent, qui me gracieusent, et me témoignent de la joie de me voir devenir commensal de l'Archevêché. Ils avoient entendu les paroles que leur Maître m'avoit dites, et ils mouroient d'envie de savoir sur quel pié j'allois être auprès de lui; mais j'eus la malice de ne pas contenter leur curiosité, pour me venger de leurs mépris.

Monseigneur ne tarda gueres à revenir. Il me fit entrer dans son cabinet pour m'entretenir en particulier. Je jugeai bien qu'il avoit dessein de tâter mon esprit. Je me tins sur mes gardes, et me préparai à mesurer tous mes mots. Il m'interrogea d'abord sur les Humanités. Je ne répondis point mal à ses questions. Il vit que je connoissois assez les Auteurs Grecs et Latins. Il me mit ensuite sur la Dialectique, c'est où je l'attendois, il me trouva ladessus ferré à glace. Votre éducation, me dit-il avec quelque sorte de surprise, n'a point été négligée. Voyons présentement votre écriture. J'en tirai de ma poche une feuille que j'avois apportée exprès. Mon Prélat n'en fut pas mal satisfait. Je suis content de votre main, s'écria-t-il, et plus encore de votre esprit. Je remercîrai mon neveu Don Fernand de m'avoir donné un si joli garçon, c'est un vrai présent qu'il m'a fait.

Nous fumes interrompus par l'arrivée de quelques Seigneurs Grenadiers, qui venoient diner avec l'Archevêque. Je les laissai ensemble, et me retirai parmi les Officiers, qui me prodiguerent alors les honnêtetés. J'allai manger avec eux quand il en fut tems; et s'ils m'observerent pendant le repas, je les examinai bien aussi. Quelle sagesse il y avoit dans l'extérieur des Ecclesiastiques! Ils me parurent

rurent tous de faints perfonnages, tant le lieu où j'étois
tenoit mon efprit en refpect. Il ne vint pas feulement
en penfée, que c'étoit peut être de la fauffe monnoye ;
comme fi l'on n'en pouvoit pas voir chez les Princes de
l'Eglife.

J'étois affis auprès d'un vieux valet de chambre, nommé
Melchior de la Ronda. Il prenoit foin de me fervir de
bons morceaux. L'attention qu'il avoit pour moi m'en
donna pour lui, et ma politeffe le charma. Seigneur Cavalier, me dit-il tous bas après le diner, je voudrois bien
avoir une converfation particuliere avec vous. En même
tems il me mena dans un endroit du Palais où perfonne
ne pouvoit nous entendre, et là il me tint ce difcours :
Mon fils, dès le prémier inftant que je vous ai vu, je me
fuis fenti pour vous de l'inclination. Je veux vous en
donner une marque certaine, en vous faifant une confidence qui vous fera d'une grande utilité. Vous êtes ici
dans une Maifon où les vrais et les faux Dévots vivent
pêle-mêle. Il vous faudroit un tems infini pour connoître
le terrein. Je vais vous épargner une fi longue et fi defagréable étude, en vous découvrant les caracteres des uns
et des autres ; après cela vous pourrez facilement vous
conduire.

Je commencerai, pourfuivit-il, par Monfeigneur. C'eft
un Prélat fort pieux, qui s'occupe fans-ceffe à édifier le
peuple, à le porter à la vertu par des Sermons pleins d'une
morale excellente, qu'il compofe lui-même. Il a depuis
vingt années quitté la Cour, pour s'abandonner entierement au zele qu'il a pour fon Troupeau. C'eft un favant
Perfonnage, un grand Orateur. Il met tout fon plaifir
à prêcher, et fes Auditeurs font ravis de l'entendre. Peut-
être y a-t-il un peu de vanité dans fon fait : mais outre
que ce n'eft point aux hommes à pénétrer les cœurs, il
me fieroit mal d'éplucher les défauts d'une perfonne dont
je mange de pain. S'il m'étoit permis de reprendre quelque chofe dans mon Maître, je blâmerois fa féverité.
Au-lieu d'avoir de l'indulgence pour les foibles Eccléfiaftiques, il les punit avec trop de rigueur. Il perfécute
fur tout fans mifericorde ceux qui comptant fur leur innocence, entreprennent de fe juftifier juridiquement au me-
pris de fon autorité. Je lui trouve encore un autre défaut, qui lui eft commun avec bien des perfonnes de qualité,

lité. Quoiqu'il aime ses domestiques, il ne fait aucune attention à leurs services, et il les laissera vieillir sans songer à leur procurer quelque établissement. Si quelquefois il leur fait des gratifications, ils ne les doivent qu'à la bonté de quelqu'un qui aura parlé pour eux, il ne s'avisero jamais de leur faire le moindre bien.

Voilà ce que le vieux valet de chambre me dit de son Maître. Il me dit après cela ce qu'il pensoit des Ecclésiastiques avec qui nous avions diné. Il m'en fit des portraits qui ne s'accordoient guères avec leur maintien. Il ne me les donna pas à la vérité pour de mal-honnêtes gens, mais seulement pour d'assez mauvais Prêtres. Il en excepta pourtant quelques-uns, dont il vanta fort la vertu. Je ne fus plus embarrassé de ma contenance avec ces Messieurs. Dès le soir même, en soupant, je me parai comme eux d'un dehors sage. Cela ne coute rien. Il ne faut pas s'étonner s'il y a tant d'hypocrites.

CHAPITRE III.

Gil Blas devient le Favori de l'Archevéque de Grenade, et le canal de ses graces.

J'Avois été dans l'après-dinée chercher mes hardes et mon cheval à l'hôtellerie où j'étois logé, après quoi j'étois revenu souper à l'Archevêché, où l'on m'avoit préparé une chambre fort propre et un lit de duvet. Le jour suivant, Monseigneur me fit apeller de bon matin. C'étoit pour me donner une homélie à transcrire. Mais il me recommanda de la copier avec toute l'exactitude possible. Je n'y manquai pas. Je n'oubliai ni accent, ni point, ni virgule. Aussi la joie qu'il en témoigna, fut melée de surprise. Pere eternel! s'écria-t-il avec transport, lorsqu'il eut parcouru des yeux tous les feuillets de ma copie, vit-on jamais rien de si correct? Vous êtes trop bon Copiste, pour n'être pas Grammairien. Parlez moi confidemment, mon ami. N'avez-vous, rien trouvé en écrivant qui vous ait choqué? Quelque négligence dans le stile, ou quelque terme impropre? Oh, Monseigneur, lui répondis-je d'un air modeste, je ne suis point assez éclairé pour faire des observations critiques. Et quand je le serois, je suis persuadé que les Ouvrages de

Votre Grandeur échapperoient à ma censure. · Le Prélat
sourit de ma réponse. Il ne repliqua point, mais il me
laiſſa voir au travers de toute ſa piété qu'il n'étoit pas Auteur impunément.

J'achevai de gagner ſes bonnes graces par cette flaterie.
Je lui devins plus cher de jour en jour, et j'apris enfin de
Don Fernand, qui le venoit voir très ſouvent, que j'en
étois aimé de manière que je pouvois compter ma fortune
faite.   Cela me fut confirmé peu de tems après par mon
Maître même; et voici à quelle occaſion.   Un ſoir il ré-
péta devant moi avec enthouſiaſme, dans ſon cabinet, une
homélie qu'il devoit prononcer le lendemain dans la Cathédrale.   Il ne ſe contenta pas de me demander ce que
j'en penſois en général, il m'obligea de lui dire quels endroits m'avoient le plus frappé.   J'eus le bonheur de lui
citer ceux qu'il eſtimoit davantage, ſes morceaux favoris.
Par-là je paſſai dans ſon eſprit pour un homme qui avoit
une connoiſſance délicate des vraies beautés d'un Ouvrage.
Voilà, s'écria-t-il, ce qu'on apelle avoir du goût et du
ſentiment.   Va, mon ami, tu n'as pas, je t'aſſure, l'oreille Béotienne.   En un mot, il fut ſi content de moi,
qu'il me dit avec vivacité: Sois, Gil Blas, ſois deſormais
ſans inquiétude ſur ton ſort.   Je me charge de t'en faire
un des plus agréables.   Je t'aime, et pour te le prouver,
je te fais mon confident.

Je n'eus pas ſitôt entendu ces paroles, que je tombai
aux piés de ſa Grandeur, tout pénetré de reconnoiſſance.
J'embraſſai de bon cœur ſes jambes cagneuſes, et je me
regardai comme un homme qui étoit en train de s'enrichir.
Oui mon enfant, reprit l'Archevêque, dont mon action
avoit interrompu le diſcours, je veux te rendre dépoſitaire
de mes plus ſecretes penſées.   Ecoute avec attention ce
que je vais te dire.   Je me plaîs à prêcher.   Le Seigneur
bénit mes homélies.   Elles touchent les Pêcheurs, les
font rentrer en eux-mêmes et recourir à la pénitence.
J'ai la ſatisfaction de voir un Avare, effrayé des images
que je preſente à ſa cupidité, ouvrir ſes tréſors, et les répandre d'une main prodigue; d'arracher un Voluptueux
aux plaiſirs; de remplir d'Ambitieux les Hermitages; et
d'affermir dans ſon devoir une Epouſe ébranlée par un
Amant ſéducteur.   Ces converſions, qui ſont frequentes,
devroient toutes ſeules m'exciter au travail.   Néanmoins
je

je t'avouerai ma foibleffe, je me propofe encore un autre prix, un prix que la délicateffe de ma vertu me reproche inutilement ; c'eft l'eftime que le monde a pour les Ecrits fins et limés. L'honneur de paffer pour un parfait Orateur a des charmes pour moi. On trouve mes Ouvrages également forts et délicats ; mais je voudrois bien éviter le défaut des bons Auteurs, qui écrivent trop longtems, et me fauver avec toute ma réputation.

Ainfi, mon cher Gil Blas, continua le Prélat, j'exige une chofe de ton zele. Quand tu t'appercevras que ma plume fentira la vieilleffe, lorfque tu me verras baiffer, ne manque pas de m'en avertir. Je ne me fie point à moi là-deffus, mon amour-propre pourroit me féduire. Cette remarque demande un efprit defintéreffé. Je fais choix du tien, que je connois bon. Je m'en rapporterai à ton jugement. Graces au Ciel, lui dis-je, Monfeigneur, vous êtes encore fort éloigné de ce tems-là. De plus, un efprit, de la trempe de celui de votre Grandeur fe confervera beaucoup mieux qu'un autre ; ou, pour parler plus jufte, vous ferez toujours le même. Je vous regarde comme un autre Cardinal Ximenès, dont le génie fuperieur, au lieu de s'affoiblir par les années, fembloit en recevoir de nouvelles forces. Point de flaterie, interrompit-il, mon ami. Je fai que je puis tomber tout d'un coup. A mon âge on commence à fentir les infirmités, et les infirmités du corps alterent l'efprit. Je te le répète, Gil Blas, dès que tu jugeras que ma tête s'affoiblira, donne m'en auffitôt avis. Ne crains pas d'être franc et fincere. Je recevrai cet avertiffement, comme une marque d'affection pour moi. D'ailleurs, il y va de ton intérêt. Si, par malheur pour toi, il me revenoit qu'on dit dans la ville que mes difcours n'ont plus leur force ordinaire, et que je devrois me repofer, je te le déclare tout net, tu perdrois avec mon amitié la fortune que je t'ai promife. Tel feroit le fruit de ta fotte difcrétion.

Le Patron ceffa de parler en cet endroit pour entendre ma réponfe, qui fut une promeffe de faire ce qu'il fouhaitoit. Depuis ce moment-là il n'eut plus rien de caché pour moi, je devins fon favori. Tous les Domeftiques, excepté Melchior de la Ronda, ne s'en apperçurent pas fans envie. C'étoit une chofe à voir que la manière dont les Gentilshommes et les Ecuyers vivoient alors avec le

confi-

confident de Monſeigneur. Ils n'avoient pas honte de
faire des baſſeſſes pour captiver ma bienveillance. Je ne
pouvois croire qu'ils fuſſent Eſpagnols. Je ne laiſſai pas
de leur rendre ſervice, ſans être le dupe de leurs poli-
teſſes intéreſſées. Monſieur l'Archevêque, à ma prière,
s'employa pour eux. Il fit donner à l'un une Compagnie,
et le mit en état de faire figure dans les Troupes. Il envoya un autre au Mexique, remplir un emploi conſidé-
rable qu'il lui fit avoir. Et j'obtins pour mon ami Melchior une bonne gratification. J'éprouvai par-là, que ſi le
Prélat ne prévenoit pas, du-moins il refuſoit rarement ce
qu'on lui demandoit.

Mais ce que je fis pour un Prêtre, me paroit meriter
un détail. Un jour, certain Licentié, apellé Louïs Garcias, homme jeune encore et de très bonne mine, me fut
préſenté par notre Maître-d'hôtel, qui me dit : Seigneur
Gil Blas, vous voyez un de mes meilleurs amis dans cet
honnête Eccléſiaſtique. Il a été Aumônier chez des Re-
ligieuſes. La médiſance n'a point épargné ſa vertu. On
l'a noirci dans l'eſprit de Monſeigneur, qui l'a interdit,
et qui par malheur eſt ſi prévenu contre lui, qu'il ne veut
écouter aucune ſollicitation en ſa faveur. Nous avons
inutilement employé les premieres perſonnes de Grenade
pour le faire réhabiliter, notre Maître eſt inflexible.

Meſſieurs, leur dis-je, voilà une affaire bien gâtée. Il
vaudroit mieux qu'on n'eût point ſollicité pour le Seigneur Licentié. On lui a rendu un mauvais office, en
voulant le ſervir. Je connois Monſeigneur. Les prieres et
les recommandations ne font qu'a graver dans ſon eſprit
la faute d'un Eccléſiaſtique. Il n'y a pas longtems que je
le lui ai ouï dire à lui-même Plus, diſoit-il, un Prêtre
qui eſt tombé dans l'irregularité, engage de perſonnes à
me parler pour lui, plus il augmente le ſcandale, et plus
j'ai de ſéverité. Cela eſt fâcheux, reprit le Maître-d'hôtel, et mon ami ſeroit bien embarraſſé s'il n'avoit pas une
bonne main. Heureuſement il écrit à ravir, et il ſe tire
d'intrigue par ce talent. Je fus curieux de voir ſi l'écriture qu'on me vantoit, valoit mieux que la mienne. Le
Licentié, qui en avoit ſur lui, m'en montra une page que
j'admirai. Il ſembloit que ce fût une exemple de Maître-
Ecrivain. En conſidérant une ſi belle écriture, il me
vint une idée. Je priai Garcias de me laiſſer ce papier,

en

en lui difant que j'en pourrois faire quelque chofe qui lui
feroit utile ; que je ne m'expliquois pas dans ce moment,
mais que le lendemain je lui en dirois davantage. Le
Licentié, à qui le Maître-d'hôtel avoit apparemment fait
l'éloge de mon génie, fe retira auffi content que s'il eût
déja été remis dans fes fonctions.

J'avois véritablement envie qu'il le fût, et dès le jour
même j'y travaillai de la maniére que je vais le dire. J'é-
tois feul avec l'Archevêque. Je lui fis voir l'écriture de
Garcias. Mon Patron en parut charmé. Alors profitant
de l'occafion : Monfeigneur, lui dis-je, puifque vous ne
voulez pas faire imprimer vos homélies, je fouhaiterois
du moins qu'elles fuffent écrites comme cela. Je fuis
fatisfait de ton écriture, me repondit le Prelat, mais je
t'avoue que je ne ferois pas fâché d'voir de cette
main-là une copie de mes Ouvrages. Votre Grandeur,
lui repliquai-je, n'a qu'à parler. L'homme qui peint fi
bien, eft un Licentié de ma connoiffance. Il fera d'autant plus ravi de vous faire ce plaifir, qu'il pourra, par ce
moyen, intéreffer votre bonté à le tirer de la trifte fituation où il a le malheur de fe trouver préfentement.

Le Prélat ne manqua pas de demander comment fe
nommoit ce Licentié. Il s'apelle, lui dis-je, Louïs Garcias. Il eft au defefpoir de s'être attiré votre difgrace.
Ce Garcias, interrompit-il, a, fi je ne me trompe, été Aumônier dans un Couvent de Filles. Il a encouru les
Cenfures Eccléfiaftiques. Je me fouviens encore des mémoires qui m'ont été donnés contre lui. Ses mœurs ne
font pas fort bonnes. Monfeigneur, interrompis-je à mon
tour, je n'entreprendrai point de le juftifier, mais je fai
qu'il a des ennemis. Il pretend que les Auteurs des mémoires que vous avez vus, fe font plus attachés à lui rendre de mauvais offices, qu'à dire la vérité. Cela peut ê-
tre, repartit l'Archevêque. Il y a dans le monde des e-
fprits bien dangereux. D'ailleurs, je veux que fa conduite n'ait pas toujours été irreprochable, il peut s'en être
repenti, et enfin à tout péché miféricorde. Amène-moi
ce Licentié, je lève l'interdiction.

C'eft ainfi que les hommes les plus féveres rabattent de
leur févèrité, quand leur plus cher intérèt s'y oppofe.
L'Archevêque accorda fans peine, au vain plaifir d'avoir
fes Oeuvres bien écrites, ce qu'il avoit refufé aux plus

puiffantes

puiffantes follicitations. Je portai promptement cette nouvelle au Maître-d'hôtel, qui la fit favoir à fon ami Garcias. Ce Licentié, dès le jour fuivant, vint me faire des
remercimens proportionnés à la grace obtenue. Je le préfentai à mon Maître, qui fe contenta de lui faire une légère reprimande, et lui donna des homélies à mettre au
net. Garcias s'en acquita fi bien, qu'il fut rétabli dans
fon miniftère. Il obtint même la Cure de Gabie, gros
bourg aux environs de Grenade.

CHAPITRE IV.

L'Archevêque tombe en apoplexie: De l'embarras où fe
trouve Gil Blas, et de quelle façon il en fort.

TANDIS que je rendois ainfi fervice aux uns et aux
autres, Don Fernand de Leyva fe difpofoit à quitter
Grenade. J'allai voir ce Seigneur avant fon départ, pour
le remercier de nouveau de l'excellent pofte qu'il m'avoit
procuré. Je lui en parus fi fatisfait, qu'il me dit: Mon
cher Gil Blas, je fuis ravi que vous foyez content de mon
Oncle l'Archevêque. J'en fuis charmé, lui répondis-je.
Il a pour moi des bontés que je ne puis affez reconnoître.
Il ne m'en falloit pas moins, pour me confoler de n'être
plus auprès du Seigneur Don Céfar et de fon fils. Je fuis
perfuadé, reprit-il, qu'ils font auffi tous deux mortifiés de
vous avoir perdu. Mais vous n'êtes pas peut-être féparés
pour jamais. La fortune pourra quelque jour vous raf-
femblir. Je n'entendis pas ces paroles fans m'attendrir.
J'en foupirai, et je fentis dans ce moment-là que j'aimois
tant Don Alphonfe, que j'aurois volontiers abandonné
l'Archevêque, et les belles efpérances qu'il m'avoit don-
nées, pour m'en retourner au château de Leyva, fi l'on
eût levé l'obftacle qui m'en avoit éloigné. Don Fernand
s'apperçut des mouvemens qui m'agitoient, et m'en fut fi
bon gré qu'il m'embraffa, en me difant, que toute fa famille prendroit toujours part à ma deftinée.

Deux mois après que ce Cavalier fut parti, dans le
tems de ma plus grande faveur, nous eûmes une chaude
allarme au Palais Epifcopal. L'Archevêque tomba en
apoplexie. On le fecourut fi promptement, et on lui
donna de fi bons remédes, que quelques jours après il

n'y

n'y paroiſſoit plus. Mais ſon eſprit en reçut une r
atteinte. Je le remarquai bien dès le premier Diſco
qu'il compoſa. Je ne trouvai pas toutefois la différe
qu'il y avoit de celui-là aux autres aſſez ſenſible, p
conclure que l'Orateur commençoit à baiſſer. J'atter
encore une homélie, pour mieux ſavoir à quoi m'en
nir. Oh ! pour celle-là elle fut déciſive. Tantô
bon Prélat ſe rebattoit, tantôt il s'élevoit trop haut,
deſcendoit trop bas. C'étoit un Diſcours diffus, une R
torique de Régent uſé, une Capucinade.

Je ne fus pas le ſeul qui y prit garde. La plupart
Auditeurs, quand il la prononça, comme s'ils euſſent
auſſi gagés pour l'examiner, ſe diſoient tous-bas les
aux autres, voilà un Sermon qui ſent l'apoplexie. Alle
Monſieur l'Arbitre des Homélies, me dis-je alors à n
même, préparez-vous à faire votre office. Vous vo
que Monſeigneur tombe. Vous devez l'en avertir,
ſeulement comme dépoſitaire de ſes penſées, mais enc
de peur que quelqu'un de ſes Amis ne fût aſſez franc p
vous prévenir. En ce cas-là, vous ſavez ce qu'il en
riveroit : vous ſeriez biffé de ſon teſtament, où il y a
doute pour vous un meilleur leg que la Bibliotheque
Licentié Sédillo.

Après ces reflexions, j'en faiſois d'autres toutes c
traires. L'avertiſſement dont il s'agiſſoit, me paroiſ
délicat à donner. Je jugeois qu'un Auteur entété des
Ouvrages pourroit le recevoir mal ; mais rejettant c
penſée, je me repréſentois qu'il étoit impoſſible qu'i
prît en mauvaiſe part, après l'avoir exigé de moi d'
manière ſi preſſante. Ajoutons à cela, que je comp
bien de lui parler avec adreſſe, et de lui faire avale
pilule tout doucement. Enfin, trouvant que je riſq
davantage à garder le ſilence qu'à le rompre, je me
terminai á parler.

Je n'étois plus embarraſſé que d'une choſe. Je ne
vois de quelle façon entamer la parole. Heureuſen
l'Orateur lui-même me tira de cet embaras, en me
mandant ce qu'on diſoit de lui dans le monde, et ſi
étoit ſatisfait de ſon dernier diſcours. Je répondis qu
admiroit toujours ſes homélies, mais qu'il me ſembloit
la dernière n'avoit pas ſi bien que les autres affecté l'A
toire. Comment donc, mon ami, repliqua-t-il, avec
tonnem

tonnement, auroit-elle trouvé quelque Ariftarque ?*Non, Monfeigneur, lui repartis-je, non : ce ne font pas des Ouvrages tels que les vôtres que l'on ofe critiquer. Il n'y a perfonne qui n'en foit charmé. Néanmoins, puifque vous m'avez recommandé d'être franc et fincère, je prendrai la liberté de vous dire que votre dernier Difcours ne me paroit pas tout- à-fait de la force des précédens. Ne penfez-vous pas cela comme moi ?

Ces paroles firent pâlir mon Maître, qui me dit avec un fouris forceé : Monfieur Gil Blas, cette Piece n'eft donc pas de votre goût ? Je ne dis pas cela, Monfeigneur, interrompis-je tout déconcerté. Je la trouve excellente, quoi-qu'un peu au-deffous de vos autres Ouvrages. Je vous entends, repliqua-t-il. Je vous parois baiffer, n'eft-ce pas ? Tranchez le mot. Vous croyez qu'il eft tems que je fonge à la retraite. Je n'aurois pas été affez hardi, lui dis-je, pour vous parler fi librement, fi Votre Grandeur ne me l'eût ordonné. Je nefais donc que lui obéir, et je la fuplie très humblement de ne me point favoir mauvais gré de ma hardieffe. A Dieu ne plaife, interrompit-il avec précipitation, à Dieu ne plaife, que je vous la reproche ! Il faudroit que je fuffe bien injufte. Je ne trouve point du tout mauvais que vous me difiez votre fentiment. C'eft votre fentiment feul que je trouve mauvais. J'ai été furieufement la dupe de votre intelligence bornèe.

Quoique démonté, je voulus chercher quelque modification pour ajufter les chofes ; mâis le moyen d'appaifer un Auteur irrité, et de plus, un Auteur accoutumé à s'entendre louer ? N'en parlons plus, dit-il, mon enfant. Vous êtes encore trop jeune pour démêler le vrai du faux. Aprenez que je n'ai jamais compofé de meilleure homélie, que celle qui n'a pas votre aprobation. Mon efprit, graces au Ciel, n'a encore rien perdu de fa vigeur. Deformais je choifirai mieux mes confidens. J'en veux de plus capable que vous de décider. Allez, pourfuivit-il en me pouffant par les épaules hors de fon cabinet, allez dire à mon Tréforier qu'il vous compte cent ducats, et que le Ciel vous conduife avec cette fomme. Adieu, Monfieur Gil Blas, je vous fouhaite toutes fortes de profpérités avec un peu plus de goût.

* Grand Critique du tems de Ptolémée Philadelphe.

C H A P.

CHAPITRE V.

Du parti que prit Gil Blas après que l'Archevêque lui eut donné son congé. Par quel bazard il rencontra le Licentié qui lui avoit tant d'obligation, et quelles marques de reconnoissance il en reçut.

JE sortis du cabinet en maudissant le caprice, ou pour mieux dire la foiblesse de l'Archevêque, et plus en colère contre lui, qu'affligé d'avoir perdu ses bonnes graces. Je doutai même quelque tems si j'irois toucher mes cent ducats ; mais après y avoir bien réflechi, je ne fus pas assez sot pour n'en rien faire. Je jugeai que cet argent ne m'ôteroit pas le droit de donner un ridicule à mon Prélat. A quoi je me promettois bien de ne pas manquer, toutes les fois qu'on mettroit devant moi ses homélies sur le tapis.

J'allai donc demander cent ducats au Trésorier, sans lui dire un seul mot de ce qui venoit de se passer entre son Maître et moi. Je cherchai ensuite Melchior de la Ronda, pour lui dire un éternel adieu. Il m'aimoit trop pour n'être pas sensible à mon malheur. Pendant que je lui en faisois le récit, je remarquois que la douleur s'imprimoit sur son visage. Malgré tout le respect qu'il devoit à Archevêque, il ne put s'empêcher de le blâmer. Mais comme dans la colère où j'étois, je jurai que le Prélat me le payeroit, et que je réjouïrois toute la ville à ses dépens, le sage Melchior me dit : Croyez moi, mon cher Gil Blas, dévorez plutôt votre chagrin. Les hommes du commun doivent toujours respecter les personnes de qualité, quelque sujet qu'ils ayent de s'en plaindre. Je conviens qu'il y a de fort plats Seigneurs, qui ne méritent gueres qu'on ait de la considération pour eux ; mais ils peuvent nuire, il faut les craindre.

Je remerciai le vieux valet de chambre du bon conseil qu'il me donnoit, et je lui promis d'en profiter. Après cela, il me dit : Si vous allez à Madrid, voyez-y Joseph Navarro mon neveu. Il est Chef d'Office chez le Seigneur Don Baltazar de Zuniga, et j'ose vous dire que c'est un garçon digne de votre amitié. Il est franc, vif, officieux, prévenant ; je souhaite que vous fassiez connoissance ensemble. Je lui répondis que je ne manquerois pas d'aller

voir

voir ce Joſeph Navarro, ſitôt que je ſerois à Madrid, où
je comptois bien de retourner. Enſuite, je ſortis du Palais
Epiſcopal pour n'y remettre jamais le pié.   Si j'euſſe encore eu mon cheval, je ſerois peut-être parti ſur le champ
pour Tolede ; mais je l'avois vendu dans le tems de ma
faveur, croyant que je n'en aurois plus beſoin.   Je pris le
parti de louer une chambre garnie, faiſant mon plan de
demeurer encore un mois à Grenade, et de me rendre après
cela auprès du Comte de Polan.

Comme l'heure du diner aprochoit, je demandai à mon
hôteſſe s'il n'y avoit pas quelque auberge dans le voiſi-
nage.   Elle me répondit, qu'il y en avoit une excellente
à deux pas de ſa maiſon, que l'on y étoit bien ſervi, et qu'il
y alloit quantité d'honnêtes gens,   Je me la fis enſeigner,
et j'y fus bientôt.   J'entrai dans une grande ſalle, qui reſſembloit aſſez à un Refectoire.   Dix à douze hommes,
aſſis à une longue table couverte d'une nape mal propre,
s'y entretenoient en mangeant chacun ſa petite portion.
L'on m'apporta la mienne, qui dans un autre tems ſans
doute m'auroit fait regreter la table que je venois de
perdre.   Mais j'étois alors ſi piqué contre l'Archevêque,
que la frugalité de mon auberge me paroiſſoit préferable
à la bonne chère qu'on faiſoit chez lui.   Je blâmois l'a-
bondance des mêts dans les repas, et raiſonnant en Docteur de Valladolid : Malheur, diſois-je, à ceux qui fre-
quentent ces tables pernicieuſes, où il faut ſans-ceſſe être
en garde contre ſa ſenſualité, de peur de trop charger
ſon eſtomac.   Pour peu que l'on mange, ne mange-t-on
pas toujours aſſez? Je louois, dans ma mauvaiſe humeur,
des Aphoriſmes que j'avois juſqu'alors fort négligés.

Dans le tems que expédiois mon ordinaire, ſans
craindre de paſſer les bornes de la temperance, le Licentié Louïs Garcias, devenu Curé de Gabie, de la manière
que je l'ai dit ci-devant,   arriva dans la ſalle.   Du moment qu'il m'apperçut, il vint me ſaluer d'un air empreſſé,
ou plutôt en faiſant toutes les demonſtrations d'un homme
qui ſent une joie exceſſive.   Il me ſerra entre ſes bras, et
je fus obligé d'eſſuyer un très long compliment ſur le ſervice que je lui avois rendu.   Il me fatiguoit à force de ſe
montrer reconnoiſſant. Oh vive Dieu ! mon cher Patron,
puiſque ma bonne fortune veut que je vous rencontre, nous
ne nous ſeparerons point ſans boire.   Mais comme il n'y

a

a pas de bon vin dans cette auberge, je vous menérai, s'il vous plaît, après notre petit diner, dans un endroit où je vous régalerai d'une bouteille de Lucéne des plus fecs et d'un Mufcat de Foncarral exquis. Il faut que nous faffions cette débauche. Que n'ai-je le bonheur de vous poffeder quelques jours feulement dans mon Presbytère de Gabie! Vous y feriez reçu comme un généreux Mécene, à qui je dois la vie aifée et tranquille que j'y méne.

Pendant qu'il me tenoit ce difcours, on lui apporta fa portion. Il fe mit à manger, fans pourtant ceffer de me dire par intervalles quelque chofe de flateur. Je faifis ce tems-là pour parler à mon tour. Et comme il n'oublia pas de me demander des nouvelles de fon ami le Maître-d'hôtel, je ne lui fis point un myftére de ma fortie de l'Archevêché. Je lui contai même jufqu'aux moindres cir-conftances de ma difgrace, qu'il écouta fort attentivement. Après tout ce qu'il venoit de me dire, qui ne fe feroit pas attendu à l'entendre, pénetré d'une douleur reconnoiffante, déclamer contre l'Archevêque ; mais c'eft à quoi il ne penfoit nullement. Il devint froid, rêveur, acheva de diner fans me dire une parole, puis fe levant de table brufque-ment, il me falua d'un air glacé et difparut. L'ingrat ne me voyant plus en état de lui être utile, s'épargnoit jufqu'à la peine de me cacher fes fentimens. Je ne fis que rire de fon ingratitude, et le regardant avec tout le mépris qu'il méritoit, je lui criai d'un ton affez haut pour en être entendu : holà ho ! fage Aumônier de Religieufes, allez faire rafraîchir ce délicieux vin de Lucéne dont vous m'a-vez fait fête.

CHAPITRE VI.

Gil Blas va voir jouer les Comédiens de Grenade. De l'é-
tonnement où le jetta la vue d'une Actrice, et de ce qu'il
en arriva.

Garcias n'étoit pas hors de la falle, qu'il y entra deux Cavaliers fort proprement vêtus, qui vinrent s'affeoir auprès de moi. Ils commencèrent à s'entretenir des Comédiens de la Troupe de Grenade, et d'une Co-médie nouvelle qu'on jouoit alors. Cette Piéce, fuivant leurs difcours, faifoit grand bruit dans la ville. Il me
prit

prit envie de l'aller voir repréſenter dès ce jour-là. Je n'avois point été à la Comédie, depuis que j'étois à Grenade. Comme j'avois preſque toujours demeuré à l'Archevêché où ce ſpectacle étoit frappé d'anathême, je n'avois eu garde de me donner ce plaiſir-là. Les homiélies avoient fait tout mon amuſement.

. Je me rendis donc dans la ſalle des Comédiens lorſqu'il en fut tems, et j'y trouvai une nombreuſe aſſembleé. J'entendis faire autour de moi des diſſertations ſur la Piéce avant qu'elle commençât, et je remarquai que tout le monde ſe mêloit d'en juger. L'un ſe déclaroit pour, l'autre contre. A-t-on jamais vu un Ouvrage mieux écrit? diſoit-on à ma droite. Le pitoyable ſtile! s'écrioit-on à ma gauche. En vérité s'il y a bien de mauvais Auteurs, il faut convenir qu'il y a encore plus de mauvais Critiques. Et quand je penſe aux dégoûts que les Poëtes Dramatiques ont à eſſuyer, je m'étonne qu'il y en ait d'aſſez hardis pour braver l'ignorance de la Multitude, et la cenſure dangereuſe des Demi-ſavans, qui corrompent quelquefois le jugement du Public.

. Enfin, le *Gracioſo* ſe préſenta pour ouvrir la ſcene. Dès-qu'il parut, il excita un battement de mains général. Ce qui me fit connoître que c'étoit un de ces Acteurs gâtés, à qui le Parterre pardonne tout. Effectivement ce Comédien ne diſoit pas un mot, ne faiſoit pas un geſte, ſans s'attirer des aplaudiſſemens. On lui marquoit trop le plaiſir que l'on prenoit à le voir. Auſſi en abuſoit-il. Je m'aperçus qu'il s'oublioit quelquefois ſur la ſcene, et mettoit à une trop forte épreuve la prévention où l'on étoit en ſa faveur. Si l'on eût ſiflé au-lieu de crier miracle, on lui auroit ſouvent rendu juſtice.

On battit auſſi des mains à la vue de quelques autres Acteurs, et particuliérement d'une Actrice qui faiſoit un rôle de Suivante. Je m'attachai à la conſidérer, et il n'y a point de termes qui puiſſent exprimer quelle fut ma ſurpriſe, quand je reconnus en elle Laure, ma chère Laure, que je croyois encore à Madrid auprès d'Arſénie. Je ne pouvois douter que ce ne fût elle. Sa taille, ſes traits, le ſon de ſa voix, tout m'aſſuroit que je ne me trompois point. Cependant, comme ſi je me fuſſe défié du rapport de mes yeux et de mes oreilles, je demandai ſon nom à un Cavalier qui étoit à côté de moi. He! de quel païs venez-

vous,

vous, me dit-il? Vous êtes apparemment un nouveau débarqué, puisque vous ne connoissez pas la belle Estelle.

La ressemblance étoit trop parfaite pour prendre le change. Je compris bien que Laure en changeant d'état avoit aussi changé de nom. Et curieux de savoir ses affaires, car le Public n'ignore gueres celles des Personnes de Théatre, je m'informai du même homme, si cette Estelle avoit quelque amant d'importance. Il me répondit que depuis deux mois il y avoit à Grenade un Grand-Seigneur Portugais, nommé le Marquis de Marialva, qui faisoit beaucoup de dépense pour elle. Il m'en auroit dit davantage, si je n'eusse pas craint de le fatiguer de mes questions. J'étois plus occupé de la nouvelle que ce Cavalier venoit de m'aprendre, que de la Comédie; et qui m'eût demandé le sujet de la Pièce quand je sortis, m'auroit fort embarrassé. Je ne faisois que rêver à Laure, à Estelle, et je me promettois bien d'aller chez cette Actrice le jour suivant. Je n'étois pas sans inquiétude sur la réception qu'elle me feroit. J'avois lieu de penser que ma vue ne lui feroit pas grand plaisir, dans la situation brillante où étoient ses affaires. Je jugeois même qu'une si bonne Comédienne, pour se venger d'un homme dont certainement elle avoit sujet d'être mécontente, pourroit bien ne pas faire semblant de le connoître. Tout cela ne me rebuta point. Après un léger repas, car on n'en faisoit pas d'autres dans mon auberge, je me retirai dans ma chambre, très impatient d'être au lendemain.

Je dormis peu cette nuit, et je me levai à la pointe du jour. Mais comme il me sembla que la Maîtresse d'un Grand-Seigneur ne devoit pas être visible de si bon matin, je passai trois ou quatre heures à me parer, à me faire raser, poudrer, et parfumer. Je voulois me présenter devant elle dans un état qui ne lui donnât pas lieu de rougir en me revoyant. Je sortis sur les dix heures, et me rendis chez elle, après avoir été demander sa demeure à l'Hôtel des Comédiens. Elle logeoit dans une grande maison, où elle occupoit le prémier appartement. Je dis à une femme de chambre qui vint m'ouvrir la porte, qu'un jeune homme souhaitoit de parler à la Dame Estelle. La femme de chambre rentra pour m'annoncer, et j'entendis aussitôt sa Maîtresse, qui lui dit d'un ton de voix fort élevé: Qui est-il ce jeune-homme? Que me veut-il? Qu'on le fasse entrer.

Je jugeai par là que j'avois mal pris mon tems, que son
amant Portugais étoit à sa toilette, et qu'elle ne parloit si
haut que pour lui persuader qu'elle n'étoit pas fille à recevoir des messages suspects. Ce que je pensois étoit véritable. Le Marquis de Marialva passoit avec elle presque
toutes les matinées. Je m'attendois à un mauvais compliment, lorsque cette originale Actrice, me voyant paroître, accourut à moi les bras ouverts, en s'écriant : Ah !
mon frere, est-ce vous que je vois ? A ces mots, elle
m'embrassa à plusieurs reprises. Puis se tournant vers le
Portugais : Seigneur, lui dit-elle, pardonnez si en votre
présence je cède à la force du sang. Après trois ans d'absence, je ne puis revoir un frère que j'aime tendrement,
sans lui donner des marques de mon amitié. Hé bien,
mon cher Gil Blas, continua-t-elle en m'apostrophant de
nouveau, dites-moi des nouvelles de la famille, dans quel
état l'avez-vous laissée ?

Ce discours m'embarrassa d'abord, mais j'y démêlai bientôt les intentions de Laure ; et secondant son artifice, je
lui répondis d'un air accommodé à la scène que nous allions jouer tous deux : Graces au Ciel, ma sœur, nos parens sont en bonne santé. Je ne doute pas, reprit-elle,
que vous ne soyez étonné de me voir Comédienne a Grenade, mais ne me condamnez pas sans m'entendre. Il y
a trois années, comme vous savez, que mon Pere crut m'é-
tablir avantageusement, en me donnant au Capitaine Don
Antonio Coello, qui m'amena des Asturies à Madrid, où il
avoit pris naissance. Six mois après que nous y fûmes
arrivés, il eut une affaire d'honneur, qu'il s'attira par son
humeur violente. Il tua un Cavalier qui s'étoit avisé de
faire quelque attention à moi. Le Cavalier appartenoit à
des personnes de qualité qui avoient beaucoup de crédit.
Mon mari, qui n'en avoit gueres, se sauva en Catalogne,
avec tout ce qui se trouva au logis de pierreries et d'argent
comptant. Il s'embarqua à Barcelone, passa en Italie, se
mit au service des Vénitiens, et perdit enfin la vie dans la
Morée, en combattant contre les Turcs. Pendant ce tems-
la, une Terre que nous avions pour tout bien, fut confis-
quée et je devins une Douairière des plus minces. A quoi
me résoudre dans une si fâcheuse extrémité ? Il n'y avoit
pas moyen de m'en retourner dans les Asturies. Qu'y
aurois-je fait ? Je n'aurois reçu de ma famille, que des
con-

condoléances pour toute confolation. D'un autre côté, j'avois été trop bien élevée pour être capable de me laif-fer tomber dans le libertinage. A quoi donc me déter-miner? Je me fuis fait Comédienne pour conferver ma ré-putation.

Il me prit une fi forte envie de rire, lorfque j'entendis Laure finir ainfi fon roman, que je n'eus pas peu de peine à m'en empêcher. J'en vins pourtant à bout, et même je lui dis d'un air grave : Ma fœur, j'aprouve votre conduite, et je fuis bien aife de vous retrouver à Grenade fi hon-nêtement établie.

Le Marquis de Marialva, qui n'avoit pas perdu un mot de tous fes difcours, prit au pié de la lettre ce qu'il plut à la veuve de Don Antonio de débiter. Il fe mêla même à l'entretien. Il me demanda fi j'avois quelque emploi à Grenade ou ailleurs. Je doutai un moment fi je mentirois ; mais ne jugeant pas cela néceffaire, je dis la vérité. Je contai de point en point comment j'étois entré à l'Arche-vêché, et de quelle façon j'en étois forti, ce qui divertit infiniment le Seigneur Portugais. Il eft vrai que, malgré la promeffe faite à Melchior, je m'égayai un peu aux dé-pens de l'Archevêque. Ce qu'il y a de plaifant, c'eft que Laure, qui s'imaginoit que je compofois une fable à fon exemple, faifoit des éclats de rire, qu'elle n'auroit pas faits, fi elle eût fu que je ne mentois point.

Après avoir achevé mon récit, que je finis par la cham-bre que j'avois louée, on vint avertir qu'on avoit fervi. Je voulus auffitôt me retirer pour aller dîner à mon auberge, mais Laure m'arrêta. Quel eft votre deffein, mon frere, me dit-elle ? Vous dînerez avec moi. Je ne fouffrirai pas même que vous foyez plus longtems dans une chambre garnie. Je prétens que vous mangiez dans ma maifon, et que vous y logiez. Faites aporter vos hardes ce foir, il y a ici un lit pour vous.

Le Seigneur Portugais, à qui peut-être cette hofpitalité ne faifoit pas plaifir, prit alors la parole, et dit à Laure : Non, Eftelle, vous n'êtes pas logée affez commodément pour recevoir quelqu'un chez vous. Votre frere, ajouta-t-il, me paroit un joli garçon ; et l'avantage qu'il a de vous toucher de fi près, m'intéreffe pour lui. Je veux le prendre à mon fervice. Ce fera celui de mes fécretaires que je chérirai le plus. J'en ferai mon homme de confiance.

Qu'il

Qu'il ne manque pas de venir dès cette nuit coucher chez moi, j'ordonnerai qu'on lui prépare un logement. Je lui donne quatre cens ducats d'apointemens ; et si dans la suite j'ai sujet, comme je l'espère, d'être content de lui, je le mettrai en état de se consoler d'avoir été trop sincère avec son Archevêque.

Les remercimens que je fis là-dessus au Marquis, furent suivis de ceux de Laure, qui enchérirent sur les miens. Ne parlons plus de cela, interrompit-il, c'est une affaire finie. En disant cela, il salua sa Princesse de Théatre, et sortit. Elle me fit aussitôt passer dans un cabinet, où se voyant seule avec moi : J'étoufferois, s'écria-t-elle, si je résistois plus long-tems à l'envie que j'ai de rire. Alors elle se renversa dans un fauteuil, et se tenant les côtés, s'abandonna, comme une folle, à des ris immodérés. Il me fut impossible de ne pas suivre son exemple, et quand nous nous en fûmes bien donné : Avoue, Gil Blas, me dit-elle, que nous venons de jouer une plaisante comédie. Mais je ne m'attendois pas au dénoûment. J'avois dessein seulement de te ménager dans ma maison une table et un logement ; et c'est pour te les offrir avec bienséance, que je t'ai fait passer pour mon frere. Je suis ravi que le hazard t'ai présenté un si bon poste. Le Marquis de Marialva est un Seigneur généreux, qui fera plus encore pour toi qu'il n'a promis de faire. Une autre que moi, poursuivit-elle, n'auroit peut-être pas reçu si gracieusement un homme qui quite ses amis sans leur dire adieu. Mais je suis de ces bonnes pâtes de filles, qui revoient toujours avec plaisir un fripon qu'elles ont aimé.

Je demeurai d'accord de bonne-foi de mon impolitesse, et je lui en demandai pardon. Après quoi elle me conduisit dans une salle à manger très propre. Nous nous mîmes à table ; et comme nous avions pour tèmoins une femme de chambre et un laquais, nous nous traitâmes de frere et de sœur. Lorsque nous eûmes diné nous repassâmes dans le même cabinet où nous nous étions entretenus. Là, mon incomparable Laure se livrant à toute sa gayeté naturelle, me demanda compte de tout ce qui m'étoit arrivé depuis notre séparation. Je lui en fis un fidele rapport ; et quand j'eus satisfait sa curiosité, elle contenta la mienne, en me faisant le récit de son histoire dans ces termes.

C H A-

CHAPITRE VII.

Histoire de Laure.

JE vais te conter, le plus succinctement qu'il me sera possible, par quel hazard j'ai embrassé la profession Comique.

Après que tu m'eus si honnêtement quitée, il arriva de grands évènemens. Arsénie ma Maîtresse, plus fatiguée que dégoûtée du Monde, abjura le Théatre, et m'enmena avec elle à une belle Terre qu'elle venoit d'acheter auprés de Zamora en monnoies étrangères. Nous eûmes bientôt fait des connoissances dans cette ville-là. Nous y allions assez souvent. Nous y passions un jour ou deux. Nous venions ensuite nous renfermer dans notre château.

Dans un de ces petits voyages, Don Felix Maldonado, fils unique du Corrégidor, me vit par hazard, et je lui plus. Il chercha l'occasion de me parler sans témoins ; et pour ne te rien celer, je contribuai un peu à la lui faire trouver. Le Cavalier n'avoit pas vingt ans. Il étoit beau comme l'Amour même, fait à peindre, et plus séduisant encore par ses manières galantes et généreuses, que par sa figure. Il m'offrit de si bonne grace, et avec tant d'instances, un gros brillant qu'il avoit au doigt, que je ne pus me défendre de l'accepter. Je ne me sentois pas d'aise d'avoir un Galant si aimable. Mais quelle imprudence aux Grisettes de s'attacher aux Enfans de famille dont les Pères ont de l'autorité ! Le Corrégidor, le plus sévere de ses pareils, averti de notre intelligence, se hâta d'en prévenir les suites. Il me fit enlever par une troupe d'Alguazils, qui me menèrent, malgré mes cris, à l'Hôpital de la Pitié.

Là, sans autre forme de procés, la Supérieure me fit ôter ma bague et mes habits, et revétir d'une longue robe de serge grise, ceinte par le milieu d'une large courroie de cuir noir, d'où pendoit un rosaire à gros grains, qui me descendoit jusqu'aux talons. On me conduisit aprés cela dans une salle, où je trouvai un vieux Moine, de je ne sai quel Ordre, qui se mit à me prêcher la pénitence, à peu près comme la Dame Léonarda t'exhorta dans le souterrain à la patience. Il me dit que j'avois bien de l'obligation aux personnes qui me faisoient enfermer, qu'elles m'a-

voient rendu un grand fervice en me tirant des filets du
Démon. J'avoüerai franchement mon ingratitude : bien
loin de me fentir redevable à ceux qui m'avoient fait ce
plaifir-là, je les chargeois d'imprécations.

Je paffai huit jours à me défoler ; mais le neuvième,
car je comptois jufqu'aux minutes, mon fort parut vouloir
changer de face. En traverfant une petite cour, je rencontrai l'Oeconome de la Maifon, perfonnage à qui tout
étoit foumis. La Supérieure même lui obéiffoit. Il ne
rendoit compte de fon Oeconomat qu'au Corrégidor, de
qui feul il dépendoit, et qui avoit une entire confiance en
lui. Il fe nommoit Pédro Zendono ; et le Bourg de Sal-
fédon en Bifcaye l'avoit vu naître. Repréfente-toi un
grand homme pâle et décharmé, une figure à fervir de mo-
dèle pour peindre le Bon Larron. A peine paroiffoit-il
regarder les Sœurs. Tu n'as jamais vu de face fi hypocrite, quoique tu ayes demeuré à l'Archevêché.

Je rencontrai donc, pourfuivit-elle, le Seigneur Zendono, qui m'arrêta en me difant : Confolez-vous, ma fille,
je fuis touché de vos malheurs. Il n'en dit pas davantage,
et il continua fon chemin, me laiffant faire les commentaires qu'il me plairoit fur un texte fi laconique. Comme
je le croyois homme de bien, je m'imaginai bonnement
qu'il s'étoit donné la peine d'examiner pourquoi j'avois été
enfermée, et que ne me trouvant pas affez coupable pour
meriter d'être traitée avec tant d'indignité, il vouloit me
fervir auprès du Corrégidor. Je ne connoiffois pas le
Bifcayen. Il avoit bien d'autres intentions. Il rouloit dans
fon efprit un projet de voyage, dont il me fit confidence
quelques jours après : Ma chere Laure, me dit-il, je fuis fi
fenfible à vos peines, que j'ai réfolu de les finir. Je n'ignore pas que c'eft vouloir me perdre, mais je ne fuis
plus à moi. Je prétens dés demain vous tirer de votre
prifon, et vous conduire moi-même à Madrid. Je veux
tout facrifier au plaifir d'être votre libérateur.

Je penfai m'évanoüir de joie à ces paroles de Zendono,
qui jugeant par mes remercimens que je ne demandois pas
mieux que de me fauver, eut l'audace le jour fuivant de
m'enlever devant tout le monde, ainfi que je vais le rapporter. Il dit à la Superieure qu'il avoit ordre de me mener
au Corrégidor, qui étoit à une Maifon de Plaifance à deux
lieues de la ville, et il me fit effrontément monter avec
                                                        lui

lui dans une chaife de pofte tirée par deux bonnes mules
qu'il avoit achetées exprès. Nous n'avions pour tous domeftiques qu'un valet qui conduifoit la chaife, et qui étoit
entièrement dévoué à l'Oeconome. Nous commençâmes
à rouler, non du côté de Madrid, comme je me l'imaginois, mais vers les frontières de Portugal, où nous arrivâmes en moins de tems qu'il n'en falloit au Corrégidor
de Zamora pour aprendre notre fuite, et mettre fes levri-
ers fur nos traces.

Avant que d'entrer dans Bragance, le Bifcayen me fit
prendre un habit de Cavalier, dont il avoit eu la précaution de fe pourvoir ; et me comptant embarquée avec lui,
il me dit dans l'hôtellerie où nous allâmes loger : Belle
Laure, ne me fachez pas mauvais gré de vous avoir ame-
née en Portugal. Le Corrégidor de Zamora nous fera
chercher dans notre patrie, comme deux criminels à qui
l'Efpagne ne doit point accorder d'afyle. Mais, ajouta-t-il,
nous pouvons nous mettre à couvert de fon reffentiment
dans ce Royaume étranger, quoiqu'il foit maintenant
foumis à la domination Efpagnole. Nous y ferons du-
moins plus en fureté que dans notre Païs. Suivez un homme qui vous adore. Allons nous établir à Coïmbre. Là je
me ferai Efpion du Saint Office, et à l'ombre de ce Tri-
bunal redoutable, nous verrons couler nos jours dans de
tranquilles plaifirs.

Une propofition fi vive me fit connoitre que j'avois affaire à un Chevalier, qui n'aimoit pas à fervir de conducteur aux Infantes pour la gloire de la Chevalerie. Je compris qu'il comptoit beaucoup fur ma reconnoiffance, et plus
encore fur ma mifère. Cependant, quoique ces deux chofes me parlent en fa faveur, je rejettai fièrement ce qu'il
me propofoit. Il eft vrai que de mon côté j'avois deux
fortes raifons pour me montrer fi réfervée. Je ne me fentois point de gôut pour lui, et je ne le croyois pas riche.
Mais lorfque revenant à la charge, il s'offrit à m'epoufer au
préalable, et qu'il me fit voir réellement que fon Oeconomat l'avoit mis en fonds pour longtems, je ne le céle pas,
je commençai à l'ecouter. Je fus eblouie de l'or et des pierreries qu'il étala devant moi, et j'eprouvai que l'interêt fait
faire des metamorphofes auffi bien que l'amour. Mon
Bifcayen devint peu à peu un autre homme à mes yeux.
Son grand corps fec prit la forme d'une taille fine ; fon
teint

teint pâle me parut d'un beau blanc ; je donnai un nom
favorable jufqu'à fon air hypocrite. Alors j'acceptai fans
répugnance fa main devant le Ciel, qu'il prit à témoin de
notre engagement. Après cela il n'eut plus de contradiction à effuyer de ma part. Nous nous remîmes à voyager, er Coimbre vit bientôt dans fes murs un nouveau
ménage.

Mon mari m'acheta des habits de femme affez propres,
et me fit préfent de plufieurs diamans, parmi lefquels je
reconnus celui de Don Félix Maldonado. Il ne m'en
falut pas davantage pour deviner d'où venoient toutes les
pierres précieufes que j'avois vues, et pour être perfuadée
que je n'avois pas époufé un rigide obfervateur du fepti-
ème article du Décalogue. Mais me confidérant comme
la caufe première de fes tours de mains, je le lui pardon-
nois. Une femme excufe jufqu'aux mauvaifes actions que
fa beauté fait commettre. Sans cela, qu'il m'eût paru un
méchant homme !

Je fus affez contente de lui pendant deux ou trois mois.
Il avoit toujours des manières galantes, et fembloit m'aimer tendrement. Néanmoins les marques d'amitié qu'il
me donnoit, n'étoient que de fauffes apparences. Le
fourbe me trompoit. Un matin, à mon retour de la
Meffe, je ne trouvai plus au logis que les murailles. Les
meubles, et jufqu'à mes hardes, tout avoit été emporté.
Zendono et fon fidèle valet avoient fi bien pris leurs mefures ; qu'en moins d'une heure le dépouillement entier
de la maifon avoit été fait et parfait ; de manière qu' a-
vec le feul habit dont j'étois vetue, et la bague de Don
Félix, qu'heureufement j'avois au doigt, je me vis comme
une autre Ariadne abandonnée par un ingrat. Mais je t'af-
fure que je ne m'amufai point à faire des Elégies fur mon
infortune. Je bénis plutôt le Ciel de m'avoir délivré
d'un fcélérat, qui ne pouvoit manquer de tomber tôt ou
tard entre les mains de la juftice. Je regardai le tems que
nous avions paffé enfemble, comme un tems perdu que je
ne tarderois gueres à réparer. Si j'euffe voulu demeurer
en Portugal, et m'attacher à quelque femme de condition,
j'en aurois trouvé de refte ; mais, foit que j'aimaffe mon
païs, foit que je fuffe entraînée par la force de mon é-
toile, qui m'y préparoit une meilleure fortune, je ne fongeai plus qu'à revoir l'Efpagne. Je m'adreffai à un Jouaillier

aillier, qui me compta la valeur de mon brillant en efpeces d'or, et je partis avec une vieille Dame Efpagnole,
qui alloit à Séville dans une chaife roulante.

Cette Dame, qui s'appelloit Dorothée, revenoit de voir
une de fes parentes établie à Coïmbre, et s'en retournoit
à Séville, où elle faifoit fa réfidence. Il fe trouva tant de
fympathie entre elle et moi, que nous nous attachâmes
l'une à l'autre dès la première journée ; et notre liaifon
fe fortifia fi bien fur la route, que la Dame ne voulut
point, à notre arrivée, que je logeaffe ailleurs que dans
fa maifon. Je n'eus pas fujet de me repentir d'avoir fait
une pareille connoiffance. Je n'ai jamais vu de femme
d'un meilleur caractère. On jugeoit encore à fes traits,
et à la vivacité de fes yeux, qu'elle devoit, dans fa jeuneffe, avoir fait racler bien des guitarres. Auffi elle é-
toit veuve de plufieurs maris de noble race, et vivoit honorablement de fes douaires.

Entre autres excellentes qualités, elle avoit celle d'être
très compàtiffante aux malheurs des filles. Quand je lui
fis confidence des miens, elle entra fi chaudement dans
mes intérêts, qu'elle donna mille malédictions à Zendono. Les chiens d'hommes ! dit-elle d'un ton à faire juger qu'elle avoit rencontré en fon chemin quelque Oeconome. Les miferables ! Il y a comme cela dans le
monde des fripons, qui fe font un jeu de tromper les
femmes. Ce qui me confole, ma chère enfant, continua-
t-elle, c'eft que, fuivant votre récit, vous n'êtes nullement liée au parjure Bifcayen. Si votre marriage avec
lui eft affez bon pour vous fervir d'excufe, en récompenfe
il eft affez mauvais pour vous permettre d'en contracter un
meilleur, quand vous en trouverez l'occafion.

Je fortois tous les jours avec Dorothée pour aller à l'E-
glife, ou bien en vifite d'amies ; c'étoit le moyen d'avoir
bientôt quelque avanture. Je m'attirai les regards de
plufieurs Cavaliers. Il y en eut qui voulurent fonder le
gué, ils firent parler à ma vieille hôteffe ; mais les uns
n'avoient pas dequoi fournir aux frais d'un établiffement,
et les autres n'avoient pas encore pris la robe virile ; ce
qui fuffifoit pour m'ôter toute envie de les écouter. Un
jour il nous vint en fantaifie, à Dorothée et à moi, d'aller
voir jouer les Comédiens de Séville. Ils avoient affiché
                                                    qu'ils

qu'ils repréſenteroient, *La famoſa Comedia El Embaxador de Sir miſmo*, compoſée par Lope de Véga Carpio.

Parmi les Actrices qui parurent ſur la ſcene, je démêlai une de mes anciennes amies. Je reconnus Phénice,
cette groſſe r'jouïe que tu as vu femme de chambre de
Florimonde, et avec qui tu as quelquefois ſoupé chez Arſénie. Je ſavois bien que Phénice étoit hors de Madrid
depuis plus de deux ans, mais j'ignorois qu'elle fût Comédienne. J'avois une impatience de l'embraſſer, qui me
fit trouver la Pièce fort longue. C'étoit peut-être auſſi la
faute de ceux qui la repréſentoient, et qui ne jouoient
pas aſſez bien ou aſſez mal pour m'amuſer. Car pour moi
qui ſuis une rieuſe, je t'avouerai qu'un Acteur parfaitement ridicule ne me divertit pas moins qu'un excellent.

Enfin, le moment que j'attendois étant arrivé, c'eſt-à-
dire la fin de la *famoſa Comedia*, nous allâmes, ma veuve
et moi, derriére le Théatre, où nous apperçûmes Phénice qui faiſoit la toute aimable, et écoutoit en minaudant
le doux ramage d'un jeune Oiſeau, qui s'étoit apparemment laiſſé prendre à la glu de ſa déclamation. Sitôt
qu'elle m'eut remarquée, elle le quita d'un air gracieux,
vint à moi les bras ouverts, et me fit toutes les amitiés i-
maginables. Nous nous témoignâmes mutuellement la
joie que nous avions de nous revoir ; mais le tems et le
lieu ne nous permettant pas de nous répandre en longs
diſcours, nous remîmes au lendemain à nous entretenir
chez elle plus amplement.

Le plaiſir de parler eſt une des plus vives paſſions des
Femmes. Je ne pus fermer l'œil de toute la nuit, tant j'a-
vois d'envie d'être aux priſes avec Phénice, et de lui faire
queſtions ſur queſtions. Dieu ſait ſi je fus pareſſeuſe à
me lever, pour me rendre où elle m'avoit enſeigné qu'elle
demeuroit. Elle étoit logée, avec toute la Troupe, dans
un grand hôtel garni. Une ſervante, que je rencontrai
en entrant, et que je priai de me conduire à l'appartement de Phénice, me fit monter à un corridor, le long duquel regnoient dix à douze petites chambres, ſéparées
ſeulement par des cloiſons de ſapin, et occupées par la
Bande joyeuſe. Ma conductrice frappa à une porte, que
Phénice, a qui la langue demangeoit autant qu'à moi, vint
ouvrir. A peine nous donnâmes-nous le tems de nous
                                                    aſſeoir

affeoir pour caqueter. Nous voilà en train d'en découdre. Nous avions à nous interroger fur tant de chofes, que les demandes et les réponfes fe fuccédoient avec une volubilité furprenante. ·

Après avoir raconté nos avantures de part et d'autre, et nous être inftruites de l'état préfent de nos affaires, Phénice me demanda quel parti je voulois prendre. Je lui répondis que j'avois réfolu, en attendant mieux, de me placer auprès de quelque Fille de qualité. Fy donc, s'écria mon amie, tu n'y penfes pas. Eft-il poffible, ma mignonne, que tu ne fois pas encore dégoutée de la fervitude ? N'es-tu pas laffe de te voir foumife aux volontés des autres, de refpecter leurs caprices, de t'entendre gronder ; en un mot d'être efclave ? Que n'embraffes-tu, à mon exemple, la Vie Comique ? Rien n'eft plus convenable aux perfonnes d'efprit qui manquent de bien et de naiffance. C'eft un état qui tient un milieu entre la Nobleffe et la Bourgeoifie, une condition libre et affranchie des bienféances les plus incommodes de la Societé. Nos revenus nous font payés en efpéces par le Public, qui en poffède le fonds. Nous vivons toujours dans la joie, et dépenfons notre argent comme nous le gagnons.

Le Théatre, pourfuivit-elle, eft favorable, fur tout aux Femmes. Dans le tems que je demeurois chez Florimonde (j'en rougis quand j'y penfe) j'étois réduite à écouter les Gagiftes de la Troupe du Prince, pas un honnête-homme ne faifoit attention à ma figure. D'où vient cela ? C'eft que je n'étois point en vue. Le plus beau tableau qui n'eft pas dans fon jour, ne frappe point. Mais depuis que je fuis fur mon piédeftal, c'eft-à-dire fur la Scene, quel changement ! Je vois à mes trouffes la plus brillante Jeuneffe des villes par où nous paffons. Une Comédienne a donc beaucoup d'agrément dans fon métier. Si elle eft fage, je veux dire fi elle ne favorife qu'un Amant à-la-fois, cela lui fait tout l'honneur du monde, on loue fa retenue, et lorfqu'elle change de Galant, on la regarde comme une veritable veuve qui fe remarie. Encore voit-on celle-ci avec mépris, quand elle convole en troifièmes noces. On diroit qu'elle bleffe la délicateffe des hommes. Au-lieu que l'autre femble devenir plus précieufe, à mefure qu'elle groffit le nombre
de

de ſes favoris. Après cent galanteries, c'eſt un ragoût de Seigneur.

A qui dites-vous cela, interrompis-je en cet endroit ? Penſez-vous que j'ignore ces avantages ? Je me les ſuis ſouvent repréſentés, et ils ne flatent que trop une fille de mon caractère. Je me ſens même de l'inclination pour la Comédie, mais cela ne ſuffit pas. Il faut du talent, et je n'en ai point. J'ai quelquefois voulu réciter des tirades de Pièces devant Arſénie, elle n'a pas été contente de moi, cela m'a dégoûtée du métier. Tu n'es pas difficile à rebuter, reprit Phénice. Ne ſais-tu pas que ces grandes Actrices-là ſont ordinairement jalouſes ? Elles craignent, malgré toute leur vanité, qu'il ne vienne des ſujets qui les effacent. Enfin, je ne m'en rapporterois pas là-deſſus à Arſénie, elle n'a pas été ſincère. Je te dirai moi, ſans flaterie, que tu es née pour le Théatre. Tu as du naturel, l'action libre et pleine de grace, le ſon de la voix doux, une bonne poitrine, et avec cela un minois. Ah, friponne, que tu charmeras de Cavaliers, ſi tu te fais Comédienne !

Elle me tint encore d'autres diſcours ſéduiſans, et me fit declamer quelques Vers, ſeulement pour me faire juger moi-même de la belle diſpoſition que j'avois à débiter du Comique. Lorſqu'elle m'eut entendue, ce fut bien autre choſe. Elle me donna de grands aplaudiſſemens, et me mit au-deſſus de toutes les Actrices de Madrid. Après cela, je n'aurois pas été excuſable de douter de mon mérite. Arſénie demeura atteinte et convaincue de jalouſie et de mauvaiſe foi. Il me fallut convenir que j'etois un ſujet tout admirable. Deux Comédiens, qui arriverent dans le moment, et devant qui Phénice m'obligea de répéter les Vers que j'avois déja récités, tomberent dans une eſpèce d'extaſe, d'où ils ne ſortirent que pour me combler de louanges. Sérieuſement, quand ils ſe ſeroient défié tous trois à qui me loueroit davantage, ils n'auroient pas employé d'expreſſions plus hyperboliques. Ma modeſtie ne fut point à l'epreuve de tant d'éloges. Je commençai à croire que je valois quelque choſe, et voilà mon eſprit tourné du côté de la Comédie.

Oh çà, ma chere, dis-je à Phénice, c'en eſt fait. Je veux ſuivre ton conſeil, et entrer dans la Troupe, ſi elle l'a pour agréable. A ces paroles, mon amie tranſportée de joie m'embraſſa, et ſes deux camarades ne me parurent

rent pas moins ravis qu'elle, de me voir dans ces fentimens. Nous convinmes que le jour fuivant je me rendrois au Théatre dans la matinée, et ferois voir à la Troupe affemblée le même échantillon que je venois de montrer de mon talent. Si j'avois fait concevoir une avantageufe opinion de moi chez Phénice, tous les Comédiens en jugérent encore plus favorablement, lorfque j'eus dit, en leur préfence, une vingtaine de Vers feulement. Ils me reçurent volontiers dans leur Compagnie, après quoi je ne fus plus occupée que de mon début. Pour le rendre plus brillant, j'employai tout ce qui me reftoit d'argent de ma bague, et fi je n'en eus pas affez pour me mettre fuperbement, du-moins je trouvai l'art de fupléer à la magnificence par un goût galant.

Je parus enfin fur la fcène pour la prémiere fois. Quels battemens de mains! quels éloges! Il y a de la modération, mon ami, à te dire fimplement que je ravis les fpectateurs. Il faudroit avoir été témoin du bruit que je fis à Séville, pour y ajouter-foi. Je devins l'entretien de toute la ville, qui, pendant trois femaines entiéres, vint en foule à la Comédie; deforte que la Troupe rapella, par cette nouveauté, le Public qui commençoit à l'abandonner. Je débutai donc d'une manière qui charma tout le monde. Or débutér ainfi, c'étoit comme fi j'euffe fait afficher que j'étois à donner au plus offrant et dernier enchériffeur. Vingt Cavaliers, de toute forte d'âges, s'offrirent à l'envi à prendre foin de moi. Si j'euffe fuivi mon inclination, j'aurois choifi le plus jeune et le plus joli: mais nous ne devons, nous autres, confulter que l'intérêt et l'ambition, lorfqu'il s'agit de nous établir. C'eft pourquoi Don Ambrofio de Nifana, homme déjà vieux et mal fait, mais riche, généreux, et l'un des plus puiffans Seigneurs d'Andaloufie, eut la préférence. Il eft vrai que je la lui fis bien acheter. Il me loua une bonne maifon, la meubla très magnifiquement, me donna un bon cuifinier, deux laquais, une femme de chambre, et mille ducats par mois à dépenfer. Il faut ajouter à cela de riches habits, avec une affez grande quantité de pierreries.

Quel changement dans ma fortune! Mon efprit ne put le foutenir. Je me parus tout-à-coup à moi-même une autre perfonne. Je ne m'étonne plus, s'il y a des filles

qui oublient en peu de tems le néant et la misère d'où
un caprice de Seigneur les a tirées. Je t'en fais un aveu
sincère. Les aplaudissemens du Public, les discours flateurs que j'entendois de toutes parts, et la passion de Don
Ambrosio m'inspirerent une vanité qui alla jusqu'à l'ex-
travagance. Je regardai mon talent comme un titre de
noblesse. Je pris les airs d'une femme de qualité. Et
devenant aussi avare de regards agaçans, que j'en avois
jusqu'alors été prodigue, je résolus de n'arrêter ma vue
que sur des Ducs, des Comtes, ou des Marquis.

Le Seigneur de Nisana venoit souper chez moi tous
les soirs, avec quelques uns de ses amis. De mon côté,
j'avois soin d'assembler les plus amusantes de nos Comédiennes, et nous passions une bonne partie de la nuit a rire
et à boire. Je m'accommodois fort d'une vie si agréable,
mais elle ne dura que six mois. Les Seigneurs sont sujets à changer, sans cela ils seroient trop aimables. Don
Ambrosio me quitta pour une jeune Conquête Grenadine,
qui venoit d'arriver à Séville avec des graces et le talent
de les mettre à profit. Je n'en fus pourtant affligée que
vingt-quatre heures. Je choisis, pour remplir sa place, un
Cavalier de vingt-deux ans, Don Louis d'Alcacer, a qui
peu d'Espagnols pouvo.ent être comparés pour la bonne
mine.

Tu me demanderas sans-doute, et tu auras raison, pourquoi je pris pour Amant un si jeune Seigneur, moi qui en
connoissois les conséquences. Mais, outre que Don Louis
n'avoit plus ni Pere ni Mere, et qu'il jouissoit déja de son
bien, je te dirai que ces conséquences ne sont à craindre
que pour les Filles d'une condition servile, ou pour de
malheureuses Avanturiéres. Les Femmes de notre profession sont des personnes titrées. Nous ne sommes point
responsables des effets que produisent nos charmes. Tant
pis pour les familles dont nous plumons les héritiers.

Nous nous attachâmes si fortement l'un à l'autre,
d'Alcacer et moi, que jamais aucun amour n'a, je crois,
égalé celui dont nous nous laissâmes enflammer tous
deux. Nous nous aimions avec tant de fureur, qu'il sembloit qu'on eût jetté un sort sur nous. Ceux qui savoient
notre intelligence, nous croyoient les plus heureux amans
du monde, et nous en étions peut-être les plus malheureux. Si Don Louis avoit une figure toute aimable, il
étoit en même tems si jaloux, qu'il me désoloit à chaque

in-

inftant par d'injuftes foupçons. Il ne me fervoit de rien, pour m'accommoder à fa foibleffe, de me contraindre juf- qu'à n'ofer envifager un homme ; fa défiance, ingénieufe à me trouver des crimes, rendoit ma contrainte inutile. Nos plus tendres entretiens étoient toujours mêlés de querelles. Il n'y eut pas moyen d'y réfifter. La patience nous échappa de part et d'autre, et nous rompîmes à l'aimable. Croiras-tu bien que le dernier jour de notre commerce en fut le plus charmant pour nous. Tous deux également fatigués des maux que nous avions foufferts, nous ne fîmes éclater que de la joie dans nos adieux. Nous étions comme deux miférables Captifs, qui recou- vrent leur liberté après un rude efclavage.

Depuis cette avanture, je fuis bien en garde contre l'a- mour. Je ne veux plus d'attachement qui trouble mon repos. Il ne nous fied point à nous de foupirer comme les autres. Nous ne devons pas fentir en particulier une paffion, dont nous faifons voir en public le ridicule.

Je donnois pendant ce tems-là de l'occupation à la Renommée. Elle répandoit par-tout que j'étois une Ac- trice inimitable. Sur la foi de cette Déeffe, les Comé- diens de Grenade m'écrivirent, pour me propofer d'entrer dans leur Troupe. Et pour me faire connoître que la propofition n'étoit pas à rejetter, ils m'envoyérent un é- tat de leurs frais journaliers et de leurs abonnemens, par lequel il me parut que c'étoit un parti avantageux pour moi. Auffi je l'acceptai, quoique dans le fond je fuffe fâchée de quiter Phénice et Dorothée, que j'aimois autant qu'une femme eft capable d'en aimer d'autre. Je laif- fai la première à Séville, occupée à fondre la vaiffelle d'un petit Marchand Orfevre, qui vouloit, par vanité, a- voir une Comédienne pour Maîtreffe. J'ai oublié de te dire, qu'en m'attachant au Théatre je changeai, par fan- taifie, le nom de Laure en celui d'Eftelle ; et c'eft fous ce dernier nom que je partis pour venir à Grenade.

Je n'y commençai pas moins heureufement qu'à Sé- ville, et je me vis d'abord environnée de foupirans. Mais n'en voulant favorifer aucun qu'à bonnes enfeignes, je gardai avec eux une retenue, qui leur jetta de la pou- dre aux yeux. Néanmoins, de peur d'être la dupe d'une conduite qui ne menoit à rien, et qui ne m'étoit pas na- turelle, j'allois me déterminer à écouter un jeune Oydor,

de Race Bourgeoife, qui fait le Seigneur en vertu de fa
charge, d'une bonne table et d'un bon équipage, quand
je vis, pour la première fois, le Marquis de Marialva. Ce
Seigneur Portugais, qui voyage en Efpagne par curiofité,
paffant par Grenade, s'y arrêta. Il vint à la Comédie.
Je ne jouois point ce jour-là. Il regarda fort attentivement les Actrices qui s'offrirent à fes yeux. Il en trouva une à fon gré. Il fit connoiffance avec elle dès le
lendemain, et il étoit prêt à conclure le marché, lorfque
je parus fur le Théatre. Ma vue et mes minauderies firent tout-a-coup tourner la girouette. Mon Portugais ne
s'attacha plus qu'à moi. Il faut dire la vérité : comme
je n'ignorois pas que ma camarade eût plû à ce Seigneur,
je n'épargnai rien pour le lui foufler, et j'eus le bonheur
d'en venir à bout. Je fai bien qu'elle m'en veut du mal,
mais je ne faurois qu'y faire. Elle devroit fonger que
c'est une chofe fi naturelle aux Femmes, que les meilleures Amies ne s'en font pas le moindre fcrupule.

CHAPITRE VIII.

*De l'accueil que les Comédiens de Grenade firent à Gil
Blas ; et d'une nouvelle reconnoiffance qui fe fit dans
les foyers de la Comédie.*

DANS le moment que Laure achevoit de raconter fon
hiftoire, il arriva une vieille Comédienne de fes
voifines, qui venoit la prendre en paffant pour aller à la
Comédie. Cette vénérable Héroïne de Théatre eût été
propre à jouer le perfonnage de la Déeffe Cotys. Ma
fœur ne manqua pas de préfenter fon frère à cette figure
furannée, et là-deffus grands complimens de part et d'autre.

Je les laffai toutes deux, en difant à la veuve de l'Oeconome que je la rejoindrois au Théatre, auffitôt que j'aurois fait porter mes hardes chez le Marquis de Marialva,
dont elle m'enfeigna la demeure. J'allai d'abord à la
chambre que j'avois louée, d'où, après avoir fatisfait mon
Hôteffe, je me rendis avec un homme chargé de ma valife,
à un grand hôtel garni, où mon nouveau Maître étoit
logé. Je rencontrai à la porte fon Intendant, qui me demanda fi je n'étois point le frère de la Dame Eftelle. Je

répondis qu'oui. Soyez donc le bien venu, reprit-il, Seigneur Cavalier. Le Marquis de Marialva, dont j'ai l'honneur d'être Intendant, m'a ordonné de vous bien recevoir. On vous a préparé une chambre ; je vais, s'il vous plait, vous y conduire, pour vous en aprendre le chemin. Il me fit monter tout au haut de la maison, et entrer dans une chambre si petite, qu'un lit assez étroit, une armoire et deux chaises la remplissoient ; c'étoit-là mon appartement. Vous né serez pas ici fort au large, me dit mon Conducteur ; mais en recompense, je vous promets qu'à Lisbonne vous serez superbement logé. J'enfermai ma valise dans l'armoire dont j'emportai la clé, et je demandai à quelle heure on soupoit. Il me fut répondu à cela, que le Seigneur Portugais ne faisoit pas d'ordinaire chez lui, et qu'il donnoit à chaque domestique une certaine somme par mois pour se nourrir. Je fis encore d'autres questions, et j'apris que les gens du Marquis étoient d'heureux fainéans. Apres un entretien assez court, je quitai l'Intendant, pour aller retrouver Laure, en m'occupant agréablement du présage que je concevois de ma nouvelle condition.

Sitôt que j'arrivai à la porte de la Comédie, et que je me dis frère d'Estelle, tout me fut ouvert. Vous eussiez vu les gardes s'empresser à me faire un passage, comme si j'eusse été un des plus considérables Seigneurs de Grenade. Tous les Gagistes, Receveurs de marques et de contremarques que je rencontrai sur mon chemin, me firent de profondes révérences. Mais ce que je voudrois pouvoir bien peindre au Lecteur, c'est la réception sérieuse que l'on me fit comiquement dans les foyers, ou je trouvai la Troupe toute habillée et prête à commencer. Les Comédiens et les Comédiennes, à qui Laure me présenta, vinrent fondre sur moi. Les hommes m'accablerent d'embrassades, et les femmes à leur tour apliquant leurs visages enluminés sur le mien, le couvrirent de rouge et de blanc. Aucun ne voulant être le dernier à me faire son compliment, ils se mirent tous ensemble à parler. Je ne pouvois suffire à leur répondre ; mais ma sœur vint à mon secours, et sa langue exercée ne me laissa en reste avec personne.

Je n'en fus pas quite pour les accollades des Acteurs et des Actrices, Il me fallut essuyer les civilités du Décorateur,

rateur, des Violons, du Soufleur, du Moucheur et du
Sous-moucheur de Chandelles ; enfin, de tous les Valets
du Théatre, qui, fur le bruit de mon arrivèe, accoururent pour me confidérer. Il fembloit que tous ces gens-
là fuffent des Enfans trouvés, qui n'avoient jamais vu de
frère.

Cependant on commença la Pièce. Alors quelques
Gentilshommes, qui étoient dans les foyers, coururent fe
placer pour l'entendre ; et moi, en Enfant de la balle,
je continuai de m'entretenir avec ceux des Acteurs qui
n'étoient pas fur la Scène. Il y en avoit un parmi ces
derniers, qu'on apella devant moi Melchior. Ce nom
me frappa. Je confidérai avec attention le perfonnage
qui le portoit, et il me fembla que je l'avois vu quelque
part. Je me le remis enfin, et le reconnus pour Melchi-
or Zapata, ce pauvre Comédien de Campagne, qui,
comme je l'ai dit dans le premier Volume de mon Hiftoire, trempoit des croutes de pain dans une fontaine.

Je le pris auffitôt en particulier, et je lui dis : Je fuis
bien trompé, fi vous n'êtes pas ce Seigneur Melchior avec
qui j'ai eu l'honneur de dejeuner un jour au bord d'une
claire fontaine, entre Valladolid et Ségovie. J'étois a-
vec Garçon-Barbier. Nons portions quelques provifions que nous joignîmes aux vôtres, et nous fîmes tous
trois un petit repas, qui fut affaifonné de mille agréables
difcours. Zapata fe mit à rêver quelques momens, enfuite il me répondit : Vous me parlez d'une chofe que
j'ai peu de peine à me rapeller. Je revenois alors de dé-
buter à Madrid, et je retournois à Zamora. Je me fouviens même que j'étois fort mal dans mes affaires. Je
m'en fouviens bien auffi, lui repliquai-je, à telles enfeignes, que vous portiez un pourpoint doublé d'affiches
de Comédie. Je n'ai pas oublié non plus que vous vous
plaigniez, dans ce tems-là, d'avoir une femme trop fage.
Oh ! je ne m'en plains plus à prefent, dit avec précipitation Zapata. Vive Dieu ! la Commère s'eft bien corrigée de cela. Auffi en ai-je le pourpoint mieux doublé.

J'allois le féliciter fur ce que fa femme étoit devenue
raifonnable, lorfqu'il fut obligé de me quitter pour paroître
fur la fcène. Curieux de connoître fa femme, je m'a-
prochai d'un Comédien, pour le prier de me la montrer.
Ce qu'il fit, en me difant : Vous la voyez ; c'eft Narciffa,

sa, la plus jolie de nos Dames après votre sœur. Je jugeai que cette Actrice devoit être celle en faveur de qui le Marquis de Marialva s'étoit déclaré avant que d'avoir vu son Estelle, et ma conjecture ne fut que trop vraie. A la fin de la Pièce je conduisis Laure à son domicile, où j'apperçus, en arrivant, plusieurs Cuisiniers qui préparoient un grand repas. Tu peus souper ici, me dit-elle. Je n'en ferai rien, lui répondis-je. Le Marquis sera peut-être bien aise d'être seul avec vous. Oh que non, reprit-elle, il va venir avec deux de ses amis et un de nos Messieurs. Il ne tiendra qu'à toi de faire le sixième. Tu sais bien que chez les Comédiennes, les Sécretaires ont le privilège de manger avec leurs Maîtres. Il est vrai lui dis-je ; mais ce seroit de trop bonne heure me mettre sur le pié de ces Sécretaires favoris. Il faut auparavant que je fasse quelque commission de confident, pour mériter ce droit honorifique. En parlant ainsi, je sortis de chez Laure, et gagnai mon auberge, où je comptois d'aller tous les jours, puisque mon Maître n'avoit point de ménage.

CHAPITRE IX.

Avec quel Homme extraordinaire il soupa ce soir-là, et de ce qui se passa entre eux.

JE remarquai dans la salle une espece de vieux Moine, vêtu de bure grise, qui soupoit tout seul dans un coin. J'allai par curiosité m'asseoir vis-à-vis de lui, je le saluai fort civilement, et il ne se montra pas moins poli que moi. On m'apporta ma pitance, que je commençai à expédier avec beaucoup d'appétit. Pendant que je mangeois sans dire mot, je regardois souvent le personnage, dont je trouvois toujours les yeux attachés sur moi. Fatigué de son attention opiniâtre à me regarder, je lui addressai ainsi la parole : Pere, nous serions-nous vus par hazard ailleurs qu'ici ? Vous m'observez comme un homme qui ne vous seroit pas entièrement inconnu.

Il me répondit gravement : Si j'arrête sur vous mes regards, ce n'est que pour admirer la prodigieuse variété d'avantures qui sont marquées dans les traits de votre visage. A ce que je vois, lui dis-je d'un air railleur, votre

Ré-

Révérence donne dans la Métopofcopie. Je pourrois me
vanter de la poſſéder, répondit le Moine, et d'avoir fait
des prédictions que la ſuite n'a pas démentie. Je ne ſai
pas moins la Chiromancie, et j'oſe dire que mes oracles
ſont infaillibles, quand j'ai confronté l'inſpection de la
main avec celle du viſage.

Quoique ce Vieillard eût toute l'apparence d'un homme
ſage, je le trouvai ſi fou, que je ne pus m'empêcher de lui
rire au nez. Au-lieu de s'offenſer de mon impoliteſſe, il
en ſourit, et continua de parler dans ces termes, après a-
voir promené ſa vue dans la ſalle, et s'être aſſuré que
perſonne ne nous écoutoit : Je ne m'étonne pas de vous
voir ſi prévenu contre deux Sciences, qui paſſent aujour-
d'hui pour frivoles. L'étude longue et pénible qu'elles
demandent, décourage tous les Savans, qui y renoncent,
et qui les décrient, de dépit de n'avoir pu les acquérir.
Pour moi, je ne me ſuis point rebuté de l'obſcurité qui
les enveloppe, non plus que des difficultés qui ſe ſucce-
dent ſans-ceſſe dans la recherche des ſecrets chymiques,
et dans l'art merveilleux de tranſmuer les métaux en or.

Mais je ne penſe pas, pourſuivit-il en ſe reprenant, que
je parle à un jeune Cavalier, à qui mes diſcours doivent
en effet paroître des rêveries. Un échantillon de mon
ſavoir-faire vous diſpoſera mieux, que tout ce que je pourrois dire, à juger de moi plus favorablement. A ces
mots, il tira de ſa poche une phiole remplie d'une liqueur
vermeille. Enſuite il me dit : Voici un Elixir que j'ai
compoſé ce matin des ſucs de certaines plantes diſtillées
à l'alambic ; car j'ai employé preſque toute ma vie,
comme Démocrite, à trouver les propriétés des Simples
et des Minéraux. Vous allez éprouver ſa vertu. Le vin
que nous bûvons à notre ſoupé eſt très mauvais, il va devenir excellent. En même tems il mit deux goutes de ſon
élixir dans ma bouteille, qui rendirent mon vin plus délicieux que les meilleurs qui ſe boivent en Eſpagne.

Le merveilleux frappe l'imagination, et quand une fois
elle eſt gagnée, on ne ſe ſert plus de ſon jugement.
Charmé d'un ſi beau ſecret, et perſuadé qu'il falloit être
un peu plus que diable pour l'avoir trouvé, je m'écriai
plein d'admiration : O mon Pere, pardonnez-moi, de
grace, ſi je vous ai pris d'abord pour un vieux fou, je vous
rends juſtice préſentement. Je n'ai pas beſoin d'en voir

davan-

davantage, pour être affuré que vous feriez, fi vous vouliez, tout à l'heure un lingot d'or d'une barre de fer.
Que je ferois heureux fi je poffédois cette admirable fcience ! Le Ciel vous préferve de l'avoir jamais, interrompit le Vieillard, en pouffant un profond foupir. Vous
ne favez pas, mon fils, que vous fouhaitez une chofe
funefte. Au-lieu de me porter envie, plaignez-moi plutôt de m'être donné tant de peine pour me rendre malheureux. Je fuis toujours dans l'inquiétude. Je crains
d'être découvert, et qu'une prifon perpetuelle ne devienne
le falaire de tous mes travaux. Dans cette apréhenfion,
je mene une vie errante, déguifé tantôt en Prêtre ou en
Moine, et tantôt en Cavalier ou en Païfan. Eft ce donc
un avantage de favoir faire de l'or à ce prix-là ? Et les
richeffes ne font-elles pas un vrai fuplice pour les perfonnes qui n'en jouiffent pas tranquillement ?

Ce difcours me paroit fort fenfé, dis-je alors au Philofophe ; rien n'eft tel que de vivre en repos ; vous me dé-
goûtez de la Pierre Philofophale. Je me contenterai
d'aprendre de vous ce qui doit m'arriver. Très volontiers,
me répondit-il, mon enfant. J'ai deja fait des obfervations fur vos traits. Voyons à-préfent votre main. Je
la lui préfentai avec une confiance, qui ne me fera gueres
d'honneur dans l'efprit de quelques Lecteurs. Il l'exa-
mina fort attentivement, et dit enfuite avec enthoufiafme :
Ah ! que de paffages de la douleur à la joie, et de la joie
à la douleur ! Quelle fucceffion bizarre de difgraces et de
profpérités ! Mais vous avez deja éprouvé une grande
partie de ces alternatives de fortune. Il ne vous refte
plus gueres de malheurs à effuyer, et un Seigneur vous
fera une agréable deftinée, qui ne fera point fujette au
changement.

Après m'avoir affuré que je pouvois compter fur cette
prédiction, il me dit adieu et fortit de l'auberge, où il
me laiffa fort occupé des chofes que je venois d'entendre.
Je ne doutois point que le Marquis de Marialva ne fût
le Seigneur en queftion, et par conféquent rien ne me paroiffoit plus poffible que l'accompliffement de l'oracle.
Mais quand je n'y aurois pas vu la moindre apparence, cela ne m'eût point empêché de donner au faux Moine une
entiére créance, tant il s'étoit acquis, par fon èlixir, d'autorité fur mon efprit. De mon côté, pour avancer le
bon-

bonheur qui m'étoit prédit, je résolus de m'attacher au Marquis, plus que je n'avois fait à aucun de mes Maîtres. Ayant pris cette résolution, je me retirai à notre hôtel avec une gayeté que je ne puis exprimer. Jamais femme n'est sortie si contente de chez une Devinereffe.

CHAPITRE X.

De la commiffion que le Marquis de Marialva donna à Gil Blas, et comment ce fidele Sécretaire s'en acquita.

LE Marquis n'étoit pas encore revenu de chez fa Comédienne, et je trouvai dans fon appartement fes valets de chambre qui jouoient à la prime en attendant fon retour. Je fis connoiffance avec eux, et nous nous amufâmes à rire jufqu'à deux heures après minuit, que notre Maître arriva. Il fut un peu furpris de me voir, et me dit d'un air de bonté qui me fit juger qu'il revenoit très fatisfait de fa foirée : Comment donc, Gil Blas, vous n'êtes pas encore couché ? Je répondis que j'avois voulu favoir auparavant s'il n'avoit rien à m'ordonner. J'aurai peut-être, reprit-il, une Commiffion à vous donner demain matin, mais il fera tems alors de vous aprendre mes volontés. Allez vous repofer, et deformais fouvenez-vous que je vous difpenfe de m'attendre le foir, je n'ai befoin que de mes valets de chambre.

Après cet avertiffement, qui dans le fond me faifoit plaifir, puifqu'il m'épargnoit une fujettion que j'aurois quelquefois difagréablement fentie, je laiffai le Marquis dans fon appartement, et me retirai à mon galetas. Je me mis au lit ; mais ne pouvant dormir, je m'avifai de fuivre le confeil que nous donne Pythagore, de rapeller le foir ce que nous avions fait dans la journée, pour nous aplaudir de nos bonnes actions, et nous blâmer de nos mauvaifes.

Je ne me fentois pas la confcience affez nette, pour être content de moi. Je me reprochai d'avoir appuyé l'impofture de Laure. J'avois beau me dire pour m'excufer, que je n'avois pu honnêtement donner un démenti à une fille qui n'avoit eu en vue que de me faire plaifir, et qu'en quelque façon je m'étois trouvé dans la néceffité de me rendre

rendre complice de la fupercherie. Peu fatisfait de cette
excufe, je répondis que je ne devois donc pas pouffer les
chofes plus loin, et qu'il falloit que je fuffe bien effronté
pour vouloir demeurer auprés d'un Seigneur dont je pay-
ois fi mal la confiance. Enfin, après un févere examen,
je tombai d'accord avec moi-même, que fi je n'étois pas
un fripon, il ne s'en falloit gueres.

De-là paffant aux conféquences, je me repréfentai que
je jouois gros jeu, en trompant un homme de condition,
qui pour mes péchés peut-être ne tarderoit gueres à découvrir la fourberie. Une fi judicieufe réflexion jetta
quelque terreur dans mon efprit, mais des idées de plaifir
et d'intérêt l'eurent bientôt diffipée. D'ailleurs la pro-
phétie de l'Homme à l'Elixir auroit fuffi pour me raffurer.
Je me livrai donc à des images toutes agréables. Je me
mis à faire des regles d'Arithmétique, à compter en moi-
même la fomme que feroient mes gages au bout de dix années de fervice. J'ajoutois à cela les gratifications que
je recevrois de mon Maître ; et les mefurant à fon humeur
libérale, ou plutôt à mes defirs, j'avois une intempérance
d'imagination, fi l'on peut parler ainfi, qui ne donnoit
point de bornes à ma fortune. Tant de bien peu à peu
m'affoupoit, et je m'endormis en bâtiffant des châteaux
Efpagne.

Je me levai le lendemain fur les huit heures pour aller
recevoir les ordres de mon Patron ; mais comme j'ou-
vrois ma porte pour fortir, je fus tout étonné de le voir
paroître devant moi en robe de chambre et en bonne de
nuit. Il étoit tout feul : Gil Blas, me dit-il, hier au foir
en quittant votre fœur, je lui promis de paffer chez elle ce
matin, mais une affaire de conféquence ne me permet pas
de lui tenir parole. Allez lui témoigner de ma part que
je fuis bien mortifié de ce contre-tems, et affurez-la que
je fouperai encore aujourd'hui avec elle. Ce n'eft pas
tout, ajouta-t-il, en me mettant entre les mains une bourfe
avec une petite boëte de chagrin enrichie de pierreries,
portez-lui mon portrait, et gardez cette bourfe où il y a
cinquante piftoles, que je vous donne pour marque de
l'amitié que j'ai déja pour vous. Je pris d'une main le
portrait, et de l'autre la bourfe que je méritois fi peu. Je
courus fur le champ chez Laure, en difant dans l'excès de
la joie qui me tranfportoit : Bon, la prédiction s'accom-
plit

plit à vue d'œil. Quel bonheur d'être frere d'une fille belle et galante. C'est dommage qu'il n'y ait pas autant d'honneur à cela, que de profit et d'agrément.

Laure, contre l'ordinaire des personnes de sa profession, avoit coutume de se lever matin. Je la surpris à sa toilette, où, en attendant son Portugais, elle joignoit à sa beauté naturelle tous les charmes auxiliaires que l'Art des Coquettes pouvoit lui prêter. Aimable Estelle, lui dis-je en entrant, l'Aiman des Etrangers, je puis à l'heure qu'il est manger avec mon Maître, puisqu'il m'a honoré d'une commission qui me donne cette prérogative, et dont je viens m'acquiter. Il n'aura pas le plaisir de vous entretenir ce matin, comme il se l'étoit proposé. Mais pour vous en consoler, il soupera ce soir avec vous ; et il vous envoie son portrait, qui me paroit avoir quelque chose encore de plus, consolant.

Je lui remis aussitôt la boëte, qui par le vif éclat des brillans dont elle étoit garnie, lui réjouit infiniment la vue. Elle l'ouvrit, et l'ayant fermée, après avoir considéré la peinture par manière d'acquit, elle revint aux pierreries. Elle en vanta la beauté, et me dit en souriant : Voilà des Copies que les Femmes de Théatre aiment mieux que les Originaux.

Je lui apris ensuite, que le généreux Portugais, en me chargeant du portrait, m'avoit gratifié d'une bourse de cinquante pistoles. Je t'en fais mon compliment, me dit-elle. Ce Seigneur commence par où même il est rare que les autres finissent. C'est à vous, mon adorable, lui répondis-je, que je dois ce present, le Marquis ne me l'a fait qu'à cause de la fraternité. Je voudrois, repliqua-t-elle, qu'il t'en fît de semblables chaque jour. Je ne puis te dire jusqu'à quel point tu m'es cher. Dès le prémier instant que je t'ai vu, je me suit attachée à toi par un lien si fort, que le tems n'a pu le rompre. Lorsque je te perdis à Madrid, je ne desespérai pas de te retrouver ; et hier, en te revoyant, je te reçus comme un homme qui revenoit à moi nécessairement. En un mot, mon Ami, le Ciel nous a destiné l'un pour l'autre. Tu seras mon mari, mais il faut nous enrichir auparavant. Je veux avoir encore trois ou quatre galanteries pour te mettre à ton aise.

Je

Je la remerciai poliment de la peine qu'elle vouloit bien prendre pour moi, et nous nous engageâmes insensiblement dans un entretien qui dura jusqu'à midi. Alors je me retirai, pour aller rendre compte à mon Maître de la manière dont on avoit reçu son présent. Quoique Laure ne m'eût point donné d'instructions là-dessus, je ne laissai pas de composer en chemin un beau compliment, que je me proposois de faire de sa part. Mais lorsque j'arrivai à l'hôtel, on me dit que le Marquis venoit de sortir ; et il étoit décidé que je ne le reverrois plus, ainsi qu'on le peut lire dans le chapitre suivant.

CHAPITRE XI.

De la nouvelle que Gil Blas aprit, et qui fut un coup de foudre pour lui.

JE me rendis à mon auberge, où rencontrant deux hommes d'une agréable conversation, je dinai et demeurai à table avec eux jusqu'à l'heure de la Comédie. Nous nous séparâmes. Ils allerent à leurs affaires, et moi je pris le chemin du Théatre. Il faut remarquer en passant, que j'avois tout sujet d'être de belle humeur ; la joie avoit regné dans l'entretien que je venois d'avoir avec ces Cavaliers ; la face de ma fortune étoit des plus riantes ; et pourtant je me laissois aller à la tristesse, sans savoir pourquoi, et sans pouvoir m'en défendre. Je pressentois sans doute le malheur qui me menaçoit.

Comme j'entrois dans les foyers, Melchior Zapata vint à moi, et me dit tout bas de le suivre. Il me mena dans un endroit particulier de l'hôtel, et me tint ce discours : Seigneur Cavalier, je me fais un devoir de vous donner un avis très important. Vous saurez que le Marquis de Marialva s'étoit d'abord senti du goût pour Narcissa mon épouse. Il avoit même déja pris jour pour venir manger de mon alloyau, lorsque l'artificieuse Estelle trouva moyen de rompre la partie, et d'attirer chez elle ce Seigneur Portugais. Vous jugez bien qu'une Comédienne ne perd pas une si bonne proie sans dépit. Ma femme a cela sur le cœur, et il n'y a rien qu'elle ne fût capable de faire pour se venger. Elle a une belle occasion. Hier, si vous vous en souvenez, tous nos Gagistes accoururent

pour vous voir. Le Sous-moucheur de chandelles dit à
quelques personnes de la Troupe qu'il vous reconnoissoit,
et que vous n'étiez rien moins que le frère d'Estelle.

Ce bruit, ajouta Melchior, est venu aujourd'hui aux
oreilles de Narcissa, qui n'a pas manqué d'en interroger
l'auteur ; et ce Gagiste le lui a confirmé. Il vous a, dit-
il, connu valet d'Arsénie dans le tems qu'Estelle, sous le
nom de Laure, la servoit à Madrid. Mon épouse, charmée de cette découverte, en fera part au Marquis de Marialva, qui doit venir ce soir à la Comédie. Reglez-
vous là-dessus. Si vous n'êtes pas effectivement frère
d'Estelle, je vous conseille en ami, et à cause de notre
ancienne connoissance, de pourvoir à votre sureté. Narcissa, qui ne demande qu'une victime, m'a permis de
vous avertir de prévenir par une prompte fuite, quelque
sinistre accident.

Il y auroit eu du superflu à m'en dire d'avantage. Je
rendis graces de cet avertissement à l'Histrion, qui vit bien,
à mon air effrayé, que je n'étois pas homme à donner
un démenti au Sous-moucheur de chandelles. Je ne me
sentois nullement d'humeur à porter l'effronterie jusques-
là. Je ne fus pas même tenté d'aller dire adieu à Laure,
de peur qu'elle ne voulût m'engager à payer d'audace.
Je concevois bien qu'elle étoit assez bonne Comédienne
pour se tirer d'un si mauvais pas ; mais je ne voyois qu'un
châtiment infaillible pour moi, et je n'étois pas assez a-
moureux pour le braver. Je ne songeai qu'à me sauver
avec mes Dieux Pénates, je veux dire avec mes hardes.
Je disparus de l'hôtel en un clin d'œil ; et je fis en moins
de rien enlever et transporter ma valise chez un Muletier,
qui devoit le jour suivant partir à trois heures du matin
pour Tolède. J'aurois souhaité d'être déja chez le Comte
de Polan, dont la maison me paroissoit le seul azile qui
fut sûr pour moi. Mais je n'y étois pas encore ; et je ne
pouvois, sans inquiétude, penser au tems qui me restoit à
passer dans une ville où j'apréhendois qu'on ne me cher-
chât dès la nuit même.

Je ne laissai pas d'aller souper à mon auberge, quoique
je fusse aussi troublé qu'un Debiteur qui sait qu'il y a des
Alguazils à ses trousses. Ce que je mangeai ce soir-là ne
fit pas, je crois, un excellent chyle dans mon estomac.
Misérable jouet de la crainte, j'examinois toutes les personnes

sonnes qui entroient dans la salle ; et quand par malheur
il y venoit des gens de mauvaise mine, ce qui n'est pas rare
dans ces endroits-là, je frissonnois de peur. Apres avoir
soupé dans de continuelles allarmes, je me levai de table,
et m'en retournai chez mon Muletier, où je me jettai sur
de la paille fraîche jusqu'à l'heure du départ.

Ma patience fut bien exercée pendant ce tems-là. Mille
desagréables pensées vinrent m'assaillir. Si quelquefois
je m'assoupissois, je voyois le Marquis furieux qui meur-
trissoit de coups le beau visage de Laure, et brisoit tout
chez elle ; ou bien je l'entendois ordonner à ses domestiques de me faire mourir sous le bâton. Je me réveillois
là-dessus en sursaut ; et le réveil, qui est ordinairement si
doux après un songe affreux, me devenoit plus cruel encore que mon songe.

Heureusement le Muletier me tira d'une si grande peine,
en venant m'avertir que ses mules étoient prétes. Je fus
aussitôt sur pié, et graces au Ciel, je partis radicalement
guéri de Laure et de la Chiromancie. A mesure que nous
nous éloignions de Grenade, mon esprit reprenoit sa tran-
quilité. Je commençai à m'entretenir avec le Muletier.
Je ris de quelques plaisantes histoires qu'il me raconta,
et je perdis insensiblement toute ma frayeur. Je dormis
d'un sommeil paisible à Ubéda, où nous allâmes coucher
la prémière journée, et la quatriéme nous arrivâmes à
Tolède. Mon prémier soin fut de m'informer de la demeure du Comte de Polan, et je m'y rendis, bien persuadé
qu'il ne souffriroit pas que je fusse logé ailleurs que chez
lui ; mais je comptois sans mon hôte. Je ne trouvai au
logis que le Concierge, qui me dit que son Maître étoit
parti la veille pour le château de Leyva, d'où on lui avoit
mandé que Séraphine étoit dangereusement malade.

Je ne m'étois point attendu à l'absence du Comte. Elle
diminua la joie que j'avois d'ètre à Tolède, et fut cause
que je pris un autre dessein. Me voyant si près de Madrid, je résolus d'y aller. Je fis réflexion que je pourrois
me pousser à la Cour, où un génie supérieur, à ce que
j'avois ouï dire, n'étoit pas absolument nécessaire pour
s'avancer. Dès le lendemain je me servis de la commo-
dité d'un cheval de retour, pour me rendre à cette Capitale
de l'Espagne. La Fortune m'y conduisoit, pour me faire

jouer

jouer de plus grands rôles que ceux qu'elle m'y avoit déja fait faire.

CHAPITRE XII.

Gil Blas va loger dans un Hôtel garni. Il y fait con-
noiſſance avec le Capitaine Chinchilla. Quel homme
c'étoit que cet Officier, et quelle affaire l'avoit amené a
Madrid.

D'Abord que je fus à Madrid, j'établis mon domicile dans un hôtel garni, où demeuroit entre autres perſonnes un vieux Capitaine, qui des extrémités de la Caſtille Nouvelle étoit venu ſolliciter à la Cour une penſion, qu'il croyoit n'avoir que trop méritée. Il s'appelloit Don Annibal de Chinchilla. Ce ne fut pas ſans étonnement que je le vis pour la prémière fois. C'étoit un homme de ſoixante ans, d'une taille giganteſque, et d'une maigreur extraordinaire. Il portoit une épaiſſe mouſtache, qui s'elevoit en ſerpentant des deux côtes juſqu'aux temples. Outre qu'il lui manquoit un bras et une jambe, il avoit la place d'un œil couverte d'une large emplâtre de taffetas verd, et ſon viſage paroiſſoit balafré en pluſieurs endroits. A cela près, il étoit fait comme un autre. De plus, il ne manquoit pas d'eſprit, et moins encore de gravité. Il pouſſoit la morale juſqu'au ſcrupule, et ſe piquoit ſur-tout d'être délicat ſur le point d'honneur.

Après avoir eu avec lui deux ou trois converſations, il m'honora de ſa confiance. Je ſus bientôt toutes ſes affaires. Il me conta dans quelques occaſions il avoit laiſſé un œil à Naples, un bras en Lombardie, et une jambe dans les Pays-Bas. Ce que j'admirai dans les rélations de batailles et de ſieges qu'il me fit, c'eſt qu'il ne lui échappa aucun trait de fanfaron, pas un mot à ſa louange ; quoique je lui euſſe volontiers pardonné de vanter la moitié qui lui reſtoit de lui même, pour ſe dédommager de la perte de l'autre. Les Officiers qui reviennent de la guerre ſains et ſaufs, ne ſont pas tous ſi modeſtes.

Mais il me dit, que ce qui lui tenoit le plus au cœur, c'étoit d'avoir diſſipé des biens conſidérables dans ſes campagnes, deſorte qu'il n'avoit plus que cent ducats de rente ; ce qui ſuffiſoit à peine pour entretenir ſa mouſtache,

payer

payer fon logement, et faire écrire fes placets. Car enfin, Seigneur Cavalier, ajouta-t-il en hauffant les épaules, j'en préfente, Dieu merci, tous les jours fans qu'on y faffe la moindre attention. Vous diriez qu'il y a une gageure entre le prémier Miniftre et moi, et que c'eft à qui de nous deux fe laffera, moi d'en donner, ou lui d'en recevoir. J'ai auffi l'honneur d'en préfenter fouvent au Roi, mais le Curé ne chante pas mieux que fon Vicaire ; et pendant ce tems-là, mon château de Chinchilla tombe en ruïne faute de réparations.

Il ne faut defefpérer de rien, dis-je alors au Capitaine, vous êtes peut-être à la veille de voir payer avec ufure vos peines et vos travaux. Je ne dois pas me flatter de cette efpérance, repondit Don Annibal. Il n'y a pas trois jours que j'ai parlé à un des Sécretaires du Miniftre, et fi j'en crois fes difcours, je n'ai qu'à me tenir gaillard. Et que vous a-t-il donc dit, repris-je, Seigneur Officier? Eft-ce que l'état où vous êtes ne lui a pas paru digne d'une récompenfe? Vous en allez juger, repartit Chinchilla. Ce Secretaire m'a dit tout net: Seigneur Gentilhomme, ne vantez pas tant votre zele et votre fidélité. Vous n'avez fait que votre devoir en vous expofant aux périls pour votre Patrie. La feule gloire qui eft attachée aux belles actions les paye affez, et doit fuffire principalement à un Efpagnol. Il faut donc vous détromper, fi vous regardez comme une dette la gratification que vous follicitez. Si on vous l'accorde, vous devrez uniquement cette grace à la bonté du Roi, qui veut bien fe croire redevable à ceux de fes Sujets qui ont bien fervi l'Etat. Vous voyez par-là, pourfuivit le Capitaine, que j'en dois encore de refte, et que j'ai bien la mine de m'en retourner comme je fuis venu.

On s'intéreffe pour un brave homme qu'on voit fouffrir. Je l'exhortai à tenir bon, je m'offris à lui mettre au net gratuitement fes placets. J'allai même jufqu'à lui ouvrir ma bourfe, et á le conjurer d'y prendre tout l'argent qu'il voudroit. Mais il n'étoit pas de ces gens qui ne fe le font pas dire deux fois dans une pareille occafion. Tout au contraire, fe montrant très délicat là-deffus, il me remercia fièrement de ma bonne volonté. Enfuite, il me dit que pour n'être à charge à perfonne, il s'étoit accoutumé peu à peu à vivre avec tant de fobriété, que le

moindre

moindre aliment fuffifoit pour fa fubfiftance. Ce que n'é-
toit que trop véritable. Il ne vivoit que de ciboules et
d'oignons. Auffi n'avoit-il que la peau et les os. Pour
n'avoir aucun témoin de fes mauvais repas, il s'enfermoit
ordinairement dans fa chambre pour les faire. J'obtins
pourtant de lui, à force de prières, que nous dinerions et
fouperions enfemble. Et trompant fa fierté par une ingénieufe compaffion, je me fis aporter beaucoup plus de
viande et de vin qu'il n'en falloit pour moi. Je l'excitai
à boire et à manger. Il voulut d'abord faire des façons,
mais enfin il fe rendit à mes inftances. Après quoi, devenant infenfiblement plus hardi, il m'aidai de lui-même à
rendre mon plat net et à vuider ma bouteille.

Lorfqu'il eut bu quatre ou cinq coups, et réconcilié
fon eftomac avec une bonne nourriture: En vérité, me
dit-il d'un air gai, vous êtes bien féduifant, Seigneur Gil
Blas, vous me faites faire tout ce qu'il vous plait. Vous
avez des manières qui m'ôtent jufqu'à la crainte d'abufer
de votre humeur bienfaifante. Mon Capitaine me parut
alors fi défait de fa honte, que fi j'euffe voulu faifir ce
moment-là pour le preffer encore d'accepter ma bourfe, je
crois qu'il ne l'auroit pas refufée. Je ne le remis point à
cette épreuve. Je me contentai de l'avoir fait mon Commenfal, et de prendre la peine, non feulement d'écrire
fes placets, mais des les compofer même avec lui. A
force d'avoir mis des homélies au net, j'avois apris à tourner une phrafe. J'étois devenu une efpèce d'Auteur. Le
vieil Officier de fon côté, fe piquoit de favoir bien coucher par écrit: deforte que travaillant tous deux par émul-
lation, nous faifions de morceaux d'éloquence dignes des
plus célebres Régens de Salamanque. Mais nous avions
beau, l'un et l'autre, épuifer notre efprit à femer des
fleurs de Rhétorique dans ces placets, c'étoit, comme on
dit, femer fur le fable. Quelque tour que nous priffions
pour faire valoir les fervices de Don Annibal, la Cour n'y
avoit aucun égard. Ce qui n'engageoit pas ce vieil Inva-
lide à faire l'éloge des Officiers qui fe ruinent à la guerre.
Dans fa mauvaife humeur, il maudiffoit fon étoile, et
donnoit au diable, Naples, la Lombardie, et les Païs-Bas.

Pour furcroît de mortification, il arriva un jour qu'à fa
barbe, un Poëte, produit par le Duc d'Albe, ayant récité
devant le Roi un Sonnet fur la naiffance d'une Infante, fut

gratifié

gratifié d'une penſion de cinq cens ducats. Je crois que le
Capitaine mutilé en ſeroit devenu fou, ſi je n'euſſe pris ſoin
de lui remettre l'eſprit. Qu'avez-vous, lui dis-je en le voyant hors de lui même ? Il n'y a rien là dedans qui doive
vous révolter. Depuis un tems immémorial, les Poëtes
ne ſont-ils pas en poſſeſſion de rendre les Princes tribu-
taires de leurs Muſes ? Il n'eſt point de Tête Couronnée
qui n'ait quelques-uns de ces Meſſieurs-là pour penſion-
naires. Et entre nous, ces ſortes de penſions étant rarement ignorées de l'avenir, conſacrent la liberalité des
Rois ; au-lieu que les autres qu'ils font, ſont ſouvent en
pure perte pour leur renommée. Combien Auguſte a-t-
il donné de recompenſes ? Combien a-t-il fait de penſions
dont nous n'avons aucune connoiſſance ? Mais la Poſté-
rité la plus reculée ſaura, comme nous, que Virgile a reçu de cet Empereur près de deux cens mille écus de bienfaits.

Quelque choſe que je puſſe dire à Don Annibal, le fruit
du Sonnet lui demeura ſur l'eſtomac comme un plomb ;
et ne pouvant le digérer, il ſe réſolut à tout abandonner.
Il voulut néanmoins auparavant, pour joüer de ſon reſte,
préſenter encore un placet au Duc de Lerme. Nous allâmes pour cet effet tous deux chez ce prémier Miniſtre ;
nous y rencontrâmes un jéune-homme, qui, après avoir
ſalué le Capitaine, lui dit d'un air affeƈtueux : Mon cher
et ancien Maître, eſt ce vous que je vois ? Quelle affaire
vous amène chez Monſeigneur ! Si vous avez beſoin d'une
perſonne qui y ait du crédit, ne m'épargnez pas, je vous
offre mes ſervices. Comment donc, Pédrille, lui répondit
l'Officier, à vous entendre il ſemble que vous occupiez
quelque poſte important dans cette maiſon. Du moins,
repliqua le jeune homme, y ai-je aſſez de pouvoir pour
faire plaiſir à un honnête *Hidalgo* comme vous. Cela é-
tant, reprit le Capitaine avec un ſouris, j'ai recours à votre
proteƈtion. Je vous l'accorde, repartit Pédrille. Vous
n'avez qu'à m'aprendre de quoi il eſt queſtion, et je promets de vous faire tirer pié ou aile du prémier Miniſtre.

Nous n'eûmes pas ſitôt mis au fait ce garçon ſi plein de
bonne volonté, qu'il demanda où demeuroit Don Annibal. Puis nous ayant aſſuré que nous aurions de ſes nouvelles le jour ſuivant, il diſparut ſans nous inſtruire de cé
qu'il prétendoit faire, ni même nous dire s'il étoit domeſti-
que

que du Duc de Lerme. Je fus curieux de favoir ce que c'étoit
que ce Pédrille, qui me paroiſſoit ſi éveillé. C'eſt un garçon,
me dit le Capitaine, qui me ſervoit il y a quelques années,
et qui me voyant dans l'indigence, m'y laiſſa pour aller
chercher une meilleure condition. Je ne lui ſai point mauvais gré de cela, il eſt fort naturel de changer pour être
mieux. C'eſt un drolle qui ne manque pas d'eſprit, et
qui eſt intriguant comme tous les diables. Mais malgré
tout ſon ſavoir-faire, je ne compte pas beaucoup ſur le
zèle qu'il vient de témoigner pour moi. Peut-être, lui
dis-je, ne vous ſera-t-il pas inutile. S'il apartenoit, par
exemple, à quelqu'un des princîpaux Officiers du Duc, il
pourroit vous rendre ſervice.   Vous n'ignorez pas que
tout ſe fait par brigue et par cabale chez les Grands :
qu'ils ont des domeſtiques favoris qui les gouvernent ; et
que ceux-ci à leur tour ſont gouvernés par leurs valets.

Le lendemain dans la matinée, nous vîmes arriver Pédrille à notre hôtel.   Meſſieurs, nous dit-il, ſi je ne
m'expliquai pas hier ſur les moyens que j'avois de ſervir
le Capitaine Chinchilla, c'eſt que nous n'étions pas dans
un endroit qui me permît de vous faire une pareille confidence. De plus, j'étois bien-aiſe de ſonder le gué, avant
que de m'ouvrir à vous.   Sachez donc que je ſuis le laquais de confiance du Seigneur Don Rodrigue de Calderone, prémier Sécretaire du Duc de Lerme. Mon Maître, qui eſt fort galant, va preſque tous les ſoirs ſouper
avec un Roſſignol d'Arragon, qu'il tient en cage dans le
quartier de la Cour. C'eſt une jeune fille d'Albarazin,
des plus jolies. Elle a de l'eſprit, et chante à ravir, auſſi
ſe nomme-t-elle la Sennora Siréna. Comme je lui porte
tous les matins un Billet-doux, je viens de la voir. Je
lui ai propoſé de faire paſſer le Seigneur Don Annibal
pour ſon Oncle, et d'engager par cette ſuppoſition ſon
Galant à le proteger. Elle veut bien entreprendre cette
affaire. Outre le petit profit qu'elle y enviſage, elle ſera
charmée qu'on la croie nièce d'un brave Gentilhomme.

Le Seigneur de Chinchilla fit la grimace à ce diſcours.
Il témoigna de la répugnance à ſe rendre complice d'une
eſpièglerie, et encore plus à ſouffrir qu'une Avanturière le
deſhonorât en ſe diſant de ſa famille. Il n'en étoit pas
ſeulement bleſſé par raport à lui ; il voyoit, pour ainſi dire,
là dedans une ignominie retroactive pour ſes ayeux. Cette

delicateſſe

délicateſſe parut hors de ſaiſon à Pédrille, qui en fut choqué. Vous moquez-vous, s'écria-t-il, de le prendre ſur
ce ton-là ? Voilà comme vous êtes faits, vous autres.
Nobles à chaumières, vous avez une vanité ridicule.
Seigneur Cavalier, pourſuivit-il, en m'adreſſant la parole,
n'admirez vous pas les ſcrupules qu'il ſe fait ? Vive Dieu,
c'eſt bien à la Cour qu'il y faut regarder de ſi près! Sous
quelque vilaine forme que la Fortune s'y préſente, on ne
la laiſſe point échapper.

J'aplaudis à ce que dit Pédrille, & nous haranguâmes
ſi bien tous deux le Capitaine, que nous le fîmes malgré
lui devenir Oncle de Siréna. Quand nous eûmes gagné
cela ſur ſon orgueil, nous nous mîmes tous trois à faire,
pour le Miniſtre, un nouveau placet, qui fut revu, aug-
menté et corrigé. Je l'écrivis enſuite proprement, et
Pédrille le porta a l'Aragonnoiſe, qui dès le ſoir même en
chargea le Seigneur Don Rodrigue, à qui elle parla de
façon que ce Secretaire la croyant véritablement nièce du
Capitaine, promit de s'employer pour lui. Peu de jours
après, nous vîmes l'effet de cette manœuvre. Pédrille revint à notre hôtel d'un air triomphant: Bonne nouvelle,
dit-il à Chinchilla. Le Roi fera une diſtribution de Commanderies, de Bénéfices et de Penſions, où vous ne ſerez
pas oublié. Mais je ſuis chargé de vous demander quel
préſent vous prétendez faire à Siréna. Pour moi, je vous
déclare que je ne veux rien. Je préfère a tout l'or du
monde le plaiſir d'avoir contribué à améliorer la fortune
de mon ancien Maître. Il n'en eſt pas de-même de notre
Nymphe d'Albarazin. Elle eſt un peu Juive, lorſqu'il
s'agit d'obliger le prochain. Elle prendroit l'argent de
ſon propre Pere, jugez ſi elle refuſera celui d'un Oncle
ſuppoſé.

Elle n'a qu'à dire ce qu'elle exige de moi, répondit
Don Annibal. Si elle veut tous les ans les tiers de la penſion que j'obtiendrai, je le lui promets; et cela doit lui
ſuffire, quand il s'agiroit de tous les revenus de Sa Majeſté Catholique. Je me fierois bien à votre parole, moi,
repliqua la Mercure de Don Rodrigue, je ſai bien qu'elle
vaut le jeu ; mais vous avez affaire à une petite perſonne
naturellement fort défiante. D'ailleurs, elle aimera beaucoup mieux que vous lui donniez, une fois pour toutes,
les deux tiers d'avance en argent comptant, Eh! ou diable
veut

veut-elle que je les prenne, interrompit brusquement l'Officier? Me croit-elle un Contador Mayor? Il faut que
vous ne l'ayez pas instruite de ma situation. Pardonnez-
moi, repartit Pédrille, elle sait bien que vous êtes plus
gueux que Job: après ce que je lui ai dit, elle ne sauroit
l'ignorer. Mais ne vous mettez pas en peine, je suis un
homme fertile en expédiens. Je connois un vieux coquin
d'Oydor, qui se plaît à prêter ses espèces à dix pour cent.
Vous lui ferez par devant Notaire un transport avec
garantie de la prémière année de votre pension, pour pareille somme que vous reconnoîtrez avoir reçue de lui, et
que vous toucherez en effet à l'intérêt près. A l'égard
de la garantie, le Prêteur se contentera de votre château
de Chinchilla, tel qu'il est, vous n'aurez point de dispute
là-dessus.

Le Capitaine protesta qu'il accepteroit ces conditions,
s'il étoit assez heureux pour avoir quelque part aux graces
qui seroient distribuées le lendemain, ce que ne manqua
pas d'arriver. Il fut gratifié d'une pension de trois cens
pistoles sur une Commanderie. Aussitôt qu'il eut apris
cette nouvelle, il donna toutes les suretés qu'on exigea de
lui, fit ses petites affaires, et s'en retourna dans la Castille
Nouvelle avec quelques pistoles de reste.

CHAPITRE XIII.

Gil Blas rencontre à la Cour son cher Ami Fabrice.
Grande joie de part et d'autre. Où ils allerent tous
deux, et de la curieuse conversation qu'ils eurent en-
semble.

JE m'étois fait une habitude d'aller tous les matins chez
le Roi, où je passois deux ou trois heures entières
à voir entrer et sortir les Grands, qui me paroissoient là
sans cet éclat dont ils sont environnés ailleurs.

Un jour que je me promenois et me carrois dans les
appartemens, y faisant, comme beaucoup d'autres, une assez sotte figure, j'aperçus Fabrice que j'avois laissé à Valladolid au service d'un Administrateur d'Hôpital. Ce qui
m'étonna, c'est qu'il s'entretenoit familiérement avec le
Duc de Médina Sidonia et le Marquis de Ste. Croix. Ces
deux Seigneurs, à ce qu'il me sembloit, prenoient plaisir

à

à l'entendre. Avec cela, il étoit vêtu auſſi proprement qu'un noble Cavalier.

Ne me tromperois-je point, diſois-je en moi-même? Eſt-ce bien-là le fils du Barbier Nunnez? C'eſt peut-être quelque jeune Courtiſan qui lui reſſemble. Je ne demeurai pas longtems dans le doute. Les Seigneurs s'en allerent. J'abordai Fabrice. Il me reconnut dans le moment, me prit par la main, et après m'avoir fait percer la foule avec lui pour ſortir des appartemens: Mon cher Gil Blas, me dit-il en m'embraſſant, je ſuis ravi de te revoir. Que fais-tu à Madrid? Es-tu encore en condition? As-tu quelque charge à la Cour? Dans quel état ſont tes affaires? Rends-moi compte de tout ce qui t'eſt arrivé dépuis ton départ précipité de Valladolid. Tu me demandes bien des choſes à la fois, lui répondis-je, et nous ne ſommes pas dans un lieu propre à conter des avantures. Tu as raiſon, reprit-il, nous ſerons mieux chez moi. Viens, je vais t'y mener, ce n'eſt pas loin d'ici. Je ſuis libre, agréablement logé, parfaitement bien dans mes meubles, je vis content et ſuis heureux, puiſque je crois l'être.

J'acceptai le parti, et me laiſſai entraîner par Fabrice, qui me fit arreter devant une maiſon de belle apparence, où il me dit qu'il demeuroit. Nous traverſâmes une cour, où il y avoit d'un côté un grand eſcalier qui conduiſoit à des appartemens ſuperbes, et de l'autre une petite montée auſſi obſcure qu'étroite, par où nous montâmes au logement qui m'avoit été vanté. Il conſiſtoit en une ſeule chambre, de laquelle mon ingénieux ami s'en étoit fait quatre, ſéparées par des cloiſons de ſapin. La prémière ſervoit d'antichambre à la ſeconde où il couchoit, il faiſoit ſon cabinet de la troiſième, et ſa cuiſine de la dernière. La chambre et l'antichambre étoient tapiſſées de Cartes Géographiques, de Théſes de Philoſophie, et les meubles répondoient à la tapiſſerie. C'étoit un grand lit de brocard tout uſé, de vieilles chaiſes de ſerge jaune, garnies d'une frange de ſoie de Grenade de la même couleur, un table à piés dorés, couverte d'un cuir qui paroiſſoit avoir été rouge, et bordée d'une crépine de faux or devenu noir par laps de tems, avec une armoire d'ébéne ornée de figures groſſièrement ſculptées. Il avoit pour bureau dans ſon cabinet une petite table, et

ſa

sa bibliothèque étoit composée de quelques livres avec plusieurs liasses de papiers qu'on voyoit sur des ais disposés par étages le long du mur. Sa cuisine, qui me déparoit pas le reste, contenoit de la poterie et d'autres utenciles nécessaires.

Fabrice, après m'avoir donné le loisir de considérer son appartement, me dit : Que penses-tu de mon ménage et de mon logement ? N'en es-tu pas enchanté ? Oui, ma foi, lui répondis-je en souriant. Il faut que tu ne fasses pas mal tes affaires à Madrid, pour y être si bien nipé. Tu as sans-doute quelque Commission. Le Ciel m'en préserve, repliqua-t-il ? Le parti que j'ai pris est au-dessus de tous les emplois. Un homme de distinction, à qui cet hôtel appartient, m'y a donné une chambre, dont j'ai fait quatre pièces que j'ai meublées comme tu vois. Je ne m'occupe que des choses qui me font plaisir, et je ne sens pas la nécessité. Parle-moi plus clairement, interrompis-je. Tu irrites l'envie que j'ai d'aprendre ce que tu fais. Hé bien, me dit-il, je vais te contenter. Je suis devenu Auteur, je me suis jetté dans le bel esprit, j'écris en vers et en prose, je suis au poil et à la plume.

Toi, Favori d'Apollon, m'écriai-je en riant ! voilà ce que je n'aurois jamais deviné. Je serois moins surpris de te voir tout autre chose. Quels charmes as-tu donc pu trouver dans la condition des Poëtes ? Il me semble que ces gens-là sont méprisés dans la Vie Civile, et qu'ils n'ont pas un ordinaire reglé. Hé fi, s'écria-t-il à son tour ! tu me parles de ces misérables Auteurs, dont les Ouvrages sont le rebut des Libraires et des Comédiens. Faut-il s'étonner si l'on n'estime pas de semblables Ecrivains ? Mais les bons, mon ami, sont sur un meilleur pié dans le monde ; et je puis dire sans vanité, que je suis du nombre de ceux-ci. Je n'en doute pas, lui dis-je, tu es un garçon plein d'esprit. Ce que tu composes ne doit pas être mauvais. Je ne suis en peine que de savoir comment la rage d'écrire a pu te prendre.

Ton étonnement est juste, reprit Nunnez. J'étois si content de mon état chez le Seigneur Manuel Ordognez, que je n'en souhaitois pas d'autre. Mais mon génie s'élevant peu à peu comme celui de Plaute au-dessus de la servitude, je composai une Comédie que je fis représenter

par

par des Comédiens qui jouoient à Valladolid. Quoiqu'elle ne valût pas le diable, elle eut néanmoins un fort
grand fuccès. Je jugeai par-là que le Public étoit une
bonne vache à laît, qui fe laiffoit aifément traire. Cette
réflexion et la fureur de faire de nouvelles Piéces me dé-
tacherent de l'Hôpital. L'amour de la Poëfie m'ota celui des Richeffes. Je réfolus de me rendre à Madrid,
comme au centre des Beaux-Efprits, pour y former mon
gôut. Je demandai mon congé à l'Adminiftrateur, qui
ne me le donna qu'à regret, tant il avoit d'affection pour
moi. Fabrice, me dit-il, aurois-tu quelque fujet de mé-
contentement? Non, lui répondis-je, Seigneur. Vous
êtes le meilleur de tous les Maîtres, et je fuis pénétré de vos
bontés. Mais vous favez qu'il faut fuivre fon étoile. Je
me fens né pour éternifer mon nom par des Ouvrages d'e-
fprit. Quelle folie, me repliqua ce bon Bourgeois! Tu
as déja pris racine à l'Hôpital, tu es du bois dont on fait
les Oeconomes, et quelquefois même les Adminiftrateurs.
Tu veux quiter le folide pour t'occuper de fadaifes. Tant
pis pour toi, mon enfant.

L'Adminiftrateur voyant qu'il combattoit inutilement
mon deffein, me paya mes gages, et me fit préfent d'une
cinquantaine de ducats pour reconnoître mes fervices.
De manière qu'avec cela, et ce que je pouvois avoir gra-
pillé dans les petites commiffions dont on avoit chargé
mon intégrité, je fus en état, en arrivant à Madrid, de
me mettre proprement: ce que je ne manquai pas de
faire, quoique les Ecrivains de notre Nation ne fe pi-
quent guères de propreté. Je connus bientôt *Lope de
Vega Carpio*, *Miguel Cervantez de Saavédra*, et les
autres fameux Auteurs: mais préférablement a ces Grands-
Hommes, je choifis pour mon Précepteur un jeune Bachelier Cordouan, l'incomparable *Don Louis de Gongora*,
le plus beau génie que l'Efpagne aît jamais produit. Il
ne veut pas que fes Ouvrages foient imprimés de fon vivant, il fe contente de les lire à fes amis. Ce qu'il a de
particulier, c'eft que la Nature l'a doué du rare talent de
réuffir dans toutes fortes de Poëfies. Il excelle principalement dans les Pièces Satyriques, voilà fon fort. Ce
n'eft pas, comme Lucilius, un Fleuve bourbeux qui en-
traîne avec lui beaucoup de limon, c'eft le Tage qui roule
des eaux pures fur un fable d'or.

Tu

Tu me fais, dis-je à Fabrice, un beau portrait de ce Bachelier ; et je ne doute pas qu'un perſonnage de ce mérite-là n'ait bien des envieux. Tous les Auteurs, répondit-il, tant bons que mauvais, ſe déchaînent contre lui. Il aime l'enflure, dit l'un, les pointes, les métaphores, et les tranſpoſitions. Ses vers, dit un autre, ont l'obſcurité de ceux que les Prêtres Saliens chantoient dans leurs proceſſions, et que perſonne n'entendoit. Il y en a même qui lui reprochent de faire tantôt des Sonnets ou des Romances, tantôt des Comédies, des Dixains, et des Létrilles, comme s'il avoit follement entrepris d'effacer les meilleurs Ecrivains dans tous les genres. Mais tous ces traits de jalouſie ne font que s'émouſſer contre une Muſe chérie des Grands et de la multitude.

C'eſt donc ſous un ſi habile Maitre que j'ai fait mon aprentiſſage, et j'oſe dire qu'il y paroit. J'ai ſi bien pris ſon eſprit, que je compoſe déja des morceaux abſtraits qu'il avoueroit. Je vais à ſon exemple débiter ma marchandiſe dans les grandes Maiſons, où l'on me reçoit à merveille, et où j'ai affaire à des gens qui ne ſont pas fort difficiles. Il eſt vrai, j'ai le débit ſéduiſant, ce qui ne nuit pas à mes compoſitions. Enfin, je ſuis aimé de pluſieurs Seigneurs, et je vis ſur-tout avec le Duc de Médina Sidonia comme Horace vivoit avec Mécénas. Voilà, pourſuivit Fabrice, de quelle manière j'ai été métamorphoſé en Auteur. Je n'ai plus rien à te conter, c'eſt à toi, Gil Blas, à chanter tes exploits.

Alors je pris la parole, et ſuprimant toute circonſtance indifférente, je lui fis le détail qu'il demandoit. Après cela il fut queſtion de diner. Il tira de ſon armoire d'ébéne des ſerviettes, du pain, un reſte d'épaule de mouton rôti, une bouteille d'excellent vin, et nous nous mîmes à table avec toute la gayeté de deux amis qui ſe rencontrent après une longue ſéparation. Tu vois, me dit-il, ma vie libre et indépendante. J'irois, ſi je voulois, tous les jours manger chez les Perſonnes de qualité ; mais outre que l'amour du travail me retient ſouvent au logis, je ſuis un petit Ariſtippe. Je m'accommode également du grand monde et de la retraite, de l'abondance et de la frugalité.

Nous trouvâmes le vin ſi bon, qu'il falut tirer de l'armoire une ſeconde bouteille. Entre la poire et le fromage, je lui témoignai que je ſerois bien-aiſe de voir quel-

quelqu'une de ses productions. Aussitôt il chercha parmi
ses papiers un Sonnet, qu'il me lut d'un air emphatique.
Néanmoins, malgré le charme de la lecture, je trouvai
l'ouvrage si obscur, que je n'y compris rien du tout. Il
s'en apperçut. Ce Sonnet, me dit-il, ne te paroit pas
fort clair, n'est-ce pas? Je lui avouai que j'y aurois
voulu un peu plus de netteté. Il se mit à rire à mes dépens. Si ce Sonnet, reprit-il, n'est guères intelligible,
tant mieux. Les Sonnets, les Odes et les autres Ouvrages qui veulent du sublime, ne s'accommodent pas du
simple et du naturel. C'est l'obscurité qui en fait tout le
mérite. Il suffit que le Poëte croie s'entendre. Tu te
moques de moi, interrompis-je, mon ami, il faut du bon
sens et de la clarté dans toutes les Poësies, de quelque
nature qu'elles soient. Et si ton incomparable Gongora
n'écrit pas plus clairement que toi, je t'avoue que j'en
rabas bien. C'est un Poëte qui ne peut tout au plus
tromper que ton siècle. Voyons présentement de ta
prose.

Nunnez me fit voir une Préface qu'il prétendoit, disoit-il, mettre à la tête d'un Recueil de Comédies qu'il a-
voit sous presse. Ensuite il me demanda ce que j'en pensois. Je ne suis pas, lui dis-je, plus satisfait de ta prose
que de tes vers. Ton Sonnet n'est qu'un pompeux gali-
matias; et il y a dans ta Préface des expressions trop
recherchées, des mots qui ne sont point marqués au coin
du Public, des phrases entortillées pour ainsi dire; en un
mot, ton stile est singulier, les livres de nos bons et anciens Auteurs ne sont pas écrits comme cela. Pauvre ig-
norant, s'écria Fabrice! Tu ne sais pas que tout *Prosa-
teur* qui aspire aujourd'hui à la reputation d'une plume
délicate, affecte cette singularité de stile, ces expressions
détournées qui te choquent. Nous sommes cinq ou six
Novateurs hardis, qui avons entrepris de changer la
langue du blanc au noir. Et nous en viendrons à bout,
s'il plaît à Dieu, en dépit de Lope de Véga, de Cervantez, et de tous les autres Beaux-Esprits qui nous chicanent
sur nos nouvelles façons de parler. Nous sommes se-
condés par un nombre de Partisans de distinction, nous
avons dans notre cabale jusqu'à des Théologiens.

Après tout, continua-t-il, notre dessein est louable; et
le préjugé à part, nous valons mieux que ces Ecrivains.

natu-

naturels, qui parlent commé le commun des hommes.
Je ne fai pas pourquoi il y a tant d'honnêtes-gens qui les
eltiment. Cela étoit fort bon à Athènes et à Rome, où
tout le monde étoit confondu, et c'eft pourquoi Socrate
dit à Alcibiade, *que le Peuple eft un excellent Maitre de
Langue.* Mais à Madrid nous avons un bon et un mauvais ufage, et nos Courtifans s'expriment autrement que
nos Bourgeois, tu peux m'en croire. Enfin, notre ftile
nouveau l'emporte fur celui de nos Antagoniftes. Je
veux, par un feul trait, te faire fentir la différence qu'il
y a de la gentilleffe de notre diction à la platitude de la
leur. Ils diroient par exemple tout uniment, *Les Inter-
mèdes* embelliffent *une Comédie*; et nous, nous difons
plus joliment, *Les Intermedes* font beauté *dans une Comédie.* Rémarque bien ce *font beauté.* En fens-tu tout
le brillant, toute la délicateffe, tout le mignon!

J'interrompis mon Novateur par un éclat de rire. Va
Fabrice, lui dis-je, tu es un original avec ton langage
précieux. Et moi, répondit-il, tu n'es qu'une bête
avec ton ftile naturel. *Allez,* pourfuivit-il, en m'apliquant ces paroles de l'Archevêque de Grenade, *allez
trouver mon Tréforier, qu'il vous compte cent ducats, et
que le Ciel vous conduife avec cette fomme; adieu, Monfieur Gil Blas, je vous foubaite un peu plus de goût.* Je
renouvellai mes ris à cette faillie, et Fabrice me pardon-
nant d'avoir parlé avec irrévérence de fes Ecrits, ne perdit rien de fa belle humeur. Nous achevâmes de boire
notre feconde bouteille. Après quoi nous nous levâmes
de table, tous deux affez bien conditionnés. Nous fortî-
mes dans le deffein de nous aller promener au Prado;
mais en paffant devant la porte d'un Marchand de Liqueurs, il nous prit fantaifie d'entrer chez lui.

Il y avoit ordinairement bonne compagnie dans cet
endroit-là. Je vis dans deux falles féparées, des Cavaliers qui s'amufoient différemment. Dans l'une, on jouoit
à la prîme et aux échecs; et dans l'autre, dix à douze perfonnes étoient fort attentives à écouter deux Beaux Efprits de profeffion qui difputoient. Nous n'eûmes pas
befoin de nous aprocher d'eux, pour entendre qu'une
propofition de Métaphyfique faifoit le fujet de leur difpute; car ils parloient avec tant ce chaleur et d'emportement, qu'ils avoient l'air de deux poffédés. Je m'imagine

gine que fi on leur eût mis fous le nez l'Anneau d'Eléa-
zar, on auroit vu fortir des Démons par leurs narines.
Hé, bon Dieu, dis-je a mon Compagnon, *quelle vivaci-
tè, quels poûmons!* Ces Difputeurs étoient nés pour
être des Crieurs publics. La plupart des hommes font
déplacés. *Oui vraiment,* répondit-il ; ces gens-ci font
apparemment de la race de Novius, ce Banquier Romain,
dont la voix s'élevoit au deffus du bruit des Charretiers.
Mais, ajouta-t-il, ce qui me dégoûteroit le plus de leurs
difcours, c'eft qu'on en a les oreilles infructueufement
étourdies. Nous nous éloignâmes de ces Métaphyfici-
ens bruyans, et par-là je fis avorter une migraine qui
commençoit à me prendre. Nous allâmes nous placer
dans un coin de l'autre falle, d'où, en buvant des liqueurs
rafraîchiffantes, nous nous mîmes à examiner les Cavaliers
qui entroient et ceux qui fortoient. Nunnez les connoiffoit prefque tous. *Vive Dieu,* s'écria-t-il, la difpute
de nos Philofophes ne finira pas fitôt! Voici des troupes
fraîches qui arrivent. Ces trois hommes qui entrent vont
fe mettre de la partie. Mais vois-tu ces deux originaux
qui fortent! Ce petit Perfonnage bazané, fec, et dont les
cheveux plats et longs lui defcendent par égale portion
par devant et par derrière, s'apelle *Don Julien de Villa-
nunno*. C'eft un jeune Oydor qui tranche du Petit-Maître.
Nous allâmes, un de mes amis et moi, diner chez lui l'autre jour. Nous le furprîmes dans une occupation affez
fingulière. Il fe divertiffoit dans fon cabinet à jetter et à
fe faire apporter par un grand levrier les facs d'un Procès
dont il eft Raporteur, et que le chien déchiroit à belles
dents. Ce Licentié qui l'accompagne, cette face rubi-
conde, fe nomme *Don Chérubin Tonto.* C'eft un Chanoine de l'Eglife de Tolède, le plus imbécille mortel
qu'il y ait au monde. Cependant, à fon air riant et
fpirituel, vous lui donneriez beaucoup d'efprit. Il a des
yeux brillans, avec un rire fin et malicieux. On diroit
qu'il penfe très finement. Lit-on devant lui un Ouvrage
délicat? il l'écoute avec une attention que vous croyez
pleine d'intelligence, et toutefois il n'y comprend rien.
Il étoit du repas chez l'Oydor. On y dit mille jolies
chofes, une infinité de bons-mots. Don Chérubin ne
parla pas, mais il aplaudiffoit avec des grimaces et des

dé-

démonſtrations qui paroiſſoient ſupérieures aux ſaillies
mêmes qui nous échappoient.

Connois-tu, dis-je à Nunnez, ces deux mal peignés,
qui, les coudes apuyés ſur une table, s'entretiennent tout
bas dans ce coin, en ſe ſoufflant au nez leurs haleines?
Non, me répondit-il, ces viſages-là me ſont inconnus.
Mais, ſelon toutes les apparences, ce ſont des Politiques
de Caffés, qui cenſurent le Gouvernement. Conſidère ce
gentil Cavalier qui ſiffle en ſe promenant dans cette ſalle,
et en ſe ſoutenant tantôt ſur un pié et tantôt ſur un autre.
C'eſt Don Auguſtin Moréto, un jeune Poëte, qui n'eſt pas
né ſans talent, mais que les flateurs et les ignorans ont
rendu preſque fou. L'homme que tu vois qu'il aborde,
eſt un de ſes Confrères, qui fait de la proſe rimée, et que
Diane a auſſi frappé.

Encore des Auteurs, s'écria-t-il en me montrant deux
Hommes d'Epée qui entroient. Il ſemble qu'ils ſe ſoient tous donné le mot pour venir ici paſſer en revue devant toi. Tu vois Don Bernard Deſſenguado, et Don
Sébaſtien de Villa Vicioſa. Le prémier eſt un Eſprit plein
de fiel, un Auteur né ſous l'étoile de Saturne, un Mortel
malfaiſant, qui ſe plaît à haïr tout le monde, et qui n'eſt
aimé de perſonne. Pour Don Sébaſtien c'eſt un Garçon
de bonne foi, un Auteur qui ne veut rien avoir ſur la
conſcience. Il a depuis peu mis au Théatre une Pièce,
qui a eu une réuſſite extraordinaire; et il la fait imprimer, pour n'abuſer pas plus longtems de l'eſtime du
Public.

Le charitable Elève de Gongora ſe préparoit à continuer de m'expliquer les figures du tableau changeant que
nous avions devant les yeux, lorſqu'un Gentilhomme du
Duc de Médina Sidonia vint l'interrompre en lui diſant:
Seigneur Don Fabricio, je vous cherchois pour vous a-
vertir que Monſieur le Duc voudroit bien vous parler, il
vous attend chez lui. Nunnez, qui ſavoit qu'on ne peut
ſatisfaire aſſez-tôt un Grand Seigneur qui ſouhaite quelque choſe, me quita dans le moment, pour aller trouver
ſon Mécénas, me laiſſant fort étonné de l'avoir entendu
traiter de Don, et de le voir ainſi devenu noble en dépit
de Maître Chryſoſtôme le Barbier ſon Pere.

CHA-

CHAPITRE XIV.

Fabrice place Gil Blas auprès du Comte Galiano, Seigneur Sicilien.

J'AVOIS trop d'envie de revoir Fabrice, pour n'être pas chez lui le lendemain de grand matin. Je donne le bon-jour, dis-je en entrant, au Seigneur Don Fabricio, la fleur, ou plutôt le champignon de la Noblesse Asturienne. A ces paroles, il se mit à rire. Tu as donc remarqué, s'écria-t-il, qu'on m'a traité de Don? Oui, mon Gentil-homme, lui répondis-je, et vous me permettrez de vous dire, qu'hier en me contant votre métamorphose, vous oubliâtes le meilleur. D'accord, repliqua-t-il; mais en vérité, si j'ai pris ce titre d'honneur, c'est moins pour contenter ma vanité, que pour m'accommoder à celle des autres. Tu connois les Espagnols. Il ne font aucun cas d'un honnête-homme, s'il a le malheur de manquer de bien et de naissance. Je te dirai de plus, que je vois tant de gens qui se font apeller Don François, Don Pèdre, ou Don comme tu voudras, que s'il n'y a point de tricherie dans leur fait, tu conviendras que la Noblesse est une chose bien commune, et qu'un Roturier qui a du mé-rite, lui fait honneur quand il veut bien s'y agréger.

Mais changeons de matière, ajouta-t-il. Hier au soir au souper du Duc de Médina Sidonia, où entre autres Convives étoit le Comte Galiano, Grand-Seigneur Sicili-en, la conversation tomba sur les effets ridicules de l'a-mour-propre. Charmé d'avoir de quoi réjouir la com-pagnie là-dessus, je la régalai de l'histoire des homélies. Tu t'imagines bien qu'on en a ri, et qu'on en a donné de toutes les façons à ton Archevêque. Ce qui n'a pas pro-duit un mauvais effet pour toi; car on t'a plaint, et le Comte Galiano, après m'avoir fait force questions sur ton chapitre, auxquelles tu peux croire que j'ai répondu com-me il falloit, m'a chargé de te mener chez lui. J'allois te chercher tout-à-l'heure pour t'y conduire. Il veut ap-paremment te proposer d'être un de ses Sécrétaires. Je ne te conseille pas de rejetter ce parti. Le Comte est riche, et fait à Madrid une dépense d'Ambassadeur. On dit qu'il est venu à la Cour pour conférer avec le Duc de

Lerme

Lerme ſur des Biens Royaux que ce Miniſtre a deſſein d'aliéner en Sicile. Enfin le Comte Galiano, quoique Sicilien, paroît généreux, plein de droiture et de franchiſe. Tu ne ſaurois mieux faire que de t'attacher à ce Seigneur là. C'eſt lui probablement qui doit t'enrichir, ſuivant ce qu'on t'a prédit à Grenade.

J'avois réſolu, dis-je à Nunnez, de battre un peu le pavé, et de me donner du bon tems, avant que de me remettre à ſervir ; mais tu me parles du Comte Sicilien d'une manière qui me fait changer de réſolution, je voudrois deja être auprès de lui. Tu y ſeras bientôt, reprit-il, ou je ſuis fort trompé. Nous ſortîmes en même tems tous deux pour aller chez le Comte, qui occupoit la maiſon de Don Sanche d'Avila ſon ami, qui étoit alors à la campagne.

Nous trouvâmes dans la cour, je ne ſai combien de pages et de laquais qui portoient une livrée auſſi riche que galante, et dans l'antichambre pluſieurs Ecuyers, Gentilshommes et autres Officiers. Ils avoient tous des habits magnifiques, mais avec cela des faces ſi baroques, que je crus voir une troupe des Singes vêtus à l'Eſpagnole. Il y a des mines d'hommes et de femmes pour qui l'art ne peut rien.

On annonça Don Fabricio, qui fut introduit un moment après dans la chambre, où je le ſuivis. Le Comte en robe de chambre, étoit aſſis ſur un ſopha, et prenoit ſon chocolat. Nous le ſaluâmes avec toutes les demonſtrations d'un profond reſpect ; il nous fit de ſon côté une inclination de tête, accompagnée de regards ſi gracieux, que je me ſentis d'abord gagner l'ame. Effet admirable, et pourtant ordinaire, que fait ſur nous l'accueil favorable des Grands ! Il faut qu'ils nous reçoivent bien mal, quand ils nous déplaîſent.

Après avoir pris ſon chocolat, il s'amuſa quelque tems à badiner avec un gros Singe qu'il avoit auprès de lui, et qu'il apelloit Cupidon. Je ne ſai pourquoi on avoit donné le nom de ce Dieu à cet animal, ſi ce n'eſt à cauſe qu'il en avoit toute la malice ; car il ne lui reſſembloit nullement d'ailleurs. Il ne laiſſoit pas, tel qu'il étoit, de faire les délices de ſon Maître, qui étoit ſi charmé de ſes gentilleſſes, qu'il l'avoit ſans ceſſe dans ſes bras. Nunnez et moi, quoique peu divertis des gambades du Singe, nous
fîmes

Fîmes semblant d'en être enchantés. Cela plut fort au Sicilien, qui suspendit le plaisir qu'il prenoit à ce passe-tems, pour me dire, Mon ami, il ne tiendra qu'à vous d'être un de mes Secretaires. Si le parti vous convient, je vous donnerai deux cens pistoles tous les ans: il suffit que Don Fabricio vous présente, et réponde de vous. Oui, Seigneur, s'écria Nunnez, je suis plus hardi que Platon, qui n'osoit répondre d'un de ses amis, qu'il envoyoit à Denis le Tyran. Je ne crains pas de m'attirer des reproches.

Je remerciai par une révérence le Poëte des Asturies de sa hardiesse obligeante; puis m'adressant au Patron, je l'assurai de mon zèle et de ma fidélité. Ce Seigneur ne vit pas plutôt que sa proposition m'étoit agréable, qu'il fit apeller son Intendant, à qui il parla tout bas. Ensuite il me dit, Gil Blas, je vous aprendrai tantôt à quoi je prétens vous employer. Vous n'avez, en attendant, qu'à suivre mon Homme d'affaires, il vient de recevoir des ordres qui vous regardent. J'obéis, laissant Fabrice avec le Comte et Cupidon.

L'Intendant, qui étoit un Messinois des plus fins, me conduisit à son appartement, en m'accablant d'honnêtetés. Il envoya chercher le Tailleur qui avoit habillé toute la maison, et lui ordonna de me faire promptement un habit de la même magnificence que ceux des principaux Officiers. Le Tailleur prit ma mesure, et se retira. Pour votre logement, me dit le Messinois, je sai une chambre qui vous conviendra. Eh! avez-vous déjeuné, poursuivit-il? Je répondis que non. Ah, pauvre garçon que vous êtes, reprit-il, que ne parlez-vous! Venez, je vais vous mener dans un endroit, où, graces au Ciel, il n'y a qu'à demander tout ce qu'on veut pour l'avoir.

A ces mots, il me fit descendre à l'Office, où nous trouvâmes le Maître-d'hotel, qui étoit un Napolitain, qui valoit bien un Messinois. On pouvoit dire de lui et de l'Intendant, que les deux en faisoient la paire. Cet honnête Maître-d'hôtel étoit avec cinq ou six de ses amis, qui s'empiffroient de jambons, de langues de bœuf, et d'autres viandes salées, qui les obligeoient à boire coup sur coup. Nous nous joignîmes à ces bons vivans, et les aidâmes à fesser les meilleurs vins de Monsieur le Comte. Pendant que ces choses se passoient à l'Office, il s'en pas-

foit d'autres à la cuifine. Le Cuifinier régaloit auffi trois
ou quatre Bourgeois de fa connoiffance, qui fe rempliffoient l'eftomac de pâtés de lapins et de perdrix.)Il n'y a-
voit pas jufqu'aux Marmitons qui ne fe donnaffent au cœur
joie de tout ce qu'ils pouvoient efcamotter.) Je me crus
dans une maifon abandonnée au pillage, cependant ce
n'étoit rien que cela. Je ne voyois que des bagatelles, en
comparaifon de ce que je ne voyois pas.

C H A P I T R E XV.

Des Emplois que le Comte Galiano donna dans fa maifon
à Gil Blas.

JE fortis pour aller chercher mes hardes, et les faire apporter à ma nouvelle demeure. Quand je revins, le
Comte étoit à table avec plufieurs Seigneurs et le Poëte
Nunnez, lequel d'un air aifé fe faifoit fervir, et fe méloit
à la converfation. Je remarquai même qu'il ne difoit pas
un mot, qui ne fît plaifir à la compagnie. Vive l'efprit! quand on en a, on fait bien tous les perfonnages
qu'on veut.

Pour moi je dinai avec les Officiers, qui furent traités,
à peu de chofe près, comme le Patron. Après le repas,
je me retirai dans ma chambre, où je me mis à réfléchir
fur ma condition. Hé bien, me dis-je, Gil Blas, te voilà
donc auprès d'un Comte Sicilien dont tu ne connois pas le
caractère. A juger fur les apparences, tu feras dans fa
maifon comme le poiffon dans l'eau. Mais il ne faut jurer
de rien, et tu dois te défier de ton étoile, dont tu n'as
que trop fouvent éprouvé la malignité. Outre cela, tu
ignores à quoi il te deftine. Il a des Sécretaires et un Intendant, quels férvices veut-il donc que tu lui rendes? Apparemment qu'il a deffein de te faire porter le Caducée. A
la bonne heure. On ne fauroit être fur un meilleur pié
chez un Seigneur, pour faire fon chemin en pofte. En
rendant de plus honnêtes férvices, on ne marche que pas
à pas, et encore n'arrive-t-on pas toujours à fon but.

Tandis que je faifois de fi belles réflexions, un laquais
vint me dire que tous les Cavaliers qui avoient diné à
l'hôtel, venoient de fortir pour s'en retourner chez eux,
et que Monfieur le Comte me demandoit. Je volai auffitôt

tôt à son appartement, où je le trouvai couché sur le
Sopha, et prèt à faire la *fieste* avec son Singe, qui étoit à
côté de lui.

Aprochez, Gil Blas, me dit-il, prenez un siège et
m'écoutez. Je fis ce qu'il m'ordonnoit, et il me parla
dans ces termes. Don Fabricio m'a dit, qu'entre autres
bonnes qualités vous aviez celle de vous attacher à vos
Maitres, et que vous étiez un garçon plein d'intégrité.
Ces deux choses m'ont déterminé à vous proposer d'être
à moi. J'ai besoin d'un domestique affectionné, qui é-
pouse mes intérets, et qui mette tout son attention à conferver mon bien. Je fuis riche à-la-vérité, mais ma dépenfe va tous les ans fort au-delà de mes revenus. Eh
pourquoi ? C'est qu'on me pille. Je fuis dans ma maifon,
comme dans un bois rempli de voleurs. Je foupçonne
mon Maître-d'hôtel et mon Intendant de s'entendre enfemble, en voilà plus qu'il n'en faut pour me ruiner de
fond en comble. Vous me direz que fi je les crois fri-
pons, je n'ai qu'à les chaffer. | Mais où en prendre d'au-
tres qui foient pétris d'un meilleur limon ? Je me contenterai de les faire obferver l'un et l'autre, par un homme
qui aura droit infpection fur leur conduite, et c'est vous
que je choifis pour remplir cette commiffion. Si vous vous
en acquitez bien, foyez fûr que vous ne fervirez pas un ingrat. J'aurai foin de vous établir en Sicile très avantageufement.

Après m'avoir tenu ce difcours, il me renvoya ; et dès
le foir même, devant tous les domestiques, je fus pro-
clamé Surintendant de la maifon. Le Meffinois et la Napolitain n'en furent pas d'abord fort mortifiés, parce que je
leur paroiffois un gaillard de bonne compofition, et qu'ils
comptoient qu'en partageant avec moi le gâteau, ils iroi-
ent toujours leur train. Mais ils fe trouverent bien fots le
jour fuivant, lorfque je leur déclarai que j'étois ennemi de
toute malverfation. Je demandai au Maître-d'hôtel un
état des provifions. Je vifitai la cave. Je pris auffi connoiffance de tout ce qu'il y avoit dans l'office, je veux dire
de l'argenterie et du linge. Je les exhortai enfuite tous
deux à ménager le bien du Patron, à ufer d'épargne dans
la dépenfe, et je finis mon exhortation, en leur proteftant
que j'avertirois ce Seigneur de toutes les mauvaifes man-
œuvres que je verrois faire chez lui.

Je

Je n'en demeurai pas-là. Je voulus avoir un Espion,
pour découvrir s'il y avoit de l'intelligence entre eux. Je
jettai les yeux sur un Marmiton, qui s'étant laissé gagner
par mes promesses, me dit que je ne pouvois mieux m'a-
dresser qu'à lui pour être instruit de tout ce qui se passoit
au logis: Que le Maître-d'hôtel et l'Intendant étoient d'accord ensemble, et bruloient la chandelle par les deux
bouts: Qu'ils détournoient tous les jours la moitié des
viandes qu'on achetoit pour la mason: Que le Napolitain
avoit soin d'une Dame qui demeuroit vis-à-vis le Collège
de Saint Thomas, et que le Messinois en entretenoit une
autre à la Porte du Soleil: Que ces deux Messieurs faisoient porter tous les matins chez leurs Nymphes toutes sortes
de provisions: Que le Cuisinier de son côté envoyoit de
bons plats à une Veuve qu'il connoissoit dans le voisinage, et qu'en faveur des services qu'il rendoit aux deux
autres, à qui il étoit tout dévoué, il disposoit comme eux
des vins de la cave: Enfin que ces trois domestiques étoient
cause qu'il se faisoit une dépense horrible chez Monsieur
le Comte. Si vous doutez de mon rapport, ajouta le Marmiton, donnez-vous la peine de vous trouver demain matin sur les sept heures auprès du Collège de Saint Thomas,
vous me verrez chargé d'une hotte qui changera votre
doute en certitude. Tu es donc, lui dis-je, commission-
naire de ces galans pourvoyeurs? Je suis, répondit-il, employé par le Maître-d'hotel, et un de mes camarades fait
les messages de l'Intendant.

J'eus le lendemain la curiosité de me rendre à l'heure
marquée auprès du Collège de Saint Thomas. Je n'attendis pas longtems mon espion. Je le vis arriver avec
une grande hotte toute pleine de viande de boucherie, de
volaille et de gibier. Je fis l'inventaire des pièces, et j'en
dressai sur mes tablettes un petit procès verbal, que j'allai
montrer à mon Maître, après avoir dit au Fouille-au-pot,
qu'il pouvoit, comme à son ordinaire, s'acquiter de sa
commission.

Le Seigneur Sicilien, qui étoit fort vif de son naturel,
voulut dans son prémier mouvement chasser le Napolitain
et le Messinois; mais après y avoir fait réflexion, il se
contenta de se défaire du dernier, dont il me donna la
place. Ainsi ma charge de Surintendant fut suprimée
peu de tems après sa creation, et franchement je n'y eus

                                                    point

point de regret. Ce n'étoit à proprement parler qu'un emploi honorable d'Espion, qu'un poste qui n'avoit rien de solide ; au-lieu qu'en devenant Monsieur l'Intendant, je me vois maître du coffre fort, et c'est là le principal. C'est toujours ce domestique là qui tient le prémier rang dans une grande maison ; et il y a tant de petits bénéfices attachés à son administration, qu'il s'enrichiroit, quand même il seroit honnête homme. —

Mon Napolitain, qui n'étoit pas au bout de ses finesses, remarquant que j'avois un zèle brutal, et que je me mettois sur le pié de voir tous les matins les viandes qu'il achetoit, et d'en tenir régître, cessa d'en détourner ; mais le bourreau continua d'en prendre la même quantité chaque jour. Par cette ruse, augmentant le profit qu'il tiroit de la désserte de la table, qui lui apartenoit de droit, il se mit en état d'envoyer du-moins de la viande cuite à sa Mignonne, s'il ne pouvoit plus lui en fournir de crue. Le diable enfin n'y perdoit rien, et le Comte n'étoit guères plus avancé d'avoir le Phénix des Intendans. L'abondance excessive que je vis alors règner dans le repas, me fit deviner ce nouveau tour, et j'y mis aussitôt bon ordre, en retranchant le superflu de chaque service. Ce que je fis toutefois avec tant de prudence, qu'on n'y aperçut point un air d'épargne. On eût dit que c'étoit toujours la même profusion. Et néanmoins, par cette œconomie, je ne laissai pas de diminuer considérablement la dépense. Voilà ce que le Patron demandoit. Il vouloit ménager sans paroître moins magnifique. Son avarice étoit subordonnée à son ostentation.

Il s'offrit encore un autre abus à réformer. Je trouvois que le vin alloit bien vite. S'il y avoit, par exemple, douze Cavaliers à la table du Seigneur, il se buvoit cinquante et quelquefois jusqu'à soixante bouteilles. Cela m'étonnoit, et ne doutant pas qu'il n'y eût de la friponnerie là-dedans, je consultai là-dessus mon Oracle, c'est-à-dire, mon Marmiton, avec qui j'avois souvent des entretiens secrets, et qui me rapportoit fidèlement tout ce qui se disoit et faisoit dans la cuisine, où il n'étoit suspect à personne. Il m'aprit que le dégat dont je me plaignois, venoit d'une nouvelle ligue fait entre le Maître-d'hôtel, le Cuisinier, et les Laquais qui versoient à boire : Que ceux-

ci remportoient les bouteilles à demi-pleines, qui se par-
tageoient ensuite entre les confédérés.   Je parlai aux laquais, je les menaçai de les mettre à la porte s'ils s'avisoient de récidiver, et il n'en fallut pas davantage pour
les faire rentrer dans leur devoir.   Mon Maître, que j'a-
vois grand soin d'informer des moindres choses que je
faisois pour son bien, me combloit de louanges, et prenoit
de jour en jour plus d'affection pour moi.   De mon côté,
pour récompenser le Marmiton qui me rendoit de si bons
services, je le fis Aide de cuisine.

Le Napolitain enrageoit de me rencontrer par-tout.
Et ce qui le mortifioit cruellement, c'étoit les contradictions qu'il avoit à essuyer de ma part, toutes les fois qu'il
s'agissoit de me rendre ses comptes ; car pour mieux lui
rogner les ongles, je me donnois la peine d'aller dans
les marchés pour savoir le prix des Denrées.   Desorte
que je le voyois venir après cela, et comme il ne manquoit pas de vouloir ferrer la mule, je le relançois vigou-
reusement.   J'étois bien persuadé qu'il me maudissoit
cent fois le jour : mais le sujet de ses malédictions m'empêchoit de craindre qu'elles ne fussent exaucées.   Je ne
sai comment il pouvoit résister à mes persécutions, et ne
pas quiter le service du Seigneur Sicilien.   Sans-doute
que malgré tout cela, il y trouvoit encore son compte.

Fabrice, que je voyois de tems en tems, et à qui je
contois toutes mes prouesses d'Intendant jusqu'alors in-
ouïes, étoit plus disposé à blâmer ma conduite, qu'à l'approuver.   Dieu veuille, me dit-il un jour, qu'après tout
ceci ton desintéressement soit bien récompensé ; mais
entre nous, si tu n'étois pas si roide avec le Maître-d'hôtel, je crois que tu n'en ferois pas plus mal.   Hé quoi,
lui répondis-je, ce voleur mettra effrontément dans un é-
tat de dépense à dix pistoles un poisson qui ne lui en aura
couté que quatres, et tu veux que je lui passe cet article-
là ?   Pourquoi non, repliqua-t-il froidement ? Il n'a
qu'à te donner la moitié du surplus, et il fera les choses
dans les règles.   Sur ma foi, notre Ami, continua-t-il en
branlant la tête, vous êtes un vrai gâte-maison, et vous
avez bien la mine de servir longtems, puisque vous n'é-
corchez pas l'anguille pendant que vous la tenez.   A-
prénez que la Fortune ressemble à ces Coquettes vives et
                                    légères,

légeres, qui échappent aux Galans qui ne les brufquent pas.

Je ne fis que rire des difcours de Nunnez. Il en rit lui-même à fon tour, et voulut me perfuader qu'il ne mé les avoit pas tenus férieufement. Il avoit honte de m'avoir donné inutilement un mauvais confeil. Je demeurai ferme dans la réfolution d'être toujours fidéle et zèlé. Je ne me démentis point, et j'ofe dire qu'en quatre mois, par mon épargne, je fis profit à mon Maitre de trois mille ducats pour le moins.

CHAPITRE XVI.

De l'accident qui arriva au Singe du Comte Galiano, et du chagrin qu'en eut ce Seigneur. Comment Gil Blas tomba malade, et quelle fut la fuite de fa maladie.

AU bout de ce tems-là, le repos qui règnoit à l'hôtel fut étrangement troublé par un accident qui ne paroîtra qu'une bagatelle au Lecteur, et qui devint pourtant une chofe fort férieufe pour les domeftiques, et fur-tout pour moi. Cupidon, ce Singe dont j'ai parlé, cet Animal fi chéri du Patron, en voulant un jour fauter d'une fenêtre à une autre, s'en acquita fi mal, qu'il tomba dans la cour, et fe démit une jambe. Le Comte ne fut pas fitôt ce malheur, qu'il pouffa des cris qui furent entendus du voifinage ; et dans l'excès de fa douleur, s'en prenant à tous fes gens fans exception, peu s'en fallut qu'il ne fît maifon nette. Il borna toutefois fa fureur à maudire notre négligence, et à nous apôftropher fans ménager les termes. Il envoya chercher fur le champ les Chirurgiens de Madrid les plus habiles pour les fractures et diflocations des os. Ils vifitérent la jambe du bleffé, la lui remirent, et la bandérent. Mais quoiqu'ils affuraffent tous que ce n'étoit rien, cela n'empêcha pas que mon Maître ne retînt un d'entr'eux pour demeurer auprès de l'Animal, jufqu'à parfaite guérifon.

J'aurois tort de paffer fous filence les peines et les inquiétudes qu'eut le Seigneur Sicilien pendant tout ce tems-là. Croira-t-on bien que le jour il ne quitoit point fon cher Cupidon. Il étoit préfent quand on le panfoit, et la nuit il fe levoit deux ou trois fois pour le voir. Ce qu'il y avoit de plus fâcheux, c'eſt qu'il falloit que **tous** les domeſtiques, et moi principalement, nous fuſſions toujours ſur pié, pour être prets à courir où l'on jugeroit à propos de nous envoyer pour le ſervice du Singe. En un mot, nous n'eûmes aucun repos dans l'hôtel, juſqu'à ce que la maudite Bête, ne ſe reſſentant plus de ſa chute, ſe remit à faire ſes bonds et ſes culebutes ordinaires. Après cela refuſerons-nous d'ajouter foi au rapport de Suétone, lorſqu'il dit que Caligula aimoit tant ſon Cheval, qu'il lui donna une maiſon richement meublée, avec des Officiers pour le ſervir, et qu'il en vouloit même faire un Conſul ? Mon Patron n'étoit pas moins charmé de ſon Singe, il en auroit volontiers fait un Corrégidor.

Ce qu'il y eut de malheureux pour moi, c'eſt que j'avois enchéri ſur tous les valets pour mieux faire ma cour au Seigneur, et je m'étois donné de ſi grands mouvemens pour ſon Cupidon, que j'en tombai malade. La fièvre me prit violemment, et mon mal devint tel que je perdis toute connoiſſance. J'ignore ce qu'on fit de moi pendant quinze jours que je fus entre la vie et la mort. Je ſai ſeulement, que ma jeuneſſe luta ſi bien contre la fièvre, et peut-être contre les remèdes qu'on me donna, que je repris enfin mes ſens. Le prèmier uſage que j'en fis, fut de m'apercevoir que j'étois dans une autre chambre que la mienne. Je voulois ſavoir pourquoi. Je le demandai a une vieille Femme qui me gardoit ; mais elle me répondit qu'il ne falloit pas que je parlaſſe, que le Médecin l'avoit expreſſément défendu. Quand on ſe porte bien on ſe moque ordinairement de ces Docteurs. Eſt-on malade ? on ſe ſoumet docilement à leurs ordonnances.

Je pris donc le parti de me taire, quelque envie que j'euſſe de m'entretenir avec ma Garde. Je faiſois des réflexions là-deſſus, lorſqu'il entra deux manières de Petits Maîtres fort leſtes. Ils avoient des habits de velours, avec de très beau linge garni de dentelles. Je m'imaginai que c'étoit des Seigneurs amis de mon Maître, leſquels par conſidération pour lui me venoient voir. Dans cette penſée, je fis un effort pour me mettre en mon ſéant, et j'ôtai par reſpect mon bonnet ; mais ma Garde me recoucha tout de mon long, en me diſant que ces Seigneurs étoient mon Médecin et mon Apoticaire.

Le Docteur s'aprocha de moi, .me tâta le poulx, ob-
ferva mon vifage, et remarquant tous les fignesd'une prochaine guérifon, il prit un air de triomphe, comme s'il y
eût mis beaucoup du fien ; et dit, qu'il ne falloit plus
qu'une médecine pour achever fon ouvrage, qu'aprés
cela il pourroit fe vanter d'avoir fait une belle cure.
Quand il eut parlé de cette forte, il fit écrire par l'Apoticaire une ordonnance, qu'il lui dicta en fe regardant dans
un miroir, en rajuftant fes cheveux, et en faifant des grimaces dont je ne pouvois m'empêcher de rire malgré l'é-
tat où j'étois. Enfuite il me falua de la tête fort cavali-
èrement, et fortit plus occupé de fa figure, que des drogues qu'il avoit ordonnées.

Après fon départ, l'Apoticaire, qui n'étoit pas venu
chez moi pour rien, fé prépara, on juge bien à quoi faire.
Soit qu'il craignît que la Vieille ne s'en acquitât pas a-
droitement, foit pour mieux faire valoir la marchandife,
il voulut opérer lui-même : mais avec toute fon adreffe,
je ne fai comment cela fe fit, l'opération fut a peine
achevée, que rendant à l'Opérant ce qu'il m'avoit donné,
je mis fon habit de velours dans un bel état. Il regarda
cet accident comme un malheur attaché à la Pharmacie.
Il prit une ferviette, s'effuya fans dire un mot, et s'en alla
bien réfolu de me faire payer le Dégraiffeur, à qui fans-
doute il fut obligé d'envoyer fon habit.

Il revint le lendemain matin, vêtu plus modeftement,
quoiqu'il n'eût rien à rifquer ce jour-là, m'apporter la médecine que le Docteur avoit ordonnée la veille. Outre
que je me fentois mieux de moment en moment, j'avois
tant d'averfion depuis le jour précédent pour les Médecins et les Apoticaires, que je maudiffois jufqu'aux Uni-
verfités où ces Meffieurs reçoivent le pouvoir de tuer les
hommes impunément. Dans cette difpofition, je déclarai
en jurant que je ne voulois plus de remèdes, et que je
donnois au diable Hippocrate et fa Sequelle. L'Apoticaire, qui ne fe foucioit nullement de ce que je ferois de
fa compofition, pourvu qu'elle lui fût payée, la laiffa fur
la table, et fe retira fans me dire une fyllabe.

Je fis fur le champ jetter par les fenêtres cette chienne
de médecine, contre laquelle je m'étois fi fort prévenu,
que j'aurois cru être empoifonné fi je l'euffe avalée. A
ce trait de defobéiffance, j'en ajoutai un autre : je rompis
le filence, et dis d'un ton ferme à ma Garde, que je pré-

tendois

tendois abfolument qu'elle m'aprît des nouvelles de mon Maître. La Vieille, qui apréhendoit d'exciter en moi une émotion dangereufe en me fatisfaifant, ou qui peut-être auffi ne s'obftinoit que pour irriter mon mal, héfitoit à me parler; mais je la preffai fi vivement de m'obéir, qu'elle me répondit enfin : Seigneur Cavalier, vous n'avez plus d'autre Maître que vous-même, le Comte Galiano s'en eft retourné en Sicile.

Je ne pouvois croire ce que j'entendois; il n'y avoit pourtant rien de plus véritable. Ce Seigneur, dès le fecond jour de ma maladie, craignant que je ne mouruffe chez lui, avoit eu la bonté de me faire tranfporter avec mes petits effets dans une chambre garnie, où il m'avoit abandonné fans façon à la Providence et aux foins d'une Garde. Sur ces entrefaites, ayant reçu un ordre de la Cour qui l'obligeoit à repaffer en Sicile, il étoit parti avec tant de précipitation, qu'il n'avoit plus fongé à moi; foit qu'il me comptât déja parmi les morts, ou que les Perfonnes de qualité foient fujettes à ces fautes de mémoire.

Ma Garde me fit ce détail, et m'aprit que c'étoit elle qui avoit été chercher un Médecin et un Apoticaire, afin que je ne périffe pas fans leur affiftance. Je tombai dans une profonde réverie à ces belles nouvelles. Adieu mon établiffement avantageux en Sicile! Adieu mes plus douces efpérances! *Quand il vous arrivera quelque grand malheur,* dit un Pape, *examinez-vous bien, et vous verrez qu'il y aura toujours un peu de votre faute.* N'en déplaife à ce Saint Père, je ne vois pas comment dans cette occafion je contribuai à mon infortune.

Lorfque je vis les flateufes chimères, dont je m'étois rempli la tête, évanouïes, la première chofe dont je m'embarraffai l'efprit, fut ma valife, que je fis aporter fur mon lit pour la vifiter. Je foupirai en m'apercevant qu'elle étoit ouverte. Hélas, ma chère valife, m'écriai-je, mon unique confolation! Vous avez été, à ce que je vois, à la merci des mains étrangères. Non, non, Seigneur Gil Blas, me dit alors la Vieille, raffurez-vous, on ne vous a rien volé, j'ai confervé votre malle comme mon honneur.

J'y trouvai l'habit que j'avois entrant au fervice du Comte, mais j'y cherchai vainement celui que le Meffinois m'avoit fait faire. Mon Maître n'avoit pas jugé à propos
de

de me le laiffer, ou bien quelqu'un fe l'étoit aproprié.
Toutes mes autres hardes y étoient, et même une grande
bourfe de cuir qui renfermoit mes efpèces, que je comptai
deux fois, ne pouvant croire la prémière, qu'il n'y eût que
cinquante piftoles de refte, de deux cent foixante qu'il y
avoit avant ma maladie. Que fignifie ceci, ma bonne Mère,
dis-je à ma Garde ? Voilà mes finances bien diminuées.
Perfonne pourtant n'y a touché que moi, répondit la
Vieille, et je les ai ménagées autant qu'il m'a été poffible.
Mais les maladies coutent beaucoup, il faut toujours avoir
l'argent à la main. Voici, ajouta cette bonne Ménagère,
en tirant de fes poches un paquet de papiers, voici un état
de dépenfe qui eft jufte comme l'or, et qui vous fera voir
que je n'ai pas employé un denier mal-à-propos.

Je parcourus des yeux le mémoire, qui contenoit bien
quinze ou vingt pages. Miféricorde ! Que de volaille
achetée pendant que j'avois été fans connoiffance ! Il falloit qu'en bouillons feulement il y eût pour le moins douze
piftoles. Les autres articles répondoient à celui-là. On
ne fauroit dire combien elle avoit dépenfé en bois, en
chandelle, en eau, en balais, &c. Cependant, quelque
enflé que fût fon mémoire, toute la fomme alloit à peine
à trente piftoles, et par conféquent il devoit y en avoir
encore cent quatre vingt de refte. Je lui repréfentai cela ; mais la Vieille, d'un air ingénu, commença d'attefter
tous les Saints, qu'il n'y avoit dans la bourfe que quatre
vingt piftoles, lorfque le Maître-d'hotel du Comte lui a-
voit confié ma valife. Que dites-vous, ma bonne, interrompis-je avec précipitation ? C'eft le Maître-d'hôtel qui
vous a remis mes hardes entre les mains ? Sans-doute, répondit-elle, c'eft lui ; à telles enfeignes qu'en me les donnant il me dit : Tenez, bonne Mère, quand le Seigneur
Gil Blas fera frit à l'huile, ne manquez pas de le régaler
d'un bel enterrement, il y a dans cette valife de quoi en
faire les frais.

Ah, maudit Napolitain, m'écriai-je alors ! je ne fuis
plus en peine de favoir ce qu'eft devenu l'argent qui me
manque : vous l'avez raflé pour compenfer une partie des
vols que je vous ai empêché de faire. Après cette apoftrophe, je rendis grace au Ciel de ce quel le Fripon n'a-
voit pas tout emporté. Quelque fujet pourtant que j'euffe
d'accufer le Maître-d'hotel de m'avoir volé, je ne laffai pas

de

de penfer que ma Garde pouvoit fort bien avoir fait le coup.
Mes foupçons tomboient tantôt fur l'un, et tantôt fur
l'autre, mais c'étoit toujours la même chofe pour moi. Je
n'en témoignai rien à la Vieille. Je ne la chicanai pas
même fur les articles de fon beau mémoire. Je n'aurois
rien gagné à cela, et il faut bien que chacun faffe fon
métier. Je bornai mon reffentiment là la payer, et à la
renvoyer trois jours après.

Je m'imagine qu'en fortant de chez moi, elle alla donner avis à l'Apoticaire qu'elle venoit de me quiter, et que
je me portois affez bien pour prendre la clé des champs
fans compter avec lui ; car un moment après je le vis arriver tout effouflé. Il me préfenta fon mémoire, dans
lequel, fous des noms qui m'étoient inconnus, quoique
j'euffe été Médecin, il avoit écrit tous les prétendus remèdes qu'il m'avoit fournis dans les tems que j'étois fans
fentiment. On pouvoit apeller ce mémoire-là de vrayes
parties d'Apoticaire. Auffi nous eûmes une difpute, lorfqu'il fut queftion du payement. Je prétendois qu'il ra-
battît la moitié de la fomme qu'il demandoit. Il jura
qu'il n'en rabattroit pas même une obole. Confidérant
toutefois qu'il avoit affaire à un jeune-homme qui dès ce
jour-là pouvoit s'éloigner de Madrid, il aima mieux fe
contenter de ce que je lui offrois, c'eft-à-dire, de trois
fois au-delà de ce que valoient fes drogues, que de s'expofer à perdre tout. Je lui lâchai des efpèces à mon
grand regret, et il fe retira bien vengé du petit chagrin
que je lui avois caufé le jour du lavement.

Le Médecin parut prefque auffitôt, car ces Animaux-
là font toujours à la queue l'un de l'autre. J'efcomptai
fes vifites qui avoient été fréquentes, et je le renvoyai
content. Mais avant que de me quiter, pour me prouver
qu'il avoit bien gagné fon argent, il me détailla les in-
convéniens mortels qu'il avoit prévenus dans ma maladie.
Ce qu'il fit en fort beaux termes, et d'un air agréable,
mais je n'y compris rien du tout. Lorfque je me fus défait de lui, je me crus débarraffé de tous les Miniftres
des Parques. Je me trompois. Il entra un Chirurgien
que je n'avois vu de ma vie. Il me falua fort civilement,
et me témoigna de la joie de me voir échappé du danger
que j'avois couru : ce qu'il attribuoit, difoit-il, à deux
faignées abondantes qu'il m'avoit faites, et aux ventoufes
qu'il

qu'il avoit eu l'honneur de m'apliquer. Autre plume qu'on me tira de l'aile. Il me fallut auſſi cracher au baſſin du Chirurgien. Après tant d'évacuations ma bourſe ſe trouva ſi débile, qu'on pouvoit dire que c'étoit un corps confiſqué, tant il y reſtoit peu d'humide radical.

Je commençai à perdre courage, en me voyant retombé dans une ſituation miſérable. Je m'étois, chez mes derniers Maîtres, trop affectionné aux commodités de la vie. Je ne pouvois plus, comme autrefois, enviſager l'indigence en Philoſophe Cynique. J'avouerai pourtant que j'avois tort de me laiſſer aller à la triſteſſe. Après avoir tant de fois éprouvé que la Fortune ne m'avoit pas plutôt renverſé qu'elle me relevoit, je n'aurois dû regarder l'état fâcheux où j'étois, que comme une occaſion prochaine de proſpérité.

Fin du Septième Livre.

L E S

LES
AVANTURES
DE
GIL BLAS,
DE SANTILLANE.

LIVRE HUITIEME.

CHAPITRE I.

Gil Blas fait une bonne connoiſſance, et trouve un poſte qui le conſole de l'ingratitude du Comte Galiano. Hiſtoire de Don Valério de Luna.

J'ETOIS ſi ſurpris de n'avoir point entendu parler de Nunnez pendant tout ce tems-là, que je jugeai qu'il devoit être à la campagne. Je ſortis pour aller chez lui dès que je pus marcher, et j'apris en effet qu'il étoit depuis trois ſemaines en Andalouſie avec le Duc de Médina Sidonia.

Un matin à mon réveil Melchior de la Ronda me vint dans l'eſprit ; et me reſſouvenant que je lui avois promis à Grenade d'aller voir ſon neveu, ſi jamais je retournois à Madrid, je m'aviſai de vouloir tenir ma promeſſe ce jour-là même. Je m'informai de l'hôtel de Don Baltazar de Zuniga, et je m'y rendis. Je demandai le Seigneur Joſeph Navarro, qui parut un moment aprês. Je le ſaluai ; et il me reçut d'un air honnête, mais froid, quoique j'euſſe décliné mon nom. Je ne pouvois concilier cet accueil glacé avec le portrait qu'on m'avoit fait de ce Chef-d'office. J'allois me retirer, dans la rèſolution de ne lui pas faire une ſeconde viſite, lorſque prenant tout-à-coup un air ouvert et riant, il me dit avec beaucoup de vivacité : Ah! Seigneur Gil Blas de Santillane, pardon-

nez

nez-moi, de grace, la réception que je viens de vous
faire. Ma mémoire à trahi la difpofition où je fuis à
votre égard. J'avois oublié votre nom, et je ne penfois
plus à ce Cavalier dont il eft fait mention dans une lettre que j'ai reçue de Grenade, il y après de quatre mois.
Que je vous embraffe, ajouta-t-il, en fe jettant à mon
cou avec tranfport. Mon Oncle Melchior, que j'aime et
que j'honore comme mon propre Père, me mande que fi
par hazard j'ai l'honneur de vous voir, il me conjure de
vous faire le même traitement que je ferois à fon fils, et
d'employer, s'il le faut, pour vous le crédit de mes amis
avec le mien. Il me fait l'éloge de votre cœur et de votre
efprit, dans des termes qui m'intéreffercient à vous fervir
quand fa recommandation ne m'y engageroit pas. Regardez-moi donc, je vous prie, comme un homme à qui
mon Oncle a communiqué par fa lettre tous les fentimens
qu'il a pour vous. Je vous donne mon amitié, ne me
refufez pas la vôtre.

Je répondis avec la reconnoiffance que je devois à la
politeffe de Jofeph : et tous deux, en gens vifs et fincères,
nous formâmes à l'heure même une étroite liaifon. Je
n'héfitai point à lui découvrir la fituation de mes affaires.
Ce que je n'eus pas fitôt fait, qu'il me dit : Je me charge
du foin de vous placer, et en attendant, ne manquez
pas de venir manger ici tous les jours. Vous y aurez un
meilleur ordinaire qu'à votre auberge. L'offre flatoit
trop un convalefcent mal en efpèces, et accoutumé aux
bons morceaux, pour être rejettée. Je l'acceptai, et je
me refis fi bien dans cette maifon, qu'au bout de quinze
jours j'avois déjà une face de Bernardin. Il me parut que
le neveu de Melchior faifoit-là fes orges à merveille.
Mais comment ne les auroit-il pas faites ? Il avoit trois
cordes à fon arc : il étoit à la fois Sommelier, Chef-
d'office, et Maître-hôtel. De plus, notre amitié à part,
je crois que l'Intendant du logis et lui s'accordoient fort
bien enfemble.

J'étois parfaitement rétabli, lorfque mon ami Jofeph
me voyant un jour arriver à l'hôtel de Zuniga, pour y
diner felon ma coutume, vint au-devant de moi, et me
dit d'un air gai : Seigneur Gil Blas, j'ai une affez bonne
condition à vous propofer. Vous faurez que le Duc de
Lerme, Prémier-Miniftre de la Couronne d'Efpagne, pour

fe

se donner entièrement à l'administration des Affaires de l'Etat, se repose sur deux personnes de l'embarras des siennes. Il a chargé du soin de recueillir ses revenus Don Diègue de Montéser, et il fait faire la dépense de sa maison par Don Rodrigue de Caldérone. Ces deux hommes de confiance exercent leur emploi avec une autorité absolue, et sans dependre l'un de l'autre. Don Diègue a d'ordinaire sous lui deux Intendans qui font la recette, et comme j'ai apris ce matin qu'il en avoit chassé un, j'ai été demander sa place pour vous. Le Seigneur de Montéser, qui me connoit, et dont je puis me vanter d'être aimé, me l'a sans peine accordée, sur les bons témoignages que je lui ai rendus de vos mœurs et de votre capacité. Nous irons chez lui cette après-dinée.

Nous n'y manquâmes pas. Je fus reçu très gracieusement, et installé dans l'emploi de l'Intendant qui avoit été congédié. Cet emploi consistoit à visiter nos Fermes, à y faire les réparations, à toucher l'argent des Fermiers ; en un mot, je me mélois des biens de la campagne, et tous les mois je rendois mes comptes à Don Diègue, qui les épluchoit avec beaucoup d'attention. C'étoit ce que je demandois. Quoique ma droiture eût été si mal payée chez mon dernier Maître, j'avois résolu de la conserver toujours.

Un jour nous aprîmes que le feu avoit pris au Château de Lerme, et que plus de la moitié étoit réduite en cendres. Je me transportai aussitôt sur les lieux, pour examiner le dommage. Là, m'étant informé avec exactitude des circonstances de l'incendie, j'en composai une ample rélation, que Montéser fit voir au Duc de Lerme. Ce Ministre, malgré le chagrin qu'il avoit d'aprendre une si mauvaise nouvelle, fut frappé de la rélation, et ne put s'empêcher de demander qui en étoit l'auteur. Don Diègue ne se contenta pas de le lui dire ; il lui parla de moi si avantageusement, que son Excellence s'en ressouvint six mois après à l'occasion d'une histoire que je vais raconter, et sans laquelle peut-être je n'aurois jamais été employé à la Cour. La voici.

Il demeuroit alors dans la rue des Infantes une vieille Dame apellée Inésille de Cantarilla. On ne savoit pas certainement de quelle naissance elle étoit. Les uns la disoient fille d'un Faiseur de Luths, et les autres d'un Commandeur

deur de l'Ordre de Saint Jaques. Quoi qu'il en soit, c'étoit une personne prodigieuse. La nature lui avoit donné le privilège singulier de charmer les hommes pendant le cours de sa vie, qui duroit encore après quinze lustres accomplis. Elle avoit été l'idole des Seigneurs de la vieille Cour, et elle se voyoit adorée de ceux de la nouvelle. Le tems, qui n'épargne pas la beauté, s'exerçoit en vain sur la sienne ; il la flétrissoit, sans lui ôter le pouvoir de plaire. Un air de noblesse, un esprit enchanteur, et des graces naturelles, lui faisoient faire des passions jusques dans sa vieillesse.

Un Cavalier de vingt-cinq ans, Don Valério de Luna, un des Sécretaires du Duc de Lerme, voyoit Inésille, il en devint amoureux. Il se déclara, fit le passionné, et poursuivit sa proie avec toute la fureur que l'amour et la jeunesse sont capables d'inspirer. La Dame, qui avoit ses raisons pour ne vouloir pas se rendre à ses desirs, ne savoit que faire pour les modérer. Elle crut pourtant un jour en avoir trouvé le moyen. Elle fit passer le jeune-homme dans son cabinet, et là lui montrant une pendule qui étoit sur une table : Voyez, lui dit-elle, l'heure qu'il est. Il y a aujourd'hui soixante et quinze ans que je vins au monde à pareille heure. En bonne-foi, me siéroit-il d'avoir des galanteries à mon âge ? Rentrez en vous-même, mon enfant. Etouffez des sentimens qui ne conviennent ni à vous ni à moi. A ce discours sensé, le Cavalier, qui ne reconnoissoit plus l'autorité de la raison, répondit à la Dame avec toute l'impétuosité d'un homme possédé des mouvemens qui l'agitoient : Cruelle Inésille ! pourquoi avez-vous recours à ces frivoles adresses ? Pensez-vous qu'elles puissent vous changer à mes yeux ? Ne vous flatez pas d'une si fausse espérance. Que vous soyez telle que je vous vois, ou qu'un charme trompe ma vue, je ne cesserai point de vous aimer. Hé bien, reprit-elle, puisque vous êtes assez opiniâtre pour persister dans la résolution de me fatiguer de vos soins, ma maison desormais ne sera plus ouverte pour vous. Je vous l'interdis, et vous défends de paroître jamais devant moi.

Vous croyez peut-être, après cela, que Don Valério, déconcerté de ce qu'il venoit d'entendre, fit une honnête retraite. Au contraire, il n'en devint que plus importun. L'amour fait dans les Amans le même effet que le vin dans les Ivrognes. Le Cavalier pria, gémit, et paſſant tout-à-coup des prières aux emportemens, il voulut avoir par la force ce qu'il ne pouvoit obtenir autrement ; mais la Dame le repouſſant avec courage, lui dit d'un air irrité : Arrêtez, téméraire, je vais mettre un frein à votre folle ardeur, aprenez que vous êtes mon fils.

Don Valério fut étourdi de ces paroles, il ſuſpendit ſa violence. Mais s'imaginant qu'Inéſille ne parloit ainſi que pour ſe ſouſtraire à ſes ſollicitations, il lui répondit : Vous inventez cette fable pour vous dérober à mes deſirs. Non, non, interrompit-elle, je vous révèle un myſtère que je vous aurois toujours caché, ſi vous ne m'euſſiez pas réduite à la néceſſité de vous le découvrir. Il y a vingt-ſix ans que j'aimois Don Pédre de Luna votre Père, qui étoit alors Gouverneur de Ségovie, vous devintes le fruit de nos amours. Il vous reconnut, vous fit élever avec ſoin ; et outre qu'il n'avoit point d'autre enfant, vos bonnes qualités le determinerent à vous laiſſer du bien. De mon côté, je ne vous ai pas abandonné. Sitôt que je vous ai vu entrer dans le monde, je vous ai attiré chez moi, pour vous inſpirer ces maniéres polies qui ſont ſi néceſſaires à un gálant-homme, et que les Femmes ſeules peuvent donner aux jeunes Cavaliers. J'ai plus fait. J'ai employé tout mon crédit pour vous mettre chez le Prémier-Miniſtre. Enfin, je me ſuis intéreſſée pour vous, comme je le devois pour un fils. Après cet aveu, prenez votre parti. Si vous pouvez épurer vos ſentimens, et ne regarder en moi qu'une Mère, je ne vous bannis point dé ma préſence, et j'aurai pour vous toute la tendreſſe que j'ai euё juſqu'ici. Mais ſi vous n'êtes pas capable de cet effort, que la nature et la raiſon exigent de vous, fuyez dès ce moment, et me délivrez de l'horreur dè vous voir.

Inéſille parla de cette ſorte. Pendant ce tems-là, Don Valério gardoit un morne ſilence. On eût dit qu'il rapelloit ſa vertu, et qu'il alloit ſe vaincre lui-même. Il méditoit un autre deſſein, et preparoit à ſa Mère un ſpectacle bien différent. Ne pouvant ſe conſoler de l'obſtacle inſurmontable qui s'oppoſoit à ſon bonheur, il céda lâchement à ſon deſeſpoir. Il tira ſon épée, et ſe l'enfonça dans le ſein. Il ſe punit comme un autre Oedipe, avec cette différence, que le Thébain s'aveugla de regret d'a-

voir

voir confommé le crime, et qu'au-contraire le Caſtillan
ſe perça de douleur de ne le pouvoir commettre.

Le malheureux Don Valério ne mourut pas ſur le champ
du coup qu'il s'étoit donné. Il eût le tems de ſe reconnoître, et de demander pardon au Ciel de s'être lui-même
ôté la vie. Comme il laiſſa par ſa mort un poſte de Sécretaire vacant chez le Duc de Lerme, ce Miniſtre, qui
n'avoit pas oublié ma rélation d'incendie, non plus que
l'éloge qu'on lui avoit fait de moi, me choiſit pour
remplacer ce jeune-homme.

CHAPITRE II.

*Gil Blas eſt préſenté au Duc de Lerme, qui le reçoit au
nombre de ſes Sécretaires, le fait travailler, et eſt content de ſon travail.*

CE fut Montéſer qui m'annonça cette agréable nouvelle, et me dit : Ami Gil Blas, quoique je ne
vous perde pas ſans regret, je vous aime trop pour n'être
pas ravi que vous ſuccédiez à Don Valério. Vous ne
manquerez pas de faire une belle fortune, pourvu que
vous ſuiviez les deux conſeils que j'ai à vous donner. Le
prémier, c'eſt de paroître tellement attaché à ſon Excellence, quelle ne doute pas que vous ne lui ſoyez entièrement dévoué. Et le ſecond, c'eſt de bien faire votre cour
au Seigneur Don Rodrigue de Caldérone ; car cet homme-
là mène comme une cire molle l'eſprit de ſon Maitre.
Si vous avez le bonheur de vous acquérir la bienveillance de ce Sécretaire favori, vous irez loin en peu de
tems.

Seigneur, dis-je à Don Diègue, après lui avoir rendu
graces de ſes bons avis, aprenez-moi, s'il vous plait, de
quel caractère eſt Don Rodrigue. J'en ai quelquefois
entendu parler dans le monde. On me l'a peint comme
un aſſez mauvais ſujet ; mais je me défie des portraits que
le Peuple fait des perſonnes qui ſont en place à la Cour,
quoiqu'il en juge ſainement quelquefois. Dites-moi donc,
je vous prie, ce que vous penſez du Seigneur Caldérone.
Vous me demandez une choſe délicate, répondi le Surintendant avec un ſouris malin ; je dirois à un autre que
vous, ſans héſiter, que c'eſt un tres honnête Genti'-

homme,

homme, et qu'on n'en fauroit dire que du bien.   Mais je
veux avoir de la franchife avec vous.   Outre que je vous
crois un garçon fort difcret, il me femble que je dois vous
parler à cœur ouvert de Don Rodrigue, puifque je vous
ai confeillé de le bien ménager.   Autrement ce ne feroit
vous obliger qu'à demi.

Vous faurez donc, pourfuivit-il, que de fimple domeftique qu'il étoit de fon Excellence, lorfqu'elle ne portoit
encore que le nom de Don François de Sandoval, il eft
parvenu par degrès au pofte de prémier Sécretaire.   On
n'a jamais vu un homme plus fier.   Il fe regarde comme
un Collègue du Duc de Lerme, et dans le fond on diroit
qu'il partage avec lui l'autorité de Prémier-Miniftre,
puifqu'il fait donner des Charges et des Gouvernemens à
qui bon lui femble.   Le Public en murmure fouvent,
mais c'eft de quoi il ne fe met guères en peine : pourvu
qu'il tire des paraguantes d'une affaire, il fe foucie fort
peu des épilogueurs.   Vous concevez bien par ce que je
viens dé vous dire, ajouta Don Diègue, quelle conduite
vous avez à tenir avec un mortel fi orgueilleux.   Oh
qu'oui, lui dis-je, laiffez-moi faire.   Il y aura bien du
malheur, fi je ne m'en fais pas aimer.   Quand on connoit
le défaut d'un homme à qui l'on veut plaire, il faut être
bien mal-adroit pour n'y pas réuffir.   Cela étant, reprit
Montéfer, je vais vous préfenter tout a-l'heure au Duc
de Lerme.

Nous allâmes dans le moment chez ce Miniftre, que
nous trouvâmes dans une grande fale, occupé à donner
audience.   Il y avoit-là plus de monde que chez le Roi.
Je vis des Commandeurs et des Chevaliers de Saint Jaques
et de Calatrave, qui follicitoient des Gouvernemens et
des Viceroyautés ; des Evêques qui ne fe portant pas bien
dans leurs Diocèses, vouloient, feulement pour changer
d'air, devenir Archevêques ; et de bons Pères de Saint
Dominique et de Saint François, qui demandoient humblement des Evêchés. Je remarquai auffi des Officiers ré-
formés, qui faifoient-là le même rôle qu'y avoit fait ci-
devant le Capitaine Chinchilla, c'eft-à-dire, qui fe mor-
fondoient dans l'attente d'une penfion. Si le Duc ne
fatisfaifoit pas leurs defirs, il recevoit du moins leurs Placets d'un air affable ; et je m'aperçus qu'il répondit fort
poliment aux perfonnes qui lui parloient.

Nous

Nous eûmes la patience d'attendre qu'il eût expédié tous ces Suplians. Alors Don Diègue lui dit : Monfeigneur, voici Gil Blas de Santillane, ce jeune-homme dont votre Excellence a fait choix pour remplir la place de Don Valério. A ces mots, le Duc jetta les yeux fur moi, en difant obligeamment que je l'avois déj mérité par les fervices que je lui avois rendus. Il me fit enfuite entrer dans fon cabinet, pour m'entretenir en particulier, ou plutôt pour juger de mon efprit par ma converfation. Il voulut favoir qui j'étois, et la vie que j'avois menée jufqu'es-là. Il exigea même de moi la-deffus une narration fincère. Quel détail c'étoit me demander ! Dementir devant un Prémier-Miniftre d'Efpagne, il n'y avoit pas d'apparence. D'une autre part, j'avois tant de chofes à dire aux dépens de ma vanité, que je ne pouvois me réfoudre à une confeffion générale. Comment fortir de cet embarras ? Je pris le parti de farder la vérité, dans les endroits où elle auroit fait peur toute nue. Mais il ne laiffa pas de la démêler, malgré tout mon art. Monfieur de Santillane, me dit-il en fouriant à la fin de mon récit, à ce que je vois, vous avez été tant foit peu *Picaro*. Monfeigneur, lui répondis-je en rougiffant, votre Excellence m'a ordonné d'avoir de la fincérité, je lui ai obéi. Je t'en fai bon gré, repliqua-t-il ; va mon enfant, tu en es quite à bon marché. Je m'étonne que le mauvais exemple ne t'ait pas entièrement perdu. Combien y a-t-il d'honnêtes gens qui deviendroient de grands fripons, fi la Fortune les mettoit aux mêmes épreuves ?

Ami Santillane, continua le Miniftre, ne te fouviens plus du paffé. Songe que tu es préfentement au Roi, et que tu feras deformais occupé pour lui. Tu n'as qu'à me fuivre, je vais t'aprendre en quoi confifteront tes occupations. Il me mena dans un petit cabinet qui joignoit le fien, et où il y avoit fur des tablettes une vingtaine de Régiftres *in folio* fort épais. C'eft ici, me dit-il, que tu travailleras. Tous ces Régiftres que tu vois, compofent un Dictionnaire de toutes les Familles Nobles qui font dans les Royaumes et Principautés de la Monarchie d'Efpagne. Chaque Livre contient par ordre alphabétique l'hiftoire abrégée de tous les Gentilshommes d'un Royaume, dans laquelle font détaillés les fervices qu'eux et leurs ancêtres ont rendus à l'Etat, auffi-bien que les affaires d'honneur qui peuvent leur être arrivées. On y fait encore mention de leurs biens, de leurs mœurs, en un mot de toutes leurs mauvaises qualités. Enforte que lorfqu'ils viennent demander des graces à la Cour, je vois d'un coup d'œil s'ils les méritent. Pour favoir exactement toutes ces chofes, j'ai partout des penfionnaires qui ont foin de s'en informer, et de m'en inftruire par des mémoires qu'ils m'envoient ; mais comme ces mémoires font diffus et remplis de façons de parler provinciales, il faut les rédiger et en polir la diction, parce que le Roi fe fait lire quelquefois ces Regiftrés. C'eft à ce travail, qui demande un ftile net et concis, que je veux t'employer dès ce moment même.

En parlant ainfi, il tira d'un grand porte-feuille plein de papiers un mémoire qu'il me mit entre les mains. Puis il fortit de mon cabinet, pour m'y laiffer faire mon coup d'effai en liberté. Je lus mémoire, qui me parut non feulement farci de termes barbares, mais même trop paffionnés. C'étoit pourtant un Moine de la Ville de Solfone qui l'avoit compofé. Il y déchiroit impitoyablement une bonne Famille Catalane, et Dieu fait s'il difoit la vérité. Je crus lire un Libelle diffamatoire, et je me fis d'abord un fcrupule de travailler fur cela. Je craignois de me rendre complice d'une calomnie. Néanmoins, tout neuf que j'étois à la Cour, je paffai outre aux périls et fortunes de l'ame de fa Révérence ; et mettant fur fon compte toute l'iniquité, s'il y en avoit, je commençai à defhonorer, en belles phrafes Caftillanes, deux ou trois générations d'honnêtes gens peut-être.

J'avois déja fait quatre ou cinq pages, quand le Duc, impatient de favoir comment je m'y prenois, revint et me dit : Santillane, montre-moi ce que tu as fait, je fuis curieux de le voir. En même tems jettant la vue fur mon ouvrage, il en lut le commencement avec beaucoup d'attention. Il en parut fi content que j'en fus furpris. Tout prévenu que j'étois en ta faveur, reprit-il, je t'avoue que tu as furpaffé mon attente. Tu n'écris pas feulement avec toute la netteté et la précifion que je defirois, je trouve encore ton ftile léger et enjoué. Tu juftifies bien le choix que j'ai fait de ta plume, et tu me confoles de la perte de ton prédéceffeur. Il n'auroit pas borné-là mon éloge, fi le Comte de Lémos fon neveu ne fût venu l'interrompre en cet endroit. Son Excellence l'embraffa plufieurs fois, et

le

le reçut d'une manière qui me fit connoître qu'elle l'aimoit tendrement. Ils s'enfermèrent tous deux, pour s'entretenir en secret d'une affaire de famille dont je parlerai dans la suite. | Le Ministre en étoit alors plus occupé que de celles du Roi.)

Pendant qu'ils étoient ensemble, j'entendois sonner midi. Comme je savois que les Sécretaires et les Commis quitoient à cette heure-là leurs Bureaux, pour aller diner ou il leur plaîsoit, je laissai là mon chef-d'œuvre, et sortis pour me rendre, non chez Montéser, parce qu'il m'avoit payé mes appointemens, et que j'avois pris congé de lui ; mais chez le plus fameux Traiteur du quartier de la Cour. Uue auberge ordinaire ne me convenoit plus. *Songe que tu es présentement au Roi.* Ces paroles, que le Duc m'avoit dites, étoient des semences d'ambition qui germoient d'instant en instant dans mon esprit.

CHAPITRE III.

Il aprend que son poste n'est pas sans desagrément. De l'inquiétude que lui cause cette nouvelle, et de la conduite qu'elle l'oblige à tenir.

J'EUS grand soin, en entrant, d'aprendre au Traiteur que j'étois un Sécretaire du Prémier-Ministre ; et en cette qualité, je ne savois que lui ordonner de m'aprêter pour mon diner. J'avois peur de demander quelque chose qui sentît l'épargne, et je lui dis de me donner ce qu'il lui plaîroit. Il me régala bien, et l'on me servit avec des marques de considération qui me faisoient encore plus de plaisir que la bonne chére. Quand il fut question de payer, je jettai sur la table une pistole dont j'abandonnai aux valets un quart, pour le moins, qu'il y avoit de reste à me rendre. Après quoi je sortis de chez le Traiteur, en faisant des écarts de poitrine, comme un jeune-homme fort content de sa personne.

Il y avoit à vingt pas de-là un grand hôtel garni, où logeoient d'ordinaire des Seigneurs étrangers. J'y louai un appartement de cinq ou six pièces bien meublées. Il sembloit que j'eusse deja deux ou trois mille ducats de rente. Je donnai même le prémier mois d'avance. Après cela je retournai au travail, et je m'occupai toute l'après

dineé

dinée à continuer ce que j'avois commencé le matin. Il y avoit dans un cabinet voisin du mien deux autres Sécretaires. Mais ceux-ci ne faisoient que mettre au net, ce que le Duc leur portoit lui-même à copier. Je fis connoissance avec eux dès ce soir-là même, en nous retirant ; et pour mieux gagner leur amitié, je les entrainai chez mon Traiteur, où j'ordonnai les meilleures viandes pour la saison avec les vins les plus délicats.

Nous nous mîmes à table, et nous commençames à nous entretenir avec plus de gayeté que d'esprit ; car pour rendre justice à mes Convives, je m'aperçus bientôt qu'ils ne devoient pas à leur génie les places qu'ils remplissoient dans leur Bureau. Ils se connoissoient bien à-la-vérité en belles lettres rondes et bâtardes, mais ils n'avoient pas la moindre teinture de celles qu'on enseigne dans les Universités.

En récompense, ils entendoient à merveille leurs petits intérêts ; et ils n'étoient pas si enivrés de l'honneur d'être chez le Prémier-Ministre, qu'ils ne se plaignissent de leur condition. Il y a, disoit l'un, déja cinq mois que nous exerçons notre emploi à nos dépens ; nous ne touchons pas une obole ; et qui pis est, nos appointemens ne sont point réglées, nous ne savons sur quel pié nous sommes. Pour moi, disoit l'autre, je voudrois avoir reçu vingt coups d'étrivieres pour appointemens, et qu'on me laissât la liberté de prendre parti ailleurs ; car je n'oserois me retirer de moi-même, ni demander mon congé, après les choses secretes que j'ai écrites. Je pourrois bien aller voir la Tour de Ségovie, ou le Château d'Alicant.

Comment faites-vous donc pour vivre, leur dis-je ? Vous avez du bien aparemment ? Ils me répondirent qu'ils en avoient fort peu, mais qu'heureusement pour eux, ils étoient logés chez une honnête Veuve qui leur faisoit crédit, et les nourissoit pour cent pistoles chacun par année. Tous ces discours, dont je ne perdis pas un mot, abaisserent dans le moment mes orgueilleuses fumées. Je me représentai qu'on n'auroit pas sans-doute plus d'attention pour moi que pour les autres ; que par conséquent je ne devois pas être si charmé de mon poste ; qu'il étoit moins solide que je ne l'avois cru ; et qu'enfin je ne pouvois assez ménager ma bourse. Ces réflexions me guérirent de la rage de dépenser. Je commençai à me repentir d'avoir amené-

là

là ces Sécretaires, a souhaiter la fin du repas ; et lorsqu'il fallut compter, j'eus avec le Traiteur une dispute pour l'écot.

Nous nous séparâmes à minuit, mes confrères et moi, parce que je ne les pressai pas de boire davantage. Ils s'en allerent chez leur Veuve, et je me retirai à mon superbe appartement, que j'enrageois alors d'avoir loué, et que je me promettois bien de quiter à la fin du mois. J'eus beau me coucher dans un bon lit, mon inquiétude en écarta le sommeil. Je passai le reste de la nuit à rêver aux moyens de ne pas travailler pour le Roi généreusement. Je m'en tins là-dessus aux conseils de Montéser. Je me levai dans la résolution d'aller faire la révérence à Don Rodrigue de Caldérone. J'étois dans une disposition très propre à paroître devant un homme si fier, je sentois que j'avois besoin de lui. Je me rendis donc chez ce Sécretaire.

Son logement communiquoit à celui du Duc de Lerme, et l'égaloit en magnificence. On auroit eu de la peine à distinguer par les ameublemens le Maître du Valet. Je me fis annoncer comme successeur de Don Valêrio, ce qui n'empêcha pas qu'on ne me fit attendre plus d'une heure dans l'antichambre. Monsieur le nouveau Sécretaire, me disois-je pendant ce tems-là, prenez, s'il vous plait, patience. Vous croquerez bien le marmot, avant que vous le fassiez croquer aux autres.

On ouvrit pourtant la porte de la chambre. J'entrai et m'avançai vers Don Rodrigue, qui venant d'écrire un billet-doux à sa charmante Siréne, le donnoit à Pédrille dans ce moment-la. Je n'avois pas paru devant l'Archevêque de Grenade, ni devant le Comte Galiano, ni même devant le Prémier-Ministre, si respectueusement que je me présentai aux yeux du Seigneur de Caldérone. Je le saluai en baissant la tête jusqu'à terre, et lui demandai sa protection dans des termes dont je ne puis me souvenir sans honte, tant ils étoient pleins de soumission. Ma bassesse auroit tourné contre moi, dans l'esprit d'un homme qui eût eu moins de fierté. Pour lui, il s'accommoda fort de mes maniéres rampantes, et me dit d'un air même assez honnête, qu'il ne lasseroit échapper aucune occasion de me faire plaisir.

La

Là-deſſus le remerciant, avec de grandes démonſtrations de zéle, des ſentimens favorables qu'il me marquoit, je lui vouai un éternel attachement. Enſuite, de peur de l'incommoder, je ſortis le priant de m'excuſer, ſi je l'avois interrompu dans ſes importantes occupations. Sitôt que j'eus fait une ſi indignè démarche, je gagnai mon Bureau, où j'achevai l'ouvrage qu'on m'avoit chargé de faire. Le Duc ne manqua pas d'y venir dans la matinée. Il ne fut pas moins content de la fin de mon travail qu'il l'avoit été du commencement, et il me dit : Voilà qui eſt bien. Ecris toi-même, le mieux que tu pourras, cette hiſtoire a-brégée ſur le Régiſtre de Catalogne. Après quoi, tu prendras dans le porte-feuille un autre mémoire, que tu rédigeras de la même maniére. J'eus une aſſez longue converſation avec ſon Excellence, dont l'air doux et familier me charmoit. Quelle différence il y avoit d'elle à Caldérone ! C'étoient deux figures bien contraſtées.

Je dinai ce jour-là dans une auberge où l'on mangeoit à juſte prix, et je réſolus d'y aller tous les ſoirs *incognito,* juſqu'à ce que je viſſe l'effet que mes complaiſances et mes ſoupleſſes produiroient. J'avois de l'argent pour trois mois tout au plus. Je me preſcrivis ce tems-là pour travailler aux dépens de qui il appartiendroit ; me propoſant, les plus courtes folies étant les meilleures, d'abandonner après cela la Cour et ſon clinquant, ſi je ne recevois aucun ſa-laire. Je fis donc ainſi mon plan. Je n'épargnai rien pendant deux mois pour plaire à Caldérone : mais il me tint ſi peu de compte de tout ce que je faiſois pour y réuſ-ſir, que je deſeſpérai d'en venir à bout. Je changeai de conduite à ſon égard. Je ceſſai de lui faire la cour, et je ne m'attachai plus qu'à mettre à profit les momens d'en-tretien que j'avois avec le Duc.

CHAPITRE IV.

*Gil Blas gagne la faveur du Duc de Lerme, qui le rend
dépoſitaire d'un ſecret important.*

Quoique Monſeigneur ne fît, pour ainſi dire, que pa-roître et diſparoître à mes yeux tous les jours, je ne laiſſai pas inſenſiblement de me rendre ſi agréable à ſon Excellence, qu'elle me dit une après-dinée : Ecoute,
Gil Blas

Blas, j'aime le caractére de ton esprit, et j'ai de la bienveillance pour toi. Tu es un garçon zelé, fidéle, plein
d'intelligence et de discrétion ; je ne crois pas mal placer
ma confiance, en la donnant à un pareil sujet. Je me jettai à ses genoux, lorsque j'eus entendu ces paroles ; et a-
près avoir baisé respectueusement une de ses mains, qu'il
me tendit pour me relever, je lui répondis : Est il bien
possible que votre Excellence daigne m'honorer d'une si
grande faveur ? Que vos bontés vont me faire d'ennemis
secrets ! Mais il n'y a qu'un homme dont je redoute la
haine : c'est Don Rodrigue de Caldérone.

Tu ne dois rien aprehender de ce côté-là, reprit le Duc:
Je connois Caldérone. Il est attaché à moi depuis son enfance. Je puis dire que ses sentimens sont si conformes
aux miens, qu'il chérit tout ce que j'aime, comme il hait
tout ce qui me déplaît. Au-lieu de craindre qu'il n'ait de
l'aversion pour toi, tu dois au contraire compter sur son a-
mitié. Je compris par-là que le Seigneur Don Rodrigue
étoit un fin mâtois, qu'il s'étoit emparé de l'esprit de son
Excellence, et que je ne pouvois trop garder de mesures
avec lui.

Pour commencer, poursuivit le Duc, à te mettre en possession de ma confidence, je vais te découvrir un dessein que
je médite. Il est nécessaire que tu en sois instruit, pour te
bien acquiter des commissions dont je prétens te charger
dans la suite. Il y a déjà longtems que je vois mon autorité généralement respectée, mes décisions aveuglément
suivis, et que je dispose à mon gré des Charges, des Emplois, des Gouvernemens, des Viceroyautés et des Bénéfices. Je régne, si je l'ose dire, en Espagne. Je ne puis
pousser ma fortune plus loin. Mais je voudrois la mettre
à l'abri des tempêtes qui commencent à la menacer ; et
pour cet effet, je souhaiterois d'avoir pour successeur au
Ministére le Comte de Lémos mon neveu.

Le Ministre, en cet endroit de son discours, remarquant
que j'étois extrêmement surpris de ce que j'entendois, me
dit : Je vois bien, Santillane, je vois bien ce qui t'étonne.
Il te semble fort étrange, que je prefére mon neveu au Duc
d'Uzede mon propre fils. Mais aprens que ce dernier a
le génie trop borné pour occuper ma place, et que d'ailleurs je suis son ennemi. Il a trouvé le secret de plaire
au Roi, qui en veut faire son favori, et c'est ce que je ne

puis fouffrir. La faveur d'un Souverain reffemble à la poffeffion d'une femme qu'on adore. C'eft un bonheur dont on eft fi jaloux, qu'on ne peut fe réfoudre à le partager avec un rival, quelque uni qu'on foit avec lui par le fang ou par l'amitié.

Je te montre ici, continua-t-il, le fond de mon cœur. J'ai déjà tenté de détruire le Duc d'Uzede dans l'efprit du Roi; et comme je n'ai pu en venir à bout, j'ai dreffé une autre batterie. Je veux que le Comte de Lémos, de fon côté, s'infinue dans les bonnes graces du Prince d'Efpagne. Etant Gentilhomme de fa chambre, il a occafion de lui parler à toute heure; et outre qu'il a de l'efprit, je fai un moyen fûr de le faire réuffir dans l'entreprife. Par ce ftratagême j'oppoferai mon neveu à mon fils, je ferai naître entre ces coufins une divifion, qui les obligera tous deux à rechercher mon appui, et le befoin qu'ils auront de moi me les rendra foumis l'un et l'autre. Voilà quel eft mon projet, ajouta-t-il. Ton entremife ne m'y fera pas inutile. C'eft toi que j'enverrai fecrettement au Comte de Lémos, et qui me rapporteras de fa part tout ce qu'il aura à me faire favoir.

Après cette confidence, que je regardai comme de l'argent comptant, je n'éus plus d'inquiétude. Enfin, difois-je, me voici fous la goutiére. Une pluye d'or va tomber fur moi. Il eft impoffible que le confident d'un homme appellé par excellence le Grand Tambour de la Monarchie d'Efpagne, ne foit pas bientôt comblé de richeffes. Plein d'une fi douce efpérance, je voyois d'un œil indifférent ma pauvre bourfe tirer à fa fin.

CHAPITRE V.

Où l'on verra Gil Blas comblé de joie, d'honneur et de mifère.

ON s'apperçut en peu de tems de l'affection que le Miniftre avoit pour moi. Il affecta d'en donner des marques publiquement, en me chargeant de fon porte-feuille, qu'il avoit coutume de porter lui-même lorfqu'il alloit au Confeil. Cette nouveauté me faifant regarder comme un petit favori, excita l'envie de plufieurs perfonnes, et fut caufe que je reçus bien de l'eaú benite

de

de cour. Mes deux voisins, les Sécretaires, ne furent
pas des derniers à me complimenter sur ma prochaine
grandeur, et ils m'inviterent à souper chez leur Veuve,
moins par reprefailles, que dans la vûe de m'engager à
leur rendre service dans la suite. On me fêtoit de toutes
parts. Le fier Don Rodrigue même changea de maniéres
avec moi. Il ne m'apella plus que *Seigneur de Santillane*,
lui qui jusqu'alors ne m'avoit traité que de *vous*, sans jamais se servir du terme de *Seigneurie*. Il m'accabloit de
civilités, sur-tout lorsqu'il jugeoit que notre Patron pouvoit le remarquer. Mais je vous assure qu'il n'avoit pas
affaire à un sot. Je répondis à ses honnêtetés d'autant
plus poliment, que j'avois plus de haine pour lui. Un
vieux Courtisan ne s'en seroit pas mieux acquité que moi.

J'accompagnois aussi le Duc mon Seigneur lorsqu'il alloit chez le Roi, et il y alloit ordinairement trois fois le
jour. Il entroit le matin dans la chambre de Sa Majesté,
lorsqu'elle étoit éveillée. Il se mettoit à genoux au che-
vet de son lit, l'entretenoit des choses qu'elle avoit à faire
dans la journée, et lui disoit celles qu'elle avoit à dire.
Ensuite il se retiroit. Il y retournoit aussitôt qu'elle avoit
dîné, non pour lui parler d'affaires. Il ne lui tenoit alors
que des discours réjouissans. Il la régaloit de toutes les
avantures plaisantes qui arrivoient dans Madrid, et dont
il étoit toujours le prémier instruit. Et enfin, le soir il re-
voyoit le Roi pour la troisiéme fois, lui rendoit compte,
comme il lui plaisoit, de ce qu'il avoit fait ce jour-là, et
lui demandoit, par manière d'acquit, ses ordres pour le lendemain. Tandis qu'il étoit avec le Roi, je me tenois dans
l'antichambre, où je voyois des Personnes de qualité, dé-
vouées à la faveur, rechercher ma conversation, et s'aplaudir de ce que je voulois bien me prêter à la leur. Comment aurois-je pu après cela ne me pas croire un homme
de conséquence? Il y a bien des gens à la Cour qui ont,
encore pour moins, cette opinion-là d'eux.

Un jour, j'eus un plus grand sujet de vanité. Le Roi,
à qui le Duc avoit parlé fort avantageusement de mon
stile, fut curieux d'en voir un échantillon. Son Excellence me fit prendre le Régistre de Catalogne, me mena
devant ce Monarque, et me dit de lire le premier mémoire
que j'avois rédigé. Si la présence du Prince me troubla
d'abord, celle du Ministre me rassura bientôt, et je fis la

lecture de mon ouvrage, que Sa Majesté n'entendit pas
sans plaisir. Elle témoigna qu'elle étoit contente de moi,
et recommanda même à son Ministre d'avoir soin de ma
fortune. Cela ne diminua pas l'orgueil que j'avois déja ;
et l'entretien que j'eus peu de jours après avec le Comte
de Lémos, acheva de me remplir la tête d'idées ambitieuses.

J'allai trouver ce Seigneur, de la part de son Oncle, chez
le Prince d'Espagne, et je lui présentai une Lettre de créance, par laquelle le Duc lui mandoit qu'il pouvoit s'ouvrir
à moi, comme à un homme qui avoit une entière connoissance de leur dessein, et qui étoit choisi pour être leur
messager commun. Après avoir lu ce billet, le Comte
me conduisit dans une chambre, où nous nous enfermâmes
tous deux, et là il me tint ce discours. Puisque vous avez
la confiance du Duc de Lerme, je ne doute pas que vous
ne la méritiez, et je ne dois faire aucune difficulté de vous
donner la mienne. Vous saurez donc que les choses vont
le mieux du monde. Le Prince d'Espagne me distingue
de tous les Seigneurs qui sont attachés à sa personne, et
qui s'étudient à lui plaire. J'ai eu ce matin une conversation particuliére avec lui, dans laquelle il m'a paru chagrin de se voir, par l'avarice du Roi, hors d'état de suivre
les mouvements de son cœur généreux, et même de faire
une dépense convenable à un Prince. Sur cela je n'ai pas
manqué de le plaindre, et profitant de ce moment-là, j'ai
promis de lui porter demain à son levé mille pistoles, en
attendant de plus grosses sommes, que je me suis fait fort
de lui fournir incessamment. Il a été charmé de ma pro-
messe, et je suis bien sûr de captiver sa bienveillance, si je
lui tiens parole. Allez dire toutes ces circonstances à mon
Oncle, et revenez m'aprendre ce soir ce qu'il pense là-
dessus.

Je quitai le Comte de Lémos dès qu'il m'eut parlé de
cette sorte, et je rejoignis le Duc de Lerme, qui, sur mon
raport, envoya demander à Caldérone mille pistoles, dont
on me chargea le soir, et que j'allai remettre au Comte, en
disant en moi-même: Ho! ho! je vois bien à présent
quel est l'infaillible moyen qu'a le Ministre pour réussir
dans son enterprise ; il a parbleu raison! et selon toutes
les apparences, ces prodigalités-là ne le ruineront point ;
je devine aisément dans quels coffres il prend ces belles pistoles ; mais après tout, n'est-il pas juste que ce soit le Pére

qui

qui entretienne le fils ? Le Comte de Lémos, lorſque je
me ſéparai de lui, me dit tout bas: Adieu, notre cher Confident. Le Prince d'Eſpagne aime un peu les Dames ; il
faudra que nous ayons vous et moi, au premier jour une
conférence là-deſſus. Je prévois que j'aurai bientôt beſoin de votre miniſtére. Je m'en retournai en rêvant à
ces mots, qui n'étoient nullement ambigus, et qui me rem-
pliſſoient de joie. Comment diable, diſois-je, me voilà
prêt à devenir le Mercure de l'Héritier de la Monarchie !
Je n'examinois point ſi cela étoit bon ou mauvais ; la qualité de Galant étourdiſſoit ma morale. Quelle gloire
pour moi d'être Miniſtre des plaiſirs d'un grand Prince !
Oh tout beau, Monſieur Gil Blas, me dira-t-on ! Il ne s'a-
giſſoit pour vous que d'être Miniſtre en ſecond. J'en demeure d'accord ; mais dans le fond ces deux poſtes font
autant d'honneur l'un que l'autre. Le profit ſeul en eſt
different.

En m'acquitant de ces nobles commiſſions, en me mettant de jour en jour plus avant dans les bonnes graces du
Prémier-Miniſtre, avec les plus belles eſpérances du
monde, que j'euſſe été heureux, ſi l'ambition m'eût préſervé de la faim ! Il y avoit plus de deux mois que je
m'étois défait de mon magnifique appartement, et que j'occupois une petite chambre garnie des plus modeſtes. Quoique cela me fît de la peine, comme j'en ſortois de bon
matin, et que je n'y rentrois que la nuit pour y coucher,
je prenois patience. J'étois toute la journée ſur mon théatre, c'eſt-à-dire chez le Duc, j'y jouois un rôle de Seigneur. Mais quand j'étois retiré dans mon taudis, le Seigneur s'évanouiſſoit, et il ne reſtoit que le pauvre Gil
Blas, ſans argent, et qui pis eſt, ſans avoir dequoi en faire.
Outre que j'étois trop fier pour découvrir mes beſoins à
quelqu'un, je ne connoiſſois perſonne qui pût m'aider que
Navarro, que j'avois trop négligé depuis que j'étois à la
Cour, pour oſer m'adreſſer à lui. J'avois été obligé de
vendre mes hardes piéce à piéce. Je n'avois plus que celles
dont je ne pouvois abſolument me paſſer. Je n'allois
plus à l'auberge, faute d'avoir de quoi payer mon ordinaire. Que faiſois-je donc pour ſubſiſter ? Tous les matins dans nos Bureaux on nous apportoit, pour déjeuner,
un petit pain et un doigt de vin. C'étoit tout ce que le
Miniſtre nous faiſoit donner. Je ne mangeois que cela

dans

dans la journée, et le plus souvent je me couchois le soir sans souper.

Telle étoit la situation d'un homme qui brilloit à la Cour, et qui devoit y faire plus de pitié que d'envie. Je ne pus néanmoins resister à ma misére, et je me déterminai enfin à la découvrir finement au Duc de Lerme, si j'en trouvois l'occasion. Par bonheur elle s'offrit à l'Escurial, où le Roi et le Prince d'Espagne allerent quelques jours après.

CHAPITRE VI.

Comment Gil Blas fit connoître sa misére au Duc de Lerme, et de quelle façon en usa ce Ministre avec lui.

LORSQUE le Roi étoit à l'Escurial, il y défrayoit tout le monde ; de manière que je ne sentois point où le bât me blessoit. Je couchois dans une garderobe auprès de la chambre du Duc. Ce Ministre, un matin s'étant levé à son ordinaire au point du jour, me fit prendre quelques papiers avec une écritoire, et me dit de le suivre dans les jardins du Palais. Nous allâmes nous asseoir sous des arbres, où je me mis par son ordre dans l'attitude d'un homme qui écrit sur la forme de son chapeau, et lui il tenoit à la main un papier qu'il faisoit semblant de lire. Nous paroissions de loin occupés d'affaires fort sérieuses, et nous ne parlions cependant que de bagatelles.

Il y avoit plus d'une heure que je réjouissois son Excellence par toutes les saillies que mon humeur enjouée me fournissoit, quand deux Pies vinrent se poser sur les arbres qui nous couvroient de leur ombrage. Elles commencerent à caqueter d'une façon si bruyante, qu'elles attirent notre attention. Voilà des Oiseaux, dit le Duc, qui semblent se quereller. Je serois assez curieux de savoir le sujet de leur querelle. Monseigneur, lui dis-je, votre curiosité me fait souvenir d'une Fable Indienne que j'ai lue dans Pilpay, ou dans un autre Auteur Fabuliste. Le Ministre me demanda quelle étoit cette Fable, et je la lui racontai dans ces termes.

Il regnoit autrefois dans la Perse un bon Monarque, qui n'ayant pas assez d'étendue d'esprit pour gouverner lui-même ses Etats, en laissoit le soin à son Grand-Visir. Ce Ministre,

Miniftre, nommé Atalmuc, avoit un génie fupérieur. Il
foutenoit le poids de cette vafte Monarchie, fans en être
accablé. Il la maintenoit dans une paix profonde. Il a-
voit même l'art de rendre aimable l'Autorité Royale, en la
faifant refpecter, et les Sujets avoient un Pére affectionné
dans un Vifir fidele au Prince. Atalmuc avoit parmi fes
Sécretaires un jeunée Cachemirien, appellé Zéangir, qu'il
aimoit plus que les autres. Il prenoit plaifir à fon entretien, le menoit avec lui à la chaffe, et lui découvroit jufqu'à
fes plus fecretes penfées. Un jour qu'ils châffoient enfemble dans un Bois, le Vifir, voyant deux Corbeaux qui
croaffoient fur un arbre, dit à fon Sécretaire: Je voudrois
bien favoir ce que ces Oifeaux fe difent en leur langage.
Seigneur, lui répondit le Cachemirien, vos fouhaits peuvent s'accomplir. Eh comment cela, reprit Atalmuc?
C'eft repartit Zéangir, qu'un Derviche Cabalifte m'a en-
feigné la langue des Oifeaux. Si vous le fouhaitez, j'e-
couterai ceux-ci, et je vous répeterai mot pour mot tout
ce que je leur aurai entendu dire.

Le Vifir y confentit. Le Cachemirien s'aprocha des
Corbeaux, et parut leur prêter une oreille attentive. Après
quoi, revenant à fon Maître: Seigneur, lui dit-il, le croirez-vous? nous faifons le fujet de leur converfation. Cela
n'eft pas poffible, s'écria le Miniftre Perfan. Eh que di-
fent-ils de nous! Un des deux, reprit le Sécretaire, a dit:
Le voilà lui même, ce Grand-Vifir Atalmuc, cet Aigle Tu-
télaire qui couvre de fes ailes la Perfe comme fon nid, et
qui veille fans-ceffe à fa converfation. Pour fe délaffer de
fes pénibles travaux, il chaffe dans ce Bois avéc fon fidéle
Zéangir. Que ce Sécretaire eft heureux de fervir un
Maître qui a mille bontés pour lui! Doucement, a interrompu l'autre Corbeau, doucement. Ne vante pas tant
le bonheur de ce Cachemirien. Atalmuc, il eft vrai, s'en-
tretient avec lui familiérement, l'honore de fa confiance, et
je ne doute pas même qu'il n'ait deffein de lui donner un
Emplói confidérable; mais avant ce tems-là Zéangir
mourra de faim. Ce pauvre diable eft logé dans une petite chambre garnie, où il manque de chofes le plus néceffaires. En un mot, il méne une vie miférable, fans que
perfonne s'en aperçoive à la Cour. Le Grand-Vifir ne
s'avife pas de s'informer s'il eft bien ou mal dans fes affaires,

I 3   et

et content d'avoir pour lui de bons fentimens, il le laiffe
en proie à la pauvreté.

Je ceffai de parler en cet endroit pour voir venir le Duc
de Lerme, qui me demanda en fouriant, quelle impreffion
cet Apologue avoit faite fur l'efprit d'Atalmuc, et fi ce
Grand-Vifir ne s'étoit point offenfé de la hardieffe de fon
Sécretaire. Non, Monfeigneur, lui répondis-je un peu
troublé de fa queftion ; la Fable dit au contraire qu'il le
combla de bienfaits. Cela eft heureux, reprit le Duc d'un
air férieux. Il y a des Miniftres qui ne trouveroient pas
bon qu'on leur fît des leçons. Mais, ajouta-t-il en rompant l'entretien en fé lévant, je crois que le Roi ne tardera
guères à fe réveiller. Mon devoir m'appelle auprés de lui.
À ces mots il marcha vers le Palais à grands pas fans me
parler davantage, et trés mal affecté, à ce qu'il me fembloit, de ma Fable Indienne.

Je le fuivis jufqu'à la porte de la chambre de Sa Majefté, après quoi j'allai remettre les papiers dont j'étois chargé, à l'endroit où je les avois pris. J'entrai dans un cabinet où nos deux Sécretaires Copiftes travailloient, car
ils étoient auffi du voyage. Qu'avez-vous, Seigneur de
Santillane, dirent-ils en me voyant? Vous êtes bien ému.
Vous feroit-il arrivé quelque accident defagréable ?

J'étois trop plein du mauvais fuccés de mon Apologue,
pour leur cacher ma douleur. Je leur fis le recit des
chofes que j'avois dites au Duc, et ils fe montrerent fenfibles à la vive affliction dont je leur parus faifi. Vous
avez fujet d'être chagrin, me dit l'un des deux. Puiffiez
vous être mieux traité que ne le fut un Sécretaire du Cardinal Spinola. Ce Sécretaire, las de ne rien recevoir depuis quinze mois qu'il étoit occupé par fon Eminence,
prit un jour la liberté de lui repréfenter fes befoins, et de
demander quelque argent pour vivre. Il eft jufte, lui dit
le Miniftre, que vous foyez payé. Tenez, pourfuivit-il,
en lui mettant entre les mains une ordonnance de mille
ducats, allez toucher cette fomme au Tréfor Royal ;
mais fouvenez-vous en même tems que je vous remerci de
vos fervices. Le Sécretaire fe feroit confolé d'être congédié, s'il eût reçu fes mille ducats, et qu'on l'eût laiffé
chercher de l'emploi ailleurs ; mais en fortant de .chez le
Cardinal, il fut arrêté par un Alguazil, et conduit à la
Tour de Ségovie, où il à été longtems prifonnier.

Ce

Ce trait hiftorique redoubla ma frayeur, je me crus perdu; et ne pouvant m'en confoler, je commençai à me reprocher mon impatience, comme fi je n'euffe pas été affez patient. Hélas, difois-je, pourquoi faut-il que j'aye házardé cette malheureufe Fable, qui a déplû au Miniftre? Il étoit peut-être fur le point de me tirer de mon état miférable, peut-être même allois-je faire une de ces fortunes fubites qui étonnent tout le monde. Que de richeffes! que d'honneurs m'échappent par mon étourderie! Je devois bien faire réflexion, qu'il y a des Grands qui n'aiment pas qu'on les prévienne, et qui veulent qu'on reçoive d'eux, comme de graces, jufqu'aux moindres chofes qu'ils font obligés de donner. Il eût mieux valu continuer ma diéte fans en rien témoigner au Duc, et me laiffer même mourir de faim, pour mettre tout le tort de fon côté.

Quand j'aurois encore confervé quelque efpérance, mon Maître, que je vis l'aprés dînée, me l'eut fait perdre entiérement. Il fut fort férieux avec moi contre fon ordinaire, et il ne me parla point du tout. Ce qui me caufa le refte du jour une inquiétude mortelle. Je ne paffai pas la nuit plus tranquillement. Le regret du voir évanouir mes agréables illufions, et la crainte d'augmenter le nombre des prifonniers d'Etat, ne me permirent que de foupirer et de faire des lamentations.

Le jour fuivant fut le jour de crife. La Duc me fit appeller le matin. J'entrai dans fa chambre, plus tremblant qu'un criminel qu'on va juger. Santillane, me dit-il, en me montrant un papier qu'il avoit à la main, prends cette ordonnance .... Je frémis à ce mot d'ordonnance, et dis en moi-même: O Ciel, voici le Cardinal Spinola! la voiture eft prête pour Ségovie! La frayeur qui me faifit dans ce moment-la fut telle, que j'interrompis le Miniftre, et me jettant à fes piés: Monfeigneur, lui dis-je tout en pleurs, je fuplie trés humblement votre Excellence de me pardonner ma hardieffe. C'eft là néceffité qui m'a forcé de vous apprendre ma miſére.

Le Duc ne put s'empêcher de rire du defordre où il me voyoit. Confole-toi, Gil Blas, me répondit-il, et m'écoute. Quoiqu'en me découvrant tes befoins ce foit me reprocher de ne les avoir pas prévenus, je ne t'en fai point mauvais gré, mon ami. Je me veux plutôt du mal à moimême,

même, de ne t'avoir pas demandé comment tu vivois.
Mais pour commencer à réparer cette faute d'attention,
je te donne une ordonnance de quinze cens ducats, qui
te feront comptés à vue au Tréfor Royal.   Ce n'eft pas
tout, je t'en promets autant chaque année ; et de plus,
quand des perfonnes riches et généreufes te prieront de
leur rendre fervice, je ne te défends pas de me parler en
leur faveur.

Dans le raviffement où me jetterent ces paroles, je baifai les piés du Miniftre, qui m'ayant commandé de me
relever, continua de s'entretenir familiérement avec moi.
Je voulus, de mon côté, rapeller ma belle humeur ; mais
je ne pus paffer fitôt de la douleur à la joie.   Je demeurai auffi troublé qu'un malheureux qui entend crier grace,
au moment qu'il croit aller recevoir le coup de la mort.
Mon Maître attribua toute mon agitation à la feule crainte
de lui avoir déplû, quoique la peur d'une prifon perpétu-
elle n'y eût pas moins de part.   Il m'avoua qu'il avoit
affecté de me paroître refroidi, pour voir fi je ferois bien
fenfible à ce changement : qu'il jugeoit par-là de la vivacité de mon attachement à fa perfonne, et qu'il m'en
aimoit davantage.

CHAPITRE VII.

*Du bon ufage qu'il fit de fes quinze cens ducats ; de la
    prèmiére affaire dont il fe méla, et quel profit il lui en
    revint.*

LE Roi, comme s'il eût voulu fervir mon impatience,
   retourna dés le lendemain à Madrid.   Je volai
d'abord au Tréfor Royal, où je touchai fur le champ la
fomme contenue dans mon ordonnance.   Je n'écoutai plus
alors que mon ambition et ma vanité.   J'abandonnai ma
miférable chambre garnie aux Sécretaires qui ne favoient
pas encore la langue des Oifeaux, et je louai, pour la feconde fois, mon bel appartement, qui par bonheur ne fe
troüva point occupé.   J'envoyai chercher un fameux
Tailleur, qui habilloit prefque tous les Petits-Maîtres. Il
prit ma mefure, et me mena chez un Marchand, oú il leva cinq aunes de drap, qu'il falloit, difoit-il, pour me
faire un habit.   Cinq aunes pour un habit à l'Efpagnole !
                                                        Jufte

Juſte, Ciel! . . . Mais, n'épiloguons pas là-deſſus. Les
Tailleurs qui ſont en réputation, en prennent toujours
plus que les autres. J'achetai en ſuite du linge, dont
j'avois grand beſoin, des bas de ſoie, avec un caſtor bordé
d'un point d'Eſpagne.

Aprés cela, ne pouvant honnètement me paſſer de laquais, je priai Vincent Foréro mon hôte de m'en donner
un de ſa main. La plupart des Etrangers qui venoient
loger chez lui, avoient coutume, en arrivant à Madrid,
de prendre à leur ſervice des valets Eſpagnols, ce qui ne
manquoit pas d'attirer dans cet hôtel tous les laquais qui
ſe trouvoient hors de condition. Le premier qui ſe préſenta, étoit un garçon d'une mine ſi douce et ſi dévote,
que je n'en voulus point. Je crus voir Ambroiſe de La-
méle. Je n'aime pas, dis-je à Foréro, les valets qui ont
un air ſi vertueux ; j'y ai été attrapé.

A peine eus-je congédié ce laquais, que j'en vis arriver
un autre. Celui-ci paroiſſoit fort éveillé, plus hardi qu'un
Page de Cour, et avec cela un peu fripon. Il me plut,
je lui fis des queſtions. Il y répondit avec eſprit. Je remarquai même qu'il étoit intriguant. Je le regardai
comme un ſujet qui me convenoit. Je l'arrêtai. Je
n'eus pas lieu de m'en repentir. Je m'aperçus même
bientôt que je vois fait une admirable acquiſition. Comme
le Duc m'avoit permis de lui parler en faveur des perſonnes à qui je voudrois rendre ſervice, et que j'etois dans le
deſſein de ne pas négliger cette permiſſion, il me falloit
un chien de chaſſe pour découvrir le gibier, c'eſt-à dire,
un drole qui eût de l'induſtrie, et qui fût propre à déterrer et à m'amener des gens qui auroient des graces à demander au Premier-Miniſtre. C'étoit juſtement le fort
de Scipion, ainſi ſe nommoit mon laquais. Il ſortoit de
chez Donna Anna de Guévara, Nourrice du Prince d'E-
ſpagne, où il avoit bien exercé ce talent-là.

Auſſitôt que je lui apris que j'avois du credit, et que
je ſerois bien-aiſe d'en profiter, il ſe mît en campagne, et
dés le même jour il me dit : Seigneur, j'ai fait une aſſez
bonne découverte. Il vient d'arriver à Madrid un jeune
Gentilhomme Grenadin, apellé Don Roger de Rada.
Il a eu une affaire d'honneur qui l'oblige à rechercher la
protection du Duc de Lerme, et il eſt diſpoſé à bien payer
le plaiſir qu'on lui fera. Je lui ai parlé. Il avoit envie
de

de s'adreſſer à Don Rodrigue de Caldérone, dont on lui a vanté le pouvoir; mais je l'en ai détourné, en lui faiſant entendre que ce Sécretaire vendoît ſes bons offices au poids de l'or, au-lieu que vous vous contentiez pour les vôtres d'une honnête marque de reconnoiſſance: Que vous feriez même les choſes pour rien, ſi vous etiez dans une ſituation qui vous permît de ſuivre votre inclination généreuſe et deſintéreſſée. Enfin, je lui ai parlé de manière que vous verrez demain matin ce Gentilhomme à votre levé. Comment donc, lui dis-je, Monſieur Scipion, vous avez déja fait bien de la beſogne! Je m'aperçois que vous n'êtes pas neuf en matiére d'intrigues, je m'etonne que vous n'en ſoyez pas plus riche. C'eſt ce qui ne doit pas vous ſurprendre, me répondit-il. J'aime à faire circuler les eſpèces, je ne théſauriſe point.

Don Roger de Rada vint effectivement chez moi. Je le reçus avec une politeſſe mêlée de fierté. Seigneur Cavalier, lui dis-je, avant que je m'engage à vous ſervir, je veux ſavoir l'affaire d'honneur qui vous amene à la Cour; car elle pourroit être telle, que je n'oſerois parler pour vous au Premier-Miniſtre. Faites m'en donc, s'il vous plaît, un raport fidele, et ſoyez perſuadé que j'entrerai chaudement dans vos intéréts, ſi un galanthomme peut les épouſer. Très volontiers, me répondit le jeune Grenadin, je vais vous conter ſincérement mon hiſtoire. En même tems il m'en fit le récit de cette ſorte.

CHAPITRE VIII.

Hiſtoire de Don Roger de Rada.

DON Anaſtaſio de Rada, Gentilhomme Grenadin, vivoit heureux dans la ville d'Antéquere avec Donna Eſtéphania ſon épouſe, qui joignoit à une vertu ſolide un eſprit doux et une extrême beauté. Si elle aimoit tendrement ſon mari, elle en étoit aimée éperdûment. De ſon naturel il étoit fort porté à la jalouſie, et quoiqu'il n'eût aucun ſujet de douter de la fidélité de ſa femme, il ne laiſſoit pas d'avoir de l'inquiétude. Il apréhendoit que quelque ſecret ennemi de ſon repos n'attentât à ſon honneur. Il ſe défioit de tous ſes amis, excepté

de

de Don Huberto de Hordales, qui venoit librement dans
sa maison en qualité de cousin d'Estéphanie, et qui étoit
le seul homme dont il dût se défier.

Effectivement Don Huberto devint amoureux de sa cousine, et osa lui déclarer son amour, sans avoir égard au
sang qui les unissoit, ni à l'amitié particuliére que Don
Anastasio avoit pour lui. La Dame qui étoit prudente,
au-lieu de faire un éclat qui auroit eu de fâcheuses suites,
reprit son parent avec douceur, lui représenta jusqu'à
quel point il étoit coupable de vouloir la seduire et deshonorer son mari, et lui dit fort sérieusement qu'il ne devoit point se flater de l'espérance d'y reussir.

Cette modération ne servit qu'à enflammer davantage
le Cavalier, qui s'imaginant qu'il falloit pousser à bout
une femme de ce caractére, commença d'avoir avec elle
de maniéres peu respectueuses, et eut l'audace un jour de
la presser de satisfaire ses desirs. Elle le repoussa d'un
air sévere, et le menaça de faire punir sa témérité par
Don Anastasio. Le Galant, effrayé de la menace, promit de ne plus parler d'amour, et sur la foi de cette pro-
messe Estéphanie lui pardonna le passé.

Don Huberto, qui naturellement étoit un très méchant
homme, ne put voir sa passion si mal payée, sans concevoir une lâche envie de s'en venger. Il connoissoit Don
Anastasio pour un jaloux, susceptible de toutes les impres-
sions qu'il voudroit lui donner. Il n'eut besoin que de
cette connoissance, pour former le dessein le plus noir
dont un scélérat puisse être capable. Un soir qu'il se promenoit seul avec ce foible époux, il lui dit de l'air du
monde le plus triste : Mon cher ami, je ne puis vivre
plus longtems sans vous révéler un secret, que je n'aurois
garde de vous découvrir, si votre honneur ne vous étoit
pas plus cher que votre repos ; mais votre délicatesse et
la mienne, en matiére d'offenses, ne me permettent pas
de vous cacher ce qui se passe chez vous. Préparez-vous
à entendre une nouvelle qui vous causera autant de douleur que de surprise. Je vais vous frapper par l'endroit
le plus tendre.

Je vous entends, interrompit Don Anastasio, déja tout
troublé, votre cousine m'est infidèle. Je ne la reconnois
plus pour ma cousine, reprit Hordales d'un air emporté,
je la desavoue, et elle est indigne de vous avoir pour ma-

ri.

ri. C'eſt trop me faire languir, s'écria Don Anaſtaſio,
parlez. Qu'a fait Eſtéphanie ? Elle vous a trahi, repartit Don Huberto. Vous avez un Rival qu'elle é-
coute en ſecret, mais que je ne puis vous nommer ;
car l'Adultére, à la faveur d'une épaiſſe nuit, s'eſt dérobé aux yeux qui l'obſervoient. Tout ce que je ſai,
c'eſt qu'on vous trompe, c'eſt un fait dont je ſuis certain.
L'intérêt que je dois prendre à cette affaire, ne vous ré-
pond que trop de la vérité de mon rapport. Puiſque je
me déclare contre Eſtéphanie, il faut que je ſois bien
convaincu de ſon infidélité.

Il eſt inutile, continua-t-il, en remarquant que ſes
diſcours faiſoient l'effet qu'il en attendoit, il eſt inutile de
vous en dire davantage. Je m'apperçois que vous êtes
indigne de l'ingratitude dont on oſe payer votre amour,
et que vous méditez une juſte vengeance. Je ne m'y op-
poſerai point. N'examinez pas quelle eſt la victime que
vous allez frapper. Montrez à toute la ville qu'il n'eſt
rien que vous ne puiſſiez immoler à votre honneur.

Le Traitre animoit ainſi un époux trop crédule contre une femme innocente, et il lui peignit avec de ſi
vives couleurs l'infamie dont il demeuroit couvert, s'il
laiſſoit l'affront impuni, qu'il le mit enfin en fureur.
Voilà Don Anaſtaſio qui perd le jugement. Il ſemble
que les Furies l'agitent. Il retourne chez lui dans la réſolution de poignarder ſa malheureuſe épouſe. Elle étoit
prête à ſe mettre au lit quand il arriva. Il ſe contraignit
d'abord, et attendit que les domeſtiques fuſſent retirés.
Alors, ſans être retenu par la crainte de la colére céleſte,
par le deshonneur qui alloit rejaillir ſur une honnête famille, ni même par la pitié naturelle qu'il devoit avoir
d'un enfant de ſix mois que ſa femme portoit dans ſes
flancs, il s'aprocha de ſa victime, et lui dit d'un ton furieux : Il faut périr, miſérable ! tu n'as plus qu'un moment à vivre, que ma bonté te laiſſe pour prier le Ciel de
te pardonner l'outrage que tu m'as fait. Je ne veux pas
que tu perdes ton ame, comme tu as perdu ton honneur.

En diſant cela, il tira ſon poignard. Son action et ſon
diſcours épouvanterent Eſtéphanie, qui ſe jettant à ſes genoux, lui dit, les mains jointes et toute éperdue : Qu'avez-
vous, Seigneur ? Quel ſujet de mé contentement ai-je eu

le

le malheur de vous donner ? Pourquoi voulez-vous arracher la vie à votre épouse ? Si vous la soupçonnez de ne vous être pas fidèle, vous êtes dans l'erreur.

Non, non, reprit brusquement le Jaloux, je ne suis que trop assuré de votre trahison. Les personnes qui m'en ont averti, sont dignes de foi. Don Huberto . . . . Ah Seigneur, interrompit-elle avec précipitation! vous devez vous défier de Don Huberto. Il est moins votre ami que vous ne pensez. S'il vous a dit quelque chose au désavantage de ma vértu, ne le croyez pas. Taisez-vous, infame que vous êtes, repliqua Don Anastasio! En voulant me prévenir contre Hordales, vous justifiez mes soupçons, au-lieu de les dissiper. Vous tâchez de me rendre ce parent suspect, parce qu'il est instruit de votre mauvaise conduit. Vous voudriez bien affoiblir son témoignage; mais cet artifice est inutile, et redouble l'envie que j'ai de vous punir. Mon cher époux, reprit l'innocente Estéphanie en pleurant amérement, craignez votre aveugle colère. Si vous en suivez les mouvemens, vous commettrez une action dont vous ne pourrez vous consoler, quand vous en aurez reconnu l'injustice. Au nom de Dieu, calmez vos transports. Donnez-vous du moins le tems d'éclaircir vos soupçons. Vous rendrez plus de justice à une femme qui n'a rien à se reprocher.

Tout autre que Don Anastasio auroit été touché de ces paroles, et encore plus de l'affliction de la personne qui venoit de le prononcer; mais le Cruel, loin d'en paroître attendri, dit à la Dame, une seconde fois, de se recommander promptement à Dieu, et leva même le bras pour la frapper. Arrête, Barbare! lui cria-t-elle. Si l'amour que tu as eu pour moi est entièrement éteint, si le marques de tendresse qui je t'ai prodiguées sont effacées de ton souvenir, si mes larmes ne peuvent te détourner de ton exécrable dessein, respecte donc ton propre sang. N'arme pas ta main furieuse contre un innocent qui n'a point encore vu la lumière. Tu ne peus devenir son bourreau, sans offenser le Ciel et la Terre. Pour moi, je te pardonne ma mort; mais, n'en doute pas, la sienne demandera justice d'un si horrible forfait.

Quelque déterminé que fût Don Anastasio à ne faire aucune attention à ce que pourroit lui dire Estéphanie, il ne laissa pas d'être ému des images affreuses que ces derniers mots préfenterent à fon efprit. Auffi, comme s'il eût craint que fon émotion ne trahit fon reffentiment, il fe hâta de profiter de la fureur qui lui reftoit, et plongea fon poignard dans le côté droit de fa femme. Elle tomba dans le moment. Il la crut morte. Il fortit auffitôt de fa maifon, et difparut d'Antèquere.

Cependant cette époufe infortunée fut fi étourdie du coup qu'elle avoit reçu, qu'elle demeura quelques inftans à terre comme une perfonne fans vie. Enfuite, reprenant fes efprits, elle fit des plaintes et des lamentations qui attirérent auprès d'elle une vieille femme qui la fervoit. Dés que cette bonne vieille vit fa Maîtreffe dans un fi pitoyable état, elle pouffa des cris qui diffipérent le fommeil des autres domeftiques, et même des plus proches voifins. La chambre fut bientôt remplie de monde. On appella dés Chirurgiens. Ils vifiterent la plaie, et n'en eurent pas mauvaife opinion. Ils ne fe tromperent point dans leur conjecture. Ils guérirent même en affez peu de tems Eftéphanie, qui accoucha fort heureufement d'un fils, trois mois après cette cruelle avanture. Et c'eft ce fils, Seigneur Gil Blas, que vous voyez en moi. Je fuis le fruit de ce trifte enfantement.

Quoique la médifance n'épargne guères la vertu des femmes, elle refpecta pourtant celle de ma Mere ; et cette fcene fanglante ne paffa dans la ville, que pour le tranfport d'un mari jaloux. Il eft vrai que mon Pere y étoit connu pour un homme violent, et fort fujet à prendre trop facilement ombrage. Hordales jugea bien que fa parente le foupçonnoit d'avoir troublé, par des fables, l'efprit de Don Anaftafio ; et fatisfait de s'être du moins à demi vengé d'elle, il ceffa de la voir. De peur d'ennuyer votre Seigneurie, je ne m'étendrai point fur l'education qu'on m'a donnée. Je dirai feulement que ma Mere s'eft principalement attachée à me faire apprendre l'efcrime, et que j'ai longtems fait des armes dans les plus célebres Sales de Grenade et de Séville. Elle attendoit avec impatience que je fuffe en âge de mefurer mon epée à celle de Don Huberto, pour m'inftruire du fujet qu'elle avoit de fe plaindre de lui ; et me voyant enfin dans ma dix-huitieme année, elle m'en fit confidence, non fans répandre des pleurs abondamment, ni paroître faifie d'une vive douleur. Quelle impreffion ne fait pas une Mere, en cet

état,

état, fur un fils qui à du courage et du fentiment? J'allai fur le champ trouver Hordales. Je l'attirai dans un
endroit écarté, où après un affez long combat, je le perçai de trois coups d'épée, et le jettai fur le carreau.

Don Huberto fe fentant mortellement bleffé, attacha
fur moi fes derniers regards, et me dit qu'il recevoit la
mort que je lui donnois, comme une jufte punition du
crime qu'il avoit commis contre l'honneur de ma Mere.
Il confeffa que c'étoit pour fe venger de fes rigueurs, qu'il
s'étoit réfolu à la perdre. Puis il expira, en demandant
pardon de fa faute au Ciel, à Don Anaftafio, à Eftéphanie, et à moi. Je ne jugeai point à propos de retourner
au logis, pour informer ma Mere de cet évenement. J'en
laiffai le foin à la Renommée. Je paffai les Montagnes,
et me rendis à la Ville de Malaga, où je m'embarquai a-
vec un Armateur, qui fortoit du port pour aller en courfe.
Je lui parus ne pas manquer de cœur. Il confentoit volontiers que je me joigniffe aux enfans de bonne volonté
qu'il avoit fur fon bord.

Nous ne tardâmes guères à trouver une occafion de
nous fignaler. Nous rencontrâmes aux environs d'l'Ile
d'Albouran un Corfaire de Mellila, qui retournoit vers
les Côtés d'Afrique avec un Bâtiment Efpagnol, qu'il a-
voit pris à la hauteur de Cartagene, et qui étoit richement chargé. Nous attaquâmes vivement l'Afriquain, et
nous nous rendîmes maîtres de fes deux vaiffeaux, où il y
avoit quatre-vingt Chrétiens qu'il emmenoit efclaves en
Barbarie. Alors, profitant d'un vent qui s'éleva, et qui
nous étoit favorable pour gagner la Côte de Grenade,
nous arrivâmes en peu de tems à Punta de Helena.

Comme nous demandions aux Efclaves que nous avions
délivrés, de quel endroit ils étoient, je fis cette queftion
à un homme de trés bonne mine, et qui pouvoit bien avoir
cinquante ans. Il me répondit en foupirant, qu'il étoit
d'Antéquere. Je me fentis ému de fa réponfe, fans favoir
pourquoi; et mon émotion, dont il s'aperçut, excita en
lui un trouble que je remarquai. Je fuis, lui dis-je, votre
concitoyen. Peut-on vous demander le nom de votre famille? Hélas, me repondit-il, vous renouvellez ma douleur,
en exigeant de moi que je fatisfaffe votre curiofité. Il y
a dix-huit ans que j'ai quité le fejour d'Antéquere, où
l'on ne doit fe fouvenir de moi qu'avec horreur. Vous

n'a-

n'avez peut-être vous-même que trop entendu parler de
moi. Je me nomme Don Anaſtaſio de Rada. Juſte Ciel, m'écriai-je! dois je croire ce que j'entends? Quoi,
ce ſeroit Don Anaſtaſio, ce ſeroit mon Pere que je verrois!
Que dites-vous, jeune-homme, s'écria-t-il à ſon tour,
en me conſidérant avec ſurpriſe? Seroit-il bien poſſible
que vous fuſſiez cet enfant malheureux qui étoit encore
dans les flancs de ſa Mere, quand je la ſacrifiai à ma fureur? Oui, mon Pere, lui dis-je, c'eſt moi que la ver-
tueuſe Eſtéphanie a mis au monde trois mois après la nuit
funeſte où vous la laiſſâtes noyée dans ſon ſang.

Don Anaſtaſio n'attendit pas que j'euſſe achevé ces paroles, pour ſe jetter à mon cou. Il me ſerra entre ſes
bras, et nous ne fîmes, pendant un quart-d'heure, que
confondre nos ſoupirs et nos larmes. Après nous être a-
bandonnés aux tendres mouvemens qu'une pareille reconnoiſſance ne pouvoit manquer d'exciter en nous, mon Pere
leva les yeux au Ciel, pour le remercier d'avoir ſauvé
Eſtéphanie : mais un moment après, comme s'il eût craint
de lui rendre graces mal-à-propos, il m'adreſſa la parole,
et me demanda de quelle manière on avoit reconnu l'innocence de ſa femme. Seigneur, lui répondis-je, perſonne que vous n'en a jamais douté. La conduite de
votre épouſe a toujours été ſans reproche. Il faut que je
vous déſabuſe. Sachez que c'eſt Don Huberto qui vous
a trompé. En même tems, je lui contai toute la perfidie
de ce parent, quelle vengeance j'en avois tirée, et ce qu'il
m'avoit avoué en mourant.

Mon Pere fut moins ſenſible au plaiſir d'avoir recouvré
la liberté, qu'à celui d'entendre les nouvelles que je lui
annonçois. Il recommença, dans l'excès de la joie qui
le tranſportoit, à m'embraſſer tendrement. Il ne pouvoit ſe laſſer de me témoigner combien il étoit content de
moi. Allons, mon fils, me dit-il, prenons vite le chemin d'Antéquere. Je brule d'impatience de me jetter aux
piés d'une épouſe que j'ai ſi indignement traitée. Depuis
que vous m'avez fait connoître mon injuſtice, j'ai des remords qui me déchirent le cœur.

J'avois trop d'envie de raſſembler ces deux perſonnes
qui m'étoient ſi cheres, pour en retarder le doux moment.
Je quitai l'Armateur, et de l'argent que je reçus pour ma
part de la priſe que nous avions faite, j'achetai à Adra

deux

deux mules, mon Pere ne voulant plus s'expoſer aux périls de la mer. Il eut tout le loiſir ſur la route de me raconter ſes avantures, que j'écoutai avec cette avide attention que préta le Prince d'Ithaque au récit de celles du Roi ſon Pere. Enfin, après pluſieurs journées, nous nous rendîmes au bas de la montagne la plus voiſine d'Antéquere, et nous fimes halte en cet endroit. Comme nous voulions arriver ſecrettement au logis, nous n'entrâmes dans la ville qu'au milieu de la nuit.

Je vous laiſſe à imaginer la ſurpriſe où fut ma Mere, de revoir un mari qu'elle croyoît avoir perdu pour jamais ; et la manière, pour ainſi dire, miraculeuſe dont il lui étoit rendu, devenoit encore pour elle un autre ſujet d'étonnement. Il lui demanda pardon de ſa barbarie avec des marques ſi vives de repentir, qu'elle ne put ſe défendre d'en être touchée. Au-lieu de le regarder comme un aſſaſſin, elle ne vit plus en lui qu'un homme à qui le Ciel l'avoit ſoumiſe ; tant le nom d'époux eſt ſacré pour une femme qui a de la vertu. Eſtéphanie avoit été ſi en peine de moi, qu'elle fut charmée de mon retour. Elle n'en reſſentit pas toutefois une joie pure. Une ſœur de Hordales procédoit criminellement contre le meurtrier de ſon frére. Elle me faiſoit chercher partout. Deſorte que ma Mere ne me voyant pas en ſureté dans notre maiſon, n'étoit pas ſans inquiétude. Cela m'obligea, dès cette nuit-là même, de partir pour la Cour, où je viens, Seigneur, ſolliciter ma grace, que j'eſpere obtenir, puiſque vous voulez bien parler en ma faveur au Premier-Miniſtre, et m'apuyer de tout votre crédit.

Le vaillant fils de Don Anaſtaſio finit là ſon récit, après quoi je lui dis d'un air important : C'eſt aſſez Seigneur Don Roger, le cas me paroît graciable. Je me charge de détailler votre affaire à ſon Excellence, dont j'oſe vous promettre la protection. Le Grenadin ſur cela ſe répandit en remercimens, qui ne m'auroient fait qu'entrer par une oreille et ſortir par l'autre, s'il ne m'eût aſſuré que ſa reconnoiſſance ſuivroit de près le ſervice que je lui rendrôis. Mais d'abord qu'il eût touché cette corde-là, je me mis en mouvement. Dès le jour même je contai cette hiſtoire au Duc, qui m'ayant permis de lui préſenter le Cavalier, lui dit : Don Roger, je ſuis inſtruit de l'affaire d'honneur qui vous a fait venir à la Cour. Santillane m'en a dit toutes les circonſtances. Ayez l'eſ-

ſprit

sprit tranquille. Vous n'avez rien fait qui ne soit excu-
sable : et c'est particulièrement aux Gentilshommes qui
vengent leur honneur offensé, que Sa Majesté aime à faire
grace. Il faut pour la forme vous mettre en prison, mais
soyez assuré que vous n'y demeurerez pas longtems. Vous
avez dans Santillane un bon ami qui se chargera du reste,
il hâtera votre élargissement.

Don Roger fit une profonde révérence au Ministre, sur
la parole duquel il alla se constituer prisonnier. Ses Lettres de grace furent bientôt expédiées par mes soins. En
moins de dix jours j'envoyai ce nouveau Telemaque rejoindre son Ulysse et sa Penelope ; au-lieu que s'il n'eût
pas eu de Protecteur, il n'en auroit peut-être pas été quite
pour une année de prison. Je ne tirai de cela que cent
pistoles. Ce n'étoit point-là un grand coup de filet,
mais je n'étois pas encore un Calderone pour mépriser les
petits.

CHAPITRE IX.

*Par quels moyens Gil Blas fit en peu de tems une fortune
considérable, et des grands airs qu'il se donna.*

CETTE affaire me mit en goût, et dix pistoles que je
donnai à Scipion pour son droit de courtage, l'en-
couragerent à faire de nouvelles recherches. J'ai déja
vanté ses talens là-dessus. On auroit pu l'apeller à juste
titre le Grand Scipion. Il m'amena pour second chaland
un Imprimeur de Livres de Chevalerie, qui s'étoit en-
richi en dépit du bon-sens. Cet Imprimeur avoit contre-
fait un Ouvrage d'un de ses Confreres, et son édition a-
voit été saisie. Pour trois cens ducats je lui fis avoir main
levée de ses exemplaires, et lui sauvai une grosse amende.
Quoique cela ne regardât point le Prémier-Ministre, son
Excellence voulut bien, à ma priere, interposer son autorité. Après l'Imprimeur, il me passa par les mains un
Négociant, et voici de quoi il s'agissoit. Un Vaisseau
Portugais avoit été pris par un Corsaire de Barbarie, et ré-
pris ensuite par un Armateur de Cadiz. Les deux tiers
des marchandises dont il étoit chargé, appartenoient à un
Marchand de Lisbonne, qui les ayant inutilement reven-
diqués, venoit à la Cour d'Espagne chercher un Protecteur

teur qui eût affez de crédit pour les lui faire rendre. Je m'intéreffai pour lui, et il atrapa fes effets, moyennant la fomme de quatre cens piftoles dont il fit préfent à la protection.

Il me femble que j'entends un Lecteur qui me crie en cet endroit: Courage, Monfieur de Santillane, mettez du foin dans vos bottes, vous êtes en beau chemin, pouffez votre fortune. Oh que je n'y manquerai pas! Je vois, fi je ne me trompe, arriver mon valet avec un nouveau *Quidam* qu'il vient d'accrocher. Juftement, c'eft Scipion. Ecoutons-le. Seigneur, me dit-il, fouffrez que je vous préfente ce fameux Opérateur. Il demande un privilege pour débiter fes Drogues, pendant l'efpace de dix années, dans toutes les Villes de la Monarchie d'Efpagne, à l'exclufion de tous les autres; c'eft-à-dire, qu'il foit défendu aux perfonnes de fa profeffion de s'établir dans les lieux où il fera. Par reconnoiffance, il comptera deux cens piftoles à celui qui lui remettra le dit privilege expédié. Je dis au Saltinbanque, en tranchant du Protecteur: Allez, mon ami, je ferai votre affaire. Véritablement, peu de jours après, je le renvoyai avec des patentes qui lui permettoient de tromper le Peuple exclufivement dans tous les Royaumes d'Efpagne.

Outre que je devenois plus riche, j'avois obtenu fi facilement de fon Excellence les quatre graces dont je viens de parler, que je ne balançai point à lui en demander une cinquieme. C'étoit le Gouvernement de la Ville de Véra fur la Côte de Grenade, pour un Chevalier de Calatrave, qui m'en offroit mille piftoles. Le Miniftre fe mit à rire, en me voyant fi âpre à la curée. Vive Dieu, ami Gil Blas, me dit-il, comme vous y allez! Vous aimez furieufement à obliger votre prochain. Ecoutez, lorfqu'il ne fera queftion que de bagatelles, je n'y regarderai pas de fi près; mais quand vous voudrez des Gouvernemens, ou d'autres chofes confidérables, vous vous contenterez, s'il vous plaît, de la moitié du profit, vous me tiendrez compte de l'autre. Vous ne fauriez vous imaginer, continua-t-il, la dépenfe que je fuis obligé de faire, ni combien de reffources il me faut pour foutenir la dignité de mon pofte: car malgré le defintéreffement dont je me pare aux yeux du monde, je vous avoue que je ne fuis point affez im-
pru-

prudent pour vouloir déranger mes affaires domestiques. Reglez-vous sur cela.

Mon Maître, par ce discours, m'ôtant la crainte de l'importuner, ou plutôt m'excitant à retourner souvent à la charge, me rendit encore plus affamé de richesses que je ne l'étois auparavant. J'aurois alors volontiers fait afficher que tous ceux qui souhaitoient d'obtenir des graces de la Cour, n'avoient qu'à s'adresser à moi. J'allois d'un côté, Scipion de l'autre. Je ne cherchois, qu'à faire plaisir pour de l'argent. Mon Chevalier de Calatrave eut le Gouvernement de Véra pour ses mille pistoles, et j'en fis bientôt accorder un autre pour le même prix à un Chevalier de Saint Jaques. Je ne me contentai pas de faire des Gouverneurs, je donnai des Ordres de Chevaleries, et convertis quelques bons Roturiers en mauvais Gentilshommes par d'excellentes Lettres de Noblesse. Je voulus aussi que le Clergé se ressentit de mes bienfaits. Je conférai de petits Bénéfices, des Canonicats, et quelques Dignités Ecclésiastiques. A l'égard des Evêchés et des Archevêchés, c'étoit Don Rodrigue de Caldérone, qui en étoit le Collateur. Il nommoit encore aux Magistratures, aux Commanderies et aux Viceroyautés. Ce qui suppose que les grandes Places n'étoient pas mieux remplies que les petites; car les sujets que nous choisissions pour occuper les Postes dont nous faisions un si honnête trafic, n'étoient pas toujours les plus habiles gens du monde, ni les plus reglés. Nous savions bien que dans Madrid les Railleurs s'égayoient là-dessus à nos dépens; mais nous ressemblions aux Avares, qui se consolent des huées du Peuple en revoyant leur or.

Isocrate a raison d'apeller l'intempérance et la folie, les compagnes inséparables des riches. Quand je me vis maître de trente mille ducats, et en état d'en gagner peut-être dix fois autant, je crus devoir faire une figure digne d'un Confident de Prémier-Ministre. Je louai un hôtel entier, que je fis meubler proprement. J'achetai le carosse d'un *Escrivano*, qui se l'étoit donné par ostentation, et qui cherchoit à s'en défaire par le conseil de son Boulanger. Je pris un cocher; et comme il est juste d'avancer ses anciens domestiques, j'élevai Scipion au triple honneur d'être mon Valet de chambre, mon Sécretaire, et mon Intendant. Mais ce qui mit le comble à mon orgueil,

gueil, c'eſt que le Miniſtre trouva bon que mes gens por-
taſſent ſa livrée. J'en perdis ce qui me reſtoit de jugement. Je n'étois guères moins fou que les Diſciples de
Porcius Latro, qui, lorſqu'à force d'avoir bu du Cumin
ils s'étoient rendus pâles comme leur Maître, s'imaginoi-
ent être auſſi ſavans que lui ; peu s'én falloit que je ne me
cruſſe parent du Duc de Lerme. Je me mis du moins
dans la tête que je paſſerois pour tel, ou peut-être pour un
de ſes bâtards, ce qui me flatoit infiniment

Ajoutez à cela, qu'à l'exemple de ſon Excellence, qui
tenoit table ouverte, je réſolus de donner à manger. Pour
cet effet je chargeai Scipion de me déterrer un habile Cuiſinier, et il m'en trouva un qui étoit comparable peut-être
à celui de Nomentanus de friande mémoire. Je remplis
ma cave de vins délicieux, et après avoir fait mes autres
proviſions, je commençai à recevoir compagnie. Il venoit ſouper chez moi tous les ſoirs quelques-uns des principaux Commis des Bureaux du Miniſtre, qui prenoient
fierement la qualité de Sécretaire d'Etat. Je leur faiſois
très bonne chère, et les renvoyois toujours bien abruvés.
De ſon côté, Scipion, car tel Maître tel Valet, avoit auſſi
la table dans l'Office, où il régaloit à mes dépens les perſonnes de ſa connoiſſance. Mais outre que j'aimois ce
garçon-là, comme il contribuoit à me faire gagner du bien,
il me paroiſſoit en droit de m'aider à le dépenſer. D'ailleurs je regardois ces diſſipations en jeune-homme, je ne
voyois pas le tort qu'elles me faiſoient. Une autre raiſon
encore m'empêchoit d'y prendre garde. Les Bénéfices et
les Emplois ne ceſſoient pas de faire venir l'eau au moulin.
Je voyois mes finances augmenter de jour en jour. Je
m'imaginai pour le coup avoir attaché un clou à la Fortune.

Il ne manquoit plus à ma vanité, que de rendre Fabrice
témoin de ma vie faſtueuſe. Je ne doutois pas qu'il ne
fût de retour d'Andalouſie ; et pour me donner le plaiſir
de le ſurprendre, je lui fis tenir un billet anonime, par lequel je lui mandois, qu'un Seigneur Sicilien de ſes amis
l'attendoit à ſouper. Je lui marquois le jour, l'heure et
le lieu où il falloit qu'il ſe trouvât. Le rendez-vous é-
toit chez moi. Nunnez y vint, et fut extraordinairement
étonné d'aprendre que j'étois le Seigneur étranger qui l'a-
voit invité à ſouper. Oui, lui dis-je, mon ami, je ſuis le
Maître

maître de cet hôtel. J'ai un équipage, bonne table, et
de plus un coffre fort. Est-il possible, s'écria-t-il avec vivacité, que je te retrouve dans l'opulence ! Que je me
sai bon gré de t'avoir placé auprès du Comte Galiano ! Je
te disois bien que c'étoit un Seigneur généreux, et qu'il
ne tarderoit guères à te mettre à ton aise. Tu auras sans-
doute, ajouta-t-il, suivi le sage conseil que je t'avois donné,
de lâcher un peu la bride au Maître-d'hôtel. Je t'en félicite. Ce n'est qu'en tenant cette prudente conduite,
que les Intendans deviennent si gras dans les Grandes
Maisons.

Je laissai Fabrice s'aplaudir tant qu'il lui plût, de m'a-
voir mis chez le Comte Galiano. Après quoi, pour modérer la joie qu'il sentoit de m'avoir procuré un si bon
poste, je lui détaillai les marques de reconnoissance dont
ce Seigneur avoit payé mes services. Mais m'appercevant que mon Poëte, pendant que je lui faisois ce détail,
chantoit en lui-même la palinodie, je lui dis que je par-
donnois au Sicilien son ingratitude. Entre nous, j'ai plutôt sujet de m'en louer que de m'en plaindre. Si le Comte
n'en eût pas mal usé avec moi, je l'aurois suivi en Sicile,
où je le servirois encore dans l'attente d'un établissement
incertain. En un mot, je ne serois pas confident du Duc
de Lerme.

Nunnez fut si vivement frappé des ces derniers mots,
qu'il demeura quelques instans sans pouvoir proférer une
parole. Puis rompant tout-à-coup le silence : L'ai-je
bien entendu, me dit-il ? Quoi, vous avez la confiance du
Prémier-Ministre ? Je la partage, lui repondis-je, avec Don
Rodrigue de Caldérone, et selon toutes les apparences j'irai
loin. En vérité, Seigneur de Santillane, repliqua-t-il, je
vous admire. Vous êtes capable de remplir toute sorte
d'Emplois. Que de talens ! Vous avez, pour me servir
d'une expression de notre tripot, vous avez l'*outil univer-
sel*, c'est-à-dire, vous êtes propre à tout. Au reste Seigneur, poursuivit-il, je suis ravi de la prospérité de votre
Seigneurie. Oh que diable, interrompis-je, Monsieur
Nunnez, treve de Seigneur et de Seigneurie ! Bannissons
ces termes-là, et vivons toujours ensemble familièrement.
Tu as raison, reprit-il, je ne dois pas te regarder d'un autre
œil qu'à l'ordinaire, quoique tu sois devenu riche. Je t'a-
vouerai ma foiblesse : en m'annonçant ton heureux sort,

tu

tu m'as ébloüi, mais mon ébloüïssement se passe, et je ne vois plus en toi que mon ami Gil Blas.

Notre entretien fut troublé par quatre ou cinq Commis qui arriverent : Messieurs, leur dis-je, en leur montrant Nunnez, vous souperez avec le Seigneur Don Fabricio, qui fait des vers dignes du Roi Numa,* et qui écrit en profe comme on n'écrit point. Par malheur je parlois à des gens qui faifoient si peu de cas de la Poëfie, que le Poëte en pâlit. A peine daignerent-ils jetter les yeux sur lui. Il eut beau, pour s'attirer leur attention, dire des chofes très fpirituelles, ils ne les fentirent pas. Il en fut fi piqué, qu'il prit une licence poetique. Ils s'échappa fubtilement de la compagnie, et difparut. Nos Commis ne s'apperçurent pas de fa retraite, et fe mirent à table, fans même s'informer de ce qu'il étoit devenu.

Comme j'achevois de m'habiller le lendemain matin, et me difpofois à fortir, le Poëte des Afturies entra dans ma chambre : Je te demande pardon, mon ami, me dit-il, fi j'ai hier au-foir rompu en vifiere à tes Commis ; mais franchement, je me fuis trouvé fi déplacé parmi eux, que je n'ai pu y tenir. Les faftidieux perfonnages avec leur air fuffifant et empefé ! Je ne comprens pas comment toi, qui as l'efprit délié, tu peus t'accommoder de convives fi lourds. Je veux dès aujourd'hui, ajouta-t-il, t'en amener de plus légers. Tu me feras plaifir, lui répondis-je, et je m'en fie à ton goût la-deffus. Tu as raifon, repliqua-t-il. Je te promets des génies fuperieurs et des plus amufans. Je vais de ce pas chez un Marchand de Liqueurs, où ils vont s'affembler dans un moment. Je les retiendrai, de peur qu'ils ne s'engagent ailleurs ; car c'eft à qui les aura à diner ou à fouper, tant ils font réjouiffans.

A ces paroles il me quita, et le foir, à l'heure du fouper, il revint accompagné feulement de fix Auteurs, qu'il me préfenta l'un après l'autre, en me faifant leur éloge. A l'entendre, ces Beaux-Efprits furpaffoient ceux de la Grèce et de l'Italie ; et leurs Ouvrages, difoit-il, méritoient d'être imprimés en lettres d'or. Je reçus ces Meffieurs très poliment. J'affectai même de les combler d'honnêtetés ; car la nation des Auteurs eft un peu vaine et glo-

---

* Les Vers obfcurs que chantoient les Prêtres Saliens dans leurs Proceffions, avoient été compofés par Numa.

glorieufe. Quoique je n'eufle pas recommandé à Scipion d'avoir foin que l' abondance régnât dans ce repas, com-me il favoit quelle forte de gens je devois régaler ce jour-là, il avoit fait renforcer les fervices.

Enfin, nous nous mîmes à table fort gayement. Mes Poetes commencerent à s'entretenir d'eux-mêmes et à fe louer. Celui-ci d'un air fier citoit les grands Seigneurs et les Femmes de qualité dont fa Mufe faifoit les délices. Celui-là, blâmant le choix qu'une Académie de Gens de Lettres venoit de faire de deux fujets, difoit modeftement que c'étoit lui qu'elle auroit dû choifir. Il n'y avoit pas moins de prefomption dans les difcours des autres. Au milieu du foupé, les voilà qui m'affaffinent de Vers et de Profe. Ils fe mettent à réciter, à la ronde, chacun un morceau de leurs Ecrits. L'un debite un Sonnet, l'au-tre déclame une Scene tragique, et un autre lit la Cri-tique d'une Comédie. Un quatrième, voulant à fon tour faire la lecture d'une Ode d'Anacréon, traduite en mau-vais Vers Efpagnols, eft interrompu par un de fes confreres, qui lui dit qu'il s'eft fervi d'un terme impropre. L'Au-teur de la Traduction n'en convient point. De-là nait une difpute, dans laquelle tous les Beaux-Efprits pren-nent parti. Les opinions font partagées, les difputeurs s'échauffent, ils en viennent aux invectives.) Paffe en-core pour cela ;) mais ces furieux fe levant de table, et fe battent à coups de poing. Fabrice, Scipion, mon co-cher, mes laquais et moi, nous n'eûmes pas peu de peine à leur faire lâcher prife. Lorfqu'ils fe virent féparés, ils fortirent de la maifon comme d'un cabaret, fans me faire là moindre excufe de leur impoliteffe.

Nunnez, fur la parole de qui je m'étois fait de ce re-pas une idée agréable, demeura fort étourdi de cette a-vanture. Hé bien, lui dis-je, notre ami, me vanterez-vous encore vos convives? Par ma foi, vous m'avez ame-né-là de vilaines gens! Je m'en tiens à mes Commis. Ne me parlez plus d'Auteurs. Je n'ai garde, me répondit-il, de t'en préfenter d'autres, tu viens de voir les plus raifon-nables.

CHA-

CHAPITRE X.

Les mœurs de Gil Blas se corrompent entièrement à la Cour. De la commission dont le chargea le Comte de Lémos, et de l'intrigue où ce Seigneur et lui s'engagèrent.

LORSQUE je fus connu pour un homme cheri du Duc de Lerme, j'eus biéntôt une cour. Tous les matins mon antichambre se trouvoit pleine de monde, et je donnois mes audiences à mon lever. Il venoit chez moi deux sortes de gens. Les uns pour m'engager, en payant, à demander des graces au Ministre ; et les autres pour m'exciter, par des suplications, à leur faire obtenir *gratis* ce qu'ils souhaitoient. Les premiers étoient surs d'être écoutés et bien servis. A l'égard de seconds, je m'en débarrassois sur le champ par des défaites, ou bien je les amusois si longtems que je leur faisois perdre patience. Avant que je fusse à la Cour, j'étois compatissant et charitable de mon naturel ; mais on n'a plus là de foiblesse humaine, et j'y devins plus dur qu'un caillou. Je me guéris aussi par conséquent de ma sensibilité pour mes amis, je me depouillai de toute affection pour eux. La manière dont j'en usai avec Joseph Navarro, dans une conjoncture que je vais rapporter, en peut faire foi.

Ce Navarro, à qui j'avois tant d'obligation, et qui, pour tout dire en un mot, étoit la cause première da ma fortune, vint un jour chez moi. Après m'avoir témoigné beaucoup d'amitié, ce qu'il avoit coutume de faire quand il me voyoit, il me pria de demander pour un de ses amis certain emploi au Duc de Lerme, en me disant que le Cavalier pour lequel il me sollicitoit, étoit un garçon fort aimable et d'un grande mérite, mas qu'il avoit besoin d'un poste pour subsister. Je ne doute pas, ajouta Joseph, bon et obligeant comme je vous connois, que vous ne soyez ravi de faire plaisir à un honnête-homme qui n'est pas riche. Je suis sûr que vous me savez bon gré de vous donner une occasion d'exciter votre humeur bienfaisante. C'étoit me dire nettement, qu'on attendoit de moi ce service pour rien. Quoique cela ne fût guéres de mon goût, je ne laissai pas de paroître fort disposé à faire ce qu'on deſiroit. Je ſuis charmé, répondis-je à Navarro, de pouvoir vous marquer la vive reconnoiſſance que j'ai de tout ce que vous avez fait pour moi. Il ſuffit que vous vous intéreſſiez pour quelqu'un, il n'en faut pas davantage pour me déterminer à le ſervir. Votre ami aura cet emploi que vous ſouhaitez qu'il ait ; comptez là-deſſus ; ce n'eſt plus votre affaire, c'eſt la mienne.

Sur cette aſſurance, Joſeph s'en alla très ſatisfait : néanmoins la perſonne qu'il m'avoit tant recommandée, n'eut pas le poſte en queſtion. Je le fis accorder à un autre homme pour mille ducats, que je mis dans mon coffre-fort. Je préférai cette ſomme aux remercimens que m'auroit fait mon Chef-d'office, à qui je dis d'un air mortifié quand nous nous revimes : Ah ! mon cher Navarro, vous vous êtes aviſé trop tard de me parler, Caldérone m'a prévenu, il a fait donner l'Emploi que vous ſavez. Je ſuis au deſeſpoir de n'avoir pas une meilleure nouvelle à vous aprendre.

Joſeph me crut de bonne-foi, et nous nous quitâmes plus amis que jamais ; mais je crois qu'il découvrit bientôt la vérité, car il ne revint plus chez moi. J'en fus charmé. Outre que les ſervices qu'il m'avoit rendus me peſoient, il me ſembloit que dans la paſſe où j'etois alors à la Cour, il ne me convenoit plus de fréquenter des Maîtres-d'hôtels.

Il y a longtems que je n'ai parlé du Comte de Lémos. Venons préſentément à ce Seigneur. Je le voyois quelquefois. Je lui avois porté mille piſtoles, comme je l'ai dit ci-divant, et je lui en portai mille autres encore, par ordre du Duc ſon Oncle, de l'argent que j'avois à ſon Excellence. Le Comte de Lémos voulut avoir ce jour-là un long entretien avèc moi. Il m'aprit qu'il étoit enfin parvenu à ſon but, et qu'il poſſédoit entièrement les bonnes graces du Prince d'Eſpagne, dont il étoit l'unique confident. Enſuite il me chargea d'une commiſſion fort honorable, et à laquelle il m'avoit deja préparé : Ami Sântillane, me dit-il, c'eſt maintenant qu'il faut agir. N'épargnez rien pour découvrir quelque jeune Beauté qui ſoit digne d'amuſer ce Prince galant. Vous avez de l'eſprit, je ne vous en dis pas davantage. Allez, courez, cherchez ; et quand vous aurez fait une heureuſe découverte, vous viendrez m'en avertir. Je promis au Comte

de

de ne rien négliger pour bien m'acquiter de cet emploi,
qui ne doit pas être fort difficile à exercer, puisqu'il y a
tant de gens qui s'en mêlent.

Je n'avois pas un grand ufage de ces fortes de recherches, mais je ne doutois point que Scipion ne fût encore admirable pour cela. En arrivant au logis, je l'a-
pellai, et lui dis en particulier : Mon enfant, j'ai une confidence importante à te faire. Sais-tu bien qu'au milieu
des faveurs de la Fortune, je fens qu'il me manque quelque chofe ? Je devine aifément ce que c'eft, interrompit-il,
fans me donner le tems d'achever ce que je voulois lui
dire, vous avez befoin d'une Nymphe agréable pour vous
diffiper un peu et vous égayer. Et en effet il eft étonnant
que vous n'en ayez pas dans le printems de vos jours,
pendant que de graves Barbons ne fauroient s'en paffer.
J'admire ta pénétration, repris-je en fourant. Oui, c'eft
une Maîtreffe qu'il me faut, et je veux l'avoir de ta main.
Mais je t'avertis que je fuis très délicat fur la matiere. Je
te demande une jolie perfonne, qui n'ait pas de mauvaifes
mœurs. Ce que vous fouhaitez, repartit Scipion, eft un
peu rare. Cependant nous fommes, Dieu merci, dans
une ville où il y a de tout, et j'efpere que j'aurai bientôt
trouvé votre fait.

Véritablement trois jours après il me dit, j'ai découvert
un tréfor. Une jeune Dame nommée Catalina, de bonne
famille, et d'une beauté raviffante, demeure fous la conduite de fa Tante, dans une petite maifon, où elles vivent
toutes deux fort honêtement de leur bien, qui n'eft pas
confidérable. Elles font fervies par une Soubrette que je
connois, et qui vient de m'affurer que leur porte, quoique
fermée à tout le monde, pourroit s'ouvrir à un Galant
riche et libéral, pourvu qu'il voulût bien, de peur de fcan-
dale, n'entrer chez elles que la nuit, et fans faire aucun
éclat. Là-deffus je vous ai peint comme un Cavalier qui
méritoit de trouver l'huis ouvert, et j'ai prié la Soubrette
de vous propofer aux deux Dames. Elle m'a promis de
le faire, et de me rapporter demain matin la réponfe, dans
un endroit dont nous fommes convenus. Cela eft bon,
lui répondis-je ; mais je crains que la Femme de chambre
à qui tu viens de parler, ne t'en ait fait accroire. Non,
non, repliqua-t-il, ce n'eft point à moi qu'on en dònne à
garder ; j'ai déja interrogé les voifins, et je conclus de

tout

tout ce qu'ils m'ont dit, que la Sennora Catalina est une Damé, chez qui vous pourrez aller faire le Jupiter, à la faveur d'une grêle de pistoles que vous y laisserez tomber.

Tout prévenu que j'étois contre ses sortes de bonnes fortunes, je me prêtai à celle-là ; et comme la Femme de chambre vint dire le jour suivant à Scipion, qu'il ne tiendroit qu'à moi d'être introduit dès ce soir-là même dans la maison de ses Maîtresses, je m'y glissai entre onze heures et minuit. La Soubrette me reçut sans lumiere, et me prit par la main, pour me conduire dans une salle assez propre, où je trouvai les deux Dames galamment habillées, et assises sur des carreaux de satin. Aussitôt qu'elles m'aperçurent, elles se leverent, et me saluerent d'une maniére si noble, que je crus voir deux personnes de qualité. La Tante, qu'on apelloit la Sennora Mencia, quoique belle encore, ne s'attira pas mon attention. Il est vrai qu'on ne pouvoit regarder que la niece, qui me parut une Déesse. A l'examiner pourtant à la rigueur, on auroit pu dire que ce n'étoit pas une beauté parfaite ; mais elle avoit des graces avec un air piquant et voluptueux, qui ne permettoit guères aux yeux des hommes de remarquer ses défauts.

Aussi sa vue troubla-t-elle mes sens. J'oubliai que je ne venois là que pour faire l'office de Procureur ; je parlai en mon propre et privé nom, et tins tous les discours d'une homme passionné. La petite fille, à qui je trouvai trois fois plus d'esprit qu'elle n'en avoit, tant elle me paroissoit gracieuse, acheva de m'enchanter par ses réponses. Je commençois a ne me plus posséder, lorsque la Tante, pour modérer mes transports, prit la parole et me dit : Seigneur de Santillane, je vais m'expliquer franchement avec vous. Sur l'éloge qu'on m'a fait de votre Seigneurie, je vous ai permis d'entrer chez moi, sans affecter par des façons de vous faire valoir cette faveur ; mais ne pensez pas pour cela que vous en soyez plus avancé. J'ai jusqu'ici élevé ma niece dans la retraite, et vous êtes, pour ainsi dire, le premier Cavalier aux regards de qui je l'expose. Si vous la jugez digne d'être votre épouse, je serai ravi qu'elle ait cet honneur. Voyez si elle vous convient à ce prix-là, vous ne l'aurez point à meilleur marché.

Ce coup tiré à bout portant, effaroucha l'Amour qui m'alloit décocher une fleche. Pour parler sans méta-

phore,

phore, un mariage proposé si crûment me fit rentrer en
moi-même, je redevins tout-à-coup l'agent fidele du
Comte de Lémos; et changeant de ton, je répondis à la
Sennora Mencia: Madame, votre franchise me plaît, et je
veux l'imiter. Quelque figure que je fasse à la Cour, je
ne vaux pas l'incomparable Catalina; j'ai pour elle en
main un parti plus brillant, je lui destine le Prince d'Espagne. Il suffisoit de refuser ma niece, reprit la Tante
froidement; ce refus, ce me semble, étoit assez desobli-
geant, sans qu'il fût nécessaire de l'accompagner d'un trait
railleur. Je ne raillai point, Madame, m'écriai-je, rien
n'est plus sérieux: j'ai ordre de chercher une personne
qui mérite d'être honorée des visites secrettes du Prince
d'Espagne, je la trouve dans votre maison, je vous marque
à la craie.

La Sennora Mencia fût fort étonnée d'entendre ces paroles, et je m'aperçus qu'elles ne lui déplûrent point:
néanmoins, croyant devoir faire la réservée, elle me repliqua de cette maniere. Quand je prendrois au pié de
la lettre ce que vous me dites, aprenez que je ne suis pas
d'un caractere à m'aplaudir de l'infame honneur de voir
ma niece Maîtresse d'un Prince. Ma vertu se révolte
contre l'idée..... Que vous êtes bonne, interrompis-je,
avec votre vertu ! vous pensez comme une sotte Bourgeoise. Vous moquez-vous de considérer ces choses-là
dans un point de vue moral ? c'est leur ôter tout ce qu'elles
ont de beau. Il faut les regarder d'un œil charnel. En-
visagez l'Héritier de la Monarchie aux piés de l'heureuse
Catalina: representez-vous qu'il l'adore et la comble de
présens; et songez qu'il naîtra d'elle peut-être un Héros,
qui rendra le nom de sa Mère immortel avec le sien.

Quoique la Tante ne demandât pas mieux que d'accepter ce que je proposois, elle feignit de ne savoir à quoi
se résoudre; et Catalina, qui auroit déja voulu tenir le
Prince d'Espagne, affecta une grande indifférence; ce qui
fût cause que je me mis à presser la place sur nouveaux
frais, jusqu'à ce qu'enfin la Sennora Mencia, me voyant
rebuté et prêt à lever le siege, battit la chamade, et nous
dressâmes une capitulation, qui contenoit les deux articles
suivans. *Primo*, Que si le Prince d'Espagne, sur le rapport qu'on lui feroit des agrémens de Catalina, prenoit
feu, et se determinoit à lui faire une visite nocturne, j'au-

rois foin d'en informer les Dames comme aufli .de la nuit
qui feroit choifie pour cet effet. *Secundo*, Que le Prince
ne pourroit s'introduire chez lefdites Dames qu'en Galant
ordinaire, et accompagné feulement de moi et de fon Mercure en chef.

Après cette convention, la Tante et la niece me firent
toutes les amitiés du monde. Elle prirent avec moi un air
de familiarité, à la faveur duquel je hazardai quelques accolades, qui ne furent pas trop mal reçues ; et lorfque
nous nous féparàmes, elle m'embrafferent d'elles-mêmes,
en me faifant toutes les careffes imaginables. C'eft une
chofe merveilléufe, que la facilité avec laquelle il fe forme
une liaifon entre les Courtiers de Galanterie et les Femmes
qui ont befoin d'eux. On auroit dit, en me voyant fortir
delà fi favorifé, que j'euffe été plus heureux que je ne l'é-
tois.

Le Comte de Lémos fentit une extrême joie, quand je
lui annonçai que j'avois fait une découverte telle qu'il la
pouvoit defirer.. Je lui parlai de Catalina dans des termes
qui lui donnerent envie de la voir. Je le menai chez elle
la nuit fuivante, et il m'avoua que j'avois fort bien rencontré. Il dit aux Dames, qu'il ne doutoit nullement
que le Prince d'Efpagne ne fût fort fatisfait de la Maîtreffe
que je lui avois choifie, et qu'elle de fon côté auroit fujet d'être contente d'un tel Amant: que ce jeune Prince
étoit généreux, plein de douceur et de bonté : enfin il les
affura que dans quelques jours il le leur ameneroit de la
façon qu'elle le fouhaitoient, c'eft-à-dire fans fuite et fans
bruit. Ce Seigneur prit là-deffus congé d'elles, et je me
retirai avec lui. Nous rejoignîmes fon équipage dans lequel nous étions venus tous deux, et qui nous attendoit au
bout de la rue. Enfuite il me conduifit à mon hôtel, en
me chargeant d'inftruire le lendemain fon Oncle de cette
avanture ébauchée, et de le prier de fa part de lui envoyer
un millier de piftoles pour la mettre à fin.

Je ne manquai pas le jour fuivant d'aller rendre au Duc
de Lerme un compte exact de tout ce qui s'étoit paffée ;
je ne lui cachai qu'une chofe, je ne lui parlai point de Scipion, je me donnai pour l'auteur de la découverte de Catalina ; car on fe fait honneur de tout auprés des Grands.

Je m'attirai par-là des complimens. Monfieur Gil
Blas, me dit le Miniftre d'un air railleur, je fuis ravi qu'a-
vec

vec tous vos autres talens, vous ayez encore celui de déterrer les Beautés obligeantes : quand j'en voudrai quelqu'une, vous trouverez bon que je m'adreffe à vous. Monfeigneur, lui répondis-je fur le même ton, je vous remer-
cie de la préférence ; mais vous me permettrez de vous
dire, que je me ferois un fcrupule de procurer ces fortes
de plaifirs à votre Excellence. Il y a fi longtems que le
Seigneur Rodrigue eft en poffeffion de cet emploi-là, qu'il
y auroit de l'injuftice à l'en depouiller. Le Duc fourit
de ma reponfe ; puis changeant de difcours, il me demanda fi fon neveu n'avoit pas befoin d'argent pour cette é-
quipée. Pardonnez-moi, lui dis-je, il vous prie de lui envoyer mille piftoles. Hé bien, reprit le Miniftre, tu n'as
qu'à les lui porter : dis-lui qu'il ne les ménage point, et
qu'il aplaudiffe à toutes les dépenfes que le Prince fouhai-
tera de faire.

CHAPITRE XI.

*De la vifite fecrette, et des préfens que le Prince d'Efpagne
fit à Catalina.*

J'ALLAI porter à l'heure même cinq cens double piftoles au Comte de Lémos. Vous ne pouviez venir
plus à propos, me-dit ce Seigneur. J'ai parlé au Prince.
Il a mordu à la grape. Il brule d'impatience de voir Catalina. Dès la nuit prochaine il veut fe dérober fecrettement de fon Palais, pour fe rendre chez elle ; c'eft une
chofe réfolue, nos mefures font déja prifes pour cela.
Avertiffez-en les Dames, et leur donnez l'argent que vous
m'aportez. Il eft bon de leur faire connoître, que ce
n'eft point un Amant ordinaire qu'elles ont à recevoir.
D'ailleurs les bienfaits des Princes doivent devancer
leurs galanteries. Comme vous l'accompagnerez avec
moi, pourfuivit-il, ayez foin de vous trouver ce foir-là à
fon coucher. Il faudra de plus, que votre caroffe, car
je juge à propos de nous en fervir, nous attende à minuit
aux environs du Palais.

Je me rendis auffitôt chez les Dames. Je ne vis point
Catalina. On me dit qu'elle repofoit. Je ne parlai qu'à
la Sennora Mencia. Madame, lui dis-je, excufez-moi de
grace, fi je parois dans votre maifon pendant le jour, mais
je

je ne puis faire autrement ; il faut bien que je vous aver-
tiffe, que le Prince d'Efpagne viendra chez vous cette
nuit : et voici, ajoutai-je, en lui mettant entre les mains
un fac où étoient les efpeces, voici une offrande qu'il
envoie au Temple de Cythere, pour s'en rendre les Divi-
nités favorables.   Je ne vous ai pas, comme vous voyez,
engagée dans une mauvaife affaire.   Je vous en fuis redevable, répondit-elle, mais aprenez-moi, Seigneur de Santillane, fi le Prince aime la Mufique.   Il l'aime, repris-
je, à la folie.   Rien ne le divertit tant qu'une belle voix
accompagnée d'un luth touché delicatement. Tant mieux,
s'écria-t-elle toute tranfportée de jôie, vous me charmez
en difant cela : car ma niece a un gozier de roffignol, et
joue du luth à ravir.   Elle danfe même parfaitement.
Vive Dieu, m'écriai-je à mon tour, voilà bien des per-
fections, ma Tante ! il n'en faut pas tant à une fille pour
faire fortune ; en feul de ces talens lui fuffit pour cela.

Ayant ainfi préparé les voies, j'attendis l'heure du
coucher du Prince.   Lorfqu'elle fut arrivée, je donnai
mes ordres à mon cocher, et je rejoignis le Comte de
Lémos, qui me dit que le Prince, pour fe défaire plutôt
de tout le monde, alloit feindre une legere indifpofition,
et même fe mettre au lit, afin de mieux perfuader qu'il é-
toit malade ; mais qu'il fe releveroit une heure après, et
gagneroit, par une porte fecrette, un efcalier dérobé qui
conduifoit dans le cours.

Lorfqu'il m'eut inftruit de ce qu'ils avoient concerté
tous deux, il me pofta dans un endroit par où il m'affura
qu'ils pafferoient.   J'y gardai fi longtems le mulet, que
je commençai à croire que notre Galant avoit pris un
autre chemin, ou perdu l'envie de voir Catalina, comme
fi les Princes perdoient ces fortes de fantaifies avant que
de les avoir fatisfaites.   Enfin je m'imaginois qu'on m'a-
voit oublié, quand il parut deux hommes qui m'abord-
ent.   Les ayant reconnus pour ceux que j'attendois, je
les menai à mon caroffe, dans lequel ils monterent l'un
et l'autre : pour moi, je me mis auprès du cocher pour
lui fervir de guide, et je le fis arrêter à cinquante pas de
chez les Dames.   Je donnai la main au Prince d'Efpagne
et à fon compagnon pour les aider à defcendre, et nous
marchâmes vers la maifon où nous voulions nous introduire.

ire. La porte s'ouvrit à notre aproche, et se referma
dès que nous fumes entrès.

Nous nous trouvâmes d'abord dans les mêmes ténèbres
où je m'étois trouvé la première fois. Quoiqu'on eût
pourtant, par distinction, attaché une petite lamp à un
mur, la lumière qu'elle repandoit étoit si sombre, que
nous l'apercevions seulement sans en être éclairés. Tout
cela ne servoit qu'à rendre l'avanture plus agréable à son
Héros, qui fut vivement frappé de la vue des Dames,
lorsqu'elles le reçurent dans la salle, où la clarté d'un
grand nombre de bougies compensoit l'obscurité qui regnoit dans la cour. La Tante et la niece étoient dans un
deshabillé galant, où il y avoit une intelligence de coquet-
terie qui ne les laissoit pas regarder impunément. Notre
Prince se seroit fort bien contenté de la Sennora Mencia, s'il n'eût pas eu à choisir ; mais les charmes de la
jeune Catalina, comme de raison, eurent la préférence.

Hé bien, mon Prince, lui dit le Comte de Lémos, pou-
vions-nous vous procurer le plaisir de voir deux personnes
plus jolies ? Je les trouve toutes deux ravissantes, répondit le Prince, et je n'ai garde de remporter d'ici mon
cœur, puisqu'il n'echapperoit point à la Tante, si la niece
le pouvoit manquer. —

Après un compliment si gracieux pour une Tante, il
dit mille choses flateuses à Catalina, qui lui répondit très
spirituellement. Comme il est permis aux honnêtes-gens
qui font le personnage que je faisois dans cette occasion,
de se mêler a l'entretien des Amans, pourvu que ce soit
pour attiser le feu, je dis au Galant que sa Nymphe chantoit et jouoit du luth à merveille. Il fut ravi d'aprendre
qu'elles eût ces talens. Il la pressa de lui en montrer un
échantillon. Elle se rendit de bonne grace à ses instances, prit un luth tout accordé, joua quelques airs tendres,
et chanta d'une maniere si touchante, que le Prince se
laissa tomber à ses genoux, tout transporté d'amour et de
plaisir. Mais finissons-là ce tableau, et disons seulement
que dans la douce ivresse où l'Héritier de la Monarchie
Espagnolé étoit plongé, les heures s'écoulerent comme des
momens, et qu'il nous fallut l'arracher de cette dangereuse maison, à cause du jour qui aprochoit. Messieurs les
Entrepreneurs le remenerent promptement dans son appartement. Ils se retirerent ensuite chez eux, aussi contens
de

de l'avoir apareillé avec une Avanturiere, que s'ils euffent fait fon mariage avec une Princeffe.

Je contai le lendemain matin cette avanture au Duc de Lerme, car il vouloit tout favoir. Dans le tems que je lui en achevois le récit, le Comte de Lémos arriva et nous dit : Le Prince d'Efpagne eft fi occupé de Catalina, il a pris tant de goût pour elle, qu'il fe propofe de la voir fouvent, et de s'y attacher. Il voudroit lui envoyer aujourd'hui pour deux mille piftoles de pierreries, mais il n'a pas le fou. Il s'eft adreffé a moi. Mon cher Lémos, m'a-t-il dit, il faut que vous me trouviez tout à l'heure cette fomme-là. Je fai bien que je vous incommode, que je vous epuife, auffi mon cœur vous en tient-il grand compte ; et fi jamais je me vois en état de reconnoître, d'une autre maniere que par la fentiment, tout ce que vous avez fait pour moi, vous ne vous repentirez point de m'avoir obligé. Mon Prince, lui ai-je repondu en le quitant fur le champ, j'ai des amis et du crédit, je vais vous chercher ce que vous fouhaitez.

Il n'eft pas difficile de le fatisfaire, dit alors le Duc à fon neveu. Santillane va vous porter cet argent, ou bien, fi vous voulez, il achetera lui-même les pierreries ; car il s'y connoit parfaitement, et fur-tout en rubis. N'eft-il pas vrai, Gil Blas, ajouta-t-il, en me regardant d'un air malin ? Que vous êtes malicieux, Monfeigneur, lui répondis-je ! Je vois bien que vous avez envie de faire rire Monfieur le Comte à mes depens. Cela ne manqua pas d'arriver. Le neveu demanda quel myftere il y avoit là-deffous. Ce n'eft rien, repliqua l'Oncle en riant ; c'eft qu'un jour Santillane s'avifa de troquer un diamant contre un rubis, et que ce troc ne tourna ni à fon honneur ni à fon profit.

J'aurois été trop heureux, fi le Miniftre n'en eût pas dit davantage ; mais il prit la peine de conter le tour que Camille et Don Raphael m'avoient joué dans un hôtel garni, et de s'étendre particulierement fur les circonftances les plus defagréables pour moi. Son Excellence, après s'être bien égayée, m'ordonna d'accompagner le Comte de Lémos, qui me mena chez un Jouaillier, où nous choifimes des pierreries que nous allames montrer au Prince d'Efpagne. Après quoi elles me furent confiées, pour être remifes à Catalina. J'allai enfuite prendre chez moi,

moi deux mille piftoles de l'argent du Duc, pour payer le Marchand.

On ne doit pas demander fi la nuit fuivante je fus gracieufement reçu des Dames ; lorfque j'exhibai les préfens de mon ambaffade, lefquels confiftoient en une belle bague deftinée pour la Tante, et en une paire de boucles d'oreilles avec les pendans pour la niece. Charmées l'une et l'autre de ces marques de l'amour et de la générofité du Prince, elles fe mirent à jafer comme deux commères, et à me remercier de leur avoir procuré une fi bonne connoiffance. Elles s'oublierent dans l'excès de leur joie. Il leur échappa quelques paroles, qui me firent foupçonner que je n'avois produit qu'une friponne au fils de notre grand Monarque. Pour favoir précifément fi j'avois fait ce beau chef-d'œuvre, je me retirai, dans le deffein d'avoir un éclairciffement avec Scipion.

CHAPITRE XII.

Qui étoit Catalina. Embarras de Gil Blas, fon inquié-
tude, et quelle précaution il fut obligé de prendre pour
fe mettre l'efprit en repos.

EN rentrant chez moi, j'entendis un grand bruit, j'en demandai la caufe. On me dit que c'étoit Scipion qui ce foir-là donnoit à fouper à une demi-douzaine de fes amis. Ils chantoient à gorge déployée, et faifoient de longs éclats de rire. Ce repas n'étoit affurément pas le Banquet des Sept Sages.

Le Maître du feftin, averti de mon arrivée, dit à fa compagnie: Meffieurs, ce n'eft rien, c'eft le Patron qui revient. Que cela ne vous gêne pas, continuez de vous réjouir. Je vais lui dire deux mots, je vous rejoindrai dans un moment. A ces mots il vint me trouver. Quel tintamarre, lui dis-je? quelle forte de perfonnes régalez-vous donc là-bas? Sont ce des Poetes? Non pas, s'il vous plaît, repondit-il. Ce feroit dommage de donner votre vin à boire à ces gens-là, j'en fais un meilleur ufage. Il y a parmi mes convives un jeune-homme très riche, qui veut obtenir un emploi par votre credit, et pour fon argent. C'eft pour lui que la fête fe fait. A chaque coup qu'il boit j'augmente de dix piftoles le bene-
fice

fice qui doit vous revenir. Je veux le faire boire jusqu'au
jour. Sur ce pié-là, repris-je, vas te remettre à table,
et ne menage point le vin de ma cave.

Je ne jugeai point à propos de l'entretenir alors de Catalina, mais le lendemain à mon lever je lui parlai de
cette forte : Ami Scipion, tu fais de quelle maniére nous
vivons enfemble. Je te traite plutôt en camarade qu'en
domestique. Tu aurois tort par conféquent de me tromper comme un Maître. N'ayons donc point de fecret
l'un pour l'autre. Je vais t'aprendre une chofe qui te fur-
prendra ; et toi de ton côté, tu me diras tout ce que tu
penfes des deux femmes que tu m'as fait connoître. Entre nous, je les foupçonne d'être deux matoifes d'autant
plus raffinées, qu'elles affectent plus de fimplicité. Si
je leur rends juftice, le Prince d'Efpagne n'a pas grand
fujet de fe louer de moi, car je te l'avouerai, c'eft pour
lui que je t'ai demandé une Maitreffe. Je l'ai mené
chez Catalina, et il en eft devenu amoureux. Seigneur, me répondit Scipion, vous en ufez trop bien avec
moi pour que je manque de fincérité avec vous. J'eus
hier un tête-à-tête avec la Suivante de ces deux Princeffes, elle m'a conté leur hiftoire, qui m'a paru divertiffante. Je vais vous en faire fuccinctement le récit.

Catalina, pourfuivit-il, eft fille d'un petit Gentilhomme
Arragonnois. Se trouvant à quinze ans une orpheline
auffi pauvre que jolie, elle écouta un vieux Commandeur,
qui la conduifit à Tolède, où il mourut au bout de fix
mois, après lui avoir plus fervi de père que d'époux.
Elle recueillit fa fucceffion, qui confiftoit en quelques nipes, et en trois cens piftoles d'argent comptant. Puis elle
fe joignit à la Sennora Mencia, qui étoit encore à la
mode, quoiqu'elle fût déja fur le retour. Ces deux bonnes amies demeurerent enfemble, et commencerent à tenir une conduite dont la juftice voulut prendre connoiffance. Cela déplut aux Dames, qui de dépit abandon-
nerent brufquement Tolède, et vinrent s'établir à Madrid, où depuis environ deux ans elles vivent fans fréquenter aucune dame du voifinage. Mais écoutez le
meilleur. Elles ont loué deux petites maifons, féparées
feulement par un mur. On peut entrer de l'une dans l'autre, par un efcalier de communication qu'il y a dans les
caves.

caves. La Sennora Mencia demeure avec une jeune Soubrette dans l'une de ces maisons, et la Douairiere du Commandeur occupe l'autre avec une vieille Duegne, qu'elle
fait passer pour sa Grandmere. De façon que notre Arragonnoise est tantôt une niece élevée par sa Tante, et
tantôt une pupille sous l'aile de son Ayeule. Quand elle
fait la niece, elle s'apelle Catalina ; et lorsqu'elle fait la
petite-fille, elle se nomme Siréna.

Au nom de Siréna, j'interrompis, en pâlissant, Scipion. Que m'aprends-tu, lui dis-je ? Helas ! j'ai bien
peur que cette maudite Arragonnoise ne soit la Maîtresse
de Caldérone. Hé ! vraiment, répondit-il, c'est elle-
même. Je croyois vous réjouir en vous annonçant cette
nouvelle. Tu n'y penses pas, lui repliquai-je. Elle est
plus propre à me causer du chagrin que de la joie ; n'en
vois-tu pas bien les conséquences ? Non, ma foi, repartit Scipion. Quel malheur en peut-il arriver ? Il n'est
pas sûr que Don Rodrigue découvre ce qui se passe ; et si
vous craignez qu'il n'en soit instruit, vous n'avez qu'à
prévenir le Ministre. Contez-lui la chose tout naturellement. Il verra votre bonne foi ; et si après cela Caldérone veut vous rendre de mauvais offices auprès de son
Excellence, elle verra bien qu'il ne cherche à vous nuire
que par un esprit de vengeance.

Scipion m'ôta ma crainte par ce discours. Je suivis
son conseil. J'avertis le Duc de Lerme de cette fâcheuse
découverte. J'affectai même de lui en faire le détail d'un
air triste, pour lui persuader que j'étois mortifié d'avoir
innocemment livré au Prince la Maîtresse de Don Rodrigue ; mais le Ministre, loin de plaindre son favori, en
fit des railleries. Ensuite, il me dit d'aller toujours mon
train ; et qu'après tout, il étoit glorieux pour Caldérone d'aimer la même Dame que le Prince d'Espagne, et
de n'en être pas plus maltraité que lui. Je mis aussi au
fait le Comte de Lémos, qui m'assura de sa protection, si
le premier Secretaire venoit à découvrir l'intrigue, et entreprenoit de me perdre dans l'esprit du Duc.

Croyant avoir, par cette manœuvre, délivré la barque
de ma fortune du péril de s'ensabler, je ne craignis plus
rien. J'accompagnai encore le Prince chez Catalina, autrement la belle Sirene ; qui avoit l'art de trouver des
défaites pour ecarter de sa maison Don Rodrigue, et lui

dérober les nuits qu'elle étoit obligée de donner à son illustre Rival.

CHAPITRE XIII.

*Gil Blas continue de faire le Seigneur. Il aprend des
nouvelles de sa famille. Quelle impression elles font sur
lui. Il se brouille avec Fabrice.*

J'AI déja dit que le matin il y avoit ordinairement dans
mon antichambre une foule de personnes, qui venoient me faire des propositions; mais je ne voulois pas qu'on
me les fît de vive voix; et suivant l'usage de la Cour, ou
plutôt pour faire l'important, je disois à chaque Sollici-
teur, Donnez-moi un mémoire. Je m'étois si bien accoutumé à cela, qu'un jour je répondis ces paroles au
Propriétaire de mon hôtel, qui vint me faire souvenir que
je lui devois une année de loyer. Pour mon Boucher et
mon Boulanger, ils m'épargnoient la peine de leur demander des mémoires, tant ils étoient exacts à m'en apporter tous les mois. Scipion, qui me copioit si bien,
qu'on pouvoit dire que la copie aprochoit fort de l'original, n'en usoit pas autrement avec les personnes qui
s'adressoient à lui pour le prier de m'engager à les servir.

J'avois encore un autre ridicule, dont je ne pretends
point me faire grace. J'étois assez fait pour parler des
plus Grands-Seigneurs, comme si j'eusse été un homme
de leur étoffe. Si j'avois, par exemple, à citer le Duc
d'Albe, le Duc d'Offone, le Duc de Médina Sidonia,
je disois sans façon, d'Albe, d'Offone, et Médina Sidonia.
En un mot, j'étois devenu si fier et si vain, que je n'étois
plus le fils de mon Pere et de ma Mere. Hélas, pauvre
Duegne et pauvre Ecuyer, je ne m'informois pas si vous
vivez heureux ou misérables dans les Asturies, je ne songeois pas seulement à vous! La Cour a la vertu du fleuve
Léthé, pour nous faire oublier nos parens et nos amis,
quand ils sont dans une mauvaise situation.

Je ne me souvenois donc plus de ma famille, lorsqu'un
matin il entra chez moi un jeune-homme, qui me dit qu'il
souhaitoit de me parler un moment en particulier. Je le
fis passer dans mon cabinet, où sans lui offrir une chaise,

parce

parce qu'il me paroiſſoit un homme du commun, je lui demandai ce qu'il me vouloit. Seigneur Gil Blas, me dit-il, quoi, vous ne me remettez-point? J'eus beau le conſidérer attentivement, je fus obligé de lui répondre que ſes traits m'étoient tout-à-fait inconnus. Je ſuis, reprit-il, un de vos compatriotes, natif d'Oviédo même, et fils de Bertrand Muſcada l'Epicier, voiſin de votre Oncle le Chanoine. Je vous reconnois bien, moi. Nous avons joué mille fois tous deux à la * *Gallina-Ciéga.*

Je n'ai, lui repondis-je, qu'une idée très confuſe des amuſemens de mon enfance, les ſoins dont j'ai depuis été occupé m'en ont fait perdre la memoire. Je ſuis venu, dit-il, à Madrid pour compter avec le Correſpondant de mon Père. J'ai entendu parler de vous. On m'a dit que vous étiez ſur un bon pié à la Cour, et déja riche comme un Juif. Je vous en fais mes complimens; et je vais, à mon retour au Pays, combler de joie votre famille, en lui annonçant une ſi agréable nouvelle.

Je ne pouvois honnêtement me diſpenſer de lui demander dans quelle ſituation il avoit laiſſé mon Pere, ma Mere et mon Oncle, mais je m'acquitai ſi froidement de ce devoir, que je ne donnai pas ſujet à mon Epicier d'admirer la force du ſang. Il parut choqué de l'indifférence que j'avois pour des perſonnes qui me devoient être ſi cheres; et comme c'étoit un garçon franc et groſſier: Je vous croyois, me dit-il crûment, plus de tendreſſe et de ſenſibilité pour vos proches. De quel air glacé m'interrogez-vous ſur leur compte? Apprenez que votre Père et votre Mere ſont toujours dans le ſervice, et que le bon Chanoine Gil Pérès, accablé de vieilleſſe et d'infirmités, n'eſt pas éloigné de ſa fin. Il faut avoir du naturel, et puiſque vous êtes en état de faire du bien à vos parens, je vous conſeille en ami de leur envoyer deux cens piſtoles tous les ans. Par ce ſecours vous leur procurerez une vie douce et heureuſe, ſans vous incommoder.

Au-lieu d'être touché de la peinture qu'il me faiſoit de ma famille, je ne ſentis que la liberté qu'il prenoit de me conſeiller, ſans que je l'en priaſſe. Avec plus d'adreſſe peut-être m'auroit-il perſuadé, mais il ne fit que me revolter par ſa franchiſe. Il s'en apercût bien au ſilence mécontent que je gardai; et continuant ſon exhortation

* C'eſt le Jeu de Colin-Maillard.

avec moins de charité que de malice, il m'impatienta.
Oh c'en eſt trop! repondis-je avec emportement. Allez, Monſieur de Muſcada, ne vous mêlez que de ce qui
vous regarde.   Il vous convient bien de me diĉter mon
devoir.   Je ſai mieux que vous ce que j'ai à faire dans
cette occaſion.   En achevant ces mots, je pouſſai l'Epicier hors de mon cabinet, et le renvoyai à Oviédo vendre du poivre et du girofle.

Ce qu'il venoit de me dire, ne laiſſa pas de s'offrir à
mon eſprit; et me reprochant à moi-même que j'étois un
fils dénaturé, je m'attendris.   Je rapellai les ſoins qu'on
avoit eu de mon enfance et de mon éducation.   Je me
repréſentai ce que je devois à mes parens; et mes reflexions furent accompagnées de quelques tranſports de reconnoiſſance, qui pourtant n'aboutirent à rien.   Mon ingratitude les étouffa bientôt, et leur fit ſuccéder un profond
oubli.   Il y a bien des Peres qui ont de pareils enfans.

L'avarice et l'ambition qui me poſſédoient, changerent
entierement mon humeur.   Je perdis toute ma gayeté.
Je devins diſtrait et rêveur, en un mot un ſotanimal. Fabrice me voyant tout occupé du ſoin de ſacrifier à la
Fortune, et fort détaché de lui, ne venoit plus chez moi
que rarement.   Il ne put même s'empêcher de me dire
un jour: En vérité, Gil Blas, je ne te reconnois plus.
Avant que tu fuſſes à la Cour, tu avois toujours l'eſprit
tranquille.   A préſent je te vois ſans-ceſſe agité.   Tu
formes projet ſur projet pour t'enricher, et plus tu amaſſes
de bien, plus tu veux en amaſſer.   Outre cela, te le dirai-je? tu n'as plus avec moi ces épanchemens de cœur,
ces manieres libres qui font le charme des liaiſons.   Tout
au contraire, tu t'envelopes et me caches le fond de ton
ame.   Je remarque même de la contrainte dans les honnêtetés que tu me fais.   Enfin, Gil Blas n'eſt plus ce
même Gil Blas que j'ai connu.

Tu plaiſantes ſans doute, lui répondis-je d'un air aſſez
froid, je n'aperçois en moi aucun changement.   Ce n'eſt
point à tes yeux, repliqua-t-il, qu'on doit s'en rapporter;
ils ſont faſcinés.   Crois-moi, ta métamorphoſe n'eſt que
trop véritable.   En bonne foi, mon Ami, parle.   Vivons-
nous enſemble comme autrefois? Quand j'allois le matin frapper à ta porte, tu venois m'ouvrir toi-même, encore tout endormi le plus ſouvent, et j'entrois dans ta
chambre

chambre fans façon. Aujourd'hui, quelle différence !
Tu as des laquais. On me fait attendre dans ton antichambre, et il faut qu'on m'annonce avant que je puiffe
te parler. Apres cela, comment me reçois-tu ? Avec
une politeffe glacée, et en tranchant du Seigneur. On
diroit que mes vifites commencent à te pefer. Penfes-tu
qu'une pareille réception foit agréable à un homme qui
t'a vu fon camarade ? Non, Santillane, non. Elle ne
me convient nullement. Adieu, féparons-nous à l'aimable. Défaifons-nous tous deux, toi, d'un cenfeur de tes
actions ; et moi, d'un nouveau riche qui fe méconnoit.

Je me fentis plus aigri que touché de fes reproches, et
je le laiffai s'éloigner fans faire le moindre effort pour le
retenir. Dans la fituation où étoit mon efprit, l'amitié
d'un Poete ne me paroiffoit pas une chofe affez précieufe
pour devoir m'affliger de fa perte. Je trouvois dequoi
m'en confoler dans le commerce de quelques petits Officiers du Roi, auxquels un rapport d'humeur me lioit depuis
peu étroitement. Ces nouvelles connoiffances étoient des
hommes, dont la plupart venoient de je ne fai où, et
qu'une heureufe étoile avoit fait parvenir à leurs poftes,
Ils étoient déja tous à leur aife, et ces miférables n'attri-
buant qu'à leur mérite les bienfaits dont la bonté du Roi
les avoit comblés, s'oublioient de-même que moi. Nous
nous imaginions être des perfonnages bien refpectables.
O Fortune ! voilà comme tu difpenfes tes faveurs le plus
fouvent ! Le Stoicien Epictete n'avoit pas tort de te com-
parer à une Fille de condition qui s'abandonne à des Valets.

Fin du Huitiéme Livre.

LES
AVANTURES
DE
GIL BLAS,
DE SANTILLANE.

LIVRE NEUVIEME.

CHAPITRE I.

Scipion veut marrier Gil Blas, et lui propose la fille d'un riche et fameux Orfevre. Des démarches qui se firent en conséquence.

UN soir, après avoir renvoyé la compagnie qui étoit venue souper chez moi, me voyant seul avec Scipion, je lui demandai ce qu'il avoit fait ce jour-là. Un coup de maitre, me répondit-il. Je veux vous marier. Je vous ménage la fille unique d'un Orfevre de ma connoissance.

La Fille d'un Orfevre, m'écriai-je d'un air dédaigneux! as-tu perdu l'esprit? peus-tu me proposer une Bourgeoise? Quand on a un certain mérite, et qu'on est à la Cour sur un certain pié, il me semble qu'on doit avoir des vues plus élevées. Eh, Monsieur, me repartit Scipion, ne le prenez point sur ce ton-là. Songez que c'est le mâle qui ennoblit, et ne soyez pas plus délicat que mille Seigneurs que je pourrois vous citer. Savez-vous bien que l'héritiere dont il s'agit, est un parti de cent mille ducats? N'est ce pas-là un beau morceau d'Orfevrerie? Lorsque j'entendis parler d'une si grosse somme, je devins plus traitable. Je me rends, dis-je a mon Sécretaire ; la dot me détermine. Quand veux-tu me la faire toucher?

Douce-

Doucement, Monfieur, me répondit-il, un peu de patience. Il faut auparavant que je communique la chofe au
Pere, et que je la lui faffe agréer. Bon, repris-je en é-
clatant de rire, tu en es encore-là ? voilà un mariage
bien avancé. Beaucoup plus que vous ne penfez, repliqua-t-il. Je ne veux qu'une heure de converfation avec
l'Orfevre, et je vous réponds de fon confentement. Mais
avant que nous allions plus loin, compofons, s'il vous
plaît. Suppofé que je vous faffe donner cent mille ducats,
combien m'en reviendra-t-il ? vingt mille, lui repartis-je.
Le Ciel en foit loué, dit-il ! Je bornois votre reconnoiffance à dix mille. Vous êtes une fois plus généreux
que moi. Allons, j'entamerai dès demain cette négociation, et vous pouvez compter qu'elle réuffira, ou je ne
fuis qu'une bête.

Effectivement, deux jours après il me dît : J'ai parlé
au Seigneur Gabriel Saléro, ainfi fe nommoit mon Orfevre. Je lui ai tant vanté votre crédit et votre mérite,
qu'il a prêté l'oreille à la propofition que je lui ai faite de
vous accepter pour gendre. Vous aurez fa fille avec cent
mille ducats, pourvu que vous lui faffiez voir clairement
que vous poffédez les bonnes graces du Miniftre. Cela
étant, dis-je alors à Scipion, je ferai bientôt marié. Mais,
à propos de la fille, l'as-tu vue ? Eft-elle belle ? Pas fi
belle que la dot, me répondit-il. Entre nous, cette riche
héritiere n'eft pas une fort jolie perfonne. Par bonheur
vous ne vous en fouciez gueres. Ma foi, non, lui repliquai-je, mon enfant. Nous autres Gens de Cour, nous
n'époufons que pour époufer feulement. Nous ne cher-
chons la beauté que dans les femmes de nos Amis ; et fi
par hazard elle fe trouve dans les nôtres, nous y faifons fi
peu d'attention, que c'eft fort bien fait quand elles nous
en puniffent.

Ce n'eft pas tout, reprit Scipion, le Seigneur Gabriel
vous donne à fouper ce foir. Nous fommes convenus que
vous ne parlerez point de mariage. Il doit inviter plufieurs Marchands de fes amis à ce repas, où vous vous
trouverez comme un fimple convive, et demain il viendra fouper chez vous de la même maniere. Vous voyez
par-là que c'eft un homme qui veut vous étudier avant
que de paffer outre. Il fera bon que vous vous obferviez
un peu devant lui. Oh parbleu, interrompis-je d'un air

de

de confiance, qu'il m'examine tant qu'il lui plaíra ! je ne puis que gagner à cet examen.

Cela s'exécuta de point en point. Je me fis conduire chez l'Orfevre, qui me reçut auſſi familierement que ſi nous nous fuſſions déja vus pluſieurs fois. C'étoit un bon Bourgeois qui étoit, comme nous diſons, poli * *baſta perſier.* Il me préſenta la Sennora Eugénia ſa femme, et la jeune Gabrielle ſa fille. Je leur fis force complimens, ſans contrevenir au traité. Je leur dis des riens en fort beaux termes, des phraſes de Courtiſan.

Gabriéla, n'en déplaiſe à mon Sécretaire, ne me parut pas deſagrèable, ſoit à cauſe qu'elle étoit extrêmement parée, ſoit que je ne la regardaſſe qu'au-travers de la dot. La bonne maiſon que celle du Seigneur Gabriel! Il y a, je crois, moins d'argent dans les mines du Pérou, qu'il n'y en avoit dans cette maiſon-là. Ce métal s'y offroit à la vue de toutes parts, ſous mille formes différentes. Chaque chambre, et particulierement celle où nous nous mîmes à table, étoit un tréſor. Quel ſpectacle pour les yeux d'un gendre ! Le Beau-pere, pour faire plus d'honneur à ſon repas, avoit aſſemblé chez lui cinq ou ſix Marchands, tous perſonnages graves et ennuyeux. Ils ne parlerent que de Commerce ; et l'on peut dire que leur converſation fut plutôt une conférence de Négocians, qu'un entretien d'Amis qui ſoupent enſemble.

Je régalai l'Orfevre à mon tour le lendemain au ſoir. Ne pouvant l'éblouir par mon argenterie, j'eus recours à une autre illuſion. J'invitai à ſouper ceux de mes amis qui faiſoient la plus belle figure à la Cour, et que je connoiſ-ſois pour des ambitieux qui ne mettoient point de bornes à leurs deſirs. Ces gens-ci ne s'entretinrent que de Gran-deurs, que des Poſtes brillans et lucratifs auxquels ils a-ſpiroient, ce qui fit ſon effet. Le Bourgeois Gabriel, é-tourdi de leurs grandes idées, ne ſe ſentoit, malgré tout ſon bien, qu'un petit mortel en comparaiſon de ces Meſ-ſieurs. Pour moi, faiſant l'homme modéré, je dis que je me contenterois d'une fortune médiocre, comme de vingt mille ducats de rente. Sur quoi ces affamés d'honneurs et de richeſſes s'écrierent que j'aurois tort, et qu'étant ai-mé autant que je l'étois du Premier-Miniſtre, je ne devois pas m'en tenir à ſi peu de choſe. Le Beau-pere ne per-

dit

* Juſqú à être fatiguant.

dit pas une de ces paroles, et je crus remarquer, quand il se retira, qu'il étoit satisfait.

Scipion ne manqua pas de l'aller voir le jour suivant dans la matinée, pour lui demander s'il étoit content de moi. J'en suis charmé, lui répondit le Bourgeois, ce garçon-là m'a gagné le cœur. Mais Seigneur Scipion, ajouta-t-il, je vous conjure, par notre ancienne connoissance, de me parler sincerement. Nous avons tous notre foible, comme vous savez. Apprenez-moi celui du Seigneur de Santillane. Est-il joueur? est-il galant? quelle est son inclination vicieuse? Ne me la cachez pas, je vous en prie. Vous m'offensez, Seigneur Gabriel, en me faisant cette question, repartit l'Entremetteur. Je suis plus dans vos intérêts que dans ceux de mon Maître. S'il avoit quelque mauvaise habitude qui fût capable de rendre votre fille malheureuse, est-ce que je vous l'aurois proposé pour gendre? Non parbleu! Je suis trop votre serviteur. Mais entre nous, je ne lui trouve point d'autre defaut que celui de n'en avoir aucun. Il est trop sage pour un jeune-homme. Tant mieux, reprit l'Orfevre, cela me fait plaisir. Allez, mon ami, vous pouvez l'assurer qu'il aura ma fille, et que je la lui donnerois quand il ne seroit pas chéri du Ministre.

Aussitôt que mon Sécretaire m'en rapporté cet entretien, je courus chez Saléro, pour le remercier de la disposition favorable où il étoit pour moi. Il avoit déja déclaré ses volontés à sa femme et à sa fille, qui me firent connoître, par la maniere dont elles me reçurent, qu'elles y étoient soumises sans répugnance. Je menai le Beau-pere au Duc de Lerme, que j'avois prévenu la veille, et je le lui présentai. Son Excellence lui fit un accueil des plux gracieux, lui témoigna de la joie de ce qu'il avoit choisi pour gendre un homme qu'elle affectionnoit beaucoup, et qu'elle prétendoit avancer. Elle s'etendit ensuite sur mes bonnes qualités, et dit enfin tant de bien de moi, que le bon Gabriel crut avoir rencontré dans ma Seigneurie le meilleur parti d'Espagne pour sa fille. Il en étoit si aise, qu'il en avoit la larme à l'œil. Il me serra fortement entre ses bras lorsque nous nous séparâmes, en me disant: Mon fils, j'ai tant d'impatience de vous voir l'époux de Gabriéla, que vous le serez dans huit jours tout au plus tard.

CHA-

CHAPITRE II.

Par quel hazard Gil Blas se ressouvint de Don Alphonse de Leyva, et du service qu'il lui rendoit par vanité.

Laissons-là mon mariage pour un moment. L'ordre de mon histoire le demande, et veut que je raconte le service que je rendis à Don Alphonse, mon ancien Maître. J'avois entierement oublié se Cavalier, et voici à quelle occasion j'en rapellai le souvenir.

Le Gouvernement de la Ville de Valence vint à vaquer dans ce tems-là. En aprenant cette nouvelle, je pensai à Don Alphonse de Leyva. Je fis réflexion que cet Emploi lui conviendroit à merveille, et moins par amitié que par ostentation, je résolus de le demander pour lui. Je me représentai que si je l'obtenois, cela me feroit un honneur infini. Je m'adressai donc au Duc de Lerme. Je lui dis que j'avois été Intendant de Don César de Leyva et de son fils ; et qu'ayant tous les sujets du monde de me louer d'eux, je prenois la liberté de le suplier d'accorder à l'un ou à l'autre le Gouvernement de Valence. Le Ministre me répondit : Très voluntiers, Gil Blas. J'aime à te voir reconnoissant et généreux. D'ailleurs, tu me parles pour une famille que j'estime. Les Leyva sont de bons serviteurs du Roi, ils méritent bien cette place. Tu peus en disposer à ton gré, je te la donne pour présent de noces.

Ravi d'avoir réussi dans mon dessein, j'allai, sans perdre de tems, chez Caldérone, faire dresser des Lettres patentes pour Don Alphonse. Il y avoit-là un grand nombre de personnes qui attendoient, dans un silence respectueux, que Don Rodrigue vînt leur donner audience. Je traversai la foule, et me présentai à la porte du cabinet qu'on m'ouvrit. J'y trouvai je ne sai combien de Chevaliers, de Commandeurs, et d'autres gens de conséquence, que Caldérone écoutoit tour à tour. C'étoit une chose remarquable, que la maniere différente dont il les recevoit. Il se contentoit de faire à ceux-ci une légère inclination de tête ; il honoroit ceux-là d'une révérence, et les conduisoit jusqu'à la porte de son cabinet. Il mettoit, pour ainsi dire, des nuances de considération dans les civilités qu'il faisoit.

foit. D'un autre côté, j'appercevois des Cavaliers, qui
choqués du peu d'attention qu'il avoit pour eux, maudif-
foient dans leur ame la néceffité, qui les obligeoit de ram-
per devant ce vifage.   J'en voyois d'autres au contraire,
qui rioient en eux-mêmes de fon air fat et fuffifant.   J'a-
vois beau faire ces obfervations, je n'étois pas capable d'en
profiter.   J'en ufois chez moi comme lui, et je ne me fou-
ciois gueres qu'on aprouvât ou qu'on blâmât mes manieres
orgueilleufes, pourvu quelles fuffent refpectées.

Don Rodrigue ayant par hazard jetté les yeux fur moi,
quita brufquement un Gentil-homme qui lui parloit, et
vint m'embraffer avec des démonftrations d'amitié qui me
furprirent.   Ah! mon cher confrere, s'écria-t-il, quelle
affaire me procure le plaifir de vous voir ici? Qu'y a-t-il
pour votre fervice? Je lui apris le fujet qui m'amenoit, et
là-deffus il m'affura, dans les termes les plus obligeans,
que le lendemain à pareille heure ce que je demandois feroit expédié. Il ne borna point-là fa politeffe, il me conduifit jufqu'à la porte de fon antichambre, où il ne conduifoit jamais que de Grand-Seigneurs, et là il m'embraffa
de nouveau.

Que fignifient toutes ces honnêtetés, difois-je en m'en
allant? Que me préfagent-elles? Caldérone méditeroit-il
ma perte, ou bien auroit-il envie de gagner mon amitié?
ou preffentant que fa faveur eft fur fon déclin, me ména-
geroit-il dans la vue de me prier d'intercéder pour lui
auprès de notre Patron? Je ne favois a laquelle de ces
conjectures je devois m'arrêter. Le jour fuivant, lorfque
je retournai chez lui, il me traita de la même façon. Il
m'accabla de careffes et de civilités.   Il eft vrai qu'il les
rabattit fur la réception qu'il fit aux autres perfonnes qui
fe préfenterent pour lui parler. Il brufqua les uns, battit
froid aux autres, il mécontenta prefque tout le monde.
Mais ils furent tous affez vengés par une avanture qui arriva, et que je ne dois point paffer fous filence.   Ce fera
un avis au lecteur pour les Commis et les Sécretaires qui
la liront.

Un homme vêtu fort fimplement, et qui ne paroiffoit
pas ce qu'il étoit, s'aprocha de Caldérone, et lui parla d'un
certain mémoire qu'il difoit avoir préfenté au Duc de
Lerme. Don Rodrigue ne regarda pas feulement le Cavalier, et lui dit d'un ton brufque : Comment vous apelle-

t-on, mon Ami ? On m'apelloit Francillo dans mon en-
fance, lui répondit de sang froid le Cavalier, on m'a depuis nommé Don Francisco de Zuniga, et je me nomme
aujourd'hui le Comte de Pédrosa.   Caldérone étonné de
ces paroles, et voyant qu'il avoit affaire à un homme de
la prémiere qualité, voulut s'excuser : Seigneur, dit-il au
Comte, je vous demande pardon, si, ne vous connoissant
pas.... Je ne veux point de tes excuses, interrompit avec
hauteur Francillo. Je les méprise autant que tes malhon-
nêtetés. Aprends qu'un Sécretaire de Ministre doit recevoir honnêtement toutes sortes de personnes. Sois, si tu
veux, assez vain pour te regarder comme le substitut de
ton Maître, mais n'oublie pas que tu n'es que son valet.

Le superbe Don Rodrigue fut fort mortifié de cet incident, il n'en devint toutefois pas plus raisonnable.   Pour
moi, je marquai cette chasse-là.   Je résolus de prendre
garde à qui je parlerois dans mes audiences, et de n'être
insolent qu'avec des muets. Comme les Patentes de Don
Alphonse se trouverent expédiées, je les emportai et les
envoyai par un courier extraordinaire à ce jeune Seigneur,
avec une lettre du Duc de Lerme, par laquelle Son Excellence lui donnoit avis que le Roi venoit de le nommer au
Gouvernement de Valence.   Je ne lui mandai point la
part que j'avois à cette nomination.   Je ne voulus pas
même lui écrire, me faisant un plaisir de la lui aprendre
de bouche, et de lui causer une agréable surprise, lorsqu'il
viendroit à la Cour prêter serment pour son Emploi.

CHAPITRE III.

Des préparatifs qui se firent pour le mariage de Gil Blas,
et du grand événement qui les rendit inutiles.

REVENONS à ma belle Gabriéla.   Je devois donc
l'épouser dans huit jours.   Nous nous préparâmes
de part et d'autre à cette cérémonie. Saléro fit faire de
riches habits pour la mariée, et j'arrêtai pour elle une
femme de chambre, un laquais et un vieil écuyer. Tout
cela fut choisi par Scipion, qui attendoit avec encore plus
d'impatience que moi le jour qu'on me devoit compter la
dot.

La

La veille de ce jour si desiré, je soupai chez le Beau-pere avec des Oncles et des Tantes, des cousins et des cousines. Je jouai parfaitement bien le personnage d'un gendre hypocrite. J'eus mille complaisances pour l'Orfevre et pour sa femme. Je contrefis le passionné auprès de Gabriéla. Je graciensai toute la famille, dont j'écoutai, sans m'impatienter, les plats discours et les raisonnemens bourgeois. Aussi, pour prix de ma patience, j'eus le bonheur de plaire à tous les parens. Il n'y en eut pas un qui ne parût s'aplaudir de mon alliance.

Le repas fini, la compagnie passa dans une grande salle, où on la régala d'un concert de voix et d'instrumens, qui ne fut pas mal exécuté, quoiqu'on n'eut pas choisi les meilleurs Sujets de Madrid. Plusieurs airs gais dont nos oreilles furent agréablement frappées, nous mirent de si belle humeur, que nous commençâmes à former des danses. Dieu sait de quelle façon nous nous en acquitâmes, puisqu'on me prit pour un Eleve de Terpsicore, moi qui n'avois d'autres principes de cet art, que deux ou trois leçons que j'avois reçues chez la Marquise de Chaves, d'un petit Maitre à danser qui venoit montrer aux Pages. Après nous être bien divertis, il fallut songer à se retirer chacun chez soi. Je prodiguai les révérences et les accolades. Adieu, mon gendre, me dit Saléro en m'embrassant, j'irai chez vous demain matin porter la dot en belles especes d'or. Vous y serez le bien venu, lui répondis-je, mon cher Beau-pere. Ensuite donnant le bonsoir à la famille, je gagnai mon équipage qui m'attendoit à la porte, et je pris le chemin de mon hôtel.

J'étois à peine à deux cens pas de la maison du Seigneur Gabriel, que quinze ou vingt hommes, les uns à pié les autres à cheval, tous armés d'épées et de carabines, entourerent mon carosse et l'arrêterent, en criant, *De par le Roi.* Ils m'en firent descendre brusquement, pour me jetter dans une chaise roulante, où le principal de ces Cavaliers étant monté avec moi, dit au cocher de toucher vers Ségovie. Je jugeai bien que c'étoit un honnête Alguazil que j'avois à mon côté. Je voulus le questionner pour savoir le sujet de mon emprisonnement. Mais il me répondit sur le ton de ces Messieurs-là, je veux dire brutalement, qu'il n'avoit point de compte à me rendre. Je lui dis que peut-être il se méprenoit. Non, non, repartit-

il, je fuis fûr de mon fait. Vous êtes le Seigneur de Santillane. C'eſt vous que j'ai ordre de conduire où je vous
mene. N'ayant rien à repliquer à ces paroles, je pris
le parti de me taire. Nous roulâmes le reſte de la nuit le
long du Mançanarez dans un profond filence. Nous
changeâmes de chevaux à Colmenar, et nous arrivâmes
fur le foir à Ségovie, où l'on m'enferma dans la Tour.

CHAPITRE IV.

Comment Gil Blas fut traité dans la Tour de Ségovie, et
de quelle maniere il aprit la cauſe de ſa priſon.

ON commença par me mettre dans un cachot, où
l'on me laiſſa fur la paille, comme un criminel
digne du dernier fuplice. Je paſſai la nuit, non pas à me
défoler, car je ne fentois pas encore tout mon mal, mais
à chercher dans mon efprit ce qui pouvoit avoir cauſé
mon malheur. Je ne doutois pas que ce ne fût l'ouvrage
de Caldérone. Cependant, j'avois beau le foupçonner
d'avoir tout découvert, je ne concevois pas comme il a-
voit pu porter le Duc de Lerme à me traiter fi cruellement. Tantôt je m'imaginois que c'étoit à l'infu de Son
Excellence que j'avois été arrêté ; et tantôt je penfois
que c'étoit elle-même, qui pour quelques raifons politiques m'avoit fait emprifonner, ainfi que les Miniſtres en
ufent quelquefois avec leur favoris.

J'étois vivement agité de mes diverſes conjeĉtures,
quand la clarté du jour perçant au travers d'une petite fenêtre grillée, vint offrir à ma vue toute l'horreur du
lieu où je me trouvois. Je m'affligeai alors fans modération, et mes yeux deviarent deux fources de larmes,
que le fouvenir de ma profpérité rendoit intariſſables.
Pendant que je m'abandonnois à ma douleur, il vint dans
mon cachot un guichetier, qui m'aportoit un pain et une
cruche d'eau pour ma journée. Il me regarda, et remarquant que j'avois le vifage baigné de pleurs, tout guichetier qu'il étoit, il fentit un mouvement de pitié : Seigneur
Priſonnier, me dit-il, ne vous defefpérez point. Il ne
faut pas être fi fenfible aux traverfes de la vie. Vous êtes
jeune, après ce tems-ci vous en verrez un autre. En attendant, mangez de bonne grace le pain du Roi.

Mon

Mon confolateur fortit en achevant ces paroles, auxquelles je ne répondis que par des plaintes et des gémif-
femens ; et j'employai tout le jour à maudire mon étoile,
fans fonger à faire honneur à mes provifions, qui, dans
l'état où j'étois, me fembloient moins un préfent de la
bonté du Roi qu'un effet de fa colere, puifqu'elles fervoi-
ent plutôt à prolonger qu'à foulager les peines des malheureux.

La nuit vint pendant ce tems-là, et bientôt un grand
bruit de clés attira mon attention. La porte de mon cachot s'ouvrit, et un moment après il entra un homme
qui portoit une bougie. Il s'approcha de moi, et me dit :
Seigneur Gil Blas, vous voyez un de vos anciens amis.
Je fuis ce Don André de Tordéfillas, qui demeuroit avec
vous à Grenade, et qui étoit Gentilhomme de l'Archevêque, dans le tems que vous poffédiez les bonnes graces
de ce Prélat. Vous le priâtes, s'il vous en fouvient,
d'employer fon crédit pour moi, et il me fit nommer pour
aller remplir un Emploi au Mexique ; mais au-lieu de
m'embarquer pour les Indes, je m'arrêtai dans la Ville
d'Alicante. J'y époufai la fille du Capitaine du Château,
et par une fuite d'avantures dont je vous ferai tantôt le
récit, je fuis devenu le Châtelain de la Tour de Ségovie.
Il m'eft expreffément ordonné de ne vous laiffer parler à
perfonne, de vous faire coucher fur la paille, et de ne vous
donner pour toute nourriture que du pain et de l'eau.
Mais outre que j'ai trop d'humanité pour ne pas compâtir
à vos maux, vous m'avez rendu fervice, et ma reconnoiffance l'emporte fur les ordres que j'ai reçus. Loin de
fervir d'inftrument à la cruauté qu'on veut exercer fur
vous, je prétends adoucir la rigueur de votre prifon. Le-
vez-vous, et venez avec moi.

Quoique le Seigneur Châtelain méritât bien quelques
remercimens, mes efprits étoient fi troublés que je ne
pus lui répondre un feul mot. Je ne laiffai pas de le fuivre. Il me fit traverfer une cour, et monter par un efcalier fort étroit à une petite chambre qui étoit tout au haut
de la Tour. Je ne fus pas peu furpris, en entrant dans
cette chambre, de voir fur une table deux chandelles qui
brûloient dans des flambeaux de cuivre, et deux couverts affez propres. Dans un moment, me dit Tordéfillas, on va nous apporter à manger. Nous allons fouper

ici toùs deux. C'eft ce réduit que je vous ai deftiné pour
logement. Vous y ferez mieux que dans votre cachot.
Vous verrez de votre fenêtre les bords fleuris de l'Eréma,
et la vallée délicieufe, qui du pié des montagnes qui fé-
parent les deux Caftilles, s'étend jufqu'à Coca. Je fai
bien que vous ferez d'abord peu fenfible à une fi belle vue ;
mais quand le tems aura fait fuccéder une douce mélancolie à la vivacité de votre douleur, vous prendrez plaifir
à promener vos regards fur des objets fi agréables. Outre cela, comptez que le linge et les autres chofes qui font
néceffaires à un homme qui aime la propreté, ne vous
manqueront pas. De plus, vous ferez bien couché, bien
nourri, et je vous fournirai des livres tant que vous en
voudrez. En un mot, vous aurez tous les agrémens
qu'un prifonnier peut avoir.

A des offres fi obligeantes, je me fentis un peu foulagé.
Je pris courage, et rendis mille graces à mon géolier. Je
lui dis qu'il me rapelloit à la vie par fon procédé généreux, et que je fouhaitois de me retrouver en état de lui
en témoigner ma reconnoiffance. Hé ! pourquoi ne
vous y retrouveriez-vous pas, me répondit-il ? Croyez-
vous avoir perdu pour jamais la liberté ? Vous êtes dans
l'erreur, et j'ofe vous affurer que vous en ferez quite pour
quelques mois de prifon. Que dites-vous, Seigneur Don
André, m'écriai-je ! il femble que vous fachiez le fujet de
mon infortune. Je vous avouerai, me repartit-il, que je
ne l'ignore pas. L'Alguazil qui vous a conduit ici m'a
confié ce fecret, que je puis vous révéler. Il m'a dit que
le Roi, informé que vous aviez la nuit, le Comte de Lémos et vous, mené le Prince d'Efpagne chez une Dame
fufpecte, venoit, pour vous en punir, d'exiler le Comte,
et vous envoyoit, vous, à la Tour de Ségovie, pour y ê-
tre traité avec toute la rigueur que vous avez éprouvée depuis que vous y êtes. Et comment, lui dis-je, cela eft-il
venu à la connoiffance du Roi ? C'eft particulierement
de cette circonftance que je voudrois être inftruit. C'eft,
répondit-il, ce que l'Alguazil ne m'a point apris, et ce
qu'aparemment il ne fait pas lui-même.

Dans cet endroit de notre converfation, plufieurs valets, qui aportoient le fouper, entrerent. Ils mirent fur
la table du pain, deux taffes, deux bouteilles, et trois
grands plats, dans l'un defquels il y avoit un civé de lie-
vre

vre avec beaucoup d'oignon, d'huile et de safran ; dans l'autre, une * *Olla Podrida* ; et dans le troisieme, un dindonneau sur une marmelade de † *Bérengéna.* Lorsque Tordésillas vit que nous avions tout ce qu'il nous falloit, il renvoya ses domestiques, ne voulant pas qu'ils entendissent notre entretien. Il ferma la porte, et nous nous assimes tous deux à table vis-à-vis l'un de l'autre. Commençons, me dit-il, par le plus pressé. Vous devez avoir bon apétit après deux jours de diete. En parlant de cette sorte, il chargea mon assiette de viande. Il s'imaginoit servir un affamé, et il avoit effectivement sujet de penser que j'allois m'empifrer de ses ragoûts. Néanmoins je trompai son attente. Quelque besoin que j'eusse de manger, les morceaux me restoient dans la bouche, tant j'avois le cœur serré de ma condition présente. Pour écarter de mon esprit les images cruelles qui venoient sanscesse l'affliger, mon Châtelain avoit beau m'exciter à boire, et vanter l'excellence de son vin ; m'eût-il donné du Nectar, je l'aurois alors bu sans plaisir. Il s'en aperçut, et s'y prenant d'une autre façon, il se mit à me conter d'un stile égayé l'histoire de son mariage. Il y réussit encore moins par-là. J'écoutai son récit avec tant de distraction, que je n'aurois pu dire, lorsqu'il l'eut fini, ce qu'il venoit de me raconter. Il jugea bien qu'il entreprenoit trop, de vouloir ce soir-là faire quelque diversion à mes chagrins. Il se leva de table après avoir achevé de souper, et me dit : Seigneur de Santillane, je vais vous laisser reposer, ou plutôt rêver en liberté à votre malheur. Mais je vous le répete, il ne sera pas de longue durée. Le Roi est bon naturellement. Quand sa colere sera passée, et qu'il se représentera le situation déplorable où il croit que vous êtes, vous lui paroîtrez assez puni. A ces mots, le Seigneur Chatelain descendit, et fit monter ses valets pour desservir. Ils emporterent jusqu'aux flambeaux, et je me couchai à la sombre clarté d'une lampe qui étoit attachée au mur.

N 3   CHA-

---

* Olla podrida est un composé de toutes sortes de viandes.
† Bérengéna, petite Citrouille apellée Pomme d'Amour.

CHAPITRE V.

Des réflexions qu'il fit cette nuit avant que de s'endormir,
et du bruit qui le réveilla.

JE paſſai deux heures pour le moins à réfléchir ſur ce
que Tordéſillas m'avoit apris. Je ſuis donc ici, diſois-je, pour avoir contribué aux plaiſirs de l'Héritier de
la Couronne. Quelle imprudence auſſi d'avoir rendu de
pareils ſervices à un Prince ſi jeune ! car c'eſt ſa grande
jeuneſſe qui fait tout mon crime. S'il étoit dans un âge
plus avancé, le Roi peut-être n'auroit fait que rire de ce
qui l'a ſi fort irrité. Mais qui peut avoir donné un ſemblable avis à ce Monarque, ſans apréhender le reſſentiment du Prince, ni celui du Duc de Lerme. Ce Miniſtre voudra venger ſans doute le Comte de Lémos ſon neveu. Comment le Roi a-t-il découvert cela ? C'eſt ce
que je ne comprends point.

J'en revenois toujours-là. L'idée pourtant la plus
affligeante pour moi, celle qui me deſeſpéroit, et dont
mon eſprit ne pouvoit ſe détacher, c'étoit le pillage auquel je m'imaginois bien que tous mes effets avoient été
abandonnés. Mon coffre-fort, m'écriois-je, mes cheres
richeſſes, qu'êtes-vous devenues ! Dans quelles mains ê-
tes-vous tombées ! Hélas, je vous ai perdues en moins de
tems encore que je ne vous avois gagnées ! Je me peig-
nois le deſordre qui devoit regner dans ma maiſon, et je
faiſois ſur cela des réflexions toutes plus triſtes les unes
que les autres. La confuſion de tant de penſées différentes me jetta dans un accablement qui me devint favorable. Le ſommeil qui m'avoit fui la nuit précédente,
vint répandre ſur moi ſes pavots. La bonté du lit, la fatigue que j'avois ſoufferte, ainſi que les vapeurs des viandes et du vin y contribuerent auſſi. Je m'endormis
profondément, et, ſelon toutes les aparences, le jour
m'auroit ſurpris dans cet état, ſi je n'euſſe été réveillé
tout-à-coup par un bruit aſſez extraordinaire dans les priſons. J'entendis le ſon d'une guitarre, et la voix d'un
homme en même tems. J'écoute avec attention, je n'entends plus rien, je crois que c'eſt un ſonge. Mais un in-
ſtant après, mon oreille fut frappée du ſon du même in-
ſtrument,

ftrument, et de la même voix qui chanta les vers fuivans.

> * *Ay de mi! un Ano felice*
> *Parece un foplo ligero ;*
> *Peró fin dicha un inftante*
> *Es un figlo de tormento.*

Ce Couplet, qui paroiffoit avoir éte fait exprès pour moi, irrita mes ennuis. Je n'éprouve que trop, difois-je, la vérité de ces paroles. Il me femble que le tems de mon bonheur s'eft écoulé bien vite, et qu'il y a déja un fiecle que je fuis en prifon. Je me replongeai dans une affreufe rêverie, et recommençai à me défoler, comme fi j'y euffe pris plaifir. Mes lamentations pourtant finirent avec la nuit ; et les premiers rayons du Soleil, dont ma chambre fut éclairée, calmerent un peu mes inquiétudes. Je me levai pour aller ouvrir ma fenêtre, et donner de l'air à ma chambre. Je regardai dans la campagne, dont je me fouvins que le Seigneur Châtelain m'avoit fait une belle defcription. Je ne trouvai pas dequoi juftifier ce qu'il m'en avoit dit. L'Eréma, que je croyois du moins égal au Tage, ne me parut qu'un ruiffeau. L'ortie feule et le chardon paroient fes *bords fleuris*, et la prétendue *Vallée délicieufe* n'offrit à ma vue que des terres dont la plupart étoient incultes. Aparemment que je n'en étois pas encore à cette douce mélancolie, qui devoit me faire voir les chofes autrement que je ne les voyois alors.

Je commençai à m'habiller, et déja j'étois à demi vé-tu, quand Tordéfillas arriva, fuivi d'une vieille fervante, qui m'aportoit des chemifes et des ferviettes. Seigneur Gil Blas, me dit-il, voici du finge. Ne le ménagez pas, j'aurai foin que vous en ayez toujours de refte. Hé bien, ajouta-t-il, comment avez-vous paffé la nuit ? Le fommeil a-t-il fufpendu vos peines pour quelques momens ? Je dormirois peut-être encore, lui répondis-je, fi je n'euffe été réveilleé par un voix accompagnée d'une guitarre. Le Cavalier qui a troublé votre repos, reprit-il, eft un Prifonnier d'État, qui a fa chambre à côté de la vôtre. Il eft Chevalier de l'Ordre Militaire de Calatrava, et il a une figure tout aimable. Il s'apelle Don Gafton de Cogollos.

---

* *Helas ! une année de plaifir paffe comme un vent léger ; mais un moment de malheur eft fiecle de tourment.*

los. Vous pourrez vous voir tous deux, et manger enfemble. Vous trouverez une confolation mutuelle dans
vos entretiens. Vous vous ferez l'un à l'autre d'un grand
agrément.

Je témoignai à Don André, que j'étois très fenfible à
la permiffion qu'il me donnoit d'unir ma douleur avec
celle de ce Cavalier ; et comme je marquai quelque impatience de connoître ce compagnon de malheur, notre
obligeant Châtelain me procura cette fatisfaction dès ce
jour-là même. Il me fit diner avec Don Gafton, qui me
furprit par fa bonne mine et par fa beauté. Jugez quel
il devoit être, pour faire une impreffion fi forte fur des
yeux accoutumés à voir la plus brillante Jeuneffe de la
Cour. Imaginez-vous un homme fait à plaifir, un de ces
Héros de Romans, qui n'avoient qu'à fe montrer pour
caufer des infomnies aux Princeffes. Ajoutons à cela que
la Nature, qui mêle ordinairement fes dons, avoit doué
Cogollos de beaucoup d'efprit et de valeur. C'étoit un
Cavalier parfait.

Si ce Chevalier me charma, j'eus de mon côté le bonheur de ne lui pas déplaîre. Il ne chanta plus la nuit, de
peur de m'incommoder, quelques prieres que je lui fiffe
de ne fe pas contraindre pour moi. Une liaifon eft bientôt formée entre deux perfonnes qu'un mauvais fort o-
prime. Une tendre amitié fuivit de près notre connoiffance, et devint plus forte de jour en jour. La liberté
que nous avions de nous parler quand il nous plaîfoit,
nous fut très utile ; puifque par nos converfations, nous
nous aidâmes réciproquement tous deux à prendre notre
mal en patience.

Une après dinée j'entrai dans fa chambre, comme il
fe difpofoit à jouer de la guitarre. Pour l'ecouter plus
commodément, je m'affis fur une fellette qu'il y avoit là
pour tout fiege ; et lui s'étant mis fur le pié de fon lit, il
joua un air fort touchant, et chanta deffus des paroles qui
exprimoient le defefpoir où la cruauté d'une Dame réduif-
foit un Amant. Lorfqu'il les eut chantées, je lui dis en
fouriant : Seigneur Chevalier, voilà des vers que vous ne
ferez jamais obligé d'employer dans vos galanteries. Vous
n'êtes pas fait pour trouver des femmes cruelles. Vous
avez trop bonne opinion de moi, me répondit-il. J'ai
compofé pour mon compte les vers que vous venez d'entendre,

tendre, pour amollir un cœur que je croyois de diamant,
pour attendrir une Dame qui me traitoit avec une extrême
rigueur. Il faut que je vous fasse le récit de cette histoire,
vous aprendrez en même tems celle de mes malheurs.

CHAPITRE VI.

*Histoire de Don Gaston de Cogollos, et de Donna Héléna
de Galistéo.*

IL y aura bientôt quatre ans que je partis de Madrid
pour aller à Coria, voir Donna Eléonora de Laxarilla
ma tante, qui est une des plus riches Douairieres de la
Castille Vieille, et qui n'a point d'autre héritier que moi.
Je fus à peine arrivé chez elle, que l'Amour y vint troubler mon repos. Elle me donna un appartement dont les
fenêtres faisoient face aux jalousies d'un Dame qui demeuroit vis-à-vis, et que je pouvois facilement remarquer, tant
ses grilles étoient peu serrées et la rue étroite. Je ne ne-
gligeai pas cette possibilité, et je trouvai ma voisine si belle,
que j'en fus d'abord enchanté. Je le lui marquai aussitôt
par des œillades si vives, qu'il n'y avoit pas à s'y mépren-
dre. Elle s'en apperçut bien ; mais elle n'étoit pas fille à
faire trophée d'une pareille observation, et encore moins
à répondre à mes minauderies.

Je voulus savoir le nom de cette dangereuse personne,
qui troubloit si promptement les cœurs. J'apris qu'on la
nommoit Donna Héléna ; qu'elle étoit fille unique de Don
George de Galistéo, qui possédoit, à quelques lieues de
Coria, un fief dominant d'un revenu considérable ; qu'il se
présentoit souvent des partis pour elle, mais que son Pere
les rejettoit tous, parce qu'il étoit dans le dessein de la marier à Don Augustin de Olighéra son neveu, qui en attendant ce mariage avoit la liberté de voir et d'entretenir tous
les jours sa cousine. Cela ne me découragea point. Au-
contraire, j'en devins plus amoureux ; et l'orgueilleux plaisir de suplanter un Rival aimé, m'excita peut-être encore
plus que mon amour à pousser ma pointe. Je continuai
donc de lancer à mon Héléne des regards enflammés. J'en
adressai aussi de suplians à Félicia sa Suivante, comme
pour implorer son secours. Je fis même parler mes doigts.
Mais ces galanteries furent inutiles. Je ne tirai pas plus
de

de raison de la Soubrette que de la Maîtresse. Elle firent toutes deux les cruelles et les inacceffibles.

Comme elles refufoient de répondre au langage de mes yeux, j'eus recours à d'autres interpretes. Je mis des gens en campagne pour déterrer les connoiffances que Félicia pouvoit avoir dans la ville. Ils découvrirent qu'une vieille Dame apellée Théodora étoit fa meilleure amie, et qu'elles fe voyoient fort fouvent. Ravi de cette découverte, j'allai moi-même trouver Théodora, que j'engageai par des préfens à me fervir. Elle prit parti pour moi, promit de me ménager chez elle un entretien fecret avec fon Amie, et tint fa promeffe dès le lendemain.

Je ceffe d'être malheureux, dis-je à Félicia, puifque mes peines ont excité votre pitié. Que ne dois-je point à votre Amie, de vous avoir difpofée à m'accorder la fatisfaction de vous entretenir! Seigneur, répondit-elle, Théodora peut tout fur moi, elle m'a mife dans vos intérêts; et fi je pouvois faire votre bonheur, vous feriez bientôt au comble de vos vœux; mais avec toute ma bonne volonté, je ne fai fi je vous ferai d'un grands fecours. Il ne faut point vous flater. Vous n'avez jamais formé d'entreprife plus difficile. Vous aimez une Dame prévenue pour un autre Cavalier, et quelle Dame encore! Une Dame fi fiere et fi diffimulée, que fi par votre conftance et par vos foins vous parvenez à lui arracher des foupirs, ne penfez pas que fa fierté vous donne le plaifir de les entendre. Ah, ma chere Félicia, m'écriai-je avec douleur! Pourquoi me faites-vous connoître tous les obftacles que j'ai à furmonter? Ce détail m'affaffine. Trompez-moi plutôt que de me defefpérer. A ces mots, je pris une de fes mains, je la preffai entre les miennes, et lui mis au doigt un diamant de trois cens piftoles, en lui difant des chofes fi touchantes que je la fis pleurer.

Elle étoit trop émue de mes difcours, et trop contente de mes manieres, pour me laiffer fans confolation. Elle aplanit un peu les difficultés: Seigneur, me dit-elle, ce que je viens de vous repréfenter ne doit pas vous ôter toute efpérance. Votre Rival, il eft vrai, n'eft pas haï. Il vient au logis voir librement fa coufine. Il lui parle quand il lui plaît, et c'eft ce qui vous eft favorable. L'habitude où ils font tous deux d'être enfemble tous les jours, rend leur commerce un peu languiffant. Ils me paroiffent fe

quiter

quiter fans peine, et fe revoir fans plaifir. On diroit qu'ils
font déja mariés. En un mot, je ne vois point que ma
Maîtreffe ait une paffion violente pour Don Auguftin.
D'ailleurs il y a entre vous et lui, pour les qualités per-
fonnelles, une différence qui ne doit pas être inutilement
remarquée par une fille auffi délicate que Donna Héléna.
Ne perdez donc pas courage. Continuez vos galanteries.
Je vous feconderai. Je ne laifferai pas échapper une occafion de faire valoir à ma Maîtreffe tout ce que vous ferez
pour lui plaire. Elle aura beau de fe déguifer, à travers
la diffimulation je démêlerai bien fes fentimens.

Nous nous féparâmes, Félicia et moi, fort fatisfaits l'un
de l'autre après cette converfation. Je m'aprêtai fur nouveaux frais à lorgner la fille de Don George, je la régalai
d'une férénade, dans laquelle je fis chanter par une belle
voix les vers que vous venez d'entendre. Après le concert,
la Suivante, pour fonder fa Maîtreffe, lui demanda fi elle
s'étoit divertie. La voix, dit Donna Héléna, m'a fait plaifir. Et les paroles qu'elle chantées, repliqua la Soubrette,
ne font-elles pas fort touchantes? C'eft à quoi, repartit la
Dame, je n'ai fait aucune attention. Je ne me fuis attachée qu'au chant. Je n'ai nullement pris garde aux vers,
ni ne me foucie gueres de favoir qui m'a donné cette férénade. Sur ce pié-là, s'écria la Suivante, le pauvre Don
Gafton de Cogollos eft très éloigné de fon compte, et bien
fou de paffer fon tems à regarder nos jaloufies. Ce n'eft
peut-être pas lui, dit la Maîtreffe d'un air froid, c'eft quelque autre Cavalier qui vient par ce concert de me déclarer
fa paffion. Pardonnez-moi, répondit Félicia. C'eft Don
Gafton lui-même; à telles enfeignes qu'il m'a ce matin
abordée dans la rue, et priée de vous dire de fa part qu'il
vous adore, malgré les rigueurs dont vous payez fon a-
mour; et qu'enfin il s'eftimeroit le plus heureux de tous
les hommes, fi vous lui permettiez de vous marquer fa
tendreffe par ces foins et par des fêtes galantes. Ces difcours, pourfuivit-elle, vous prouvent affez que je ne me
trompe pas.

La fille de Don George changea tout-à-coup de vifage,
et regardant fa Suivante d'un air févere: Vouz auriez bien
pu, lui dit-elle, vous paffer de me rapporter cet imperti-
nent entretien. Qu'il ne vous arrive plus, s'il vous plaît,
de me venir faire de pareils rapports. Et fi ce jeune teme-
raire

raire ofe encore vous parler, dites-lui qu'il s'adreffe á une
perfonne qui faffe plus de cas que moi de fes galanteries;
et qu'il choififfe un plus honnête paffe-tems que celui d'être
toute la journée à fes fenêtres, à obferver ce que je fais
dans mon appartement.

Tout cela me fut fidelement détaillé dans une feconde
entrevue par Félicia, qui pretendant qu'il ne falloit pas
prendre au pié de la lettre les paroles de fa Maîtreffe, vou-
loît me perfuader que mes affaires alloient le mieux du
monde. Pour moi qui n'y entendois pas fineffe, et qui ne
croyois pas qu'on pût expliquer le texte en ma faveur, je
me défiois des commentaires qu'elle me faifoit. Elle fe
moqua de ma défiance, demanda du papier et de l'encre à
fon Amie, et me dit : Seigneur Chevalier, écrivez tout-à-
l'heure à Donna Héléna en Amant defefpéré. Peignez-
lui vivement vos fouffrances, et fur-tout plaignez-vous de
la défenfe qu'elle vous fait de paroître à vos fenêtres. Pro-
mettez d'obéir, mais affurez qu'il vous en coutera la vie.
Tournez-moi cela, comme vous le favez fi bien faire vous
autres Cavaliers, et je me charge du refte. J'efpere que
l'évenement fera plus d'honneur que vous n'en faites à ma
pénétration.

J'aurois été le premier Amant, qui trouvant une fi belle
occafion d'écrire à fa Maîtreffe, n'en eût pas profité. Je
compofai une lettre des plus pathétiques. Avant que de
la plier, je la montrai à Felicia, qui fourit après l'avoir lue,
et me dit que fi les femmes favoient l'art d'entêter les hommes, en recompenfe les hommes n'ignoroient pas celui d'en-
geoller les femmes. La Soubrette prit mon billet ; puis
m'ayant recommandé d'avoir foin que mes fenêtres fuffent
fermées pendant quelques jours, elle retourna chez Don
George.

Madame, dit-elle en arrivant à Donna Héléna, j'ai rencontré Don Gafton. Il n'a pas manque de venir à moi,
et de vouloir me tenir des difcours flateurs. Il m'a demandé d'une voix tremblante, et comme un coupable qui
attend fon arrêt, fi je vous avois parlé de fa part. Alors
prompte et fidele à exécuter vos ordres, je lui ai coupé
brufquement la parole. Je me fuis déchaînée contre lui.
Je l'ai chargé d'injures, et laiffé dans la rue tout étourdi de
ma pétulance. Je fuis ravie, repondit Donna Héléna,
que vous m'ayez débarraffée de cet importun. Mais il
n'étoit

n'étoit pas neceffaire de lui parler brutalement. Il faut toujours qu'une fille ait de la douceur. Madame, repliqua la Suivante, on ne fe défait pas d'un Amant paffionné par des paroles prononcées d'un air doux. On n'en vient pas même à bout par des fureurs et des emportemens. Don Gafton, par exemple, n'eft pas rebuté. Après l'avoir accablé d'injures, comme je vous l'ai dit, j'ai été chez votre parente où vous m'avez envoyée. Cette Dame, par malheur, m'a retenue trop longtems. Je dis trop longtems, puifqu'en revenant j'ai retrouvé mon homme. Je ne m'attendois plus à le revoir. Sa vue m'a troublée, mais fi troublée que ma langue, qui ne me manque jamais dans l'occafion, n'a pu me fournir une fyllabe. Pendant ce tems-là qu'a-t-il fait? Il m'a gliffé dans la main un papier, que j'ai gardé fans favoir ce que je faifois, et il a difparu dans le moment.

En parlant ainfi, elle tira de fon fein ma lettre, qu'elle remit tout en badinant à fa Maîtreffe, qui l'ayant prife comme pour s'en divertir, la lut à bon compte, et fit enfuite la réfervée. En vérité Félicia, dit-elle d'un air férieux à fa Suivante, vous êtes une étourdie, une folle d'avoir reçu ce billet. Que peut penfer de cela Don Gafton, et qu'en dois-je croire moi-même? Vous me donnez lieu par votre conduite de me défier de votre fidélité, et à lui de me foupçonner d'être fenfible à fa paffion. Hélas! peut-être s'imagine-t-il en cet inftant, que je lis et relis avec plaifir les caracteres qu'il a tracés. Voyez à quelle honte vous expofez ma fierté. Oh que non, Madame, lui répondit la Soubrette, il ne fauroit avoir cette penfée; et fuppofez qu'il l'eût, il ne l'aura pas longtems. Je lui dirai, à la première vûe, que je vous ai montré fa lettre, que vous l'avez regardée d'un air glacé, et qu'enfin, fans la lire, vous l'avez déchirée avec un mépris froid. Vous pourrez hardiment, reprit Donna Héléna, lui jurer que je ne l'ai point lue. Je ferois bien embarraffée, s'il me falloit feulement en dire deux paroles. La fille de Don George ne fe contenta pas de parler de cette forte, elle déchira mon billet, et défendit à fa Suivante de l'entretenir jamais de moi.

Comme j'avois promis de ne plus faire le galant à mes fenêtres, puifque ma vue déplaifoit, je les tins fermées plufieurs jours, pour rendre mon obéiffance plus tou-

chante. Mais au défaut des mines qui m'étoient inter-
dites, je me préparai à donner de nouvelles férenades à
ma cruelle Héléne. Je me rendis une nuit fous fon bal-
con avec des Muficiens, et déja les guitarres fe faifoient
entendre, lorfqu'un Cavalier l'épée à la main vint troubler le concert, en frappant à droit et à gauche fur les
concertans, qui prirent auffitôt la fuite. La fureur qui a-
nimoit cet audacieux excita la mienne. Je m'avance
pour le punir, et nous commençons un rude combat.
Donna Héléna et fa Suivante entendent le bruit des épées.
Elles regardent au travers de leurs jaloufies, et voient
deux hommes qui font aux mains. Elles pouffent de
grands cris, qui obligent Don George et fes valets à fe lever. Ils accourent, de même que plufieurs voifins, pour
féparer les combattans, mais ils arriverent trop tard. Ils
ne trouverent fur le champ de bataille qu'un Cavalier noyé
dans fon fang et prefque fans vie, et ils reconnurent que
j'étois ce Cavalier infortuné. On m'emporta chez ma
Tante, où les plus habiles Chirurgiens de la ville furent
apellés.

Tout le monde me plaignit, et particulierement Donna Héléna, qui laiffa voir alors le fond de fon cœur. Sa
diffimulation céda au fentiment. Le croirez-vous? Ce
n'étoit plus cette Fille qui fe faifoit un point d'honneur
de paroître infenfible à mes galanteries. C'étoit une tendre Amante qui s'abandonnoit fans réferve à fa douleur.
Elle paffa le refte de la nuit à pleurer avec fa Suivante, et
à maudire fon coufin, Don Auguftin d'Olighéra, qu'elles jugeoient devoir être l'auteur de leur larmes, comme
en effet c'étoit lui qui avoit fi defagréablement interrompu
la férénade. Auffi diffimulé que fa coufine, il s'étoit a-
perçu de mes intentions, fans en rien témoigner; et s'i-
maginant qu'elle y répondit, il avoit fait cette action,
pour montrer qu'il étoit moins endurant qu'on ne le croyoit. Néanmoins ce trifte accident fût peu de tems après
fuivi d'une joie qui le fit oublier. Tout dangereufement
bleffé que j'étois, l'habileté des Chirurgiens me tira bientôt d'affaire. Je gardois encore la chambre, quand
Donna Eléonor ma Tante alla trouver Don George, et
lui demanda pour moi Donna Héléna. Il confentit d'autant plus volontiers à ce mariage, qu'il regardoit alors
Don Auguftin comme un homme qu'il ne reverroit peut-
être

être jamais. Le bon Vieillard apréhendoit que fa fille
n'eût de la répugnance à fe donner à moi, à caufe que le
coufin Olighéra avoit eu la liberté de la voir, et tout le
loifir de s'en faire aimer ; mais elle parut fi difpofée à o-
béir en cela à fon Pere, qu'on peut conclure de là qu'en
Efpagne, ainfi qu'ailleurs, c'eft un avantage d'être un
nouveau venu auprès des femmes.

Sitôt que je pus avoir une converfation particuliere a-
vec Félicia, j'apris jufqu'à quel point fa Maitreffe avoit é-
té fenfible au malheureux fuccès de mon combat Si bien
que ne pouvant plus douter que je ne fuffe le Paris de
mon Hélene, je béniffois ma bleffure, puifqu'elle avoit
de fi heureufes fuites pour mon amour. J'obtins du Seigneur Don George la permiffion de parler à fa fille en
préfence de la Suivante. Que cet entretien fût doux
pour moi! Je priai, je preffai tellement la Dame dè me
dire fi fon Pere, en la livrant à ma tendreffe, ne faifoit
aucune violence à fes fentimens. Elle m'avoua que je ne
la devois point à fa feule obéiffance. Depuis cet aveu
plein de charmes, je ne m'occupai que du foin de plaire,
et d'imaginer des fêtes galantes, en attendant le jour de
nos noces, qui devoit être célébré par une magnifique ca-
valcade, où toute la Nobleffe de Coria et des environs fe
préparoit à briller.

Je donnai un grand repas à une fuperbe maifon de
plaifance que ma Tante avoit aux portes de la ville, du
côté de Manroi. Don George et fa fille, avec tous leurs
parens et leurs amis, en étoient. On y avoit préparé
par mon ordre un concert de voix et d'inftrumens, et fait
venir une Troupe de Comédiens de Campagne, pour y
repréfenter une Comédie. Au-milieu du feftin, on me
vint dire à l'oreille qu'il y avoit dans une falle une homme
qui demandoit à me parler. Je me levai de table pour
aller voir qui c'étoit. Je trouvai un Inconnu, qui avoit
l'air d'un Valet de chambre. Il me préfenta un billet que
j'ouvris, et qui contenoit ces paroles. *Si l'honneur vous*
eft cher, comme il le doit être à tout Chevalier de votre
ordre, vous ne manquerez pas demain matin de vous ren-
dre dans la plaine de Manroi. Vous y trouverez un Ca-
valier qui veut vous faire raifon de l'offenfe que vous avez

reçue de lui, et vous mettre, s'il le peut, hors d'état d'épouſer Donna Héléna.

DON AUGUSTIN D'OLIGHERA.

Si l'Amour a beaucoup d'empire ſur les Eſpagnols, la Vengeance en a encore bien davantage. Je ne lus pas ce billet d'un cœur tranquille. Au ſeul nom de Don Auguſtin, il s'alluma dans mes veines un feu, qui me fit preſque oublier les devoirs indiſpenſables que j'avois à remplir ce jour-là. Je fus tenté de me dérober à la compagnie, pour aller chercher ſur le champ mon ennemi. Je me contraignis pourtant, de peur de troubler la fête, et dis à l'homme qui m'avoit remis la lettre : Mon ami, vous pouvez dire au Cavalier qui vous envoie, que j'ai trop d'envie de me revoir aux priſes avec lui, pour n'être pas demain, avant le lever du Soleil, dans l'endroit qu'il me marque.

Après avoir renvoyé le meſſager avec cette réponſe, je rejoignis mes convives, et repris ma place à table, où je compoſai ſi bien mon viſage, que perſonne n'eût aucun ſoupçon de ce qui ſe paſſoit en moi. Je parus, pendant le reſte de la journée, occupé comme les autres des plaiſirs de la fête, qui finit enfin au milieu de la nuit. L'aſſemblée ſe ſépara, et chacun rentra dans la ville de la même maniere qu'il en étoit ſorti. Pour moi, je demeurai dans la maiſon de plaiſance, ſous pretexte d'y vouloir prendre l'air le lendemain matin, mais ce n'étoit que pour me trouver plutôt au rendez-vous. Au-lieu de me coucher, j'attendis avec impatience le point du jour. Sitôt que je l'aperçus, je montai ſur mon meilleur cheval, et je partis tout ſeul comme pour me promener dans la campagne. Je m'avance vers Manroi. Je découvre dans la plaine un homme à cheval, qui vient de mon côté à bride abattue. Je vole à ſa rencontre, pour lui épargner la moitié du chemin. Nous nous joignons bientôt. C'étoit mon Rival. Chevalier, me dit-il inſolemment, c'eſt à regret que j'en viens aux mains une ſeconde fois avec vous, mais c'eſt votre faute. Après l'avanture de la Sérénade, vous auriez dû renoncer de bonne grace à la fille de Don George, ou bien vous tenir pour dit que vous n'en ſeriez pas quite pour cela, ſi vous perſiſtiez dans le deſſein de lui plaîre. Vous êtes trop fier, lui répondis-je, d'un avantage

vantage

vantage que vous devez peut-être moins à votre adresse
qu'à l'obscurité de la nuit. Vous ne songez pas que les
armes sont journalieres. Elles ne le sont pas pour moi,
repliqua-t-il d'un air arrogant ; et je vais vous faire voir
que le jour comme la nuit, je sai punir les Chevaliers audacieux qui vont sur mes brisées.

Je ne repartis à cet orgueilleux discours, qu'en mettant
promptement pié à terre. Don Augustin fit la même
chose. Nous attachâmes nos chevaux à un arbre, et nous
commençâmes à nous battre avec une egale vigueur.
J'avouerai de bonne-foi que j'avois affaire à un ennemi qui savoit mieux faire des armes que moi, bien que
j'eusse deux années de Salle. Il étoit consommé dans
l'escrime. Je ne pouvois exposer ma vie à un plus grand
péril. Néanmoins, comme il arrive assez souvent que le
plus fort est vaincu par le plus foible, mon Rival, malgré
tout son habileté, reçut un coup d'épée dans le cœur, et
tomba roide mort un moment après.

Je retournai aussitôt à la maison de plaisance, où j'appris ce qui venoit de se passer à mon valet de chambre,
dont la fidélité m'étoit connue. Ensuite je lui dis : Mon
cher Ramira, avant que la Justice puisse avoir connoissance de cet évenement, prends un bon cheval, et va informer ma Tante de cette avanture. Demande-lui de ma
part de l'or et des pierreries, et viens me joindre à Plazencia. Tu me trouveras dans la premiere hôtellerie, en entrant dans la ville.

Ramira s'acquita de sa commission avec tant de diligence, qu'il arriva trois heures après moi à Plazencia.
Il me dit que Donna Eléónor avoit été plus réjouïe qu'affligée d'un combat qui réparoit l'affront que j'avois reçu
au premier ; et qu'elle m'envoyoit tout son or et toutes
ses pierreries pour me faire voyager agréablement dans
les Pays étrangers, en attendant qu'elle eût accommodé
mon affaire.

Pour suprimer les circonstances superflues, je vous dirai que je traversai la Castille Nouvelle, pour aller dans le
Royaume de Valence m'embarquer à Dénia. Je passai
en Italie, où je me mis en état de parcourir les Cours, et
d'y paroître avec agrément.

Tandis que loin de mon Hélene, je me disposois à
tromper, autant qu'il me seroit possible, mon amour et

mes

mes ennuis, cette Dame à Coria pleuroit en secret mon
absence. Au-lieu d'aplaudir aux poursuites que sa famille
faisoit contre moi au sujet de la mort d'Olighéra, elle
souhaitoit qu'un prompt accommodement les fît cesser et
hâtât mon retour. Six mois s'étoient déja écoulés depuis qu'elle m'avoit perdu, et je crois que sa constance
auroit toujours triomphé du tems, si elle n'eût eu que le
tems à combattre ; mais elle eut des ennemis encore plus
puissans. Don Blas de Combados, Gentilhomme de la
Côte Occidentale de Galice, vint à Coria recueillir une
riche succession, qui lui avoit été vainement disputée
par Don Miguel de Caprara son cousin, et il s'établit dans
ce Pays-là, le trouvant plus agréable que le sien. Combados étoit bien fait. Il paroissoit doux et poli, et il a-
voit l'esprit du monde le plus insinuant. Il eut bientôt fait
connoissance avec les honnêtes-gens de la ville, et su
toutes les affaires des uns et des autres.

Il n'ignora pas longtems que Don George avoit une
fille, dont la beauté dangereuse sembloit n'enflammer les
hommes que pour leur malheur. Cela piqua sa curiosité.
Il eut envie de voir une Dame si redoutable. Il recher-
cha pour cet effet l'amitié de son Pere, et la gagna si bien
que ce vieillard le regardant déja comme un gendre, lui
donna l'entrée de sa maison, et la liberté de parler en sa
présence à Donna Héléna. Le Galicien ne tarda guères
à devenir amoureux d'elle, c'étoit un sort inévitable. Il
ouvrit son cœur à Don George, qui lui dit qu'il agréoit
sa recherche ; mais que ne voulant pas contraindre sa
fille, il la laissoit maîtresse de sa main. Là-dessus Don
Blas mit en usage toutes galanteries dont il put s'aviser
pour plaîre à cette Dame, qui n'y fut aucunement sensible, tant elle étoit occupée de moi. Félicia étoit pourtant dans les intérêts du Cavalier, qui l'avoit engagée par
des présens à servir son amour. Elle y employoit toute
son adresse. D'un autre côté, le Pere secondoit la Suivante par des remontrances, et néanmoins ils ne firent
tous deux pendant une année entiere que tourmenter
Donna Héléna, sans pouvoir me la rendre infidéle.

Combados voyant que Don George et Félicia s'intéres-
soient en vain pour lui, leur proposa un expédient pour
vaincre l'opiniâtreté d'une Amante si prévenue. Voici,
leur dit-il, ce que j'ai imaginé. Nous supposerons qu'un

Mar-

Marchand de Coria vient de recevoir une lettre d'un Négociant Italien, dans laquelle, après un détail de choses
qui concerneront le Commerce, on lira les paroles sui-
vantes. *Il est arrivé depuis peu à la Cour de Parme un*
Cavalier Espagnol nommé Don Gaston de Cogollos. Il se
dit neveu et unique héritier d'une riche veuve, qui demeure
à Coria sous le nom de Donna Eléonor de Laxarilla. Il
recherche la fille d'un puissant Seigneur, mais on ne veut
pas la lui accorder qu'on ne soit informé de la vérité.
Je suis chargé de m'adresser à vous pour cela. Mandez-
moi donc, je vous prie, si vous connoissez ce Don Gaston,
et en quoi consistent les biens de sa Tante. Votre réponse
décidera de ce mariage. A Parme, &c.

Cette fourberie ne parut au vieillard qu'un jeu d'esprit,
qu'une ruse pardonnable aux Amans ; et la Soubrette, encore moins scrupuleuse que le bon-homme, l'approuva fort.
L'invention leur sembla d'autant meilleure, qu'ils connoissoient Héléna pour une fille fière et capable de prendre son parti sur le champ, pourvu qu'elle n'eût aucun
soupçon de la supercherie. Don George se chargea de
lui annoncer lui même mon changement, et pour rendre
la chose encore plus naturelle, de lui faire parler au Marchand qui auroit reçu de Parme la prétendüe lettre. Ils
exécuterent ce projet comme ils l'avoient formé. Le
Pere, avec une émotion où il y avoit en apparence de la
colere et du depit, dit à Donna Héléna : Ma fille, je ne
vous dirai plus que nos parens me prient tous les jours de
ne permettre jamais que le meurtrier de Don Augustin
entre dans notre famille : j'ai aujourd'hui une raison plus
forte à vous dire, pour vous détacher de Don Gaston.
Mourez de honte de lui être si fidele. C'est un volage, un
perfide. Voici une preuve certaine de son infidélité. Li-
sez vous-même cette lettre, qu'un Marchand de Coria
vient de recevoir d'Italie. La tremblante Héléna prend
ce papier supposé, en fait des yeux la lecture, en pese tous
les termes, et demeure accablée de la nouvelle de mon
inconstance. Un sentiment de tendresse lui fit ensuite répandre quelques larmes ; mais bientôt rapellant toute sa
fierté, elle essuya ses pleurs, et dit d'un ton ferme à son
Pere : Seigneur, vous venez d'être témoin de ma foiblesse,
soyez-le aussi de la victoire que je remporte sur moi. C'en
est fait, je n'ai plus que du mépris pour Don Gaston, je
ne

ne vois en lui que le dernier des hommes. N'en parlons plus, allons, je fuis prête à fuivre Don Blas à l'autel. Que mon hymen précede celui du perfide qui a fi mal répondu à mon amour. Don George, tranfporté de joie à ces paroles, embraffa fa fille, loua la vigoureufe réfolution qu'elle prenoit, et s'aplaudiffant de l'heureux fuccès du ftratagême, il fe hâta de combler les vœux de mon Rival.

Donna Héléna me fut ainfi ravie. Elle fe livra brufquement à Combados, fans vouloir entendre l'amour qui lui parloit pour moi au fond de fon cœur, fans douter même un inftant d'une nouvelle qui auroit dû trouver dans une Amante moins de crédulité. L'orgueilleufe n'écouta que fa préfomption. Le reffentiment de l'injure qu'elle s'imaginoit que j'avois faite à fa beauté, l'emporta fur l'intérêt de fa tendreffe. Elle eut pourtant, peu de jours après fon mariage, quelques remords ne l'avoir précipité. Il lui vint dans l'efprit que la lettre du Marchand pouvoit avoir été fuppofée, et ce foupçon lui caufa de l'inquiétude. Mais l'amoureux Don Blas ne laiffoit point à fa femme le tems de nourrir des penfées contraires à fon repos. Il ne fongeoit qu'à l'amufer, et il y réuffiffoit par une fucceffion continuelle de plaifirs différens qu'il avoit l'art d'inventer.

Elle paroiffoit très contente d'un époux fi galant, et ils vivoient tous deux dans une parfaite union, lorfque ma Tante accommoda mon affaire avec les parens de Don Auguftin. Elle m'écrivit auffitôt en Italie pour m'en donner avis. J'étois alors à Régio dans la Calabre Ultérieure. Je paffai en Sicile, de là en Efpagne, et je me rendis enfin à Coria fur les ailes de l'Amour. Donna Eléonor, qui ne m'avoit pas mandé le mariage de la fille de Don George, me l'aprit à mon arrivée ; et remarquant qu'il m'affligeoit : Vous avez tort, me dit-elle, mon neveu, de vous montrer fenfible à la perte d'une Dame qui n'a pu vous demeurer fidele. Croyez-moi, banniffez de votre mémoire une perfonne qui n'eft pas digne de l'occuper.

Comme ma Tante ignoroit qu'on eût trompé Donna Héléna, elle avoit raifon de me parler ainfi, et elle ne pouvoit me donner un confeil plus fage. Auffi je me promis bien de le fuivre, ou du moins d'affecter un air d'in-

dif-

différence, fi je n'étois pas capable de vaincre ma paffion.
Je ne pus toutefois réfifter à la curiofité de favoir de quelle
maniere ce mariage avoit été fait. Pour en être inftruit,
je réfolus de m'adreffer à l'amie de Félicia, c'eft-à-dire à
la Dame Théodora dont je vous ai déja parlé. J'allai
chez elle. J'y trouvai par hazard Félicia, qui ne s'attendant à rien moins qu'à ma vue, en fut troublée, et voulut
fortir pour éviter l'éclairciffement qu'elle jugea bien que
je lui demanderois. Je l'arrêtai. Pourquoi me fuyez-
vous, lui dis-je ? La parjure Héléna n'eft-elle pas contente
de m'avoir facrifié ? Vous a-t-elle défendu d'écouter mes
plaintes ? Ou cherchez-vous feulement à m'échapper, pour
vous faire un mérite auprès de l'ingrate d'avoir refufé de
les entendre ?

Seigneur, me répondit la Suivante, je vous avoue in-
génûment que votre préfence me rend confufe. Je ne puis
vous revoir fans me fentir déchirée de mille remords. On
a féduit ma Maîtreffe, et j'ai eu le malheur d'être complice
de la féduction. O Ciel ! repliquai-je avec furprife, que
m'ofez-vous dire ? expliquez-vous plus clairement. Alors
la Soubrette me fit le détail du ftratagême dont s'étoit fervi Combados pour m'enlever Donna Héléna ; et s'apercevant que fon récit me perçoit le cœur, elle s'efforça de
me confoler. Elle m'offrit fes bons offices auprès de fa
Maîtreffe, me promit de la defabufer, de lui peindre mon
defefpoir ; en un mot, de ne rien épargner pour adoucir
la rigueur de ma deftinée ; enfin, elle me donna des efpérances qui foulagerent un peu mes peines.

Je paffe les contradictions infinies qu'elle eut à effuyer
de la part de Donna Héléna pour la faire confentir à me
voir. Elle en vint pourtant à bout. Il fut réfolu entre
elles, qu'on me feroit entrer fecrettement chez Don Blas,
la premiere fois qu'il iroit à une terre où il alloit de tems
en tems chaffer, et où il demeuroit ordinairement un jour
ou deux. Ce deffein s'exécuta bientôt, le mari partit
pour la campagne. On eut foin de m'en avertir, et de
m'introduire une nuit dans l'appartement de fa femme.

Je voulus commencer la converfation par des reproches,
on me ferma la bouche. Il eft inutile de rapeller le paffé,
me dit la Dame. Il ne s'agit point ici de nous attendrir
l'un l'autre, et vous êtes dans l'erreur fi vous me croyez
difpofée à flater vos fentimens. Je vous le déclare, Don
Gafton,

Gaſton, je n'ai prêté mon conſentement à cette ſecrete entrevue, je n'ai cédé aux inſtances qu'on m'en a faites, que pour vous dire de vive voix, que vous ne devez ſonger deſormais qu'à m'oublier.   Peut-être ſerois-je plus ſatisfaite de mon ſort, s'il étoit lié au vôtre ; mais puiſque le Ciel en a ordonné autrement, je veux obéir à ſes arrêts.

Eh, quoi, Madame, lui répondis-je, ce n'eſt pas aſſez de vous avoir perdue ? Ce n'eſt pas aſſez de voir l'heureux Don Blas poſſéder tranquillement la ſeule perſonne que je puiſſe aimer ? Il faut encore que je vous banniſſe de ma penſée ? Vous voulez m'arracher mon amour, m'enlever l'unique bien qui me reſte ? Ah, cruelle ! penſez=vous qu'il ſoit poſſible à un homme que vous avez une fois charmé, de reprendre ſon cœur ? Connoiſſez-vous mieux que vous ne faites,   et ceſſez de m'exhorter vainement à vous ôter de mon ſouvenir.   Hé bien, repliqua-t-elle a-vec précipitation, ceſſez donc auſſi d'eſpérer que je paye votre paſſion de quelque reconnoiſſance.   Je n'ai qu'un mot à vous dire.   L'Amante de Don Blas ne ſera point l'Amante de Don Gaſton. Prenez ſur cela votre parti. Fuyez. Finiſſons promptement un entretien que je me re•proche malgré la pureté de mes intentions, et que je me ferois un crime de prolonger.

A ces paroles, qui m'ôtoient toute eſpérance, je tombai aux genoux de la Dame. Je lui tins des diſcours touchans. J'employai juſqu'aux larmes pour l'attendrir.   Mais tout cela ne ſervit qu'à exciter peut-être quèlques ſentimens de pitié, qu'on ſe garda bien de laiſſer paroître, et qui furent ſacrifiés au devoir.   Après avoir infructueuſement épuiſé les expreſſions tendres, les prieres et les pleurs, ma tendreſſe ſe changea tout-à-coup en fureur.   Je tirai mon épée pour m'en percer aux yeux de l'inexorable Hélene, qui ne s'aperçut pas plutôt de mon action, qu'elle ſe jetta ſur moi pour en prévenir les ſuites. Arrêtez, Cogollos, me dit-elle. Eſt-ce ainſi que vous ménagez ma reputation? En vous ôtant ainſi la vie, vous allez me deshonorer, et faire paſſer mon mari pour un aſſaſſin.

Dans le deſeſpoir qui me poſſédoit, bien loin de donner à ces mots l'attention qu'ils méritoient, je ne ſongeois qu'à tromper les efforts que faiſoient la Maîtreſſe et la Suivante pour me ſauver de ma funeſte main. Et je n'y aurois ſans doute réuſſi que trop tôt, ſi Don Blas, qui a-voit

voit été averti de notre entrevue, et qui au lieu d'aller à la campagne, s'étoit caché derriere une tapisserie pour entendre notre entretien, ne fût vite venu se joindre à elles. Don Gaston, s'écria-t-il en me retenant le bras, rapellez votre raison égarée, et ne cédez point lâchement au transport furieux qui vous agite.

J'interrompis Combados. Est-ce à vous, lui dis-je, à me détourner de ma résolution ? Vous devriez plutôt me plonger vous-même un poignard dans le sein. Mon a-mour, tout malheureux qu'il est, vous offense. N'est-ce pas assez que vous me surpreniez la nuit dans l'appartement de votre femme ? En faut-il davantage pour vous exciter à la vengeance ? Percez moi, pour vous défaire d'un homme qui ne peut cesser d'adorer Donna Héléna qu'en cessant de vivre. C'est en vain, me répondit Don Blas que vous tâchez d'interesser mon honneur à vous donner la mort. Vous êtes assez puni de votre témérité, et je sai si bon gré à mon épouse de ses sentimens vertueux que je lui pardonne l'occasion où elle les a fait éclater. Croyez-moi, Cogollos, ajouta-t-il, ne vous desespérez pas comme un foible Amant, soumettez-vous avec courage à la nécessité.

Le prudent Galicien, par de semblables discours, calma peu à peu ma fureur, et réveilla ma vertu. Je me retirai dans le dessein de m'éloigner d'Hélene et des lieux qu'elle habitoit, et deux jours après je retournai à Madrid. Là, ne voulant plus m'occuper que du soin de ma fortune, je commençai à paroître à la Cour, et à m'y faire des amis. Mais j'ai eu le malheur de m'attacher particulierement au Marquis de Villaréal, Grand Seigneur Portugais, qui, pour avoir été soupçonné de songer à délivrer le Portugal de la domination des Espagnols, est présentement au Château d'Alicante. Comme le Duc de Lerme a su que j'avois été dans une étroite liaison avec ce Seigneur, il m'a fait aussi arrêter et conduire ici. Ce Ministre croit que je puis être complice d'un pareil projet. Il ne sauroit faire un outrage plus sensible à un homme qui est Noble et Castillan.

Don Gaston cessa de parler en cet endroit. Après quoi, je lui dis, pour le consoler : Seigneur Chevalier, votre honneur ne peut recevoir aucune atteinte de cette disgrace, qui tournera sans-doute dans la suite à votre profit.

profit. Quand le Duc de Lerme fera inftruit de votre innocence, il ne manquera pas de vous donner un emploi confiderable, pour retablir la réputation d'un Gentilhomme injuftement accufé de trahifon.

CHAPITRE VII. 20

Scipion vient trouver Gil Blas à la Tour de Segovie, et lui aprend bien des nouvelles.

NOtre converfation fut interrompue par Tordéfillas, qui entra dans la chambre, et m'adreffa la parole en ces termes. Seigneur Gil Blas, je viens de parler à un jeune-homme qui s'eft préfenté à la porte de cette prifon. Il m'a demandé fi vous n'étiez pas prifonnier, et fur le refus que j'ai fait de contenter fa curiofité, il m'a paru fort mortifié. Noble Châtelain, m'a-t-il dit les larmes aux yeux, ne rejettez pas la très humble priere que je vous fais de m'aprendre fi le Seigneur de Santillane eft ici. Je fuis fon premier domeftique, et vous ferez un action charitable, fi vous me permettez de le voir. Vous paffez dans Ségovie pour un Gentilhomme plein d'humanité, j'efpere que vous ne me refuferez pas la grace d'entretenir un inftant mon cher Maître qui eft plus malheureux que coupable. Enfin, continua Don André, ce garçon m'a témoigné tant d'envie de vous parler, que j'ai promis de lui donner ce foir cette fatisfaction.

J'affurai Tordéfillas qu'il ne pouvoit me faire un plus grand plaifir que de m'amener ce jeune-homme, qui probablement avoit à me dire des chofes qu'il m'importoit fort de favoir. J'attendis avec impatience le moment qui devoit offrir à mes yeux mon fidele Scipion ; car je ne doutois pas que ce ne fût lui, et je ne me trompois point. On le fit entrer fur le foir dans la Tour ; et fa joie, que la mienne feule pouvoit égaler, éclata par des tranfports extraordinaires lorfqu'il m'aperçut. De mon côté, dans le raviffement où je me fentis à fa vue, je lui tendis les bras, et il me ferra fans façon entre les fiens. Le Maître et le Sécretaire fe confondirent dans cette embraffade, tant ils étoient aifes de fe revoir.

Quand nous nous fumes un peu démêlés tous deux, j'interrogeai Scipion fur l'état où il avoit laiffé mon hôtel.

Vous

Vous n'avez plus d'hôtel, me répondit-il ; et pour vous épargner la peine de me faire queſtion ſur queſtion, je vais vous dire en deux mots ce qui s'eſt paſſé chez vous. Vos effets ont été pillés, tant par des Archers que par vos propres Domeſtiques, qui vous regardant déja comme un homme entièrement perdu, ont pris à compte ſur leurs gages tout ce qu'ils ont pu emporter. Par bonheur pour vous, j'ai eu l'adreſſe de ſauver de leurs griffes deux grands ſacs de doubles-piſtoles que j'ai tirés de votre coffre-fort, et qui ſont en ſureté. Saléro, que j'en ai fait dépoſitaire, vous les remettra quand vous ſerez ſorti de cette Tour, où je ne vous crois pas pour longtems penſionnaire de Sa Majeſté, puiſque vous avez été arrêté ſans la participation du Duc de Lerme.

Je demandai à Scipion, comment il ſavoit que ſon Excellence n'avoit point de part à ma diſgrace. Oh vraiment, me répondit-il, c'eſt une choſe dont je ſuis bien inſtruit. Un de mes amis, qui a la confiance du Duc d'Uzede, m'a conté toutes les circonſtances de votre empriſonnement. Caldérone, m'a-t-il dit, ayant découvert par le miniſtere d'un valet, que la Sennora Siréna recevoit ſous un autre nom le Prince d'Eſpagne pendant la nuit, et que c'étoit le Comte de Lémos qui conduiſoit cette intrigue par l'entremiſe du Seigneur de Santillane, réſolut de ſe venger d'eux et de ſa Maîtreſſe. Pour y réuſſir, il va trouver ſecrettement le Duc d'Uzede, et lui découvre tout. Ce Duc, ravi d'avoir en main une ſi belle occaſion de perdre ſon ennemi, ne manque pas d'en profiter. Il informe le Roi de ce qu'on vient de lui aprendre, et lui repréſente vivement les périls auxquels le Prince a été expoſé. Cette nouvelle excite la colere de Sa Majeſté, qui fait enfermer ſur le champ Siréna dans la maiſon des *Repenties*, exile le Comte de Lémos, et condamne Gil Blas à une priſon perpetuelle.

Voila, pourſuivit Scipion, ce que m'a dit mon ami. Vous voyez par-là que votre malheur eſt l'ouvrage du Duc d'Uzede, ou pour mieux dire de Caldérone.

Je jugeai par ce diſcours que mes affaires pourroient ſe rétablir avec le tems ; que le Duc de Lerme, piqué de l'exil de ſon neveu, mettroit tout en œuvre pour faire revenir ce Seigneur à la Cour ; et je me flatai que ſon Excellence ne m'oublieroit point. La belle choſe que l'eſ-

pérance ! Elle me confola tout-à-coup de la perte de mes
effets volés, et me rendit auffi gai que fi j'euffe eu fujet de
l'être. Loin de regarder ma prifon comme une demeure
malheureufe où je finirois peut-être mes jours, elle me parut plutôt un moyen dont la Fortune vouloit fe fervir pour
m'élever à quelque grand pofte. Car voici de quelle maniere je raifonnois en moi-même. Le premier-Miniftre a
pour Partifans Don Fernand Borgia, le Pere Jérome de
Florence, et fur-tout le Frere Louis d'Aliaga, qui lui eft
redevable de la place qu'il occupe auprès du Roi. Avec
le fecours de ces amis puiffans, fon Excellence coulera
tous fes ennemis à fond, ou bien l'Etat pourra bientôt
changer de face. Sa Majefté eft fort valétudinaire. Dès
qu'elle ne fera plus, le Prince fon fils commencera par rapeller le Comte de Lémos, qui me tirera auffitôt d'ici,
pour me préfenter au nouveau Monarque, qui m'accablera
de bienfaits. Ainfi déja plein des plaifirs de l'avenir, je
ne fentois prefque plus les maux préfens. Je crois bien
que les deux facs de doublons que mon Sécretaire difoit
avoir mis en dépôt chez l'Orfevre, contribuerent autant
que l'efpérance au changement fubit qui fe fit en moi.

J'étois trop content du zele et de l'intégrité de Scipion, pour ne le lui pas témoigner. Je lui offris la moitié
de l'argent qu'il avoit préfervé du pillage, ce qu'il re-
fufa. J'attends de vous, me dit-il, une autre marque de
reconnoiffance. Auffi étonné de fon difcours que de fes
refus, je lui demandai ce que je pouvois faire pour lui.
Ne nous féparons point, me répondit-il. Souffrez que
j'attache ma fortune à la vôtre. Je me fens pour vous
une amitié que je n'ai jamais eue pour aucun Maître. Et
moi, lui dis-je, mon enfant, je puis t'affurer que tu n'ai-
mes pas un ingrat. Du premier moment que tu vins t'offrir à mon fervice, tu me plûs. Il faut que nous foyons
nés l'un et l'autre fous la Balance ou fous les Jumeaux,
qui font, à ce qu'on dit, les deux conftellations qui unif-
fent les hommes. J'accepte volontiers la fociété que tu
me propofes, et pour la commencer je vais prier le Seigneur Châtelain de t'enfermer avec moi dans cette Tour.
Cela me fera plaifir, s'écria-t-il, vous me prévenez. J'allois vous conjurer de lui demander cette grace. Votre
compagnie m'eft plus chere que la liberté. Je fortirai
feulement quelquefois, pour aller prendre à Madrid l'air

du

du bureau, et voir s'il ne fera point arrivé à la Cour quelque changement qui puiſſe vous être favorable. Deſorte que vous aurez en moi tout enſemble un confident, un courier, et un eſpion.

Ces avantages étoient trop conſidérables pour m'en priver. Je retins donc auprès de moi un homme ſi utile avec la permiſſion de l'obligeant Châtelain, qui ne voulut pas me refuſer une ſi douce conſolation.

CHAPITRE VIII.

Du premier voyage que Scipion fit à Madrid. Quels en furent le motif et le ſuccès. Gil Blas tombe malade. Suites de ſa maladie.

SI nous diſons ordinairement que nous n'avons pas de plus grands ennemis que nos domeſtiques, nous devons dire auſſi que ce ſont nos meilleurs amis, quand ils ſont fideles et bien affectionnés. Après le zele que Scipion avoit fait paroître, je ne pouvois plus voir en lui qu'un autre moi-même. Ainſi plus de ſubordination entre Gil Blas et ſon Sécretaire, plus de façons entre eux. Ils chambrerent enſemble, et n'eurent qu'un lit et qu'une table.

Il y avoit beaucoup de gayeté dans l'entretien de Scipion. On auroit pu le ſurnommer à juſte titre le *Garçon de bonne humeur.* Outre cela, il étoit homme de tête, et je me trouvois bien de ſes conſeils. Mon ami, lui dis-je un jour, il me ſemble que je ne ferois point mal d'écrire au Duc de Lerme, cela ne ſauroit produire un mauvais effet, quelle eſt là-deſſus ta penſée ? Eh ! mais, repondit-il, les Grands ſont ſi différens d'eux-mêmes d'un moment à l'autre, que je ne ſai pas trop bien comment votre lettre ſera reçûe. Cependant je ſuis d'avis que vous écriviez toujours à bon compte. Quoique le Miniſtre vous aime, il ne faut pas vous repoſer ſur ſon amitié, du ſoin de le faire ſouvenir de vous. Ces ſortes de Protecteurs oublient aiſément les perſonnes dont ils n'entendent plus parler.

Quoique cela ne ſoit que trop vrai, lui repliqua-je, juge mieux de mon Patron. Sa bonté m'eſt connue. Je ſuis perſuadé qu'il compâtit à mes peines, et qu'elles ſe présentent fans-ceffe à fon efprit. Il attend apparemment, pour me faire fortir de prifon, que la colere du Roi foit paffée. A la bonne heure, reprit-il, je fouhaite que vous jugiez fainement de fon Excellence. Implorez donc fon fecours par une lettre fort touchante, je la lui porterai, et je vous promets de la lui remettre en main propre. Je demandai auffitôt du papier et de l'encre. Je compofai un morceau d'éloquence, que Scipion trouva pathétique, et que Tordéfillas mit au-deffus des homélies mêmes de l'Archevêque de Grenade.

Je me flatois que le Duc de Lerme feroit ému de com-paffion, en lifant le trifte détail que je lui faifois d'une é-tat miférable où je n'étois point ; et dans cette confiance, je fis partir mon courier, qui ne fut pas fitôt à Madrid, qu'il alla chez ce Miniftre. Il rencontra un valet de cham-bre de mes amis, qui lui ménagea l'occafion de parler au Duc. Monfeigneur, dit Scipion à fon Excellence, en lui préfentant le paquet dont il étoit chargé, un de vos plus fideles Serviteurs, qui eft couché fur la paille dans un fombre cachot de la Tour de Ségovie, vous fuplie très humblement de lire cette lettre, qu'un Guichetier par pitié lui a donné le moyen d'écrire. Le Miniftre ouvrit la lettre, et la parcourut des yeux. Mais quoiqu'il y vit un tableau capable d'attendrir l'ame la plus dure, bien loin d'en paroître touché, il éleva la voix, et dit d'un air furieux au courier devant quelques perfonnes qui pou-voient l'entendre : Ami, dites à Santillane que je le trouve bien hardi d'ofer s'adreffer à moi, après l'indigne action qu'il a faite, et pour laquelle il eft fi juftement châ-tié. C'eft un malheureux, qui ne doit plus compter fur mon appui, et que j'abandonne au reffentiment du Roi.

Scipion, tout effronté qu'il étoit, fut troublé de ce dif-cours. Il ne laiffa pourtant pas, malgré fon trouble, de vouloir intercéder pour moi. Monfeigneur, repliqua-t-il, ce pauvre prifonnier mourra de douleur quand il a-prendra la réponfe de votre Excellence. Le Duc ne re-partit à mon interceffeur, qu'en le regardant de travers et lui tournant le dos. C'eft ainfi que ce Miniftre me trai-toit, pour mieux cacher la part qu'il avoit eue à l'amour-eufe intrigue du Prince d'Efpagne ; et c'eft à quoi doi-

vent

vent s'attendre tous les petits Agens, dont les Grands-Seigneurs se servent dans leurs secrettes et périleuses négociations.

Lorsque mon Sécretaire fut de retour à Ségovie, et qu'il m'eut apris le succès de sa commission, me voilà replongé dans l'abîme affreux où je m'étois trouvé le premier jour de ma prison. Je me crus même encore plus malheureux, puisque je n'avois plus la protection du Duc de Lerme. Mon courage s'abattit, et quelque chose qu'on me pût dire pour le rélever, je redevins la proie des plus vifs chagrins, qui me causerent insensiblement une maladie aigue.

Le Seigneur Châtelain, qui s'intéressoit à ma conversation, s'imaginant ne pouvoir mieux faire que d'appeller des Médecins à mon secours, m'en amena deux qui avoient tout l'air d'être de grands serviteurs de la Déesse † Libitine. Seigneur Gil Blas, dit-il en me les présentant, voici deux Hippocrates qui viennent vous voir, et qui vous remettront en peu de tems sur pié. J'étois si prévenu contre tous les Docteurs Médecine, que j'aurois certainement fort mal reçu ceux-là, pour peu que j'eusse été attaché à la vie ; mais je me sentois alors si las de vivre, que je sus bon gré à Tordésillas de me vouloir mettre entre leurs mains.

Seigneur Cavalier, me dit un de ces Médecins, il faut, avant toute chose, que vous ayez de la confiance en nous. J'en ai une parfaite, lui répondis-je : avec votre assistance, je suis sûr que je serai dans peu de jours guéri de tous mes maux. Oui, Dieu aidant, reprit-il, vous le serez, nous ferons du moins ce qu'il faudra faire pour cela. Effectivement ces Messieurs s'y prirent à merveille, et me menerent si bon train, que je m'en allois dans l'autre monde à vue d'œil. Déja Don André, desespérant de ma guerison, avoit fait venir un Religieux de Saint François, pour me disposer à bien mourir. Déja ce bon Pere, après s'être acquité de cet emploi, s'étoit retiré. Et moi-même, croyant que je touchois à ma derniere heure, je fis signe à Scipion de s'aprocher de mon lit. Mon cher ami, lui dis-je d'une voix presque éteinte, tant les médecines et les saignées m'avoient affoibli, je te laisse un des sacs qui sont chez Gabriel, et te conjure de porter l'autre

P 3   dans

† C'étoit la Déesse qui présidoit aux Funerailles,

dans les Afturies à mon Pere et à ma Mere, qui doivent en avoir befoin, s'ils font encore vivans. Mais, hélas ! je crains bien qu'ils n'ayent pu tenir contre mon ingratitude. Le rapport que Mufcada leur aura fait fans-doute de ma dureté, leur a peut-être caufé la mort. Si le Ciel les a confervés malgré l'indifférence dont j'ai payé leur ten-dreffe, tu leur donneras le fac de doublons, en les priant de ma part de me pardonner fi je n'en ai pas mieux ufé a-vec eux : et s'ils ne refpirent plus, je te charge d'employ-er cet argent à faire prier le Ciel pour le repos de leurs ames et de la mienne. En difant cela, je lui tendis une main qu'il mouilla de fes larmes, fans pouvoir me repon-dre un mot, tant le pauvre garçon étoit affligé de ma perte. Ce qui prouve que les pleurs d'un héritier ne font pas toujours des ris cachés fous un mafque.

Je m'attendois donc à paffer le pas, néanmoins mon at-tente fut trompée. Mes Docteurs m'ayant abandonné, et laiffé le champ libre à la nature, me fauverent par ce moy-en. La fievre, qui felon leur pronoftic devoit m'em-porter, me quita comme pour leur en donner le démenti. Je me rétablis peu à peu, et par le plus grand bonheur du monde, une parfaite tranquillité d'efprit devint le fruit de ma maladie. Je n'eus point alors befoin d'être con-folé. Je gardai pour les richeffes et pour les honneurs tout le mépris que l'opinion d'une mort prochaine m'en a-voit fait concevoir, et rendu à moi-même je bénis mon malheur. J'en remerciai le Ciel comme d'une grace par-ticuliere qu'il m'avoit faite, et je pris une ferme réfoluti-on de ne plus retourner à la Cour, quand le Duc de Lerme voudroit m'y rapeller. Je me propofai plutôt, fi jamais je fortois de prifon, d'acheter une chaumiere, et d'y aller vivre en Philofophe.

Mon confident aplaudit à mon deffein, et me dit que pour en hâter l'execution, il prétendoit retourner à Ma-drid pour y folliciter mon élargiffement. Il me vient une idée, ajouta-t-il. Je connois une perfonne qui pourra vous fervir. C'eft la Suivante favorite de la Nourrice du Prince, une fille d'efprit. Je veux la faire agir pour vous auprès de fa Maîtreffe. Je vais tout tenter pour vous ti-rer de cette Tour, qui n'eft toujours qu'une prifon, quel-que bon traitement qu'on vous y faffe. Tu as raifon, lui

ré-

répondis-je. Va, mon ami, fans perdre de tems, commencer cette négociation. Plût au Ciel que nous fuſſions
déja dans notre rètraite !

CHAPITRE IX.

Scipion retourne à Madrid. Comment et à quelles condi-
tions il fit mettre Gil Blas en liberté. Où ils allerent
tous deux en fortant de la Tour de Ségovie, et quelle
converſation ils eurent enſemble.

SCIPION partit donc encore pour Madrid ; et moi,
en attendant ſon retour, je m'attachai à la lecture.
Tordéſillas me fourniſſoit plus de livres que je n'en voulois. Il les empruntoit d'un vieux Commandeur qui ne
ſavoit pas lire, et qui ne laiſſoit pas d'avoir une belle Bibliotheque, pour ſe donner un air de Savant. J'aimois
ſur-tout les bons Ouvrages de Morale, parce que j'y trouvois à tout moment des paſſages qui flatoient mon averſion
pour la Cour, et mon goût pour la Solitude.

Je paſſai trois ſemaines ſans entendre parler de mon
Négociateur, qui revint enfin, et me dit d'un air gai ;
Pour le coup, Seigneur de Santillane, je vous aporte de
bonnes nouvelles, Madame la Nourrice s'intéreſſe pour
vous. Sa Suivante, à ma priere, et pour une centaine
de piſtoles que j'ai conſignées, a eu la bonté de l'engager à prier le Prince d'Eſpagne de vous faire relâcher ; et
ce Prince, qui, comme je vous l'ai dit ſouvent, ne peut
rien lui refuſer, a promis de demander au Roi ſon Pere
votre élargîſſement. Je ſuis venu au plus vite vous en
avertir, et je vais retourner ſur mes pas pour mettre la derniere main à mon ouvrage. A ces mots, il me quite
pour aller reprendre le chemin de la Cour.

Son troiſieme voyage ne fut pas long. Au bout de
huit jours je vis revenir mon homme, qui m'aprit que le
Prince avoit, non ſans peine, obtenu du Roi ma liberté.
Ce qui me fut confirmé dès le même jour par le Seigneur
Châtelain, qui vint me dire en m'embraſſant : Mon cher
Gil Blas, graces au Ciel, vous êtes libre. Les portes de
cette priſon vous ſont ouvertes, mais c'eſt à deux condi-
tions, qui vous feront peut-être beaucoup de peine, et
que je me vois à regret obligé de vous faire ſavoir. Sa
Majeſté

Majesté vous defend de vous montrer à la Cour, et vous ordonne de sortir des deux Castilles dans un mois. Je suis très mortifié qu'on vous interdise la Cour. Et moi j'en suis ravi, répondis-je. Dieu sait ce que j'en pense. Je n'attendois du Roi qu'une grace, il m'en fait deux.

Etant donc assuré que je n'étois plus prisonnier, je fis louer deux mules, sur lesquelles nous montâmes le lendemain, mon confident et moi, après que j'eus dit adieu à Cogollos, et remercié mille fois Tordésillas de tous les témoignages d'amitié que j'avois reçus de lui. Nous prîmes gayement la route de Madrid, pour aller retirer des mains du Seigneur Gabriel nos deux sacs, où il y avoit dans chacun cinq cens doublons. Chemin faisant, mon associé me dit : Si nous ne sommes pas assez riches pour acheter une terre magnifique, nous pourrons en avoir du-moins une raisonnable. Quand nous n'aurions qu'une cabane, lui répondis-je, j'y serois satisfait de mon sort. Quoique je sois à peine au milieu de ma carriere, je me sens revenu du monde, et je ne prétends plus vivre que pour moi. Outre cela, je te dirai que je me suis formé des agrémens de la Vie Champêtre une idée qui m'enchante, et qui m'en fait jouïr par avance. Il me semble déja que je vois l'émail des Prairies, que j'entends chanter les Rossignols et murmurer les Ruisseaux. Tantôt je crois prendre le divertissement de la Chasse, et tantôt celui de la Pêche. Imagine-toi, mon ami, tous les différens plaisirs qui nous attendent dans la Solitude, et tu en seras charmé comme moi. A l'égard de notre nourriture, la plus simple sera la meilleure. Un morceau de pain pourra nous contenter, quand nous serons pressés de la faim : nous le mangerons avec un appetit qui nous le fera trouver excellent. La volupté n'est point dans la bonté des alimens exquis, elle est toute en nous ; et cela est si vrai, que mes repas les plus délicieux ne sont pas ceux où je vois regner la délicatesse et l'abondance ; la frugalité est une source de délices, et merveilleuse pour la santé.

Avec votre permission, Seigneur Gil Blas, interrompit mon Sécretaire, je ne suis pas tout-à-fait de votre sentiment sur la prétendue frugalité dont vous voulez me faire
fête.

fête. Pourquoi nous nourrir comme des Diogenes ? Quand nous ne ferons pas fi mauvaife chere, nous ne nous en porterons pas plus mal. Croyez-moi, puifque nous avons, Dieu merci, de quoi rendre notre retraite agréable, n'en faifons pas le féjour de la Faim et de la Pauvreté. Sitôt que nous aurons une terre, il faudra la munir de bons vins, et de toutes les autres provifions convenables à des gens d'efprit, qui ne quitent pas le commerce des hommes pour renoncer aux commodités de la vie, mais plutôt pour en jouïr avec plus de tranquillité. *Ce qu'on a dans fa maifon,* dit Héfiode, *ne nuit pas ; au liéu que ce qu'on n'y a point, peut nuire. Il vaut mieux,* ajouta-t-il, *poffeder chez foi toutes les chofes neceffaires, que de foubaiter de les avoir.*

Comment diable, Monfieur Scipion, interrompis-je à mon tour, vous connoiffez les Poetes Grecs ! Eh où avez-vous fait connoiffancé avec Héfiode ? Chez un Savant, me repondit-il. J'ai fervi quelque tems à Salamanque un Pédant, qui étoit un grand Commentateur. Il vous faifoit en moins de rien un gros volume. Il le compofoit de paffages Hébreux, Grecs et Latins, qu'il tiroit des livres de fa Bibliotheque, et traduifoit en Caftillan. Comme j'étois fon Copifte, j'ai retenu je ne fai combien de Sentences auffi remarquables que celle que je viens de citer. Cela étant, lui repliquai-je, vous avez la mémoire bien ornée. Mais pour revenir à notre projet, dans quel Royaume d'Efpagne jugez-vous à propos que nous allions établir notre réfidence philofophique ? J'opine pour l'Arragon, repartit mon confident. Nous y trouverons des endroits charmans, où nous pourrons mener une vie délicieufe. Hé bien, lui dis-je, foit ; arrêtons-nous à l'Arragon, j'y confens. Puiffions-nous y déterrer un féjour qui me fourniffe tous les plaifirs dont fe repaît mon imagination.

C H A-

CHAPITRE X.

Ce qu'ils firent en arrivant à Madrid. Quel homme Gil Blas rencontra dans la rue, et de quel évenement cette rencontre fut suivie.

LORSQUE nous fumes arrivés à Madrid, nous allâmes descendre à un petit hôtel garni, où Scipion avoit logé dans ses voyages ; et la premiere chose que nous fimes, fut de nous rendre chez Sâléro, pour retirer de ses mains nos doublons. Il nous reçut parfaitement bien, et me temoigna beaucoup de joie de me voir en liberté. Je vous proteste, ajouta-t-il, que j'ai été si sensible à votre disgrace, qu'elle m'a dégoûté de l'alliance des Gens de Cour. Leurs fortunes sont trop en l'air. J'ai marié ma fille Gabriéla à un riche Négociant. Vous avez fort bien fait, lui répondis-je : outre que cela est plus solide, c'est qu'un Bourgeois, qui devient Beau-pere d'un homme de qualité, n'est pas toujours content de Monsieur son gendre.

Puis changeant de discours, et venant au fait : Seigneur Gabriel, poursuivis-je, ayez, s'il vous plaît, la bonté de nous remettre les deux mille pistoles que. . . . . Votre argent est tout prêt, interrompit l'Orfevre, qui nous ayant fait passer dans son cabinet, nous montra deux sacs, où ces mots étoient écrits sur des étiquettes : *Ces sacs de doublons appartiennent au Seigneur Gil Blas de Santillane.* Voilà, me dit-il, le dépôt, tel qu'il m'a été confié.

Je rendis graces à Saléro du plaisir qu'il m'avoit fait ; et fort consolé d'avoir perdu sa fille, nous emportâmes les sacs à notre hôtel, où nous nous mîmes à visiter nos double-pistoles. Le compte s'y trouva à cinquante près, qui avoient été employées aux frais de mon élargissement. Nous ne songeâmes plus qu'à nous mettre en état de partir pour l'Arragon. Mon Sécretaire se chargea du soin d'acheter une chaise roulante et deux mules. De mon côté, je fis provision de linge et d'habits. Pendant que j'allois et venois dans les rues en faisant mes emplettes, je rencontrai le Baron de Steinbach, cet Officier de la Garde Allemande chez qui Don Alphonse avoit été élevé.

Je

Je faluai ce Cavalier Allemand, qui m'ayant auffi reconnu, vint à moi et m'embraffa. Ma joie eft extrême, lui dis-je, de revoir votre Seigneurie dans la meilleure fanté du monde, et de trouver en même tems l'occafion d'aprendre des nouvelles des Seigneurs Don Céfar et Don Alphonfe de Leyva. Je puis vous en dire de certaines, me répondit-il, puifqu'ils font tous deux actuellement à Madrid, et de plus logés dans ma maifon. Il y a près de trois mois qu'ils font venus dans cette ville, pour remercier le Roi d'un bienfait que Don Alphonfe a reçu, en reconnoiffance des fervices que fes ayeux ont rendus à l'Etat. Il a été fait Gouverneur de la ville de Valence, fans qu'il ait demandé ce pofte, ni prié perfonne de la folliciter pour lui. Rien n'eft plus gracieux ; et cela fait voir que notre Monarque aime à recompenfer la valeur.

Quoique je fuffe mieux que le Baron de Steinbach ce qu'il en falloit penfer, je ne fis pas femblant d'avoir la moindre connoiffance de ce qu'il me contoit. Je lui témoignai une fi vive impatience de faluer mes anciens Maîtres, que pour la fatisfaire il me mena chez lui fur le champ. J'étois curieux d'éprouver Don Alphonfe, et de juger, par la réception qu'il me feroit, s'il lui reftoit encore quelque affection pour moi. Je le trouvai dans une falle où il jouoit aux echecs avec la Baronne de Steinbach. Il quita le jeu, et fe leva dès qu'il m'aperçut. Il s'avança vers moi avec tranfport, et me preffant la tête entre fes bras : Santillane, me dit-il d'un air qui marquoit une véritable joie, vous m'êtes donc enfin rendu. J'en fuis charmé. Il n'a pas tenu à moi que nous n'ayons toujours été enfemble. Je vous avois prié, s'il vous en fouvient, de ne vous pas retirer du château de Leyva. Vous n'avez point eu d'égard à ma priere. Je ne vous en fais pourtant pas un crime. Je vous fai même bon gré du motif de votre retraite. Mais depuis ce tems-là vous auriez dû me donner de vos nouvelles, et m'épargner la peine de vous faire chercher inutilement à Grenade, où Don Fernand mon beaufrere m'avoit mandé que vous étiez.

Après ce petit reproche, continua-t-il, aprenez-moi ce que vous faites à Madrid. Vous y avez apparemment quelque emploi. Soyez perfuadé que je prends plus de part que jamais à ce qui vous regarde. Seigneur, lui répon-

pondis-je, il n'y a pas quatre mois que j'occupois à la
Cour un poste assez considérable. J'avois l'honneur d'ê-
tre Sécretaire et Confident du Duc de Lerme. Seroit-il
possible, s'écria Don Alphonse avec un extréme étonnement! Quoi! vous auriez été dans la confidence de ce
Premier-Ministre! J'ai gagné sa faveur, repris-je, et je
l'ai perdue de la maniere que je vais vous le dire. Alors
je lui racontai toute cette histoire, et je finis mon récit
par la résolution que j'avois prise d'acheter, du peu de
bien qui me restoit de ma prospérité passée, une chaumiere, pour y aller mener une vie retirée.

Le fils de Don César, après m'avoir écouté avec beaucoup d'attention, me repliqua. Mon cher Gil Blas, vous
savez que je vous ai toujours aimé. Vous ne serez plus le
jouet de la Fortune. Je veux vous affranchir de son pouvoir, en vous rendant maître d'un bien qu'elle ne pourra
vous ôter. Puisque vous êtes dans le dessein de vivre à
la campagne, je vous donne une petite terre que nous a-
vons auprès de Lirias, à quatre lieues de Valence. Vous
la connoissez. C'est un présent que nous sommes en état
de vous faire sans nous incommoder. J'ose vous répondre
que mon Pere ne me desavouera point, et que cela fera
un vrai plaisir à Séraphine.

Je me jettai aux genoux de Don Alphonse, qui me releva dans le moment. Je lui baisai la main, et plus charmé de son bon cœur que de son bienfait : Seigneur, lui
dis-je, vos manieres m'enchantent. Le don que vous me
faites m'est d'autant plus agréable, qu'il précede la connoissance d'un service que je vous ai rendu ; et j'aime
mieux le devoir à votre générosité qu'à votre reconnoissance. Mon Gouverneur fut un peu surpris de ce discours,
et ne manqua pas de me demander ce que c'etoit que ce
prétendu service. Je le lui apris, et lui fis un détail qui
redoubla son étonnement. Il étoit bien éloigné de penser, aussi-bien que le Baron de Steinbach, que le Gouvernement de la Ville de Valence lui eût été donné par mon
crédit. Néanmoins n'en pouvant plus douter : Gil Blas,
me dit-il, puisque c'est à vous que je dois mon poste, je
ne prétends point m'en tenir à la petite terre de Lirias, je
vous offre avec cela deux mille ducats de pension.

Halte-là, Seigneur Don Alphonse, interrompis-je en
cet endroit. Ne réveillez pas mon avarice. Les biens

ne

ne font propres qu'à corrompre mes mœurs, je ne l'ai que trop éprouvé. J'accepte volontiers votre terre de Lirias, j'y vivrai commodément avec le bien que j'ai d'ailleurs. Mais cela me fuffit ; et loin d'en defirer davantage, je confentirois plutôt de perdre ce qu'il y a de fuperflu dans ce que je poffede. Les richeffes font un fardeau dans une retraite où l'on ne cherche que la tranquillité.

Pendant que nous nous entretenions de cette forte, Don Céfar arriva. Il ne fit gueres moins paroître de joie que fon fils en me voyant ; et lorfqu'il fut informé de l'obligation que fa famille m'avoit, il me preffa d'accepter la penfion, ce que je refufai de nouveau. Enfin, le pere et le fils me menerent fur le champ chez un Notaire, où ils firent dreffer la donation, qu'ils fignerent tous deux avec plus de plaifir qu'ils n'auroient figné un acte à leur profit. Quand le contract fut expédié, ils me le remirent entre les mains, en me difant que la terre de Lirias n'étoit plus à eux, et que j'en pourrois aller prendre poffeffion quand il me plairoit. Ils s'en retournerent enfuite chez le Baron de Steinbach, et moi je volai vers notre hôtel, où je ravis d'admiration mon Sécretaire, lorfque je lui annonçai que nous avions une terre dans le Royaume de Valence, et que je lui contai de quelle maniere je venois de faire cette acquifition. Combien peut valoir ce petit domaine, me dit-il ? Cinq cens ducats de rente, lui répondis-je, et je puis t'affurer que c'eft une aimable folitude. Je la connois, pour y avoir été plufieurs fois en qualité d'Intendant des Seigneurs de Leyva. C'eft une petite maifon fur les bords du Guadalaviar, dans un hameau de cinq ou fix feux, et dans un pays charmant.

Ce qui m'en plaît davantage, s'écria Scipion, c'eft que nous aurons-là de bon gibier avec du vin de Bénicarlo et d'excellent mufcat. Allons, mon Patron, hâtons-nous de quiter le monde, et de gagner notre hermitage. Je n'ai pas moins d'envie d'y être que toi, lui repartis-je ; mais il faut auparavant que je faffe un tour aux Afturies. Mon Pere et ma Mere n'y font pas dans une heureufe fituation. Je prétends les aller chercher, pour les conduire à Lirias, où il pafferont en repos leurs derniers jours. Le Ciel ne m'a peut-être fait trouver cet afile que pour les y recevoir, et il me puniroit fi j'y manquois. Scipion loua fort mon deffein, il m'excita même à l'exécuter. Ne perdons point de tems, me dit-il, je me suis assuré déja d'une chaise roulante. Achetons vite des mules, et prenons le chemin d'Oviédo. Oui, mon ami, lui répondis-je, partons le plutôt qu'il nous sera possible. Je me fais un devoir indispensable de partager les douceurs de ma retraite avec les auteurs de ma naissance. Notre voyage ne sera pas long. Nous nous verrons bientôt dans notre hameau. Et je veux, en y arrivant, écrire sur la porte de ma maison des deux Vers Latins en lettres d'or :

Inveni portum. Spes et Fortuna valete.
Sat me lusistis, ludite nunc alios.

Fin du Neuvième Livre.

LES

LES
AVANTURES
DE
GIL BLAS,
DE SANTILLANE.
LIVRE DIXIEME.

CHAPITRE I.

Gil Blas part pour les Asturies, il passe par Valladolid,
où il va voir le Docteur Sangrado son ancien Maitre.
Il rencontre par hazard le Seigneur Manuel Ordognez
Administrateur de l'Hôpital.

DANS le tems que je me disposois à partir de Madrid avec Scipion pour me rendre aux Asturies,
Paul V. nomma le Duc de Lerme au Cardinalat. Ce
Pape voulant établir l'Inquisition dans le Royaume de
Naples, revétit de la Pourpre ce Ministre, pour l'engager
à faire agréer au Roi Philippe un si louable dessein. Tous
ceux qui connoissoient parfaitement ce nouveau membre
du Sacré College, trouverent comme moi, que l'Eglise
venoit de faire une belle acquisition.

Scipion qui auroit mieux aimé me revoir dans un poste
brillant à la Cour, qu'enterré dans une solitude, me con-
seilla de me présenter devant le Cardinal : Peut-être, me
dit-il, que son Eminence vous voyant hors de prison par
ordre du Roi, ne croira plus devoir affecter de paroître
irrité contre vous, et pourra vous reprendre à son service.
Monsieur Scipion, lui répondis-je, vous oubliez apparemment que je n'ai obtenu la liberté qu'à condition que je
sortirai incessamment des deux Castilles. D'ailleurs, me

croyez-

croyez-vous déja dégoûté de mon Château de Lirias ? Je
vous l'ai dit et je vous le répete, quand le Duc de Lerme
me rendroit ses bonnes graces, quand il m'offriroit la place
même de Don Rodrigue de Caldérone, je la refuserois.
Mon parti est pris ; je veux aller à Oviédo chercher mes
parens, et me retirer avec eux auprès de la Ville de Valence. Pour toi, mon ami, si tu te repens d'avoir lié
ton fort au mien, tu n'as qu'à parler ; je suis prêt à te
donner la moitié de mes especes, et tu demeureras à Madrid, où tu pousseras ta fortune le plus loin qu'il te sera
possible.

Comment donc, reprit mon Sécretaire un peu touché
de ces paroles ? pouvez-vous me soupçonner d'avoir quelque répugnance à vous suivre dans votre retraite ? ce
soupçon blesse mon zèle et mon attachement. Quoi, Scipion ce fidele serviteur, qui pour partager vos peines auroit volontiers passé le reste de ses jours avec vous dans la
Tour de Ségovie, ne vous accompagneroit qu'à regret
dans un séjour qui lui promet mille délices ! Non, non,
je n'ai pas envie de vous détourne, de votre résolution. Il
faut que je vous avoue ma malice : lorsque je vous ai
conseillé de vous montrer au Duc de Lerme, c'est que
j'ai été bien-aise de vous sonder, pour savoir s'il ne restoit point encore en vous quelques semences d'ambition.
Hé bien, puisque vous étes si détaché des grandeurs, aban-
donnons donc promptement la Cour, pour aller jouir de
ces plaisirs innocens et délicieux dont nous nous formons
une si charmante idée.

Nous partîmes en effet bientôt après, tous deux dans
une chaise tirée par deux bonnes mules, conduites par un
garçon dont je jugeai à propos d'augmenter ma suite.
Nous couchâmes le premier jour à Alcala de Hénares,
et le second à Ségovie, d'où, sans m'arrêter à voir le généreux Châtelain Tordésillas, je gagnai Pénafiel sur le
Duéro, et le lendemain Valladolid. A la vue de cette
derniere Ville je ne pus m'empêcher de pousser un profond soupir. Mon compagnon qui l'entendit, m'en demanda la cause. Mon enfant, lui dis-je, c'est que j'ai
longtems exercé ici la Médecine. Ma conscience m'en
fait de secrets reproches dans ce moment ; il me semble
que tous les malades que j'ai tués, sortent de leurs tom-
beaux pour venir me mettre en pièces. Quelle imagination,

tion, dit mon Sécrétaire! En vérité Seigneur de Santillane, vous êtes trop bon. Pourquoi vous repentir d'avoir fait votre métier? Voyez les plus vieux Médecins: ont-ils de pareils remords? oh que non! ils vont toujours leur train le plus tranquillement du monde, rejettant sur la nature les accidens funestes, et se faisant honneur des évenemens heureux.

Il est vrai, repris-je, que le Docteur Sangrado de qui je suivois fidelement la méthode, étoit de ce caractere-là. Il avoit beau voir périr tous les jours vingt personnes entre ses mains, il étoit si persuadé de l'excellence de la saignée du bras, et de la fréquente boisson, qu'il appelloit ses deux spécifiques pour toute sorte de maladies, qu'au-lieu de s'en prendre à ses remedes, il croyoit que ses malades ne mouroient que faute d'avoir assez bu et d'avoir été assez saignés. Vive Dieu! s'écria Scipion en faisant un éclat de rire, vous me parlez-là d'un personnage incomparable! Si tu es curieux de la voir et de l'entendre, lui dis-je, tu pourras dès demain satisfaire ta curiosité, pourvu que Sangrado vive encore, et qu'il soit à Valladolid, ce que j'ai de la peine à croire; car il étoit déja vieux quand je le quitai, et il s'est écoulé bien des années depuis ce tems-là.

Notre premier soin en arrivant dans l'hôtellerie où nous allâmes descendre, fut de nous informer de ce Docteur. Nous apprîmes qu'il n'étoit pas encore mort; mais que ne pouvant plus à son âge faire de visites, ni se donner de grands mouvemens, il avoit abandonné le pavé à trois ou quatre autres Docteurs, qui s'étoient mis en réputation par une nouvelle pratique, qui ne valoit gueres mieux que la sienne. Nous résolûmes donc de nous arrêter à Valladolid le jour suivant, tant pour laisser reposer nos mules, que pour voir le Seigneur Sangrado. Nous nous rendîmes chez lui sur le dix heures du matin, nous le trouvâmes assis dans un fauteuil un livre à la main. Il se leva sitôt qu'il nous apperçut vint au-devant de nous d'un pas assez ferme pour un septuagénaire, et nous demanda ce que nous lui voulions. Monsieur le Docteur, lui dis-je, est-ce que vous ne me remettez point? J'ai pourtant l'honneur d'être un de vos Eleves. Ne vous souvient-il plus d'un certain Gil Blas, qui étoit autrefois votre Commensal et votre Substitut? Quoi, c'est vous Santillane, me

répondit-il en m'embraffant ? Je ne vous aurois pas reconnu. Je fuis bien aife de vous revoir. Qu'avez-vous
fait depuis notre féparation ? vous avez fans doute toujours pratiqué la Médecine ? C'eft à quoi, reprit-je, j'avois
affez de penchant, mais de fortes raifons m'en ont empêché.

Tant pis, reprit Sangrado ; avec les principes que vous
aviez reçus de moi, vous feriez devenu un habile Médecin, pourvu que le Ciel vous eût fait la grace de vous préferver de l'amour dangereux de la Chymie. Ah, mon fils,
pourfuivit-il d'un air douloureux, quel changement dans
la Médecine depuis quelques années ! on ôte à cet Art
l'honneur et la dignité. Cet Art qui dans tous les tems
a refpecté la vie des hommes, eft préfentement en proie à
la témérité, à la préfomption, et à *l'impéritie* ; car les
faits parlent, et bientôt les pierres crieront contre le
brigandage des nouveaux Praticiens, *lapides clamabunt.*
On voit dans cette Ville des Médecins, ou foi-difant tels,
qui fe font attelés au Char de Triomphe de l'Antimoine,
currus triumphalis Antimonii. Des Echappés de l'Ecole
de Paracelfe, des Adorateurs du *Kermès*, des Guériffeurs
de hazard, qui font confifter toute la fcience de la Médecine à favoir préparer des Drogues Chymiques. Que
vous dirai-je ? Tout eft méconnoiffable dans leur méthode ; là Saignée du pié, par exemple, jadis fi rare, eft
aujourd'hui prefque la feule qui foit en ufage. Les Pur-
gatifs, autrefois doux et benins, font changées en Emeti-
que et en Kermès. Ce n'eft plus qu'un cahos où chacun fe permet ce qu'il veut, et franchit les bornes de
l'ordre et de la fageffe que nos premiers Maîtres ont po-
fées.

Quelque envie que j'euffe de rire en entendant une fi
comique déclamation, j'eus la force d'y réfifter ; je fis
plus, je déclamai contre le Kermès fans favoir ce que c'é-
toit, et donnai au diable à tout hazard ceux qui l'ont in-
venté. Scipion remarquant que je m'égayois dans cette
fcene, y voulut mettre auffi du fien. Monfieur le Docteur, dit-il à Sangrado, comme je fuis petit neveu d'un
Médecin de la vieille Ecole, qu'il me foit permis de me
révólter avec vous contre les remedes de la Chymie. Feu
mon grand-oncle, à qui Dieu faffe miféricorde, étoit fi
chaud partifan d'Hypocrate, qu'il s'eft fouvent battu contre des Empiriques qui ne parloient pas avec affez de re-
fpeсt

fpeft de ce Roi de la Médecine. Bon fang ne peut men-
tir ; je fervirois volontiers de bourreau à ces Novateurs
ignorans, dont vous vous plaignez avec tant de juſtice et
d'éloquence. Quel defordre ces miſérables ne cauſent-
ils pas dans la Société Civile ? —

Ce defordre, dit le Doƈteur, va plus loin encore que
vous ne penſez. Il ne m'a fervi de rien de publier un livre contre le brigandage de la Médecine, au contraire il
augmente de jour en jour. Les Chirurgiens dont la rage
eſt de vouloir faire les Médecins, ſe croient capables de
l'être dès qu'il ne faut que donner du Kermès, et de l'E-
métique, à quoi ils joignent des faignées du pié à leur
faintaifie. Ils vont même juſqu'à mêler le Kermès dans
les Apozemes et les Potions Cordiales, et les voilà de pair
avec les grands Faiſeurs en Médecine. Cette contagion
ſe répand juſques dans les Cloîtres. Il y a parmi les
Moines, des Freres qui font tout enſemble Apoticaires et
Chirurgiens. Ces Singes de Médecins s'appliquent à la
Chymie, et font des drogues pernicieuſes, avec leſquelles
ils abregent la vie de leurs Révérens Peres. Enfin il y a
dans Valladolid plus de foixante Monaſteres tant d'hommes que de filles : jugez du ravage qu'y fait le Kermès
uni avec l'Emétique et la Saignée du pié. Seigneur Sangrado, lui dis-je alors, vous avez bien raiſon d'être en
colere contre ces Empoiſonneurs ; je gémis avec vous, et
partage vos allarmes ſur la vie des hommes, manifeſte-
ment menacée par une methode ſi différente de la vôtre.
Je crains fort que la Chymie n'occaſionne un jour la perte
de la Médecine, comme la fauſſe monnoie cauſe la ruine
des Etats. Faſſe le Ciel que ce jour fatal ne ſoit pas près
d'arriver !

Dans cet endroit de notre converſation, nous vîmes
paroître une vieille Servante qui apportoit au Doƈteur
une foucoupe ſur laquelle il y avoit un petit pain mollet,
un verre avec deux caraffes, dont l'une étoit pleine d'eau
et l'autre de vin. Après qu'il eut mangé un morceau, il
but un coup où il y avoit à la vérité les deux tiers d'eau,
mais cela ne le fauva point des reproches qu'il me donnoit ſujet de lui faire. Ah, ah, lui dis-je, Monſieur le
Doƈteur, je vous prends ſur le fait ! Vous buvez du vin !
vous qui vous êtes toujours déclaré contre cette boiſſon ;
vous qui pendant les trois quarts de votre vie n'avez bu

que

que de l'eau. Depuis quand êtes-vous devenu si contraire
à vous-même ? Vous ne sauriez vous excuser sur votre
âge, puisque dans un endroit de vos écrits vous définissez
la vieillesse une phtisie naturelle qui nous dessèche et nous
consume, et que sur cette définition vous déplorez l'ignorance des personnes qui appellent le vin le lait des vieil-
lards.   Que direz-vous donc pour vous justifier ?

Vous me faites la guerre bien injustement, me répon-
dit-le vieux Médecin. Si je buvois du vin pur, vous auriez raison de me regarder comme un infidèle observateur
de ma propre méthode ; mais vous voyez que mon vin
est bien trempé.   Autre contradiction, lui repliquai-je,
mon cher Maître ; souvenez-vous que vous trouviez mauvais que le Chanoine Sédillo bût de vin quoiqu'il y mê-
lât beaucoup d'eau. Avouez de bonne grace que vous a-
vez reconnu votre erreur, et que le vin n'est pas une fu-
neste liqueur, comme vous l'avez avancé dans vos ouvrages, pourvu qu'on n'en boive qu'avec modération.

Ces paroles embarrassèrent un peu notre Docteur.   Il
ne pouvoit nier qu'il eût défendu dans ses livres l'usage
du vin ; mais la honte et la vanité l'empéchant de convenir que je lui faisois un juste reproche, il ne savoit que
me répondre.   Pour le tirer d'un si grand embarras, je
changeai de matiere ; et un moment après je pris congé
de lui, en l'exhortant à tenir toujours bon contre les nouveaux Praticiens.   Courage, lui dis-je, Seigneur Sangrado, ne vous lassez point de décrier le Kermès, et fron-
dez sans cesse la Saignée du pié.   Si malgré votre zéle et
votre amour pour l'*Orthodoxie* Médecinale, cette enge-
ance empirique vient à bout de ruiner la discipline, vous
aurez du moins la consolation d'avoir fait tous vos efforts
pour la maintenir.

Comme nous nous en retournions à l'hôtellerie mon
Sécretaire et moi, nous entretenant tous deux du caractere réjouissant et original de ce Docteur, il passa près de
nous dans la rue un homme de cinquante-cinq à soixante
ans, qui marchoit les yeux baissés tenant un gros chape-
let à la main.   Je le considérai attentivement, et le reconnus sans peine pour le Seigneur Manuel Ordognez, ce
bon Administrateur d'Hôpital dont il est fait une mention
si honorable dans le premier tome de mon Histoire. Je
l'abordai avec de grandes démonstrations de respect, en
disant :

difant : Serviteur au vénérable et difcret Seigneur Manuel Ordognez, l'homme du monde le plus propre à conferver le bien des Pauvres. A ces mots il me regarda
fixement, et me répondit que mes traits ne lui étoient pas
inconnus, mais qu'il ne pouvoit fe rappeller où il m'avoit
vu.   J'allois, repris-je, chez vous dans le tems que vous
aviez à votre fervice un de mes amis, nommé Fabrice
Nugnez. Ah! je m'en fouviens préfentement, repartit
l'Adminiftrateur avec un fouris malin, à telles enfeignes
que vous étiez tous deux de bons enfans ; vous avez fait
enfemble bien des tours de jeuneffe. Hé, qu'eft-il devenu ce pauvre Fabrice ? Toutes les fois que je penfe à
lui, j'ai de l'inquiétude fur fes petites affaires.

C'eft pour vous en apprendre des nouvelles, dis-je au
Seigneur Manuel, que j'ai pris la liberté de vous arrêter
dans la rue.   Fabrice eft à Madrid, où il s'occupe à faire
des œuvres mêlées. Qu'appellez-vous des œuvres mêlées, me repliqua-t-il ? Je veux dire, lui repartis-je,
qu'il écrit en vers et en profe. Il fait des Comédies et des Romans. En un mot, c'eft un garçon qui
a du génie, et qui eft reçu fort agréablement dans les
bonnes maifons. Mais dit l'Adminiftrateur, comment eft-
il avec fon boulanger? Pas fi bien, lui répondis-je, qu'a-
vec les perfonnes de condition ; entre nous, je le crois
auffi pauvre que Job. Oh je n'en doute nullement, reprit Ordognez. Qu'il faffe fa cour aux grands Seigneurs
tant qu'il lui plaîra : fes complaifances, fes flatteries, fes
baffeffes lui rapporteront encore moins que fes ouvrages.
Je vous le prédis, vous le verrez quelque jour à l'Hôpital.

Cela pourra bien être, lui repliquai-je, la Poefie en a
mené là bien d'autres. Mon ami Fabrice auroit beaucoup mieux fait de demeurer attaché à votre Seigneurie,
il rouleroit aujourd'hui fur l'or. Il feroit du moins fort à
fon aife, dit Manuel ; je l'aimois, et j'allois en l'élevant
de pofte en pofte lui procurer dans la maifon des Pauvres
un établiffement folide, lorfqu'il lui prit fantaifie de donner dans le bel-efprit. Il compofa une Comédie, qu'il fit
reprefenter par des Comédiens qui étoient dans cette Ville;
la Piece réuffit, et la tête tourna dès ce moment à l'Auteur. Il fe crut un nouveau Lope de Véga, et préférant
la fumée des aplaudiffemens du Public aux avantages
réels que mon amitié lui préparoit, il me demanda fon
congé.

congé. Je lui remontrai vainement qu'il laiffoit l'os pour courir après l'ombre, je ne pus retenir ce fou que la fureur d'écrire entraînoit. Il ne connoiffoit pas fon bonheur, a-jouta-t-il ; le garçon que j'ai pris après lui pour me fer-vir, en peut rendre un bon témoignage : plus raifonnable que Fabrice avec moins d'efprit, il ne s'eft uniquement appliqué qu'à bien s'acquiter de fes commiffions et qu'à me plaîre. Auffi l'ai-je pouffé comme il le méritoit : il remplit actuellement à l'Hôpital deux emplois, dont le moindre eft plus que fuffifant pour faire fubfifter un hon-nète homme chargé d'une groffe famille.

CHAPITRE II.

Gil Blas continue fon voyage, et arrive heureufement à Oviédo. Dans quel état il retrouva fes parens. Mort de fon pere. Suites de cette mort.

DE Valladolid nous nous rendîmes en quatre jours à Oviédo, fans avoir fait en chemin aucune mau-vaife rencontre, malgré le proverbe qui dit que les voleurs fentent de loin l'argent des voyageurs. Il y auroit eu pourtant un affez beau coup à faire ; et deux habitans feulement d'un fouterrain nous auroient fans peine enlevé nos doublons ; car je n'avois pas appris à la Cour à de-venir brave, et Bertrand mon *Moço de mulas* ne paroif-foit pas d'humeur à fe faire tuer pour defendre la bourfe de fon maître. Il n'y avoit que Scipion qui fût un peu Spadaffin.

Il étoit nuit quand nous arrivâmes dans la Ville. Nous allâmes loger dans une hôtellerie tout auprès de chez mon oncle le Chanoine Gil Pérez. J'étois bien-aife de m'in-former dans quel état fe trouvoient mes parens avant que me préfenter devant eux ; et pour le favoir je ne pouvois mieux m'adreffer qu'à l'hôte ou qu'à l'hôteffe de ce ca-baret, que je connoiffois pour des gens qui ne pouvoient ignorer les affaires de leurs voifins. En effet, l'hôte m'a-yant reconnu après m'avoir envifagé avec attention, s'é-cria ; Par St. Antoine de Pade ! voici le fils du bon Ecu-yer Blas de Santillane. Oui vraiment, dit l'hôteffe, c'eft lui-même ; il n'a prefque point changé. C'eft ce petit éveillé de Gil Blas qui avoit plus d'efprit qu'il n'étoit gros.

gros. Il me femble que je le vois encore, qui vient a-
vec fa bouteille chercher ici du vin pour le fouper de fon
oncle.

Madame, lui dis-je, vous avez une heureufe mémoire ;
mais de grace, apprenez-moi des nouvelles de ma famille,
mon pere et ma mere ne font pas fans doute dans une a-
gréable fituation. Cela n'eft que trop veritable, répondit l'hôtelle ; dans quelque état fâcheux que vous
puiffiez vous les repréfenter, vous ne fauriez vous imaginer des perfonnes qui foient plus à plaindre qu'eux.
Le bon homme Gil Pérez eft devenu paralytique de la
moitié du corps, et n'ira pas loin felon toutes les apparences : votre pere qui demeure depuis peu chez ce Chanoine, a une fluxion de poitrine, ou pour mieux dire, il
eft dans ce moment entre la vie et la mort ; et votre mere,
qui ne fe porte pas trop bien, eft obligée de fervir de garde
à l'un et à l'autre.

Sur ce rapport, qui me fit fentir que j'étois fils, je laiffai Bertrand avec mon équipage à l'hôtellerie ; et fuivi de
mon Sécretaire qui ne voulut point m'abandonner, je me
rendis chez mon oncle. D'abord que je parus devant ma
mere, une émotion que je lui caufai lui annnonça ma préfence avant que fes yeux euffent démêlé mes traits. Mon
fils, me dit elle triftement après m'avoir embraffé, venez
voir mourir votre pere ; vous venez affez à tems pour être
frappé de ce cruel fpectacle. En achevant ces paroles, elle
me mena dans une chambre, où le malheureux Blas de
Santillane, couché dans un lit qui marquoit bien la pauvreté d'un Ecuyer, touchoit à fon dernier moment. Quoiqu'environné des ombres de la mort, il avoit encore quelque connoiffance. Mon cher ami, lui dit ma mere, voici
Gil Blas votre fils, qui vous prie de lui pardonner les chagrins, qu'il vous a caufés, et qui vous demande votre bénédiction. A ce difcours, mon pere ouvrit fes yeux
qui commençoient à fe fermer pour jamais, il les attacha
fur moi, et remarquant malgré l'accablement où il fe
trouvoit que j'étois touché de fa perte, il fut attendri de
ma douleur. Il vouloit parler, mais il n'en eut pas la
force. Je pris une de fes mains ; et tandis que je la
baignois de larmes fans pouvoir prononcer un mot, il
expira comme s'il n'eût attendu que mon arrivée pour
rendre le dernier foupir.

Ma mere étoit trop préparée à cette mort pour s'en affliger fans modération, j'en fus peut-être plus pénétré qu'elle, quoique mon pere ne m'eût donné de fa vie la moindre marque d'amitié. Outre qu'il fuffifoit pour le pleurer que je fuffe fon fils, je me reprochois de ne l'avoir point fecouru ; et quand je penfois que j'avois eu cette dureté, je me regardois comme un monftre d'ingratitude, ou plutôt comme un parricide. Mon oncle que je vis enfuite étendu fur un autre grabat, et dans un état pitoyable, me fit éprouver de nouveaux remords. Fils dénaturé, me dis-je à moi-même, confidere pour ton fuplice la mifere où font tes parens. Si tu leur avois fait quelque part du fuperflu des biens que tu poffédois avant ta prifon, tu leur aurois procuré des commodités que le revenu de la Prébende ne peut leur fournir, et tu aurois peut-être prolongé la vie de ton pere.

L'infortuné Gil Pérez étoit retombé en enfance. Il n'avoit plus de mémoire, plus de jugement. Il ne me fervit de rien de le preffer entre mes bras, et de lui donner des témoignages de ma tendreffe ; il n'y parut pas fenfible. Ma mere avoit beau lui dire que j'étois fon neveu Gil Blas ; il m'envifageoit d'un air imbécille fans répondre rien. Quand le fang et la reconnoiffance ne m'auroient pas obligé à plaindre un oncle à qui je devois tant, je n'aurois pu m'en défendre en le voyant dans une fituation fi digne de pitié.

Pendant ce tems-là Scipion gardoit un morne filence, partageoit mes peines, et confondoit par amitié fes foupirs avec les miens. Comme je jugeai que ma mere après une fi longue abfence voudroit m'entretenir, et que la préfence d'un homme qu'elle ne connoiffoit pas pourroit la gêner, je le tirai à part et lui dis: Va, mon enfant, va te repofer à l'hôtellerie et me laiffe ici avec ma mere ; elle te croiroit peut-être de trop dans une converfation qui ne roulera que fur des affaires de famille. Scipion fe retira de peur de nous contraindre, et j'eus effectivement avec ma mere un entretien qui dura toute la nuit. Nous nous rendîmes mutuellement un compte fidele de ce qui nous étoit arrivé à l'un et à l'autre depuis ma fortie d'Oviédo. Elle me fit un ample détail des chagrins qu'elle avoit effuyés dans les maifons où elle avoit été Duegne, et me dit là-deffus une infinité de chofes que je n'aurois pas été

bien-

bien-aife que mon Sécrétaire eût entendues, quoique je
n'euffe rien de caché pour lui. Avec tout le refpeĉt que
je dois à la mémoire de ma mere, la bonne Dame étoit
un peu prolixe dans fes récits ; elle m'auroit fait grace
des trois quarts de fon hiftoire, fi elle eût fupprimé les
circonftances inutiles.

Elle finit enfin fa narration, et je commençai la mienne.
Je paffai legerement fur toutes mes avantures ; mais lorfque je parlai de la vifite que le fils de Bertrand Mufcada
Épicier d'Oviédo m'étoit venu faire à Madrid, je m'éten-
dis fort fur cet article. Je vous l'avouerai, dis-je à ma
mere, je reçus très mal ce garçon, qui pour s'en venger
vous aura fait fans doute un affreux portrait de moi. Il
n'y a pas manqué, repondit-elle. Il vous trouva, nous
dit-il, fi fier de la faveur du premier Miniftre de la Monarchie, qu'à-peine daignâtes-vous le reconnoître ; et
quand il vous detailla nos mifères, vous l'ecoutâtes d'un
air glacé. Comme les peres et les meres, ajouta-t-elle,
cherchent toujours à excufer leurs énfans, nous ne pûmes
croire que vous euffiez un fi mauvais cœur. Votre arrivée à Oviédo juftifie la bonne opinion que nous avions
de vous, et la douleur dont je vous vois faifi, acheve de
faire votre apologie.

Vous jugez de moi trop favorablement, lui repliquai-
je ; il y a du vrai dans le rapport du jeune Mufcada.
Lorfqu'il vint me voir, je n'étois occupé que de ma fortune, et l'ambition qui me dominoit ne me permettoit
gueres de penfer à mes parens. Il ne faut donc pas s'é-
tonner fi dans cette difpofition je fis un accueil peu gracieux à un homme, qui m'abordant d'un air groffier, me dit
brutalement, qu'ayant appris que j'étois plus riche qu'un
Juif, il venoit me confeiller de vous envoyer de l'argent,
attendu que vous en aviez grand befoin ; il me reprocha
même dans des termes peu mefurés mon indifference pour
ma famille. Je fus choqué de fa franchife, et perdant
patience je le pouffai par les épaules hors de mon cabinet.
Je conviens que j'eus tort dans cette rencontre ; j'aurois
dû faire réflexion que ce n'étoit pas votre faute fi l'Epicier manquoit de politeffe, et que fon confeil ne laiffoit
pas d'être bon à fuivre, quoiqu'il eût été donné malhon-
nêtement.

Tome II.   R   C'eft

C'eſt ce que je me repréſentai un moment après que j'eus chaſſé Muſcada. La voix du ſang ſe fit entendre ; je me rappellai tous mes devoirs envers mes parens ; et rougiſſant de honte de les remplir ſi mal, je ſentis des remords dont je ne puis néanmoins me faire honneur auprès de vous, puiſqu'ils furent bientôt étouffées par l'avarice et par l'ambition. Mais dans la ſuite ayant été enfermé par ordre du Roi dans la Tour de Ségovie, j'y tombai dangereuſement malade, et c'eſt cette heureuſe maladie qui vous a rendu votre fils. Oui, c'eſt ma maladie et ma priſon qui ont fait reprendre à la nature tous ſes droits, et qui m'ont entierement détaché de la Cour. Je ne reſpire plus que la ſolitude, et je ne ſuis venu aux Aſturies que pour vous prier de vouloir bien partager avec moi les douceurs d'une vie retirée. Si vous ne rejettez pas ma priere, je vous conduirai à une Terre que j'ai dans le Royaume de Valence, et nous vivrons là très commodément. Vous jugez bien que je me propoſois d'y mener auſſi mon pere ; mais puiſque le Ciel en a ordonné autrement, que j'aye du moins la ſatisfaction de poſſéder chez moi ma mere, et de pouvoir réparer par toutes les attentions imaginables, le tems que j'ai paſſé ſans lui être utile.

Je vous ſai très bon gré de vos louables intentions, me dit alors ma mere ; et je m'en irois avec vous ſans balancer, ſi je n'y trouvois des difficultés. Je n'abandonnerai pas votre oncle mon frere dans l'état où il eſt ; et je ſuis trop accoutumée à ce pays-ci pour m'en éloigner : cependant comme la choſe mérite d'être murement examinée, je veux y rêver à loiſir. Ne nous occupons préſentement que du ſoin des funerailles de votre pere. Chargeons-en, lui dis-je, ce jeune homme que vous avez vu avec moi : c'eſt mon Sécrêtaire, il a de l'eſprit et du zele, nous pouvons nous en repoſer ſur lui.

A peine eus-je prononcé cés paroles, que Scipion revint ; il étoit déja jour. Il nous demanda ſi nous n'avions pas beſoin de ſon miniſtere dans l'embarras ou nous étions. Je répondis qu'il arrivoit fort à propos pour recevoir un ordre important que j'avois à lui donner. Dès qu'il ſut dequoi il s'agiſſoit : cela ſuffit, me dit-il, j'ai déja toute cette cérémonie arrangée dans ma tête, vous pouvez vous en fier à moi. Prenez garde, lui dit ma mere, de

faire

faire un enterrement qui ait un air pompeux : il ne sauroit
être trop modeste pour mon époux, que toute la ville a
connu pour un Ecuyer des plus mal-aisés. Madame, repartit Scipion, quand il auroit été encore plus pauvre, je
n'en rabattrois pas deux maravédis. Je ne regarde là-
dedans que mon Maître, il a été favori du Duc de Lerme, son pere doit être enterré noblement.

J'approuvai le dessein de mon Sécrétaire, je lui recom-
mandai même de ne point épargner l'argent ; un reste de
vanité que je conservois encore, se réveilla dans cette occasion. Je me flattai qu'en faisant de la dépense pour un
pere qui ne me laissoit aucun heritage, je ferois admirer
mes manieres généreuses. De son côté, ma mere, quelque contenance de modestie qu'elle affectât, n'étoit point
fâchée que son mari fût inhumé avec éclat. Nous donnâmes donc carte-blanche à Scipion, qui sans perdre de
tems alla prendre toutes les mesures necessaires pour rendre les funerailles superbes.

Il n'y réussit que trop bien. Il fit des obséques si magnifiques, qu'il révolta contre moi la ville et les fauxbourgs ;
tous les habitans d'Oviédo, depuis le plus grand jusqu'au
plus petit, furent choqués de mon ostentation. Ce Ministre fait à la hâte, disoit l'un, a de l'argent pour enterrer son pere, mais il n'en avoit point pour le nourrir :
il auroit mieux valu, disoit l'autre, qu'il eût fait plaisir à
son pere vivant, que de lui faire tant d'honneur après sa
mort. Enfin, les coups de langue ne me furent point
épargnés, chacun lança son trait. Ils n'en demeurerent
pas-là : ils nous insulterent Scipion, Bertrand et moi
quand nous sortîmes de l'Eglise, ils nous chargerent d'injures, nous accablerent de huées, et conduisirent Bertrand
à l'hôtellerie à coups de pierres. Pour dissiper la canaille
qui s'étoit attroupée devant la maison de mon oncle, il
fallut que ma mere se montrât, et protestât publiquement
qu'elle étoit fort contente de moi. Il y en eut d'autres
qui coururent au cabaret où étoit ma chaise, dans le dessein de la briser ; ce qu'ils auroient fait indubitablement,
si l'hôte et l'hôtesse n'eussent trouvé moyen d'appaiser
ces esprits furieux, et de les détourner de leur résolution.

Tous ces affronts qu'on me faisoit, et qui étoient autant d'effets des discours que le jeune Epicier avoit tenus
de moi dans la ville, m'inspirerent tant d'aversion pour

R 2   mes

mes compatriotes, que je me déterminai à quiter bientôt
Oviédo, où fans cela j'aurois fait peut-être un affez long
féjour. Je le déclarai tout net à ma mere, qui fe fentant
elle-même très mortifiée de l'accueil dont le peuple m'a-
voit régalé, ne s'oppofa point à un fi prompt départ. Il
ne fut plus queftion que de favoir de quelle forte j'en ufe-
rois avec-elle. Ma mere, lui dis-je, puifque mon oncle
a befoin de votre affiftance, je ne vous prefferai plus de
m'accompagner ; mais comme il ne paroit pas éloigné de
fa fin, promettez-moi de venir me rejoindre à ma terre
auffitôt qu'il ne fera plus.

Je ne vous ferai point cette promeffe, repondit ma
mere, je veux paffer le refte de mes jours dans le Afturies, et dans une parfaite independance. Ne ferez-vous
pas toujours, lui repliquai-je, maîtreffe abfolue dans mon
château ? Je n'en fai rien, repartit-elle ; vous n'avez
qu'à devenir amoureux de quelque petite fille, vous l'é-
pouferez, elle fera ma bru, je ferai fa belle-mere, nous
ne pourrons vivre enfemble. Vous prévoyez, lui-dis-je,
les malheurs de trop loin. Je n'ai aucune envie de me
marier ; mais quand la fantaifie m'en prendroit, je vous
répons que j'obligerois bien ma femme à fe foumettre a-
veuglément à vos volontés. C'eft répondre téméraire-
ment, reprit ma mere, et je demanderois caution de la
caution. Je ne voudrois pas même jurer que dans nos
brouilleries vous ne priffiez plutôt le parti de votre époufe
que le mien, quelque tort qu'elle pût avoir.

Vous parlez à merveille, Madame, s'écria mon Secré-
taire, en fe mêlant à la converfation : je crois, comme
vous, que les brus dociles font bien rares. Cependant
pour vous accorder vous et mon Maître, puifque vous
voulez abfolument demeurer, vous dans les Afturies, et
lui dans le Royaume de Valence, il faut qu'il vous faffe
une penfion de cent piftoles, que je vous apporterai ici
tous les ans. Par ce moyen la mere et le fils vivront fort
fatisfaits à deux cens lieues l'un de l'autre. Les deux parties intereffée approuverent la convention propofée, a-
près quoi je payai la premiere année d'avance, et je fortis d'Oviédo le lendemain avant le jour, de peur d'être
traité par la populace comme un Saint Etienne. Telle
fut la reception que l'on me fit dans ma patrie. Belle le-

çon

çon pour les hommes du commun, qui après s'être enrichis hors de leur pays, y veulent retourner pour y faire les gens d'importance.

CHAPITRE III.

Gil Blas prend la route du Royaume de Valence, et arrive enfin à Lirias. Description de son château, comment il y fut reçu, et quelles gens il y trouva.

NOUS prîmes le chemin de Léon, ensuite celui de Palencia ; et continuant notre voyage à petites journées, nous arrivâmes au bout de la dixieme à la ville de Ségorbe, d'oú le lendemain dans la matinée nous nous rendîmes à ma terre, qui n'en est éloignée que de trois lieues. A mesure que nous nous en approchions, je remarquois que mon Sécrétaire observoit avec beaucoup d'attention tous les châteaux qui s'offroient à sa vue à droite et à gauche dans la campagne. Lorsqu'il en appercevoit un de grande apparence, il ne manquoit pas de me dire, en me le montrant du doigt : Je voudrois bien que ce fût-là notre retraite.

Je ne sai, lui dis-je, mon ami, quelle idée tu as de notre habitation ; mais si tu t'imagines que c'est une maison magnifique, une terre de grand Seigneur, je t'avertis que tu te trompes furieusement.

Si tu veux n'être pas la dupe de ton imagination, représente-toi la petite maison qu'Horace avoit dans le pays des Sabins près de Tibur, et qui lui fut donnée par Mécénas. Don Alphonse m'a fait à peu près le même présent. Je ne dois donc m'attendre qu'a voir une chaumiere, s'écria Scipion. Souviens toi, lui repliquai-je, que je t'en ai toujours fait une description très modeste, et dès ce moment tu peux juger par toi-même si j'en ai fait une fidele peinture : Jette les yeux du côté du Guadalaviar, et regarde sur ses bords auprès de ce hameau de neuf à dix feux, cette maison qui a quatre petits pavillons, c'est mon château.

Comment diable, dit alors mon Sécrétaire d'un ton de voix admiratif, c'est un bijou que cette maison ! outre l'air de noblesse que lui donnent ses pavillons, on peut dire qu'elle est bien bâtie, et entourée de pays plus char-

mans que les environs même de Séville, appellés par excellence Paradis terreſtre. Quand nous aurions choiſi ce
ſéjour, il ne ſeroit pas plus de mon gôut ; une riviere l'ar-
roſe de ſes eaux, un bois épais prête ſon ombrage quand
on veut ſe promener au milieu du jour.   L'aimable ſolitude ! Ah, mon cher Maître, nous avons bien la mine
de demeurer ici longtems.   Je ſuis ravi, lui répondis-je,
que tu ſois ſi content de notre aſile, dont tu ne connois
pas encore tous les agrémens.

En nous entretenant de cette ſorte, nous nous avançâ-
mes vers la maiſon, dont la porte nous fut ouverte auſſitôt que Scipion eut dit que c'étoit le Seigneur Gil Blas
de Santillane, qui venoit prendre poſſeſſion de ſon château.   A ce nom ſi reſpecté des perſonnes qui l'entendi-
rent prononcer, on laiſſa entrer ma chaiſe dans une grande
cour où je mis pié à terre ; puis m'appuyant peſamment
ſur Scipion, et faiſant le gros dos, je gagnai une ſalle, où
je fus à peine arrivé que ſept à huit domeſtiques parurent.
Ils me dirent qu'ils venoient me préſenter leurs hommages
comme à leur nouveau Patron :   Que Don Céſar et Don
Alphonſe de Leyva les avoient choiſis pour me ſervir,
l'un en qualité de cuiſinier, l'autre d'aide de cuiſine, un
autre de marmiton, celui-ci de portier, et ceux-là de
laquais, avec défenſe de recevoir de moi aucun argent,
ces deux Seigneurs prétendant faire tous les frais de mon
ménage.   Le cuiſinier, nommé Maître Joachin, étoit le
principal de ces domeſtiques et portoit la parole. Il m'apprit qu'il avoit fait une ample proviſion des vins les plus
eſtimés en Eſpagne, et me dit que pour la bonne chere, il
eſpéroit qu'un garçon comme lui, qui avoit été ſix ans
cuiſinier de Monſeigneur l'Archevêque de Valence, ſauroit
compoſer des ragoûts qui piqueroient ma ſenſualité : je
vais, ajouta-t-il, me préparer à vous donner un echan-
tillon de mon ſavoir-faire.   Promenez-vous Seigneur en
attendant le dîner, viſitez votre château, voyez ſi vous
le trouvez en état d'être habité par votre Seigneurie.

Je laiſſe à pénſer ſi je négligeai cette viſite ; et Scipion, encore plus curieux que moi de la faire, m'entraîna
de chambre en chambre.   Nous parcourûmes toute la
maiſon depuis le haut juſqu'en bas ; il n'échappa pas, du
moins à ce que nous crûmes, le moindre endroit à notre
curioſité intéreſſée ; et j'eus par-tout occaſion d'admirer

la

la bonté que Don Céfar et fon fils avoient pour moi. Je
fus frappé, entre autres chofes, de deux appartemens, qui
étoient auffi bien meublés qu'ils pouvoient l'être fans
magnificence. Il y avoit dans l'un une tapifferie des
Pays-Bas, avec un lit et des chaifes de velours, le tout propre encore, quoique fait du tems que les Maures occupoi-
ent le Royaume de Valence. Les meubles de l'autre appartement étoient dans le même goût ; c'étoit une vieille
tenture de damas de Genès jaune, avec un lit et des fau-
teuils de la même étoffe garnis de franges de foie bleue.
Tous ces effets, qui dans un inventaire auroient été peu
prifés, paroiffoient là très confidérables.

Après avoir bien examiné toutes chofes, nous revinmes
mon Sécrétaire et moi dans la falle, où étoit dreffé un
table fur laquelle il y avoit deux couverts ; nous nous y
afsîmes, et dans le moment on nous fervit une *Olla podrida* fi délicieufe, que nous plaignîmes l'Archevêque de
Valence de n'avoir plus le cuifinier qui l'avoit faite. Nous
avions à la vérité beaucoup d'appetit, ce qui ne nous la
faifoit pas trouver plus mauvaife. A chaque morceau que
nous mangions, mes laquais de nouvelle date nous pré-
fentoient de grands verres, qu'ils rempliffoient jufqu'aux
bords d'un vin de la Manche exquis. Scipion n'ofant
devant eux faire éclater la fatisfaction intérieure qu'il ref-
fentoit, me la témoignoit par des regards parlans, et je
lui faifois connoître par les miens que j'étois auffi content
que lui. Un plat de rôti, compofé de deux cailles graffes
qui flanquoient un petit levraut d'un fumet admirable,
nous fit quiter le pot-pourri, et acheva de nous raffafier.
Lorfque nous eûmes mangé comme deux affamés, et bu à
proportion, nous nous levâmes de table pour aller au jardin, faire voluptueufement la fiefte dans quelque endroit frais et agréable,

Si mon Sécrétaire avoit paru jufques-là fort fatisfait de
ce qu'il avoit vu, il le fut encore davantage quand il vit
le jardin. Il le trouva comparable à celui de l'Efcurial.
Il eft vrai que Don Céfar, qui venoit de tems en tems à
Lirias, prenoit plaifir à le faire cultiver et embellir. Toutes
les allées bien fablées et bordées d'orangers, un grand
baffin de marbre blanc, au milieu duquel un lion de
bronze vomiffoit de l'eau à gros bouillons, la beauté des
fleurs, la diverfité des fruits, tous ces objets ravirent Scipion ;

pion ; mais il fut particulierement enchanté d'une longue
allée qui conduisoit en descendant toujours au logement
du fermier, et que des arbres touffus couvroient de leur
épais feuillage.   En faisant l'éloge d'un lieu si propre à
servir d'asile contre la chaleur, nous nous y arrêtâmes, et
nous nous asîmes au pié d'un ormeau, où le sommeil
eut peu de peine à surprendre deux gaillards qui venoient
de bien diner.

Nous nous réveillâmes en surfaut deux heures après, au
bruit de plusieurs coups d'escopettes, qui se firent entendre si près de nous, que nous en fûmes effrayés.   Nous
nous levâmes brusquement ; et pour nous informer de ce
que c'étoit, nous nous rendîmes à la maison du fermier.
Nous y rencontrames huit ou dix villageois, tous habitans du hameau, qui s'étant assemblés-là, tiroient et dé-
rouilloient leurs armes à feu pour célebrer mon arrivée,
dont ils venoient d'être avertis   Ils me connoissoient pour
la plupart, m'ayant vu plus d'une fois dans le château exercer l'emploi d'Intendant.   Ils ne m'apperçurent pas
plutôt, qu'ils crierent tous ensemble : Vive notre nouveau
Seigneur, qu'il soit le bien venu à Lirias.   Ensuite ils re-
chargerent leurs escopettes, et me régalerent d'une dé-
charge générale.   Je leur fis l'accueil le plus gracieux
qu'il me fut possible, avec gravité pourtant, ne jugeant pas
devoir trop me familiariser avec eux.   Je les assurai de ma
protection, je leur lâchai même une vingtaine de pistoles,
et ce ne fut pas, je crois, celle de mes manieres qui leur
plût le moins.   Après cela je leur laissai la liberté de jetter encore de la poudre au vent, et je me retirai avec mon
Sécrétaire dans le bois, où nous nous promenâmes jusqu'à
la nuit sans nous lasser de voir des arbres, tant la possession
d'un bien nouvellement acquis a d'abord des charmes
pour nous.

Le cuisinier, l'aide de cuisine, et le marmiton n'étoient
pas oisifs pendant ce tems-là ; ils travailloient à nous préparer un repas superieur a celui que nous avions fait : et
nous fûmes dans le dernier étonnement, lorsqu'étant ren-
très dans la même salle où nous avions diné, nous vimes
mettre sur la table un plat de quatre perdreaux rotis, avec
un civé de lapin d'un côté, et un chapon en ragoût de
l'autre.   Ils nous servirent ensuite pour entremets des o-
reilles de cochon, des poulets marinés, et du chocolat à

la crême. Nous bûmes copieufement du vin de Lucene,
et de plufieurs autres fortes de vins excellens ; et quand
nous fentîmes que nous ne pouvions boire davantage fans
expofer notre fanté, nous fongeâmes à nous aller coucher.
Alors mes laquais, prenant des flambeaux, me conduifi-
rent au plus bel appartement, où ils s'emprefferent à me
deshabiller ; mais quand ils m'eurent donné ma robe de
chambre et mon bonnet de nuit, je les renvoyai en leur
difant d'un air de Maître : retirez-vous, Meffieurs, je
n'ai pas befoin de vous pour le refte.

Je les fis fortir tous, et retenant Scipion pour m'entretenir un peu avec lui, je lui demandai ce qu'il penfoit du
traitement qu'on me faifoit par ordre des Seigneurs de
Leyva. Ma foi, me répondit-il, je penfe qu'on ne peut
vous en faire un meilleur, je fouhaite feulement que cela
foit de longue durée. Je ne le fouhaite pas moi, lui repliquai-je ; il ne me convient pas de fouffrir que mes Bienfaiteurs faffent pour moi tant de dépenfe, ce feroit abufer de leur générofité. De plus, je ne m'accommoderois point de valets aux gages d'autrui, je croirois n'être
pas dans ma maifon. D'ailleurs, je ne fuis point venu
ici pour vivre avec tant de fracas ; avons-nous befoin
d'un fi grand nombre de domeftiques ? non ; il ne nous
faut avec Bertrand qu'un cuifinier, un marmiton et un
laquais. Quoique mon Sécrétaire n'eût pas été fâché
dé fubfifter toujours aux dépens du Gouverneur de Valence, il ne combattit point ma delicateffe là-deffus ; et
fe conformant à mes fentimens, il approuva la réforme
que je voulois faire Cela étant décidé, il fortit de mon
appartement, et fe retira dans le fien.

CHAPITRE IV.

Il part pour Valence, et va voir les Seigneurs de Leyva.
De l'entretien qu'il eut avec eux, et du bon accueil que
lui fit Séraphine.

J'Achevai de deshabiller et je me mis au lit, où ne
me fentant aucune envie de dormir, je m'abandonnai à mes reflexions. Je me repréfentai l'amitié dont les
Seigneurs de Leyva payoient l'attachement que j'avois
pour eux ; et pénetré des nouvelles marques qu'ils m'en
.don-

donnoient, je pris la réfolution de les aller trouver dès le lendemain, pour fatisfaire l'impatience que j'avois de les en remercier. . Je me faifois auffi par avance un plaifir de revoir Séraphine ; mais ce plaifir n'étoit pas pur ; je ne pouvois penfer fans peine que j'aurois en même tems à foutenir les regards de la Dame Lorénça Séphora, qui fe fouvenant peut-être de l'avanture du foufflet, ne feroit pas fort réjouie de ma vue. L'efprit fatigué de toutes ces idées différentes, je m'affoupis enfin, et ne me réveillai le jour fuivant qu'après le lever du Soleil.

Je fus bientôt fur pié ; et tout occupé du voyage que je méditois, je m'habillai à la hâte. Comme j'achevois de m'ajufter, mon Sécrétaire entra dans ma chambre. Scipion, lui dis-je, tu vois un homme qui fe difpofe à partir pour Valence : je ne puis aller trop tôt faluer les Seigneurs à qui je dois ma pétite fortune. Chaque moment que je differe m'acquiter de ce devoir, femble m'acculer d'ingratitude. Pour toi, mon ami, je te difpenfe de m'accompagner. Demeure ici pendant mon abfence, je reviendrai te joindre au bout de huit jours. Allez, Monfieur, répondit-il, faites bien votre cour à Don Alphonfe et à fon pere ; ils me paroiffent fenfibles au zele qu'on a pour eux, et très reconnoiffans des fervices qu'on leur a rendus ; les perfonnes de qualité de ce caractere-là font fi rares, qu'on ne peut affez les ménager. Je fis avertir Bertrand de fe tenir prêt à partir ; et tandis qu'il préparoit les mules je pris mon chocolat. Enfuite je montai dans ma chaife, après avoir recommandé à mes gens de regarder mon Sécrétaire comme un autre moi-même, et de fuivre fes ordres ainfi que les miens.

Je me rendis à Valence en moins de quatre heures, j'allai defcendre tout droit aux écuries du Gouverneur. J'y laiffai mon équipage, et je me fis conduire à l'appartement de ce Seigneur, qui y étoit alors avec Don Céfar fon pere. J'ouvris la porte fans façon, j'entrai, et les abordant tous deux : Les valets, leur dis-je, ne fe font point annoncer à leurs Maîtres ; voici un de vos anciens ferviteurs qui vient vous rendre fes refpects. A ces mots, je voulus me profterner devant eux ; mais ils m'en empêcherent, et m'embrafferent l'un et l'autre avec tous les témoignages d'une véritable affection. Hé bien, mon cher Santillane, me dit Don Alphonfe, avez vous été à

Lirias

Lirias prendre poffeffion de votre terre ? Oui Seigneur,
lui répondis-je, et je vous prie de trouver bon que je
vous la rende. Pourquoi donc cela, repliqua-t-il ? A-
t-elle quelque defagrément qui vous en dégoûte ? Non
par elle-même, lui repartis-je ; au contraire, j'en fuis enchanté ; tout ce qui m'en déplaît, c'eft d'y voir des cui-
finiers d'Archevêque avec trois fois plus de domeftiques
qu'il ne m'en faut, et qui ne fervent-là qu'à vous faire
une dépenfe auffi confidérable qu'inutile.

Si vous euffiez, dit Don Céfar, accepté la penfion de
deux mille ducats que nous vous affrîmes à Madrid, nous
nous ferions contentés de vous donner le château meublé
comme il eft ; mais vous favez que vous la refufâtes, et
nous avons cru devoir faire en récompenfe ce que nous
avons fait. C'en eft trop, lui répondis-je, votre bonté
doit s'en tenir au don de cette terre, qui a de quoi combler mes defirs. Indépendamment de ce qu'il vous en
coute pour entretenir tant de monde à grands frais, je
vous protefte que ces gens-là me gênent et m'incommo-
dent. En un mot, ajoutai-je, Meffeigneurs, reprenez
votre bien, ou daignez m'en laiffer jouir à ma fantaifie.
Je prononçai d'un air fi vif ces dernieres paroles, que le
pere et le fils, qui ne prétendoient nullement me contraindre, me permirent enfin d'en ufer comme il me plaîroit
dans mon château.

Je les remerciois de m'avoir accordé cette liberté, fans
laquelle je ne pouvois être heureux, lorfque Don Alphonfe m'interrompit en me difant : Mon cher Gil Blas,
jé veux vous préfenter à une Dâme qui fera charmée de
vous voir. En parlant de cette forte, il me prit par la
main et me mena dans l'appartement de Séraphine, qui
pouffa un cri de joie en m'appercevant : Madame, lui dit
le Gouverneur, je crois que l'arrivée de notre ami Santillane à Valence ne vous eft pas moins agréable qu'à moi.
C'eft de quoi, répondit-elle, il doit être bien perfuadé ;
le tems né m'a point fait perdre le fouvenir du fervice qu'il
m'a rendu ; et j'ajoute à la reconnoiffance que j'en ai,
celle que je dois à un homme à qui vous avez obligation.
Je dis à Madame la Gouvernante, que je n'étois que trop
payé du péril que j'avois partagé avec fes liberateurs, en
expofant ma vie pour elle ; et après force complimens de
part et d'autre, Don Alphonfe m'emmena hors de l'appartement

tement de Séraphine. Nous rejoignîmes Don Céfar, que nous trouvâmes dans une falle avec plufieurs perfonnes de qualité qui venoient dîner-là.

Tous ces Meffieurs ma faluerent fort poliment ; ils me firent d'autant plus de civilités, que Don Céfar leur dit que j'avois été un des principaux Secrétaires du Duc de Lerme. Peut-être même que la plupart d'entre eux n'ignoroient pas que c'étoit par mon crédit que Don Alphonfe avoit obtenu le Gouvernement de Valence ; car tout fe fait. Quoi qu'il en foit quand nous fûmes à table, on ne parla que du nouveau Cardinal ; les uns en faifoient, ou affectoient d'en faire de grands éloges ; et les autres ne lui donnoient que des louanges, pour ainfi dire, à mi-fucre. Je jugeai bien qu'ils vouloient par-là m'engager à me répandre fur le compte de fon Eminence, et à les é-gayer à fes dépens. J'aurois dit volontiers ce que j'en penfois; mais je retins ma langue ; ce qui me fit paffer dans l'efprit de la compagnie pour un garçon fort difcret.

Les conviés après le dîner fe retirerent chez eux pour faire la fiéfte. Don Céfar et fon fils préffés de la même envie, s'enfermerent dans leurs appartemens. Pour moi, plein d'impatience de voir une ville dont j'avois fouvent entendu vanter la beauté, je fortis du palais du Gouverneur, dans le deffein de me proméner dans les rues. Je rencontrai à la porte un homme qui vint m'aborder en me difant : Le Seigneur de Santillane veut bien me permettre de le faluer. Je lui demandai qui il étoit. Je fuis, me répondit-il, valet de chambre de Don Céfar ; j'étois un de fes laquais dans le tems que vous étiez fon Intendant ; je vous faifois tous les matins ma cour, et vous aviez bien des bontés pour moi. Je vous informois de ce qui fe paffoit au logis. Vous fouvient-il qu'un jour je vous ap-pris que le Chirurgien du village de Leyva s'introduifoit fecrettement dans la chambre de la Dame Lorença Sé-phora ? C'eft ce que je n'ai point oublié, lui repliquai-je ; mais à propos de cette Duegne, qu'eft-elle devenue? Hélas ? repartit-il, la pauvre créature après votre départ tomba en langueur, et mourut plus regrettée de Séraphine que de Don Alphonfe, qui parut peu touché de fa mort.

Le valet de chambre de Don Céfar m'ayant inftruit ainfi de la trifte fin de Séphora, me fit des excufes de m'avoir arrêté, et me laiſſa continuer mon chemin. Je ne pus m'empecher de ſoupirer, en me rappellant cette Duegne infortunée ; et m'attendriſſant ſur ſon ſort, je m'imputai ſon malheur, ſans ſonger que c'etoit plutôt à ſon cancer qu'à mon mérite qu'il falloit s'en prendre.

J'obſervois avec plaiſir tout ce qui me ſembloit digne d'être remarqué dans la ville. Le palais de marbre de l'Archevêché occupa mes yeux agréablement, auſſi-bien que les beaux portiques de la Bourſe ; mais une grande maiſon que j'apperçus de loin, et dans laquelle il entroit beaucoup de monde, attira toute mon attention. Je m'en approchai pour apprendre pourquoi je voyois là un ſi grand concours d'hommes et de femmes, et bientôt je fus au fait, en liſant ces paroles, écrites en lettres d'or ſur une table de marbre noir qu'il y avoit au-deſſus de la porte, * *La Poſada de los Repreſentantes.* Et les Comédiens marquoient dans leur affiche, qu'ils joueroient ce jour-là pour la premiere fois une Tragédie nouvelle de Don Gabriel Triaquéro.

CHAPITRE V.

Gil Blas va à la Comédie, où il voit jouer une Tragé-die nouvelle. Succès de la Piece. Genie public de Valence.

JE m'arrêtai quelques momens à la porte, pour conſi-dérer les perſonnes qui entroient. J'en remarquai de toutes les façons. Je vis des Cavaliers de bonne mine et richement habillés, et des figures auſſi plates que mal vétues. J'appercus des Dames titrées qui deſcendoient de leurs caroſſes pour aller occuper les loges qu'elles a-voient fait retenir, et des Avanturieres qui alloient amor-cer des dupes. Ce concours confus de toute ſorte de Spectateurs, m'inſpira l'envie d'en augmenter le nombre. Comme je me diſpoſois à prendre un billet, le Gouver-neur et ſon épouſe arriverent. Ils me démêlérent dans la foule, et m'ayant fait appeller ils m'entraînérent dans leur loge, où je me plaçai derriere eux, de maniere que je pouvois facilement parler à l'un et à l'autre.

Tome II.   S   Je

* L'Hôtel des Comédiens

Je trouvai la falle remplie de monde depuis le haut
iufqu'en bas, un parterre très ferré, et un théatre chargé
de Chevaliers des trois Ordres militaires. Voilà, dis-je à
Don Alphonfe, une nombreufe affemblée. Il ne faut pas
vous en étonner, me répondit-il ; la Tragédie qu'on va
repréfenter eft de la compofition de Don Gabriel Triaquéro furnommé le Poete à la mode. Dès que l'affiche
des Comédiens annonce une nouveauté de cet Auteur,
toute la ville de Valence eft en l'air ; les hommes ainfi que
les femmes ne s'entrétiennent que de cètte Piece ; toutes
les loges font retenues ; et le jour de la premiere repréfentation, on fe tue à là porte pour entrer, quoique toutes
les places foient au double, à la réferve du parterre,
qu'on refpecte trop pour ofer le mettre de mauvaife humeur. Quelle rage, dis-je au Gouverneur ! cette vive curiofité du Public, cette furieufe impatience qu'il a d'entendre tout ce que Don Gabriel produit de nouveau, me
donne une haute idée du genie de ce Poete.

Dans cet endroit de notre converfation les Acteurs parurent. Nous ceffâmes auffitôt de parler, pour les écouter avec attention. Les applaudiffemens commencerent
dès la Protafe ; à chaque vers c'étoit un *broubaba* ; et à
la fin de chaque Acte un battement de mains a faire
croire que la falle s'abîmoit. Après la Piece, on me montra l'Auteur, qui alloit de loge en loge préfenter modeftement fa tête aux lauriers dont les Seigneurs et les Dames
fe préparoient à la couronner.

Nous retournâmes au Palais du Gouverneur, où bientôt arriverent trois ou quatre Chevaliers. Il y vint auffi
deux vieux Auteurs eftimés dans leur genre, avec un
Gentilhomme de Madrid qui avoit de l'efprit et du goût.
Ils avoient tous été à la Comédie. Il ne fut queftion
pendant le fouper que de la Piece nouvelle. Meffieurs,
dit un Chevalier de St. Jaques, que penfez-vous de cette
Tragédie ? N'eft-ce pas là ce qui s'appelle un ouvrage
achevé ? penfées fublimes, tendres fentimens, verfificati-
on virile, rien n'y manque. En un mot, c'eft un Poeme
fur le ton de la bonne compagnie. Je ne crois pas que
perfonne en puiffe penfer autrement, dit un Chevalier
d'Alcantara. Cette Piece eft pleine de tirades qu'Apollon femble avoir dictées, et de fituations filées avec un
art infini. Je m'en rapporte à Monfieur, ajouta-t-il en

adref-

adreſſant la parole au Gentilhomme Caſtillan ; il me paroit connoiſſeur, je parie qu'il eſt de mon ſentiment. Ne
parlez point, Monſieur le Chevalier, lui répondit le Gentilhomme avec un ſouris malin. Je ne ſuis pas de ce pays-
ci ; nous ne décidons point à Madrid ſi promptement.
Bien loin de juger d'une Piece que nous entendons pour
la premiere fois, nous nous défions de ſes beautés tant
qu'elle n'eſt que dans la bouche des Acteurs ; quelque
bien affectés que nous en ſoyons, nous ſuſpendons notre
jugement juſqu'à ce que nous l'ayons lue ; et véritablement elle ne nous fait toujours ſur le papier le même
plaiſir qu'elle nous a fait ſur la ſcene.

Nous examinons donc ſcrupuleuſement, pourſuivit-il,
un Poeme avant que de l'eſtimer ; la réputation de ſon
Auteur, quelque grande qu'elle puiſſe être, ne peut nous
éblouir ; quand Lope de Véga même et Calderon donnoient des nouveautés, ils trouvoient des juges ſéveres dans
leurs admirateurs, qui ne les ont élevés au comble de la
gloire, qu'après avoir jugé qu'ils en étoient dignes.

Oh parbleu ! interrompit le Chevalier de St. Jaques,
nous ne ſommes pas ſi timides que vous. Nous n'atten-
dons point pour décider qu'une Piece ſoit imprimée.
Dans la premiere repreſentation nous en connoiſſons tout
le prix. Il n'eſt pas même beſoin que nous l'écoutions fort
attentivement. Il ſuffit que nous ſachions que c'eſt une
production de Don Gabriel, pour être perſuadé qu'elle
eſt ſans défaut. Les ouvrages de ce Poete doivent ſervir
d'époque à la naiſſance du bon goût. Les Lope et les
Calderon n'étoient que des apprentifs en comparaiſon de
ce grand Maître du Théatre. Le Gentilhomme, qui regardoit Lope et Calderon comme les Sophocles et les Eu-
ripides des Eſpagnols, fut choqué de ce diſcours téméraire. Quel ſacrilege dramatique, s'écria-t-il ! Puiſque
vous m'obligez, Meſſieurs, à juger comme vous ſur une
premiere repréſentation, je vous dirai que je ne ſuis pas
content de la Tragédie nouvelle de votre Don Gabriel.
C'eſt un Poeme farci de traits plus brillans que ſolides.
Les trois quarts de vers ſont mauvais ou mal rimés, les caracteres mal formés ou mal ſoutenus, et les penſées ſouvent très obſcures.

Les deux Auteurs qui étoient à table, et qui par une
retenue auſſi louable que rare, n'avoient rien dit de peur

d'être

Les Avantures de Gil Blas,

d'être foupçonnés de jaloufie, ne purent s'empêcher d'applaudir des yeux au fentiment du Gentilhomme ; ce qui me fit juger que leur filence étoit moins un effet de la perfection de l'ouvrage que de leur politique. Pour Meffieurs les Chevaliers, ils recommencerent à louer Don Gabriel. Ils le placerent même parmi les Dieux. Cette apothéofe extravagante et cette aveugle idolatrie firent perdre patience au Caftillan, qui levant les mains au Ciel, s'écria tout-à-coup par enthoufiafme : O divin Lope de Véga, rare et fublime génîe, qui avez laiffé un efpace immenfe entre vous et tous les Gabriels qui voudront vous attaindre ! et vous, moëlleux Calderon, dont la douceur élégante et purgée d'épique eft inimitable ! ne craignez point tous deux que vos Autels foient abbatus par ce nouveau Nourriffon des Mufes. Il fera bien heureux fi la poftérité, dont vous ferez les délices, comme vous faites les nôtres, entend parler de lui.

Cette plaifante apoftrophe, à laquelle perfonne ne s'étoit attendu, fit rire toute la compagnie, qui fe leva de table et s'en alla. On me conduifit par ordre de Don Alphonfe à l'appartement qui m'avoit été préparé. J'y trouvai un bon lit, où ma Seigneurie s'étant couchée s'endormit, en déplorant, auffi-bien que le Gentilhomme Caftillan, l'injuftice que les ignorans faifoient à Lope et à Calderon.

CHAPITRE VI.

Gil Blas en fe promenant dans les rues de Valence rencontre un Religieux qu'il croit reconnoitre. Quel homme c'étoit que ce Religieux.

COMME je n'avois pu voir toute la ville le jour précédent, je me levai, et fortis le lendemain dans l'intention de m'y promener encore. J'apperçus dans la rue un Chartreux, qui fans doute alloit vaquer aux affaires de fa Communauté. Il marchoit les yeux baiffés, et avoit l'air fi dévot qu'il s'attiroit les regards de tout le monde. Il paffa fort près de moi. Je le regardai attentivement : et je crus voir en lui Don Raphael, cet Avanturier qui tient une place fi honorable dans le premier volume de mon Hiftoire.

Je.

Je fus fi étonné, fi ému de cette rencontre, qu'au-lieu d'aborder le Moine, je demeurai immobile pendant quelques momens, ce qui lui donna le tems de s'éloigner de moi. Jufte Ciel, dis-je, y eut-il jamais deux vifages plus reffemblans! Que faut-il que je penfe? dois-je croire que c'eft Raphael? puis-je m'imaginer que ce n'eft pas lui? Je me fentis trop curieux de favoir la vérité, pour en refter-là. Je me fis enfeigner le chemin du Monaftere des Chartreux, où je me rendis fur le champ, dans l'efpérance d'y revoir mon homme quand il reviendroit, et bien réfolu de l'arrêter pour lui parler. Je n'eus pas befoin de l'attendre pour être au fait. En arrivant à la porte du Couvent, un autre vifage de ma connoiffance tourna mon doute en certitude: je reconnus dans le Frere Portier Ambroife de Laméla, mon ancien valet.

Notre furprife fut égale de part et d'autre, de nous retrouver dans cet endroit. N'eft-ce pas une illufion, lui dis-je en le faluant? Eft-ce en effet un de mes amis qui s'offre à ma vue? Il ne me reconnut pas d'abord, ou bien il feignit de ne me pas remettre; mais confidérant que la feinte étoit inutile, il prit l'air d'un homme qui tout-à-coup fe reffouvient d'une chofe oubliée. Ah Seigneur Gil Blas, s'écria-t-il! pardon fi j'ai pu vous méconnoître. Depuis que je vis dans ce lieu faint, et que je m'attache à remplir tous les devoirs prefcrits par nos Régles, je perds infenfiblement la mémoire de ce que j'ai vu dans le Monde.

J'ai, lui dis-je, une véritable joie de vous revoir après dix ans fous un habit fi refpectable. Et moi, répondit-il, j'ai honte d'en paroître revêtu devant un homme qui a été témoin de la vie coupable que j'ai menée. Cet habit me la reproche fans ceffe. Hélas! ajouta-t-il en pouffant un foupir, pour être digne de le porter, il faudroit que j'euffe toujours vécu dans l'innocence. A ce difcours qui me charme, lui repliquai-je, mon cher Frere, on voit clairement que le doigt du Seigneur vous a touché. Je vous le répète, j'en fuis ravi, et je meurs d'envie d'apprendre de quelle maniere miraculeufe vous êtes entrés dans la bonne voie, vous et Don Raphael; car je fuis perfuadé que c'eft lui que je viens de rencontrer dans la ville habillé en Chartreux. Je me fuis repenti de ne l'avoir pas arrêté dans la rue pour lui parler, et je l'attens ici pour réparer ma faute quand il rentrera.

Vous ne vous êtes point trompé, me dit Laméla ; c'est Don Raphael lui-même que vous avez vu ; et quant au détail que vous demandez, le voici. Après nous être séparés de vous auprès de Ségorbe, nous prîmes le fils de Lucinde et moi la route de Valence, dans le dessein d'y faire quelque nouveau tour de notre métier. Le hazard voulut un jour que nous entrassions dans l'Eglise des Chartreux, dans le tems que les Religieux psalmodioient dans le chœur. Nous nous attachâmes à les considérer, et nous éprouvâmes que les mechans ne peuvent se défendre d'honorer la vertu. Nous admirâmes la ferveur avec laquelle ils prioient Dieu, leur air mortifié et détaché des plaisirs du siècle, de même que la sérénité qui régnoit sur leurs visages, et qui marquoit si bien le repos de leur consciences.

En faisant ces observations, nous tombâmes dans une rêverie qui nous devint salutaire. Nous comparâmes nos mœurs avec celles de ces bons Religieux ; et la difference que nous y trouvâmes, nous remplit de trouble et d'inquiétude. Laméla, me dit Don Raphael lorsque nous fûmes hors de l'Eglise, comment es-tu affecté de ce que nous venons de voir ? Pour moi je ne puis te le celer, je n'ai pas l'esprit tranquille. Des mouvemens qui me sont inconnus m'agitent, et pour la premiere fois de ma vie je me reproche mes iniquités. Je suis dans la même disposition, lui répondis je ; les mauvaises actions que j'ai faites se soulevent dans cet instant contre moi ; et mon cœur qui n'avoit jamais senti de remords, en est présentement déchiré. Ah ! cher Ambroise, reprit mon Camaráde, nous sommes deux Brebis égarées, que le Pere Céleste par pitié veut ramener au bercail. C'est lui, mon enfant, c'est lui qui nous appelle. Ne soyons pas sourds à sa voix, renonçons aux fourberies, quittons le libertinage où nous vivons, et commençons dés aujourd'hui à travailler sérieusement au grand ouvrage de notre salut : il faut passer le reste de nos jours dans ce Couvent, et les consacrer à la pénitence.

J'applaudis au sentiment de Raphael, continua le Frere Ambroise, et nous formâmes la généreuse résolution de nous faire Chartreux. Pour l'exécuter, nous nous adres-

sâmes

fâmes au Pere Prieur, qui ne fut pas fi-tôt notre deffein, que pour éprouver notre vocation il nous fit donner des Cellules, et traiter comme les Religieux pendant une année entiere. Nous fuivîmes les regles avec tant d'exactitude et de conftance, qu'on nous reçut parmi les Novices. Nous étions fi contens de notre état, et fi pleins d'ardeur, que nous foutinmes courageufement les travaux du Noviciat. Nous fîmes enfuite profeffion ; après quoi Don Raphael ayant paru doué d'un génie propre aux affaires, fut choifi pour foulager un vieux Pere qui étoit alors procureur. Le fils de Lucinde auroit mieux aimé employer tout fon tems à la priere ; mais il fut obligé de facrifier fon gout pour l'Oraifon, au befoin qu'on avoit de lui. Il acquit une fi parfaite connoiffance des intérêts de la maifon, qu'on le jugea capable de remplacer le vieux Procureur, qui mourut trois ans après. Don Raphael exerce donc actuellement cet emploi ; et l'on peut dire qu'il s'en acquite au grand contentement de tous nos Peres, qui louent fort fa conduite dans l'adminiftration de notre temporel. Ce qu'il y a de plus furprenant, c'eft que malgré le foin dont il eft chargé de recueillir nos revenus, il ne paroit occupé que de l'éternité. Les affaires lui laiffent-elles un moment de repos, il fe plonge dans de profondes méditations. En un mot, c'eft un des meilleurs fujets de ce Monaftere.

J'interrompis dans cet endroit Laméla, par un tranfport de joie que je fis éclater à la vue de Raphael qui arriva. Le voici, m'écriai-je, le voici ce faint Procureur que j'attendois avec impatience. En même tems je courus au devant de lui, et je l'embraffai. Il fe prêta de bonne grace à l'accolade ; et fans témoigner le moindre étonnement de me rencontrer, il me dit d'un ton de voix plein de douceur: Dieu foit loué, Seigneur de Santillane, Dieu foit loué du plaifir que j'ai de vous revoir. En vérité, repris je, mon cher Raphael, je prends toute la part poffible à votre bonheur. Le Frere Ambroife m'a raconté l'hiftoire de votre converfion, et ce récit m'a charmé. Quel avantage pour vous deux, mes amis, de pouvoir vous flatter d'être de ce petit nombre d'Elus qui doivent jouir d'une eternelle félicité !

Deux miférables tels que nous, repartit le fils de Lucinde d'un air qui marquoit beaucoup d'humilité, ne devroient

vroient pas concevoir une pareille espérance ; mais le repentir des pêcheurs leur fait trouver grace auprès du Pere des miséricordes. Et vous, Seigneur Gil Blas, ajouta-t-il, ne songez-vous pas aussi à mériter qu'il vous pardonne les offenses que vous lui avez faites ? Quelles affaires vous amenent à Valence ? n'y rempliriez-vous point par malheur quelque emploi dangereux ? Non, Dieu merci, lui répondis-je ; depuis que j'ai quité la Cour je mene une vie d'honnête homme : tantôt dans une terre que j'ai à quelques lieues de cette ville, je prens tous les plaisirs de la campagne, et tantôt je viens me réjouir avec le Gouverneur de Valence, qui est mon ami, et que vous connoissez tous deux parfaitement.

Alors je leur contai l'histoire de Don Alphonse de Leyva. Ils l'écouterent avec attention ; et quand je leur dis que j'avois porté de la part de ce Seigneur à Samuel Simon les trois mille ducats que nous lui avions volés, Laméla m'interrompit, et adressant la parole à Raphael : Pere Hilaire, lui dit-il, à ce compte-là ce bon Marchand ne doit plus se plaindre d'un vol qui lui a été restitué avec usure, et nous devons tous deux avoir la conscience bien en repos sur cet article. Effectivement, dit le Procureur, le Frere Ambroise et moi, avant que d'entrer dans ce Couvent, nous fimes secrettement tenir quinze cens ducats à Samuel Simon, par un honnête Ecclésiastique, qui voulut bien se donner la peine d'aller à Xelva faire cette restitution : tant pis pour Samuel, s'il a été capable de toucher cette somme, après avoir été remboursé du tout par le Seigneur de Santillane. Mais leur dis-je, vos quinze cens ducats lui ont ils été fidelement remis ? Sans doute s'écria Don Raphael, je répondrois de l'intégrité de l'Ecclésiastique comme de la mienne. J'en serois aussi la caution, dit Laméla ; c'est un saint Prêtre, accoutumé à ces sortes de commissions, et qui a eu pour des dépôts à lui confiés, deux ou trois procès qu'il a gagnés avec dépens.

Notre conversation dura quelque tems encore ; ensuite nous nous séparâmes, eux m'exhortant à avoir toujours devant les yeux la crainte du Seigneur, et moi en me recommandant à leurs bonnes prieres. J'allai sur le champ trouver Don Alphonse : Vous ne devineriez jamais, lui dis-je, avec qui je viens d'avoir un long entretien ; je quite

deux

deux vénérables Chartreux de votre connoissance ; l'un
se nomme le Pere Hilaire, et l'autre le Frere Ambroise.
Vous vous trompez, me répondit Don Alphonse, je ne
connois aucun Chartreux. Pardonnez-moi, lui repliquai-
je ; vous avez vu à Xelva le Frere Ambroise Commissaire
de l'Inquisition, et le Pere Hilaire Greffier. O Ciel !
s'écria le Gouverneur avec surprise : seroit-il possible que
Raphael et Laméla fussent devenus Chartreux ! Oui vraiment, lui répondis-je, il y a déja quelques années qu'ils
ont fait profession. Le premier est Procureur de la Maison, et l'autre est Portier.

Le fils de Don César rêva quelques momens ; puis branlant la téte : Monsieur le Commissaire de l'Inquisition et
son Greffier, dit-il, m'ont bien la mine de jouer ici une
nouvelle comédie. Vous jugez d'eux par prévention, lui
répondis-je ; pour moi, qui les ai entretenus, j'en pense
plus favorablement. Il est vrai qu'on ne voit point le
fond des cœurs ; mais selon toutes les apparences, ce sont
deux fripons convertis. Cela se peut, reprit Don Alphonse ; il y a bien des Libertins qui après avoir scanda-
lisé le monde par leurs déreglemens, s'enferment dans
les Cloîtres pour en faire une rigoureuse pénitence : je
souhaite que nos deux Moines soient de ces Libertins-là.

Hé pourquoi, lui dis-je, n'en seroient-ils pas ? Ils
ont volontairement embrassé l'Etat Monastique, et il y a
déja longtems qu'ils vivent en bons Religieux. Vous me
direz tout ce qu'il vous plaira, me repartit le Gouverneur.
Je n'aime pas que la caisse du Couvent soit entre les mains
de ce Pere Hilaire, dont je ne puis m'empecher de me
défier. Quand je me souviens de ce beau récit qu'il nous
fit de ces avantures, je tremble pour les Chartreux. Je
veux croire avec vous qu'il a pris le Froc de très bonne
foi, mais la vue de l'or peut réveiller sa cupidité. Il ne
faut pas mettre dans une cave un ivrogne qui a renoncé
au vin.

La défiance de Don Alphonse fut pleinement justifiée
peu de jours après : le Pere Procureur et le Frere Portier
disparurent avec la caisse. Cette nouvelle, qui se répandit aussitôt dans la ville, ne manqua pas d'égayer les
railleurs, qui se réjouissent toujours du mal qui arrive aux
Moines rentés. Pour le Gouverneur et moi nous plaignîmes

nîmes les Chartreux, fans nous vanter de connoître les deux Apôtres.

CHAPITRE VII.

Gil Blas retourne à fon Château de Lirias. De la nou-
velle agréable que Scipion lui apprit ; et de la réforme
qu'ils firent dans leur Domeftique.

JE paffai huit jours à Valence dans le grand monde, vi-vant comme les Comtes et les Marquis. Spectacles, bals, concerts, feftins, converfations avec les Dames; tous ces amufemens me furent procurés par Monfieur et par Madame la Gouvernante, auxquels je fis fi bien ma cour, qu'ils me virent à regret partir pour m'en retour-ner à Lirias. Ils m'obligerent même auparavant à leur promettre de me partager entre eux et ma folitude. Il fut arrêté que je demeurerois pendant l'hiver à Valence, et pendant l'été dans mon château. Après cette conven-tion, mes Bienfaiteurs me laifferent la liberté de les quiter pour aller jouir de leurs bienfaits.

Scipion qui attendoit impatiemment mon retour, fut ravi de me revoir ; et je redoublai fa joie par la fidele re-lation que je lui fis de mon voyage. Et toi mon ami, lui dis-je enfuite, quel ufage as-tu fait ici des jours de mon abfence ? T'es-tu bien diverti ? Autant, répondit-il, que le peut faire un Serviteur qui n'a rien de fi cher que la préfence de fon Maître. Je me fuis promené en long et en large dans nos petits états : tantôt affis fur le bord de la fontaine qui eft dans notre bois, j'ai pris plai-fir à contempler la beauté de fes eaux, qui font auffi pures que celles de la fontaine facrée dont le bruit faifoit re-tentir la vafte forêt d'Albunéa : et tantôt couché au pié d'un arbre, j'ai entendu chanter les Fauvettes et les Rof-fignols. Enfin j'ai chaffé, j'ai pêché ; et ce qui m'a plus fatisfait encore que tous ces amufemens, j'ai lu plufieurs livres auffi utiles que divertiffans.

J'interrompis avec précipitation mon Sécrétaire, pour lui demander où il avoit pris ces livres. Je les ai trouvés, me dit il, dans une belle Bibliotheque qu'il y a dans ce château, et que Maître Joachim m'a fait voir. Hé dans quel endroit, répris-je, peut-elle être cette prétendue Bi-

blio-

bliotheque ? N'avons-nous pas vifité toute la maifon le jour de notre arrivée ? Vous vous l'imaginez, me répartit-il ; mais apprenez que nous ne parcourûmes que trois pavillons, et que nous oubliâmes le quatrieme. C'eft là que Don Céfar, lorfqu'il venoit à Lirias, employoit une partie de fon tems à la lecture. Il y a dans cette Bibliotheque de très bons livres, qu'on vous a laiffés comme une reffource affurée contre l'ennui, quand nos jardins dépouillés de fleurs, et nos bois de feuilles, n'auront plus de quoi vous en préferver. Les Seigneurs de Leyva n'ont pas fait les chofes à demi : ils ont fongé a la nourriture de l'efprit, auffi-bien qu' à celle du corps.

Cette nouvelle me caufa une véritable joie. Je me fis conduire au quatrieme pavillon, qui m'offrit un fpectacle bien agréable. Je vis une chambre dont je réfolus à l'heure même de faire mon appartement, comme Don Céfar en avoit fait le fien. Le lit de ce Seigneur y étoit encore, avec tous les ameublemens, c'eft-à-dire, une tapifferie à perfonnages qui reprefentoient les Sabines enlevées par les Romains. De la chambre je paffai dans un cabinet oú régnoient tout autour des armoires baffes remplies de livres, et fur lefquelles étoient les portraits de tous nos Rois. Il y avoit auprès d'une fenêtre, d'ou l'on découvroit une campagne toute riante, un bureau d'ébene devant un grand fopha de maroquin noir. Mais je donnai principalement mon attention à la Bibliotheque. Elle étoit compofée de Philofophes, de Poetes, d'Hiftoriens, et un grand nombre de Romans de Chevalerie. Je jugeai que Don Céfar aimoit cette derniere forte d'ouvrages, puifqu'il en avoit fait une fi bonne provifion. J'avouerai à ma honte que je ne haïffois pas non plus ces productions, malgré toutes les extravagances dont elles font tiffues, foit que je ne fus pas alors un lecteur à y regarder de fi près, foit que le merveilleux rende les Efpagnols trop indulgens. Je dirai néanmoins pour ma juftification, que je prenois plus de plaifir aux livres de Morale enjouée, et que Lucien, Horace, Erafme devinrent mes auteurs favoris.

Mon ami, dis-je à Scipion, lorfque j'eus parcouru des yeux ma Bibliotheque, voilà de quoi nous amufer ; mais il s'agit à préfent de réformer notre domeftique. C'eft une chofe dont je veux vous épargner le foin, me répondit-il ;

dit-il; pendant votre abfence, j'ai bien étudié vos gens, et j'ofe me vanter de les connoître. Commençons par Maître Joachim, je le crois un parfait fripon, et je ne doute point qu'il n'ait été chaffé de l'Archevêché pour des fautes d'Arithmétique qu'il aura faites dans fes mémoires de dépenfe. Cependant il faut le conferver pour deux raifons; la premiere, c'eft qu'il eft bon cuifinier; et la feconde, c'eft que j'aurai toujours l'œil fur lui, j'épierai fes actions, et il faudra qu'il foit bien fin fi j'en fuis la dupe. Je lui ai déja dit que vous aviez deffein de renvoyer les trois quarts de vos domeftiques. Cette nouvelle lui a fait de la peine, et il m'a témoigné que ce fentant porté d'inclination à vous fervir, il fe contenteroit de la moitié des gages qu'il a aujourd'hui, plutòt que de vous quiter : ce qui me fait foupçonner qu'il y a dans ce hameau quelque petit fille dont il voudroit bien ne pas s'éloigner. Pour l'aide de cuifine, pourfuivit-il, c'eft un ivrogne, et le portier un brutal dont nous n'avons pas befoin, non plus que du tireur. Je remplirai fort bien la place de ce dernier, comme je vous le ferai voir dès demain, puifque nous avons ici des fufils, de la poudre et du plomb. A l'égard des laquais, il y en a un qui eft Aragonois, et qui me paroit bon enfant. Nous garderons celui-là; tous les autres font de fi mauvais fujets, que je ne vous confeillerois pas de les retenir, quand même il vous faudroit une centaine de valets.

. Après avoir amplement, délibéré fur cela, nous réfolûmes de nous en tenir au cuifinier, au marmiton, à l'Aragonois, et de nous défaire honnêtement de tout le refte : ce qui fut exécuté dès le jour même, moyennant quelques piftoles que Scipion tira de notre coffre-fort, et qu'il leur donna de ma part. Quand nous eûmes fait cette réforme, nous établîmes un ordre dans le château ; nous reglâmes les fonctions de chaque domeftique, et nous commençames à vivre à nos depens. Je me ferois volontiers contenté d'un ordinaire frugal; mais mon Sécrétaire qui aimoit les ragouts et les bons morceaux, n'étoit pas homme à laiffer inutile le favoir-faire de Maître Joachim. Il les mit fi bien en œuvre, que nos dînés et nos foupés devinrent des repas de Bernardins.

C H A-

CHAPITRE VIII.

Des amours de Gil Blas, et de la belle Antonia.

DEUX jours après mon retour de Valence à Lirias, Basile le laboureur, mon fermier, vint à mon lever me demander la permission de me préfenter Antonia fa fille, qui fouhaitoit, difoit-il, d'avoir l'honneur de faluer fon nouveau Maître. Je lui répondis que cela me feroit plaifir ; il fortit et revint bientôt avec la belle Antonia. Je crois pouvoir donner cette épithete à une fille de feize à dix-huit ans, qui joignoit à des traits réguliers le plus beau teint et les plus beaux yeux du monde. Elle n'étoient vétue que de ferge ; mais une riche taille, un port majeftueux, et des graces qui n'accompagnent pas toujours la jeuneffe, relevoient la fimplicité de fon habilement. Elle n'avoit point de coëffure ; fes cheveux étoient feulement noués par derriere avec un bouquet de fleurs à la façon des Lacédémoniennes.

Lorfque je la vis entrer dans ma chambre, je fus auffi frappé de fa beauté, que les Paladins de la Cour de Charlemagne le furent des appas d'Angelique. Au-lieu de recevoir Antonia d'un air aifé, et de lui dire des chofes flateufes ; au-lieu de féliciter fon pere fur le bonheur d'avoir une fi charmante fille, je demeurai étonné, troublé, interdit ; je ne pus prononcer un feul mot. Scipion, qui s'apperçut de mon defordre, prit pour moi la parole, et fit les frais des louanges que je devois à cette aimable perfonne. Pour elle, qui ne fut point éblouie de ma figure en robe de chambre et en bonnet de nuit, elle me falua fans être embarraffée de fa contenance, et me fit un compliment qui acheva de m'enchanter, quoiqu'il fût des plus communs. Cependant, tandis que mon Sécrétaire, Bafile et fa fille fe faifoient réciproquement des civilités, je revins à moi ; et comme fi j'euffe voulu compenfer le ftupide filence que j'avois gardé jufques-là, je paffai d'une extrémité l'autre ; je me répandis en difcours galans, et parlai avec tant de vivacité que j'allarmai Bafile, qui, me confidérant déja comme un homme qui alloit tout mettre en ufage pour féduire Antonia, fe hâta de fortir

avec elle de mon appartement, dans la resolution peut-
être de la souttraire à mes yeux pour jamais.

Scipion se voyant seul avec moi, me dit en souriant :
Autre ressource pour vous contre l'ennui ; je ne savois pas
que votre fermier eut une fille si jolie : je ne l'avois
point encore vue ; j'ai pourtant été deux fois chez lui.
Il faut qu'il ait grand soin de la tenir cachée, et je lui
pardonne. Malepeste, voilà un morceau bien friand !
Mais, ajouta-t-il, je ne crois pas qu'il soit nécessaire
qu'on vous le dise, elle vous a d'abord èbloui. Je ne m'en
défends pas, lui répondis-je. Ah ! mon enfant, j'ai cru
voir une substance céleste, elle m'a tout-à-coup embrasé
d'amour ; la foudre est moins prompte, que le trait qu'elle
a lancé dans mon cœur.

Vous me ravissez, reprit mon Sécrétaire, en m'apprenant que vous êtes enfin devenu amoureux. Il vous manquoit une Maîtresse pour jouir d'un parfait bonheur dans
votre solitude. Graces au Ciel, vous y avez présentement toutes vos commodités. Je sai bien, continua-t-il,
que nous aurons un peu de peine à tromper la vigilance
de Basile, mais c'est mon affaire, et je prétends avant
trois jours vous procurer un entretien secret avec Antonia.
Monsieur Scipion, lui dis-je, peut-être pourriez-vous bien
ne me pas tenir parole, c'est ce que je ne suis pas curieux
d'éprouver. Je ne veux point tenter la vertu de cette fille,
qui me paroit mériter que j'aye d'autres sentimens pour
elle. Ainsi, loin d'exiger de votre zele que vous m'ai-
diez à la deshonorer, j'ai dessein de l'épouser par votre
entremise, pourvu que son cœur ne soit pas prévenu pour
un autre. Je ne m'attendois pas, dit-il, à vous voir prendre si brusquement le parti de vous marier. Tous les Seigneurs de Village à votre place n'en useroient pas si honnétement ; ils n'auroient sur Antonia de vues légitimes,
qu'après en avoir eu d'autres inutilement. Au reste, a-
jouta-t-il, ne vous imaginez point que je condamne votre
amour, et que je cherche à vous détourner de votre dessein. La fille de votre fermier mérite l'honneur que vous
lui voulez faire, si elle peut vous donner un cœur tout
neuf et sensible à vos bontés. C'est ce que je saurai dès
aujourd'huï, par la conversation que j'aurai avec son pere,
et peut-être avec elle.

Mon

Mon confident étoit un homme exact à tenir ses promesses. Il alla voir secrettement Basile, et le soir il vint
me trouver dans mon cabinet, où je l'attendois avec une
impatience mêlée de crainte. Il avoit un air gai, dont je
tirai un bon augure. Si j'en crois, lui dis-je, ton visage
riant, tu viens m'annoncer que je serai bientôt au comble
de me desirs. Oui, mon cher Maître, me repondit-il,
tout vous rît. J'ai entretenu Basile et sa fille, je leur ai
déclaré vos intentions. Le pere est ravi que vous ayez
envie d'être son gendre, et je puis vous assurer que vous
êtes du gout d'Antonia. O Ciel, interrompis-je, tout
transporté de joie! Quoi? j'aurois le bonheur de plaire
à cette aimable personne? N'en doutez pas, reprit-il, elle
vous aime déja. Je n'ai pas, à la vérite, tire cet aveu
de sa bouche; mais je m'en fie à la gayeté qu'elle a fait
paroître, quand elle a su votre dessein. Cependant, poursuivit-il, vous avez un rival. Un rival, m'écria-je en
pâlissant! Que cela ne vous allarme point, me dit-il, ce
rival ne vous enlevera pas le cœur de votre Maîtresse;
c'est maître Joachim votre cuisinier. Ah le pendart, dis-
je, en faisant un éclat de rire! voilà donc pourquoi il a
marqué tant de répugnance à quiter mon service. Juste-
ment, répondit Scipion; il a ces jours passés demandé
en mariage Antonia, qui lui a été poliment réfusée. Sauf
ton meilleur avis, lui repliquai-je, il est à propos, ce me
semble, de nous défaire de ce drole-là, avant qu'il apprenne que je veux épouser la fille de Basile: un cuisinier,
comme tu sais, est un rival dangereux. Vous avez raison, repartit mon confident, il faut en purger notre domestique; je lui donnerai son congé dès demain matin,
avant qu'il se mette à l'ouvrage; et vous n'aurez plus
rien à craindre ni de ses sauces ni de son amour. Je suis
pourtant, continua-t-il, un peu fâché de perdre un si bon
cuisinier, mais je sacrifie ma gourmandise à votre sureté.
Tu ne dois pas, lui dis-je, tant le regretter, sa perte n'est
point irréparable, je vais faire venir de Valence un cuisinier qui le vaudra bien. En effet j'écrivis aussi-tôt à Don
Alphonse, je lui mandai que j'avois besoin d'un cuisinier,
et dès le jour suivant il m'en envoya un qui consola d'a-
bord Scipion.

Quoique ce zélé Sécrétaire m'eût dit qu'il s'étoit apperçu qu'Antonia s'applaudissoit au fond de son ame d'a-

voir fait la conquête de fon Seigneur, je n'ofois me fier à fon rapport, j'appréhendois qu'il ne fe fût laiffé tromper par de fauffes apparences. Pour en être plus fûr, je refolus de parler moi-même à la belle Antonia. Je me rendis chez Bafile, à qui je confirmai ce que mon ambaffadeur lui avoit dit. Ce bon laboureur, homme fimple et plein de franchife, après m'avoir écouté, me témoigna que c'étoit avec une extrême fatisfaction qu'il m'accordoit fa fille; mais, ajouta-t-il, ne croyez pas au moins que ce foit à caufe de votre titre de Seigneur de Village. Quand vous ne feriez encore qu'Intendant de Don Céfar et de Don Alphonfe, je vous prefererois à tous les autres amoureux qui fe préfenteroient: j'ai toujours eu de l'inclination pour vous, et tout ce qui me fâche, c'eft qu'Antonia n'ait pas une groffe dot à vous apporter. Je ne lui en demande aucune, lui, dis-je; fa perfonne eft le feul bien où j'afpire. Votre ferviteur très humble, s'écria-t-il, ce n'eft point-là mon compte; je ne fuis point un gueux pour marier ainfi ma fille. Bafile de Buenotrigo eft en état, Dieu merci, de la doter; et je veux qu'elle vous donne à fouper, fi vous lui donnez à diner. En un mot, le revenu de ce château n'eft que de cinq cens ducats, je le ferai monter à mille en faveur de ce mariage.

J'en pafferai par tout ce qu'il vous plaîra mon cher Bafile, lui repliquai-je, nous n'aurons point enfemble de difpute d'intérêt. Nous fommes tous deux d'accord, il ne s'agit plus que d'avoir le confentement de votre fille. Vous avez le mien, me dit-il, cela fuffit. Pas tout-à-fait, lui répondis-je; fi le vôtre m'eft néceffaire, le fien l'eft auffi. Le fien dépend du mien, reprit-il; je voudrois bien qu'elle ofât fouffler devant moi. Antonia, lui repartis-je, foumife à l'autorité paternelle, eft prête fans doute à vous obeir aveuglément; mais je ne fai fi dans cette occafion elle le fera fans repugnance; et pour peu qu'elle en eût, je ne me confolerois jamais d'avoir fait fon malheur; enfin ce n'eft pas affez que j'obtienne de vous fa main, il faut que fon cœur n'en gémiffe point. Oh dame, dit Bafile, je n'entends pas toutes ces philofophies: parlez vous-même à Antonia, et vous verrez, ou je me trompe fort, qu'elle ne demande pas mieux que d'être votre femme. En achevant ces paroles il appella fa fille, et me laiffa un moment avec elle.

Pour profiter d'un tems fi précieux, j'entrai d'abord en matiere. Belle Antonia, lui dis-je, décidez de mon fort. Quoique j'aye l'aveu de votre pere, ne vous imaginez pas que je veuille m'en prévaloir pour faire violence à vos fentimens. Quelque charmante que foit votre poffeffion, j'y renonce fi vous me dites que je ne la devrai qu'à votre feule obéiffance. C'eft ce que je n'ai garde de vous dire, me répondit-elle : votre recherche m'eft trop agréable pour qu'elle me puiffe faire de la peine, et j'applaudis au choix de mon pere, au-lieu d'en murmurer. Je ne fai, continua-t-elle, fi je fais bien ou mal de vous parler ainfi ; mais fi vous me déplaifiez, je ferois affez franche pour vous l'avouer ; pourquoi ne pourrois-je pas vous dire le contraire auffi librement ?

A ces mots, que je ne pusentendre fansen être charmé, je mis un génouil à terre devant Antonia ; et dans l'excés de mon raviffement, lui prenant une de fes belles mains, je la baifai d'un air tendre et paffionné. Ma chere Antonia, lui dis-je, votre franchife m'enchante ; continuez, que rien ne vous contraigne ; vous parlez à votre époux, que votre ame fe découvre toute entiere à fes yeux. Je puis donc me flatter que vous ne verrez pas fans plaifir lier votre fortune à la mienne . . . . Bafile qui arriva dans cet inftant, m'empêcha de pourfuivre. Impatient de favoir ce que fa fille m'avoit répondu, et prêt à la gronder fi elle eût marqué la moindre averfion pour moi, il vint me rejoindre. Hé bien, me dit-il, êtes-vous content d'Antonia ? J'en fuis fi fatisfait, lui répondisje, que je vais dés ce moment m'occuper des apprêtes de mon mariage. En difant cela je quitai le pere et la fille, pour aller tenir confeil là deffus avec mon Sécrétaire.

CHAPITRE IX.

Nôces de Gil Blas et de la belle Antonia ; de quelle façon elles fe firent ; quelles perfonnes y affifterent ; et de quelles réjouiffances elles furent fuivies.

QUoique je n'euffe pas befoin de la permiffion des Seigneurs de Leyva pour me marier, nous jugeâmes, Scipion et moi, que je ne pouvois honnêtement me dif-

penfer

penfer de leur communiquer le deffein que j'avois d'époufer la fille de Bafile, et de leur en demander même leur
agrément par politeffe.

Je partis auffitôt pour Valence où l'on fut auffi furpris de me voir, que d'apprendre le fujet de mon voyage.
Don Céfar et Don Alphonfe qui connoiffoient Antonia
pour l'avoir vue plus d'une fois, me féliciterent de l'avoir
choifie pour femme. Don Céfar furtout m'en fit compliment avec tant de vivacité, que fi je ne l'euffe pas cru
un Seigneur revenu de certains amufemens, je l'aurois
foupçonné d'avoir été quelquefois à Lirias, moins pour
y voir fon château qui fa petite fermiere. Séraphine de
fon côté, après m'avoir affuré qu'elle prendroit toujours
beaucoup de part a ce qui me regarderoit, me dit qu'elle
avoit entendu parler d'Antonia très avantageufement;
mais, ajouta-t-elle par malice, et comme pour me reprocher l'indifférence dont j'avois payé l'amour de Séphora, quand on ne m'auroit pas vanté fa beauté, je m'en
fierois bien à votre goût, donc je connois la délicateffe.

Don Céfar et fon fils ne fe contenterent pas d'approuver
mon mariage, il me déclarerent qu'ils en vouloient faire
tous les frais. Reprenez, me dirent-ils, le chemin de
Lirias, et demeurez-y tranquille jufqu'a ce que vous en-
tendiez parler de nous. Ne faites point de préparatifs
pour vos nôces, c'eft un foin dont nous nous chargeons.
Pour me conformer à leurs volontés, je retournai à mon
château. J'avertis Bafile et fa fille des intentions de nos
Protecteurs, et nous attendîmes de leurs nouvelles le plus
patiemment qu'il nous fut poffible. Nous n'en reçumes
point pendant huit jours. En récompenfe, le neuvieme
nous vîmes arriver un caroffe à quatre mules, dans lequel il y avoit des couturieres qui apportoient de belles
étoffes de foie pour habiller la Mariée, et qu'efcortoient
plufieurs gens de livrée montés fur des mules. L'un d'entre eux me remit une lettre de la part de Don Alphonfe.
Ce Seigneur me mandoit qu'il feroit le lendemain à Lirias avec fon pere et fon époufe, et que la cérémonie de
mon mariage fe feroit le jour fuivant par la Grand-Vicaire de Valence. Véritablement Don Céfar, fon fils et
Séraphine, ne manquerent pas de fe rendre à mon château avec cet Eccléfiaftique, tous quatre dans une caroffe
à fix chevaux, précédé d'un autre à quatre, où étoient

les

les femmes de Séraphine, et suivi des gardes du Gouverneur.

Madame la Gouvernante fut à peine dans le château, qu'elle témoigna une extrême impatience de voir Antonia, qui de son côté ne fut pas plutôt que Séraphine étoit arrrivée, qu'elle accourut pour la saluer et lui baiser la main, ce qu'elle fit de si bonne grace que toute la compagnie l'admira. Hé bien Madame, dit Don César à sa belle-fille, que pensez-vous d'Antonia? Santillane pouvoit-il faire un meilleur choix? Non, répondit Séraphine! ils sont tous deux dignes l'un de l'autre, je ne doute pas que leur union ne soit très heureuse. Enfin chacun donna des louanges à ma future; et si on la loua fort sous son habit de serge, on en fut encore plus charmé, lorsqu'elle parut sous un plus riche habillement. Il sembloit qu'elle n'en eut jamais porté d'autres, tant son air étoit noble et son action aisée.

Le moment où je devois par un doux hymen voir attacher mon sort au sien étant arrivé, Don Alphonse me prit par la main pour me conduire à l'autel, et Séraphine fit le même honneur à la Mariée. Nous nous rendîmes tous deux dans cet ordre à la chapelle du hameau, où le Grand-Vicaire nous attendoit pour nous marier; et cette cérémonie se fit aux acclamations des habitans de Lirias et de tous les riches laboureurs des environs, que Basile avoit invités aux nôces d'Antonia. Ils avoient avec eux leurs filles, qui s'étoient parées de rubans et de fleurs, et qui tenoient dans leurs mains des tambours de basque. Nous retournâmes ensuite au château, où par les soins de Scipion, l'ordonnateur du festin, il se trouva trois tables dressées, l'une pour les Seigneurs, l'autre pour les personnes de leur suite, et la troisieme, qui étoit la plus grande, pour tous ceux qui avoient été conviés. Antonia fut de la prémiere, Madame la Gouvernante l'ayant ainsi voulu; je fis les honneurs de la seconde, et Basile se mit à celle des villageois. Pour Scipion, il ne s'assit à aucune table. Il ne faisoit qu'aller et venir de l'une à l'autre, donnant son attention a faire bien servir et conténter tout le monde.

C'étoit par les cuisiniers du Gouverneur que le repas avoit été préparé, ce qui suppose qu'il n'y manquoit rien. Les bons vins dont maître Joachim avoit fait provision pour moi, furent prodigués ; les convives commençoient à s'échauffer ; l'allegreffe regnoit par tout, quand elle fut tout-à-coup troublée par un incident qui m'allarma. Mon Sécrétaire étant dans la falle, où je mangeois avec les principaux Officiers de Don Alphonfe et les femmes de Séraphine, tomba fubitement en foibleffe, et perdit toute connoiffance. Je me levai pour aller à fon fecours, et tandis que je m'occupois à lui faire reprendre fes efprits, une de ces femmes s'évanouit auffi. Toute la compagnie jugea que ce double évanouiffement renfermoit quelque myftere, comme en effet il en cachoit un qui ne tarda gueres à s'eclaircir ; car bientot après Scipion revint à lui, et me dit tout bas: Faut-il que le plus beau de vos jours foit le plus defagréable des miens ! On ne peut éviter fon malheur, ajouta-t-il, je viens de retrouver ma femme dans une Suivante de Séraphine.

Qu'entends je, m'écriai-je ! cela n'eft pas poffible ! Quoi ? tu ferois l'époux de cette Dame qui vient de fe trouver mal en même tems que toi ? Oui Monfieur, me répondit-il, je fuis fon mari ; et la fortune, je vous jure, ne pouvoit me jouer un plus vilain tour, que de la préfenter à mes yeux. Je ne fai, repris-je, mon ami, quelles raifons tu as de te plaindre de ton époufe ; mais quelque fujet qu'elle t'en ait donné, de grace contrains-toi; fi je te fuis cher, ne trouble point cette fête en laiffant éclater ton reffentiment. Vous ferez content de moi, repartit Scipion; vous allez voir fi je fai bien diffimuler.

En parlant de cette forte il s'avança vers fa femme, à qui fes compagnes avoient auffi rendu l'ufage de fes fens ; et l'embraffant avec autant de vivacité que s'il eût été ravi de la revoir : Ah, ma chere Béatrix, lui dit il, le Ciel enfin nous rejoint après dix ans de féparation ! O moment plein de douceur pour moi ! J'ignore, lui répondit fon époufe, fi vous avez éffectivement quelque joie de me rencontrer ; mais du moins fuis-je perfuadée que je ne vous ai donné aucun jufte fujet de m'abandonner. Quoi ! vous me trouvez une nuit avec le Seigneur Don Fernand de Leyva, qui étoit amoureux de Julie ma Maîtreffe, et dont je fervois la paffion, et vous vous mettez dans l'efprit que je l'écoute aux dépens de votre honneur et du mien : làdeffus la jaloufie vous renverfe la cervelle, vous quitez Tolede, et me fuyez comme un monftre, fans daigner me demmandemander un éclairciffement ! Qui de nous deux, s'il vous plat, eft le plus en droit de fe plaindre ? C'eft vous fans contredit, lui repliqua Scipion. Sans doute, reprit-elle, c'eft moi. Don Fernand peu de tems après votre depart de Tolede époufa Julie, auprès de qui j'ai demeuré tant qu'elle a vécu ; et depuis qu'une mort prématurée nous l'a ravie, je fuis au fervice de Madame fa fœur, qui peut vous répondre, auffi-bien que toutes fes femmes, de la pureté de mes mœurs.

Mon Sécrétaire à ce difcours, dont il ne pouvoit prouver la fauffeté, prit fon parti de bonne grace. Encore une fois, dit-il à fon époufe, je reconnois ma faute, et je vous en demande pardon devant cette honorable affiftance. Alors intercédant pour lui, je priai Béatrix d'oublier le paffé, l'affurant que fon mari ne fongeroit déformais qu'à lui donner de la fatisfaction. Elle fe rendit à ma priere, et toute la compagnie applaudit à la réunion de ces deux époux. Pour la mieux célébrer, on les fit affeoir à table l'un auprès de l'autre, on leur porta *des brindes*, chacun leur fit fête, on eût dit que le feftin fe faifoit plutôt à l'occafion de leur racommodement que de mes nôces.

La troifieme table fut la premiere que l'on abandonna. Les jeunes Villageois la quiterent pour former des danfes avec les jeunes Payfannes, qui par le bruit de leurs tambours de bafque attirerent bientôt les perfonnes des autres tables, et leur infpirerent l'envie de fuivre leur exemple. Voilà tout le monde en mouvement. Les Officiers du Gouverneur fe mirent à danfer avec les Soubrettes de la Gouvernante, les Seigneurs même fe mêlerent parmi les danfeurs. Don Alphonfe danfa une farabande avec Séraphine, et Don Céfar une autre avec Antonia, qui vint enfuite me prendre, et qui ne s'en acquita pas mal pour une perfonne qui n'avoit que quelques principes de danfe, qu'elle avoit reçus à Albarazin chez une Bourgeoife de fes parentes. Pour moi qui, comme je l'ai déja dit, avois appris à danfer chez la Marquife de Chaves, je parus à l'affemblée un grand danfeur. A l'égard de Béatrix et de Scipion, ils préfererent à la danfe un entretien particulier, pour fe rendre compte mutuellement de ce qui leur étoit arrivé pendant qu'ils avoient été féparés ; mais leur converfation fut interrompue par Séraphine, qui venant d'être informée de leur reconnoiffance, les fit appeler

pour

pour leur en témoigner sa joie. Mes enfans, leur dit-elle, dans ce jour de réjouissance c'est un surcroit de satisfacti- on pour moi de vous voir tous deux rendus l'un à l'autre. Ami Scipion, ajouta-t-elle, je vous remets votre épouse, en vous protestant qu'elle a toujours tenu une conduite ir- reprochable ; vivez ici avec elle en bonne intelligence. Et vous, Béatrix, attachez-vous à Antonia, et ne lui soy- ez pas moins devouée que votre mari l'est au Seigneur de Santillane. Scipion ne pouvant plus après cela re- garder sa femme que comme une autre Penelope, promit d'avoir pour elle toutes les considérations imaginables.

Les Villageois et les Villageoises après avoir dansé toute la journée, se retirerent dans leurs maisons ; mais on con- tinua la fête dans le chateau. Il y eut un magnifique souper, et lorsqu'il fut question de s'aller coucher, le Grand-Vicaire bénit le lit nuptial. Séraphine deshabilla la Mariée, et les Seigneurs de Leyva me firent le même honneur. Ce qu'il y a de plaisant, c'est que les Officiers de Don Alphonse et les femmes de la Gouvernante, s'avi- serent pour se réjouir, de faire la même cérémonie : ils deshabillerent Béatrix et Scipion, qui pour rendre la scene plus comique, se laisserent gravement dépouiller et mettre au lit.

CHAPITRE X.

Suites du Mariage de Gil Blas et de la belle Antonia. Commencement d'Histoire de Scipion.

DES le lendemain de mes nôces, les Seigneurs de Leyva retournerent à Valence, après m'avoir don- né mille nouvelles marques d'amitié ; si bien que mon Sécrétaire et moi nous demeurâmes seuls au château avec nos femmes et nos valets.

Le soin que nous prîmes l'un et l'autre de plaire a ces Dames, ne fut pas inutile ; j'inspirai en peu de tems à mon épouse autant d'amour que j'en avois pour elle, et Scipion fit oublier à la sienne les chagrins qu'il lui avoit causés. Béatrix qui avoit l'esprit souple et liant, s'insinua sans peine dans les bonnes graces de sa nouvelle Maîtresse, et gagna sa confiance. Enfin nous nous accordâmes tous quatre à merveilles, et nous commençâmes à jouir

d'un

d'un fort digne d'envie.   Tous nos jours couloient dans
les plus doux amusemens.   Antonia étoit fort serieuse,
mais nous étions tres gais, Béatrix et moi ; et quand nous
ne l'aurions pas été, il suffisoit que Scipion fût avec nous
pour ne point engendrer de mélancolie.   C'étoit un homme incomparable pour la société, un de ces personnages
comiques qui n'ont qu'à se montrer pour égayer une compagnie.

Un jour qu'il nous prit fantaisie après le diné d'aller
faire la sieste dans l'endroit le plus agréable du bois, mon
Sécrétaire se trouva de si belle humeur, qu'il nous ôta
l'envie de dormir par ses discours réjouissans.   Tais-toi,
lui dis-je, mon ami ; ou, puisque tu nous empêches de
nous livrer au sommeil, fais nous donc quelque récit digne
de notre attention.   Très volontiers Monsieur, me répondit-il ; voulez-vous que je vous raconte l'histoire du Roi
Pélage ? J'aimerois mieux entendre la tiénne, lui repliquai-je ; mais c'est un plaisir que tu n'as pas jugé à propos de me donner depuis que nous vivons ensemble, et que
je n'aurai jamais.   D'où vient, me dit-il ? Si je ne vous
ai pas conté mon histoire, c'est que vous ne m'avez pas
témoigné le moindre desir de la savoir ; ce n'est donc pas
ma faute, si vous ignorez mes avantures ; et pour peu que
vous soyez curieux de les apprendre, je suis prêt à contenter votre curiosité.   Antonia, Béatrix et moi nous le
prîmes au mot, et nous nous disposâmes à écouter son
récit, qui ne pouvoit faire sur nous qu'un bon effet, soit
en nous divertissant, soit en nous excitant au sommeil.

Je serois, dit Scipion, fils d'un Grand de la premiere
classe, ou tout a moins de quelque Chevalier de St. Jaques
ou d'Alcantara, si cela eût dependu de moi : mas comme on ne se choisit point un pere, vous saurez que le mien,
nommé Torribio Scipion, étoit un honnête Archer de la
Sainte Hermandad.   En allant et venant sur les grands
chemins, où sa profession l'obligeoit d'être presque toujours,
il rencontra par hazard un jour entre Cuença et Toledo
une jeune Bohémienne qui lui parut fort jolie. Elle étoit
seule, à pié, et portoit avec elle toute sa fortune dans
une espece de havresac qu'elle avoit sur le dos : Où allez-
vous ainsi, ma mignonne, lui dit-il en adoucissant sa voix,
qu'il avoit naturellement très rude ? Seigneur Cavalier,
lui répondit-elle, je vais à Toledo, où j'espere gagner ma
vie

vie de façon ou d'autre en vivant honnêtement. Vos intentions font louables, reprit-il, et je ne doute pas que
vous n'ayez plus d'une corde à votre arc. Oui, Dieu
merci, repartit-elle, j'ài plusieurs talens ; je sai composer
des pommades et des essences fort utiles aux Dames ; je
dis la bonne avanture, je fais tourner le sas pour retrouver
les choses perdues, et montrer tout ce qu'on veut voir
dans le miroir ou dans le verre.

Torribio jugeant qu'une pareille fille étoit un parti très
avantageux pour un homme tel que lui, qui avoit de la
peine à vivre de son emploi, quoiqu'il fût fort bien le remplir, lui proposa dè l'épouser ; elle accepta la proposition ;
ils se rendirent tous deux en diligence à Tolede où ils se
marierent, et vous voyez en moi le digne fruit de ce noble
hymenée. Ils s'établirent dans un fauxbourg, où ma
mere commença par debiter des pommades et des essences ;
mais ne trouvant pas ce trafic assez lucratif, elle fit la De-
vinerelle. C'est alors qu'un vit pleuvoir chez elle les é-
cus et les pistoles : mille dupes de l'un et de l'autre sexe
mirent bientôt en réputation la Cofcolina, c'est ainsi que
se nommoit la Bohémienne. Il venoit tous le jours quelqu'un la prier d'employer pour lui son ministere : tantôt
c'étoit un neveu indigent, qui vouloit savoir quand son
oncle, dout il étoit unique héritier, partiroit pour l'autre
monde : et tantôt c'étoit une fille qui souhaitoit d'apprendre si un cavalier, dont elle reconnoissoit les soins, et qui
lui promettoit de l'epouser, lui tiendroit parole.

Vous observerez, s'il vous plaît, que les prédictions de
ma mere étoient toujours favorables aux personnes à qui
elle les faisoit ; si elles s'accomplissoient, à la bonne
heure ; et si l'on venoit lui réprocher que le contraire de
ce qu'elle avoit prédit étoit arrivé, elle répondit froidement qu'il falloit s'en prendre au D mon, qui malgré la
force des conjurations qu'elle employoit pour l'obliger à
révéler l'avenir, avoit quelquefois la malice de la tromper.

Lorsque, pour l'honneur du métier, ma mere croyoit
devoir faire paroître le Diable dans ses opérations, c'etoit
Torribio Scipion qui faisoit ce personnage, et qui s'en
acquittoit parfaitement bien ; la rudesse de sa voix et la
laideur de son visage lui donnant un air convenable à ce
qu'il représentoit. Pour peu qu'on fût crédule, on étoit
épou-

épouvanté de la figure de mon pere. Mais un jour par
malheur il vint un brutal de Capitaine qui voulut voir le
Diable, et qui lui paſſa ſon épée au travers du corps. Le
Saint Office informé de la mort du Diable, envoya ſes
Officiers chez la Coſcolina, dont ils ſe ſaiſirent, auſſi bien
que de tous ces effets ; et moi, qui n'avois alors que ſept
ans, je fus mis à l'Hôpital de *Los Ninos.** Il y avoit
dans cette Maiſon de charitables Eccléſiaſtiques qui, bien
payés pour avoir ſoin de l'éducation des pauvres Orphelins, prenoient la peine de leur montrer à lire et à écrire.
Ils crurent remarquer que je promettois beaucoup ; ce qui
fut cauſe qu'ils me diſtinguerent des autres, ét me choiſi-
rent pour faire leurs commiſſions. Ils m'envoyoient en
ville porter leurs lettres, j'allois et venois pour eux, et
c'étoit moi qui répondois leurs Meſſes. Par reconnoiſſance, ils entreprirent de m'enſeigner la Langue Latine ;
mais ils s'y prirent trop rudement, et me traiterent avec
tant de rigueur, malgré les petits ſervices que je leur rendois, que ne pouvant y réſiſter, je m'échappai un beau
jour en faiſant une commiſſion ; et bien loin de retourner
à l'Hôpital, je ſortis même de Tolede par le fauxbourg
du côté de Séville.

Quoique j'euſſe à peine alors neuf ans accomplis, je
ſentois déja le plaiſir d'être libre et maître de mes actions.
J'étois ſans argent et ſans pain, n'importe ; je n'avois
point de leçons à étudier, ni de themes à compoſer. A-
prés avoir marché pendant deux heures, mes petites jambes commencerent à refuſer le ſervice. Je n'avois point
encore fait de ſi longs voyages. Il fallut m'arrêter pour
me repoſer. Je m'aſſis au pied d'un arbre qui bordoit le
grand chemin ; et là, pour m'amuſer, je tirai mon Rudi-
ment que j'avois dans ma poche, et le parcourus en badinant ; puis venant à me ſouvenir des féruleſet des coups
de fouet qu'il m'avoit fait recevoir, j'en déchirai les feuillets en diſant avec colere : Ah, chien de livre, tu ne me
feras plus répandre de pleurs ! Tandis que j'aſſouviſſois
ma vengeance, en jonchant autour de moi la terre de dé-
clinaiſons et de conjuguaiſons, il paſſa par-là un Hermite
à barbe blanche, qui portoit de larges lunettes, et qui a-
voit un air vénérable. Il s'approcha de moi, et s'il me
conſidéra fort attentivement, je l'examinai bien auſſi. Mon
petit homme, me dit-il avec un ſouris, il me ſemble que

* Des Orphelins.

nous venons tous deux de nous regarder bien tendrement, et que nous ne ferions point mal de demeurer enfemble dans mon Hermitage, qui n'eſt qu'à deux cens pas d'ici. Je ſuis votre ſerviteur, lui répondis-je aſſez bruſquement, je n'ai aucune envie d'être Hermite. A cette réponſe le bon vieillard fit un éclat de rire, et me dit en m'embraſ- ſant : il ne faut pas, mon fils, que mon habit vous faſſe peur ; s'il n'eſt pas agréable, il eſt utile ; il me rend Seigneur d'une retraite charmante, et des villages voiſins dont les habitans m'aiment, ou plutôt m'idolâtrent. Ve- nez avec moi, ajouta-t-il, je vous revétirai d'une jac- quette ſemblable à la mienne. Si vóus vous en trouvez bien vous partagerez avec moi les douceurs de la vie que je mene ; et ſi vous ne vous en accommodez point, non ſeulement il vous ſera permis de me quiter, mais vous pou- vez même compter qu'en nous ſéparant je ne manquerai pas de vous faire du bien.

Je me laiſſai perſuader, et je ſuivis le vieil Hermite, qui me fit pluſieurs queſtions, aux quelles je répondis avec une ingénuité que je n'ai pas toujours eue dans la ſuite. En arrivant à l'Hermitage, il me préſenta quelques fruits que je dévorai, n'ayant rien mangé de toute la journée qu'un morceau de pain ſec dont j'avois déjeuné le matin à l'Hôpital. Le Solitaire me voyant ſi bien jouer des machoires, me dit: Coûrage, mon enfant, ne ménage points mes fruits, j'en ai, graces au Ciel, une ample pro- viſion. Je ne t'ai pas amené ici pour te faire mourir de faim. Ce qui étoit très véritable ; car une heure après notre arrivée il alluma du feu, embrocha un gigot de mouton : et tandis que je tournois la broche, il dreſſa une petite table, qu'il couvrit d'une ſerviette aſſez mal-propre, ſur laquelle il mit deux couverts, l'un pour lui et l'autre pour moi.

Quand la viande fut cuite, il la tira de la broche, et en coupa quelques pieces pour notre ſouper, qui ne fut pas un repas de brebis, puiſque nous bûmes d'un excel- lent vin, dont il avoit auſſi bonne proviſion. Hé bien, mon poulet, me dit-il, lorſque nous fûmes hors de table, es-tu content de mon ordinaire ? Voilà de quelle façon tu ſeras traité tous les jours, ſi tu demeures avec moi. Au reſte, tu ne feras dans cet Hermitage que ce qu'il te plaîra. J'exige de toi ſeulement, que tu m'accompagnes toutes

les

les fois que j'irai quêter dans les villages voisins ; tu me
serviras à conduire un bourriquet chargé de deux paniers,
que les Paysans charitables remplissent ordinairement
d'œufs, de pain, de viande et de poisson. Je ne te demande, que cela.   Je ferai, lui dis-je, tout ce que vous
voudrez, pourvu que vous ne m'obligiez point à apprendre
le Latin.   Le Frere Chrysostôme, c'étoit le nom du vieil
Hermite, ne put s'empêcher de rire de ma naiveté, et
m'assura de nouveau qu'il ne prétendoit pas gêner mes
inclinations.

Nous allâmes dès le lendemain à la quête, avec l'ânon
que je menois par le licou.   Nous fîmes une copieuse ré-
colte, chaque Paysan se faisant un plaisir de mettre quelque chose dans nos paniers.   L'un y jettoit un pain entier,
l'autre une grosse piece de lard, celui-là une perdrix. Que
vous dirai-je ? Nous apportâmes au logis des vivres pour
plus de huit jours, ce qui marquoit bien l'estime et l'amitié que les Villageois avoient pour le Frere.   Il est vrai
qu'il leur étoit d'une grande utilité : il leur donnoit des
conseils, quands ils venoient le consulter: il remettoit la
paix dans les ménages où regnoit la discorde, et marioit
les filles : il avoit des remedes pour mille sortes de maladies, et apprenoit des Oraisons aux femmes qui souhaitoient d'avoir des enfans.

Vous voyez par ce que je viens de dire que j'étois bien
nourri dans mon Hermitage.   Je n'y étois pas plus mal
couché. Etendu sur de bonne paille fraîche, ayant sous ma
tête un coussin de bure, et sur le corps une couverture de
la même étoffe, je ne faisois qu'un somme qui duroit toute
la nuit. Le Frere Chrysostôme, qui m'avoit fait fête d'un
habillement d'Hermite, m'en fit un lui-même d'une de
ses vieilles robes, et me nomma le petit Frere Scipion.
Sitôt que je parus dans les villages sous cet habit d'ordonnance, on me trouva si gentil, que le bourriquet en fut
plus chargé. C'étoit à qui en donneroit davantage au
petit Frere, tant on prenoit de plaisir à voir sa figure.

La vie molle et fainéante que je menois avec le vieil
Hermite, ne pouvoit déplaire à un garçon de mon âge.
Aussi j'y pris tant de goût, que je l'aurois toujours conti-
nué, si les Parques ne m'eussent pas filé d'autres jours fort
différens ; mais la destinée que j'avois à remplir, m'arracha
bientôt à la molesse, et me fit quitter le Frere Chrysostôme

de la maniere que je vais le raconter. Je voyois souvent ce Vieillard travailler au cousin qui lui servoit d'oreiller.

Il ne faisoit que le découdre et le recoudre, et je remarquai un jour qu'il y mit de l'argent. Cette observation fut suivie d'un mouvement curieux, que je me promis de satisfaire dès le premier voyage qu'il feroit à Tolede, où il avoit coutume d'aller une fois la semaine. J'en attendis le jour impatiemment, sans avoir encore toutefois d'autre dessein que de contenter ma curiosité. Enfin le bon homme partit, et je défis son oreiller, où je trouvai parmi la laine qui le remplissoit, la valeur peut-être de cinquante écus en toutes sortes d'especes.

Ce trésor apparemment étoit la reconnoissance des Paysans que l'Hermite avoit guéris par ses remédes, et des Pâysannes qui avoient eu des enfans par la vertu de ses Oraisons. Quoi qu'il en soit, je ne vis pas plutôt que c'étoit de l'argent, que je pouvois impunément m'approprier, que mon naturel Bohémien se déclara. Il me prit une envie de le voler, qu'on ne pouvoit attribuer qu'à la force du sang qui couloit dans mes veines. Je cédai sans résistance à la tentation ; je serrai l'argent dans un sac de bure, où nous mettions nos peignes et nos bonnets de nuit ; ensuite, après avoir quité mon habit d'Hermite, et repris celui d'Orphelin, je m'éloignai de l'Hermitage, croyant emporter dans mon sac toutes les richesses des Indes.

Vous venez d'entendre mon coup d'essai, continua Scipion, et je ne doute pas que vous ne vous attendiez à une suite de faits de la même nature. Je ne tromperai point votre attente ; j'ai encore d'autres pareils exploits à vous conter, avant que j'en vienne à mes actions louables : mais j'y viendrai, et vous verrez par mon récit, qu'un fripon peut fort bien devenir un honnête-homme.

Tout enfant que j'étois, je ne fus point asséz sot pour reprendre le chemin de Tolede. C'eût été m'exposer au hazard de rencontrer le Frere Chrysostôme, qui m'auroit fait rendre desagréablement son magot. Je suivis une autre route, qui me conduisit au village de Galves, où je m'arrêtai dans une hôtellerie, dont l'hôtesse étoit une veuve de quarante ans, qui avoit toutes les qualités requises pour faire valoir le bouchon. Cette femme n'eut pas plutôt jetté les yeux sur moi, que jugeant à mon habillement

que

que je devois être un échappé de l'Hôpital des Orphelins, elle me demanda qui j'étois et où j'allois. Je lui répondis qu'ayant perdu mon pere et ma mere, je cherchois une condition. Mon enfant, me dit-elle, sais tu lire ? Je l'assurai que je lisois, et même que j'écrivois à merveilles. Véritablement je formois mes lettres, et les assemblois de façon que cela ressembloit un peu à de l'écriture, et c'en étoit assez pour les expéditions d'une taverne de village. Je te retiens donc à mon service, me repliqua l'hôtesse. Tu ne me seras pas inutile, tu tiendras ici régistre de mes dettes actives et passives. Je ne te donnerai point de gages, ajouta-t-elle, attendu qu'il vient dans cette hôtellerie d'honnétes-gens qui n'oublient pas les valets. Tu peus compter sur de bons petits profits.

J'acceptai le parti, me réservant comme vous pouvez croire, le droit de changer d'air sitôt que le séjour de Galves cesseroit de m'être agréable. Dès que je me vis arrêté pour servir dans cette hôtellerie, je me sentis l'esprit travaillé d'une grande inquiétude. Je ne voulois pas qu'on sût que j'avois de l'argent ; et j'étois bien en peine de savoir où je le cacherois, pour qu'il fût à couvert de toute main étrangere. Je ne connoissois pas encore assez la maison, pour me fier aux endroits qui me sembloient les plus propres à le receler. Que les richesses causent d'embarras ! Je me déterminai pourtant à mettre mon sac dans un coin de notre grenier où il y avoit de la paille ; et le croyant là plus en sureté qu'ailleurs, je me tranquilisai autant qu'il me fut possible.

Nous étions trois domestiques dans cette maison, un gros garçon d'écurie, une jeune servante de Galice, et moi. Chacun de nous tiroit ce qu'il pouvoit des Voyageurs, tant à pié qu'à cheval, qui s'y arrêtoient. J'attrapois toujours de ces Messieurs quelques pieces de menue monnoie, quand j'allois leur porter le mémoire de leur dépense. Ils donnoient aussi quelque chose au valet d'écurie, pour avoir eu soin de leurs montures ; mais pour la Galicienne, qui étoit l'idole des muletiers qui passoient par-là, elle gagnoit plus d'écus que nous de maravédis. Je n'avois pas sitôt reçu un sou, que je le portois au grenier pour en grossir mon trésor ; et plus je voyois augmenter mon bien, plus je sentois que mon petit cœur s'y attachoit. Je baifois quelquefois mes efpeces, je les contemplois avec un raviffement qui ne peut-être compris que par les avares.

L'amour que j'avois pour mon tréfor, m'obligeoit à l'aller vifiter trente fois par jour. Je rencontrois fouvent fur l'efcalier l'hôteffe, qui étant très defiante de fon naturel, fut curieufe un jour de favoir ce qui pouvoit à tout moment m'attirer au grenier. Elle y monta et fe mit à fureter partout, s'imaginant que je cachois peut-être dans ce galetas, des chofes que je dérobois dans fa maifon. Elle n'oublia pas de remuer la paille qui couvroit mon fac, et elle le trouva. Elle l'ouvrit, et voyant qu'il y avoit des écus et des piftoles, elle crut ou fit femblant de croire que je lui avois volé cet argent. Elle s'en faifit à bon compte ; puis m'appellant petit miférable, petit coquin, elle ordonna au garçon d'écurie, tout dévoué à fes volontés, de m'appliquer une cinquantaine de bons coups de fouet; et aprés m'avoir fi bien fait étriller, elle me mit à la porte, en difant qu'elle ne vouloit point fouffrir de fripon chez elle. J'eus beau protefter que je n'avois point volé l'hoteffe, elle foutint le contraire, et on la crut plutôt que moi. C'eft ainfi que les efpeces du Frere Chryfoftôme pafferent des mains d'un voleur dans celles d'une voleufe.

Je pleurai la perte de mon argent, comme on pleure la mort d'un fils unique, et fi mes larmes ne me firent pas rendre ce que j'avois perdu, elles furent caufe du moins que j'excitai la compaffion de quelques perfonnes qui les virent couler, et entr'autres du Curé de Galves qui paffa près de moi par hazard. Il parut touché du trifte état où j'étois, et m'emmena au Presbytere avec lui. Là, pour gagner ma confiance, ou plutôt pour me tirer les vers du nez, il commença par me plaindre : Que ce pauvre enfant, dit-il, eft digne de pitié ! Faut-il s'étonner, fi livré à lui-même dans un âge fi tendre, il a commis une mauvaife action ? les hommes pendant le cours de leur vie ont bien de la peine à s'en défendre. Enfuite m'adreffant la parole : Mon fils, ajouta-t-il, de quel endroit d'Efpagne êtes-vous, et qui font vos parens ? vous avez l'air d'un garçon de famille. Parlez-moi confidemment, et comptez que je ne vous abandonnerai point.

Le

Le Curé par ce difcours politique et charitable, m'engagea infenfiblement à lui découvrir toutes mes affaires; ce que je fis avec beaucoup d'ingénuité. Je lui avouai tout. Après quoi il me dit : Mon ami, quoiqu'il ne convienne gueres aux Hermites de théfaurifer, cela ne diminue pas votre faute; en volant le Frere Chryfoftôme, vous avez toujours péché contre l'article du Décalogue qui défend de dérober; mais je me charge d'obliger l'hôteffe à rendre l'argent, et de le faire tenir au Frere dans fon Hermitage, vous pouvez dès-à-préfent avoir la confcience en repos la-deffus. C'étoit, je vous jure, de quoi je ne m'inquiétois gueres. Le Curé qui avoit fon deffein, n'en demeura pas la : Mon enfant, pourfuivit-il, je veux m'intéreffer pour vous, et vous procurer une bonne condition. Je vous envoyerai dès demain par un muletier à mon neveu le Chanoine de la Cathédrale de Tolede. Il ne refufera pas à ma priere de vous recevoir au nombre de fes laquais, qui font chez lui comme autant de Bénéficiers qui vivent graffement du revenu de fa Prébende; vous ferez-là parfaitement bien, c'eft un chofe dont je puis vous affurer.

Cette affurance fut fi confolante pour moi, que je ne fongeai plus ni à mon fac ni aux coups de fouet que j'avois reçus. Je ne m'occupai l'efprit que du plaifir de vivre en Bénéficier. Le jour fuivant, tandis qu'on me faifoit déjeuner, il arriva felon les ordres du Curé, un muletier au Présbytere avec deux mules bâtées et bridées. On m'aida à monter fur l'une, le muletier s'élança fur l'autre, et nous prîmes la route de Tolede. Mon compagnon de voyage étoit un homme de belle humeur, et qui ne demandoit qu'à fe réjouir aux depens du prochain : Mon petit Cadet, me dit-il, vous avez un bon ami dans Monfieur le Curé de Galves : il ne pouvoit vous donner un meilleure preuve de fon affection, que de vous placer auprés de fon neveu le Chanoine, que j'ai l'honneur de connoître, et qui fans contredit eft la perle de fon Chapitre. Ce n'eft point un de ces Dévots dont le vifage pâle et maigre prêche la mortification; c'eft une groffe face, un teint fleuri, une mine réjouie, un vivant qui ne fe refufe point au plaifir qui fe préfente, et qui fur tout aime la bonne chere. Vous ferez dans fa maifon comme un petit coq en pâte.

Le

Le bourreau de muletier s'appercevant que je l'écoutois avec une grand satisfaction, continua de me vanter le bonheur dont je jouirois quand je serois valet du Chanoine. Il ne cessa de m'en parler, jusqu'à ce qu'étant arrivés au village d'Obisa, nous nous y arrêtâmes pour faire un peu reposer nos mules. Le muletier allant et venant dans l'hôtellerie, laissa tomber par hazard de sa poche un papier que j'eus l'adresse de ramasser sans qu'il y prit garde, et que je trouvai moyen de lire pendant qu'il étoit à l'écurie. C'étoit une lettre addressée aux Prêtres de l'Hôpital des Orphelins, et conçue en ces termes.

MESSIEURS, *J'ai cru que la charité m'obligeoit à remettre entre vos mains un petit fripon qui s'est échappé de votre hôpital ; il me paroît avoir de l'esprit, et mériter que vous ayez la bonté de le tenir enfermé chez vous. Je ne doute point qu'à force de corrections, vous n'en fassiez un garçon raisonnable. Que Dieu conserve vos pieuses et charitables Seigneuries.* LE CURE DE GALVES.

Lorsque j'eus achevé de lire cette lettre, qui m'apprenoit les bonnes intentions de Monsieur le Curé, je ne demeurai pas incertain du parti que j'avois à prendre : Sortir de l'hôtellerie et gagner les bords du Tage à plus d'une lieue delà, fut l'ouvrage d'un moment. La crainte me prêta des ailes pour fuir lés Prêtres de l'Hôpital des Orphelins, où je ne voulois point absolument retourner, tant j'étois dégoûté de la maniere dont on y enseignoit le Latin. J'entrai dans Tolede aussi gayement que si j'eusse su où aller boire et manger. Il est vrai que c'est une ville de bénédiction, et dans laquelle un homme d'esprit, réduit à vivre aux dépens d'autrui, ne sauroit mourir de faim. A peine fus-je dans la grande Place, qu'un Cavalier bien vêtu, auprès de qui je passai, me retint par le bras et me dit : Petit garçon, veux-tu me servir ? je serois bien-aise d'avoir un laquais tel que toi. Et moi, lui répondis-je, un Maître comme vous. Cela étant, reprit-il, tu es à moi dès ce moment, et tu n'as qu'à me suivre ; ce que je fis sans repliquer.

Ce Cavalier qui pouvoit avoir trente ans, et qui se nommoit Don Abel, logeoit dans un hôtel garni, où il occupoit un assez bel appartement. C'étoit un Joueur de profeſſion, et voici de quelle ſorte nous vivions enſemble. Le matin, je lui hachois du tabac pour fumer cinq ou ſix pipes, je lui nettoyois ſes habits, et j'allois lui chercher un Barbier pour le raſer et lui redreſſer la mouſtache. Après quoi il ſortoit pour courir les tripots, d'où il ne revenoit au logis qu'entre onze heures et minuit. Mais tous les matins, avant que de ſortir, il tiroit de ſa poche trois réaux qu'il me donnoit à dépenſer par jour, me laiſſant la liberté de faire ce qu'il me plaîroit juſqu'à dix heures du ſoir ; pourvu que je fuſſe à l'hotel quand il y rentroit, il étoit fort content de moi. Il me fit faire un pourpoint et un haut-de-chauſſes de livrée, avec quoi j'avois tout l'air d'un petit commiſſionnaire de Coquettes. Je m'accommodois bien de ma condition, et certainement je n'en pouvois trouver une plus convenable à mon humeur.

Il y avoit déja près d'un mois que je menois une vie ſi heureuſe, lorſque mon Patron me demanda ſi j'étois ſatiſfait de lui, et ſur la réponſe que je fis qu'on ne pouvoit l'être davantage ; Hé bien, reprit-il, nous partirons donc demain pour Séville, où mes affaires m'appellent. Tu ne ſeras pas fâché de voir cette Capitale de l'Andalouſie. *Qui n'a pas vu Séville*, dit le Proverbe, *n'a rien vu.* Je lui témoignai que j'étois prêt à le ſuivre par-tout. Dès le même jour, le Meſſager de Séville vint prendre à l'hôtel garni un grand coffre, où étoient toutes les nipes de mon Maître, et le lendemain nous partîmes pour l'Andalouſie.

Le Seigneur Don Abel étoit ſi heureux au jeu qu'il ne perdoit que quand il vouloit ; ce qui l'obligeoit à changer ſouvent de lieu, pour éviter le reſſentiment des dupes, ce qui étoit la cauſe de notre voyage. Etant arrivés à Séville, nous prîmes un logement dans un hôtel garni auprès de la Porte de Cordoue, et nous recommençâmes à vivre comme à Tolede. Mais mon Patron trouva de la différence entre ces deux villes. Il rencontra des Joueurs qui jouoient auſſi heureuſement que lui dans les tripots de Séville, deſorte qu'il en revenoit quelquefois fort chagrin. Un matin qu'il étoit encore de mauvaiſe humeur d'avoir perdu cent piſtoles le jour précédent, il me demanda pourquoi je n'avois pas porté ſon linge ſale chez une Dame qui avoit ſoin de le blanchir et de le parfumer. Je répondis que je ne m'en étois pas ſouvenu. Là-deſſus ſe

mettant

mettant en colere, il m'appliqua fur le vifage une demi douzaine de foufflets fi rudement, qu'il me fit voir plus de lumieres qu'il n'y en avoit dans le Temple de Salomon : Tenez, petit malheureux, me dit-il, voilà pour vous apprendre à devenir attentif à vos devoirs. Faudrat-il donc que je fois fans ceffe aprés vous pour vous avertir de ce que vous avez à faire? Pourquoi n'êtes-vous pas auffi habile à fervir qu'à manger? Ne fauriez-vous, puifque vous n'êtes pas une bête, prévenir mes ordres et mes befoins? A ces mots il fortit de fon appartement, où il me laiffa très mortifié d'avoir reçu des foufflets pour une faute fi légere.

Je ne fai quelle avanture lui arriva peu de tems aprés dans un tripot, mais un foir il revint fort échauffé : Scipion, me dit-il, j'ai réfolu d'aller en Italie, et je dois m'embarquer après demain fur un vaiffeau qui s'en retourne à Genes. J'ai mes raifons pour faire ce voyage ; je crois que tu voudras bien m'accompagner, et profiter d'une fi belle occafion de voir le plus charmant pays qu'il y ait au monde. Je fis réponfe que j'y confentois, mais en même tems je me promis bien de difparoître au moment qu'il faudroit partir. Je m'imaginois par-là me venger de lui, et je trouvois ce projet très ingénieux. J'en étois fi content, que je ne pus m'empécher de le communiquer à un Vaillant de profeffion, que je rencontrai dans la rue. Depuis que j'étois à Séville, j'avois fait quelques mauvaifes connoiffances, principalement celle-là. Je lui contai de quelle maniere et pourquoi j'avois été foufleté ; enfuite je lui dis le deffein que j'avois de quiter Don Abel, lorfqu'il feroit prêt à s'embarquer, et je lui demandai ce qu'il penfoit de ma réfolution.

Le Brave fronça les fourcils en m'écoutant, et releva les crocs de fa mouftache ; puis blâmant gravement mon Maître : Petit bon-homme, me dit-il, vous êtes un garçon deshonoré pour jamais, fi vous vous en tenez á la frivole vengeance que vous méditez. Il ne fuffit pas de laiffer Don Abel partir tout feul, ce ne feroit point affez le punir, il faut proportionner le châtiment a l'outrage. Enlevons-lui fes hardes et fon argent, que nous partagerons en freres après fon depart. Quoique j'euffe un panchant naturel à dérober, je fus effrayé de la propofition d'un vol de cette importance. Cependànt l'archifripon qui me

me la faifoit, ne laiffa pas de me perfuader ; et voici quel
fut le fuccès de notre entreprife. Le Brave, qui étoit un
homme grand et robufte, vint le lendemain fur la fin du
jour me trouver à l'hôtel garni. Je lui montrai le coffre
ou mon Maître avoit déja ferré fes nipes, et je lui demandai s'il pourroit lui feul porter un coffre fi pefant. Si pefant, me dit-il, apprenez que lorfqu'il s'agit d'enlever le
bien d'autrui, j'emporterois l'Arche de Noé. En achevant ces paroles, il s'approcha du coffre, le mit fans peine
fur fes épaules, et defcendit l'efcalier d'un pié leger.
Je le fuivois du même pas ; et nous étions près d'enfiler
la porte de la rue, quand Don Abel, que fon heureufe é-
toile amena-là fi à propos pour lui, fe préfenta tout-à
coup devant nous.

Où vas-tu avec ce coffre, me dit-il ? Je fus fi troublé
que je demeurai muet ; et le Brave voyant le coup manqué, jetta le coffre à terre, et prit la fuite pour éviter les
éclairciffemens. Où vas-tu donc avec ce coffre, me dit
mon Maître pour la feconde fois ? Monfieur, lui répondis-je plus mort que vif, je vais le faire porter au vaiffeau
fur lequel vous devez demain vous embarquer pour l'Italie. Eh ! fais-tu, me repliqua-t-il, fur quel vaiffeau je
dois faire ce voyage ? Non, Monfieur, lui repartis-je ;
mais qui a langue va à Rome. Je m'en ferois informé
fur le port, et quelqu'un me l'auroit appris. A cette réponfe qui lui fut fufpecte, il me lança un regard furieux,
je crus qu'il m'alloit encore fouffleter. Qui vous a commandé, s'écria-t-il, de faire emporter mon coffre hors de
cet hôtel ? C'eft vous-même, lui dis-je. Eft-il poffible
que vous ne vous fouveniez plus du reproche que vous me
fîtes il y a quelque jours ? Ne me dites-vous pas en me
maltraitant, que vous vouliez que je prévinffe vos ordres,
et fiffe de mon chef ce qu'il y auroit à faire pour votre
fervice ? Or pour me regler là-deffus, je faifois porter
votre coffre au vaiffeau. Alors le Joueur, remarquant que
j'avois plus de malice qu'il n'avoit cru, me dit en me
donnant mon congé d'un air froid : Allez, Monfieur Scipion, que le ciel vous conduife. Je n'aime point à jouer
avec des gens qui ont tantôt une carte de plus, et tantôt
une carte de moins. Otez-vous de devant mes yeux, a-
jouta-t-il en changeant de tòn, de peur que je ne vous
faffe chanter fans folfier.

Je

Je lui épargnai la peine de me dire deux fois de me retirer. Je m'éloignai de lui dans le moment, mourant de peur qu'il ne me fît quitter mon habit, qu'il me laiſſa heureuſement. Je marchois le long des rues, en rêvant où je pourrois aller gîter avec deux réaux que j'avois pour tout bien: J'arrivai à la porte de l'Archevêché ; et comme on travailloit alors au ſouper de Monſeigneur, il ſortoit des cuiſines une agréable odeur, qui ſe faiſoit ſentir d'une lieue à la ronde. Peſte ! dis-je en moi-même, je m'accommoderois volontiers de quelqu'un de ces ragoûts qui me prennent au nez, je me contenterois même d'y tremper les quatre doigts et le pouce. Mais quoi ! ne puis-je imaginer un moyen de goûter de ces bonnes viandes, dont je ne fais que ſentir la fumée ? Pourquoi non ? cela ne me paroit pas impoſſible. Je m'échauffai l'imagination là-deſſus, et à force de rêver, il me vint dans l'eſprit une ruſe que j'employai ſur le champ et qui réuſſit. J'entrai dans la cour du Palais Archiépiſcopal en courant vers les cuiſines, et en criant de toute ma force, *Au ſecours, au ſecours !* comme ſi quelqu'un m'eût pourſuivi pour m'aſſaſſiner.

A mes cris redoublés, Maître Diégo, le cuiſinier de l'Archevêque, accourut avec trois ou quatre marmitons pour en ſavoir la cauſe, et ne voyant perſonne que moi, il me demanda pour quel ſujet je criois ſi fort. Ah ! Seigneur, lui répondis-je en faiſant toutes les démonſtrations d'un homme épouvanté, par Saint Policarpe ſauvez moi je vous prie de la fureur d'un Spadaſſin qui veut me tuer. Où eſt-il donc ce Spadaſſin, s'écria Diégo ? vous êtes tout ſeul de votre compagnie, et je ne vois pas un chat à vos trouſſes. Allez, mon enfant, raſſurez-vous. C'eſt apparemment quelqu'un qui a voulu vous faire peur pour ſe divertir, et qui a bien fait de ne vous pas ſuivre dans ce Palais, car nous lui aurions pour le moins coupé les oreilles. Non, non, dis-je au cuiſinier, ce n'eſt pas pour rire qu'il m'a pourſuivi. C'eſt un grand pendard qui vouloit me dépouiller, et je ſuis ſûr qu'il m'attend dans la rue. Il vous attendra donc longtems, reprit-il, puiſque vous demeurerez ici juſqu'à demain. Vous y ſouperez et coucherez.

Je fus tranſporté de joie quand j'entendis ce dernieres paroles, et ce fut pour moi un ſpectacle raviſſant, lorſqu'ayant

yant été conduit par Maître Diégo dans les cuisines, j'y
vis les préparatifs du souper de Monseigneur. Je comptai jusqu'à quinze personnes qui en étoient occupées, mais
je ne pus nombrer les mets qui s'offrirent à ma vue, tant
la Providence avoit soin d'en pourvoir l'Archevêché. Ce
fut alors que respirant à plein nez la fumée des ragoûts
que je n'avois senti que de loin, j'appris à connoître la
sensualité. J'eus l'honneur de souper et de coucher avec
les marmitons, dont je gagnai si bien l'amitié, que le jour
suivant, lorsque j'allai remercier Maître Diégo de m'a-
voir donné si généreusement un asile, il me dit : Nos
garçons de cuisine m'ont témoigné tous, qu'ils seroient
ravis de vous avoir pour camarade, tant ils trouvent votre
humeur à leur gré. De votre côté, seriez-vous bien-aise
d'être leur compagnon? Je répondis que si j'avois ce
bonheur-là, je me croirois au comble de mes vœux.
Si cela est, mon ami, reprit-il, regardez-vous dès-à-pré-
sent comme un Officier de l'Archevêché. A ces mots il
me mena et me présenta au Majordome, qui sur mon air
éveillé me jugea digne d'être reçu parmi les fouille-au-
pot.

Je ne fus pas plutôt en possession d'un emploi si honorable, que Maître Diégo, suivant l'usage de cuisiniers des
grandes Maisons qui envoient secrettement des viandes à
leurs Mignonnes, me choisit pour porter chez une Dame
du voisinage, tantôt des longes de veau, et tantôt de
la volaille ou de gibier. Cette bonne Dame étoit une
veuve de trente ans tout au plus, très jolie, très vive, et qui
avoit tout l'air de n'être pas exactement fidele à son cuisinier. Il ne se contentoit pas de lui fournir de la viande,
du pain, du sucre et de l'huile, il faisoit aussi sa provision
de vin; et tout cela aux dépens de Monseigneur l'Archevêque.

J'achevai de me dégourdir dans le Palais de Sa Grandeur, où je fis un tour assez plaisant, et dont on parle encore aujourd'hui dans Seville. Les Pages et quelques
autres Domestiques, pour célébrer l'Anniversaire de Monseigneur, s'aviserent de vouloir représenter une Comédie.
Ils choisirent celle des *Bénavides* ; et comme il leur falloit un garçon de mon âge pour faire le rôle du jeune
Roi de Léon, ils jetterent les yeux sur moi. Le Majordome, qui se piquoit de déclamation, se chargea de m'ex-

ercer, et après m'avoir donné quelques leçons, aſſura que je ne ſerois pas celui qui s'en s'acquiteroit le plus mal. Comme c'etoit le Patron qui faiſoit la dépenſe de la Fête, on n'épargña rien pour la rendre magnifique. On conſtruiſit dans la plus grande Salle du Palais un Theatre qui fut bien décor. On fit dans les ailes un lit de gazon, ſur lequel je devois paroitre endormi, quand les Maures viendroient ſe jetter ſur moi pour me faire priſonnier. Lorſque les Acteurs furent en état de jouer la Piece, l'Archevêque fixa le jour de la repréſentation, et ne manqua pas de prier les Seigneurs et les Dames les plus conſidérables de la ville de s'y trouver.

Ce jour venu, chaque Acteur ne s'occupa que de ſon habillement. Pour le mien, il me fût apporté par un Tailleur accompagné de notre Majordome, qui s'étant donné la peine de me répéter mon rôle, ſe faiſoit un plaiſir de me voir habiller. Le Tailleur me revétit d'une riche robe de velours, bien garni de galons et de boutons d'or, avec des manches pendantes ornées de franges du même métal ; et le Majordome lui-même me poſa ſur la tête une couronne de carton, parſemée de quantité de perles fines mêlées parmi de faux diamans. De plus ils me mirent une ceinture de ſoie couleur de roſe à fleurs d'argent ; et à chaque choſe dont ils me parloient, il me ſembloit qu'ils m'attachoient des ailes pour m'envoler et m'en aller. Enfin la Comédie commença ſur la fin du jour. J'ouvris la ſcene par tirade de vers qui aboutiſſoit à dire, que ne pouvant me défendre des charmes du ſommeil, j'allois m'y abandonner. En même tems je me retirai dans les couliſſes, et me jettai ſur le lit de gazon qui m'y avoit été préparé ; mais au-lieu de m'y endormir, je me mis à rêver aux moyens de pouvoir gagner la rue, et me ſauver avec mes habits royaux. Un petit eſcalier dérobé, par où l'on deſcendoit ſous le Théatre et dans la Salle, me parut propre à l'exécution de mon deſſein. Je me levai légerement, et voyant que perſonne ne prenoit garde à moi, j'enfilai cet eſcalier, qui me conduiſit dans la Salle, dont je gagnai la porte, en criant, *Place, place ! je vais changer d'habit.* Chacun ſe rangea pour me laiſſer paſſer ; de ſorte qu'en moins de deux minutes je ſortis impunément du Palais à la faveur de la nuit, et me rendis à la maiſon du Vaillant mon ami.

ll

Il fut dans le dernier étonnement de me voir vêtu comme j'étois. Je le mis au fait, et il en rit de tout son cœur. Puis m'embraſſant avec d'autant plus de joie qu'il ſe flattoit d'avoir part aux dépouilles du Roi de Léon, il me félicita d'avoir fait un ſi beau coup, et me dit que ſi je ne me démentois pas dans la ſuite, je ferois un jour du bruit dans le monde par mon eſprit. Après nous être é- gayés tous deux et bien épanouis la rate, je dis au Brave: Que ferons-nous de ce riche habillement? Que cela ne nous embaraſſe point, me répondit il. Je connois un honnête Fripier, qui ſans témoigner la moindre curioſité, achette tout ce qu'on veut lui vendre, pourvu qu'il y trouve bien ſon compte. Demain màtin j'irai le chercher, et je vous l'amenerai ici. En effet le jour ſuivant le Brave ſortit de grand matin de ſa chambre, où il me laiſſa au lit, et revint deux heures après avec le Fripier, qui portoit un paquet de toile jaune: Mon ami, me dit-il, je vous pré- ſente le Seigneur Ybagnez de Ségovie, qui malgré le mauvais exemple que ſes confreres lui donnent, ſe pique de la plus ſcrupuleuſe intégrité. Il va vous dire au juſte ce que vaut habillement dont vous voulez vous défaire, et vous pourrez vous en tenir à ſon eſtimation. Oh pour cela oui, dit le Fripier. Il faudroit que je fuſſe un grand miſérable, pour priſer une choſe au deſſous de ſa valeur. C'eſt ce qu'on n'a point encore reproché, Dieu merci, et ce qu'on ne reprochera jamais à Ybagnez de Ségovie. Voyons un peu, ajouta-t-il, les hardes que vous avez en- vie de vendre, je vous dirai en conſcience ce qu'elles va- lent. Les voici, lui dit le Brave en les lui montrant ; convenez que rien n'eſt plus magnifique ; remarquez bien la beauté de ce velours de Genes, et la richeſſe de cette garniture. J'en ſuis enchanté, répondit le Fripier, après avoir examiné l'habit avec beaucoup d'attention, rién n'eſt plus beau. Et que penſez-vous des perles qui ſont à cette couronne, reprit mon ami ? Si elles étoient plus rondes, repartit Ybagnez, elle ſeroient ineſtimables ; cependant telles qu'elles ſont, je les trouve fort belles, et j'en ſuis auſſi content que du reſte. J'en demeure d'accord de bonne foi, continua-t-il. Un fourbe de Fripier à ma place affecteroit de mépriſer la marchandiſe pour l'avoir à vil prix, et n'auroit pas honte d'en offrir vingt piſtoles ; mais moi qui ai de la morale, j'en donnerai quarante.

X 2

Quand

Quand Ybagnez auroit dit cent, il n'eût pas encore été un juſte eſtimateur, puiſque les perles ſeules en valoient bien deux cens. Le Brave, qui s'entendoit avec lui, me dit: Voyez le bonheur que vous avez d'être tombé entre les mains d'un honnête homme. Le Seigneur Ybagnez apprécie les choſes comme s'il étoit à l'article de la mort. Cela eſt vrai, dit le Fripier; auſſi n'y a-t-il pas une obole à rabattre ou à augmenter avec moi. Hé bien, ajouta-t-il, eſt-ce une affaire finie? N'y a-t-il qu'à vous compter les eſpeces? Attendez, lui répondit le Brave, il faut auparavant que mon petit ami eſſaye l'habit que je vous ai fait apporter ici pour lui, je ſuis bien trompé s'il n'eſt pas convenable à ſa taille. Alors le Fripier, ayant défait ſon paquet, me montra un pourpoint et un haut-de-chauſſes d'un beau drap muſc avec des boutons d'argent, le tout à demi-uſé. Je me levai pour eſſayer cet habillement, lequel, quoique trop large et trop long, parut à ces Meſſieurs fait exprès pour moi. Ybagnez le priſa dix piſtoles, et comme il n'y avoit rien à rabattre avec lui, il en fallut paſſer par-là. De ſorte qu'il tira de ſa bourſe trente piſtoles qu'il étala ſur une table; après quoi il fit un autre paquet de ma robe royale et de ma couronne, qu'il emporta.

Lorſqu'il fut ſorti, le Vaillant me dit, je ſuis très ſatisfait de ce Fripier. Il avoit bien raiſon de l'être, car je ſuis ſûr qu'il tira de lui pour le moins une centaine de piſtoles de bénéfice. Mais il ne ſe contenta point de cela; il prit ſans façon la moitié de l'argent qui étoit ſur la table, et me laiſſa l'autre en me diſant: Mon cher Scipion, avec ces quinze piſtoles qui vous reſtent, je vous conſeille de ſortir inceſſamment de cette ville, où vous jugez bien qu'on ne manquera pas de vous chercher par ordre de Monſeigneur l'Archevêque. Je ſerois au deſeſpoir qu'après vous être ſignalé par une action qui fera honneur à votre hiſtoire, vous vous fiſſiez ſottement mettre en priſon. Je lui répondis que j'avois bien reſolu de m'éloigner de Séville, comme en effet, après avoir acheté un chapeau et quelques chemiſes, je gagnai la vaſte et délicieuſe campagne qui conduit entre des vignes et des oliviers à l'ancienne cité de Carmone, et trois jours après j'arrivai à Cordoue.

J'allai

J'allai loger dans une hôtellerie à l'entrée de la grande Place, où demeurent les Marchands. Je me donnai pour un enfant de famille de Tolede qui voyageoit pour son plaisir: j'étois assez proprement vétu pour le faire croire, et quelques pistoles que j'affectai de laisser voir comme par hazard à l'hôte, acheverent de le lui persuader. Peut-être aussi que ma grande jeunesse lui fit penser que je pouvois être quêlque petit libertin qui couroit le pays après avoir volé ses parens. Quoi qu'il en soit, il ne parut point curieux d'en savoir plus que je ne lui en disois, de peur apparemment que sa curiosité ne m'obligeât à changer de logement. Pour six réaux par jour on étoit bien dans cette hôtellerie, où il y avoit beaucoup de monde ordinairement. Je comptai le soir au souper jusqu'à douze personnes à table. Ce qu'il y a de plaisant, c'est que chacun mangeoit sans rien dire, à la réserve d'un seul homme, qui parlant sans cesse à tort et à travers, compensoit par son babil le silence des autres. Il faisoit le bel esprit, débitoit des contes, et s'efforçoit par des bons mots de réjouir la compagnie, que de tems en tems éclatoit de rire, moins à la vérité pour applaudir à ses saillies, que pour s'en moquer.

Pour moi je faisois si peu d'attention aux discours de cet Original, que je me serois levé de table sans pouvoir rendre compte de ce qu'il avoit dit, s'il n'eût trouvé moyen de m'intéresser dans ses discours: Messieurs, s'écria-t-il sur la fin du repas, je vous garde pour la bonne bouche une histoire des plus divertissantes, une avanture arrivée ces jours passés à l'Archevéché de Séville. Je la tiens d'un Bachelier de ma connoissance qui en a, dit-il, été témoin. Ces paroles me causerent quelque émotion; je ne doutai point que cette avanture ne fut la mienne, et je n'y fus pas trompé. Ce personnage en fit un récit fidele, et m'apprit même ce que j'ignorois, c'est-à-dire, ce qui s'étoit passé dans la Salle après mon depart, ce que je vais vous raconter.

A peine eus-je pris la fuite, que les Maures, qui suivant l'ordre de la Piece qu'on représentoit, devoient m'enlever, parurent sur la scene, dans le dessein de venir me surprendre sur le lit de gazon où ils me croyoient endormi; mais quand ils voulurent se jetter sur le Roi de Léon, ils furent bien étonnés de ne trouver ni Roi ni Roque. Aussitôt la Comédie fut interrompue. Voilà

tous les Acteurs en peine: les uns m'appellent, les autres
me font chercher : celui-ci crie, et celui-là me donne à
tous les diables. L'Archevêque s'appercevant que le
trouble et la confusion regnoient derriere le Théatre, en
demande la cause. A la voix du Prélat, un Page, qui
faisoit la *Graciofo* dans la Piece, accourut et dit à Sa
Grandeur: Monseigneur, ne craignez plus que les Maures
faffent prisonnier le Roi de Léon ; il vient de se sauver
avec son habillement royal. Le Ciel en soit loué, s'e-
cria l'Archevêque. Il a parfaitement bien fait de fuir les
ennemis de notre Religion, et d'échapper aux fers qu'ils
lui préparoient. Il sera sans doute retourné à Léon, la
Capitale de son Royaume. Puisse-t-il y arriver sans mal-
encontre. Au reste je défens qu'on suive ses pas, je serois
fâché que Sa Majesté reçut quelque mortification de ma
part. Le Prélat ayant parlé de cette sorte, ordonna qu'on
lût mon rôle, et qu'on achevât la Comédie.

C H A P I T R E XI.

Suite de l'Histoire de Scipion.

TANT que j'eus de l'argent, mon hôte eut de grands
égards pour moi ; mais du moment qu'il s'apperçut que je n'en avois plus gueres, il me battit froid, il me
fit une querelle d'Allemand, et me pria un beau matin de
sortir de sa maison. Je le quitai fierement, et j'entrai
dans l'Eglise des Peres de St. Dominique, où pendant que
j'entendois la Messe, un vieux Mendiant vint me demander l'aumone. Je tirai de ma poche deux ou trois maravédis, que je lui donnai en lui disant: Mon ami, priez
Dieu qu'il me fasse trouver bientôt quelque bonne place :
si votre priere est exaucée, vous ne vous repentirez pas
de l'avoir faite, comptez sur ma reconnoissance.

A ces mots le Gueux me considéra fort attentivement,
et me répondit d'un air sérieux : Quel poste souhaiteriez-
vous d'avoir ? Je voudrois, lui répliquai-je, être laquais
dans quelque maison oú je fusse bien. Il me demanda si
la chose pressoit. On ne peut pas davantage, lui dis-je;
car si je n'ai pas au plutôt le bonheur d'être placé il n'y
a point de milieu, il faudra que je meure de faim, ou que
je devienne un de vos confreres. Si vous étiez réduit à

cette

cette néceflité, reprit-il, cela feroit fâcheux pour vous, qui n'étes pas fait à nos manieres; mais pour peu que vous y fuffiez accoutumé, vous préfereriez notre état à la fervitude, qui fans contredit eft inferieure à la gueuferie. Cependant puifque vous aimez mieux fervir, que de mener comme moi une vie libre et indépendante, vous aurez un Maitre inceffamment. Tel que vous me voyez, je puis vous être utile. Soyez ici demain à la même heure.

Je n'eus garde d'y manquer. Je revins le jour fuivant au même endroit, où je ne fus pas longtems fans appercevoir le Mendiant, qui vint me joindre, et qui me dit de prendre la peine de le fuivre. Je le fuivis. Il me conduifit à une cave qui n'étoit pas éloignée de l'Eglife, et où il faifoit fa réfidence. Nous y entrâmes tous deux, et nous étant affis fur un long banc qui avoit pour le moins cent ans de fervice, il me tint ce difcours. Une bonne action, comme dit le Proverbe, trouve toujours fa récompenfe; vous me donnâtes hier l'aumône, et cela m'a déterminé à vous procurer une condition, ce qui fera bientôt fait, s'il plaît au Seigneur. Je connois un vieux Dominicain, nommé le Pere Alexis, qui eft un faint Religieux, un grand Directeur. J'ai l'honneur d'être fon commiffionnaire, et je m'acquite de cet emploi avec tant de difcrétion et de fidélité, qu'il ne refufe point d'employer fon crédit pour moi et pour mes amis. Je lui ai parlé de vous, et je l'ai mis dans la difpofition de vous rendre fervice. Je vous prefenterai à fa Révérence quand il vous plaîra.

Il n'y a pas un moment à perdre, dis-je au vieux Mendiant, allons voir tout-à-l'heure ce bon Religieux. Le Pauvre y confentit, et me mena fur le champ au Pere Alexis, que nous trouvâmes occupé dans fa chambre à écrire des Lettres fpirituelles. Il interrompit fon travail pour me parler. Il me dit qu'à la priere de Mendiant il vouloit bien s'intéreffer pour moi. Ayant appris, pourfuivit-il, que le Seigneur Baltazar Vélafquez avoit befoin d'un laquais, je lui ai écrit ce matin en votre faveur, et il vient de me fair réponfe qu'il vous recevroit aveuglément de ma main. Vous pouvez dès ce jour le voir de ma part, c'eft mon pénitent et mon ami. Là-deffus le Moine m'exhorta pendant trois quarts d'heure à bien remplir mes devoirs. Il s'étendit principalement fur l'obligation où

j'é·ois

j'étois de servir Vélasquez avec zele ; après quoi il m'assura qu'il auroit soin de me maintenir dans mon poste, pourvu que mon Maître n'eut point de reproche à me faire.

Après avoir remercié le Religieux des bontés qu'il avoit pour moi, je sortis du Monastere avec le Mendiant, qui me dit que le Seigneur Baltazar Vélasquez étoit un vieux Marchand de drap, un homme riche, simple et débonnaire. Je ne doute pas, ajouta-t-il, que vous ne soyez parfaitement bien dans sa maison. Je m'informai de la demeure du Bourgeois, et je m'y rendis sur le champ, après avoir promis au Gueux de reconnoître ses bons Offices, sitôt que j'aurois pris racine dans ma condition. J'entrai dans une grande boutique, où deux jeunes garçons marchands, proprement vêtus, se promenoient en long et en large, et faisoient les agréables en attendant la pratique. Je leur demandai si le Maître y étoit, et leur dis que j'avois à lui parler de la part du Pere Alexis. A ce nom vénérable on me fit passer dans une arriere-boutique, où le Marchand feuilletoit un gros régitre qui étoit sur un bureau. Je le saluai respectueusement, et m'étant approché de lui : Seigneur, lui dis-je, vous voyez le jeune homme quel le Révérend Pere Alexis vous a proposé pour laquais. Ah ! mon enfant, me répondit-il, sois le bien venu. Il suffit que tu me sois envoyé par ce saint homme. Je te reçois à mon service préférablement à trois ou quatre laquais qu'on me veut donner. C'est une affaire décidée, tes gages courent dès ce jour.

Je n'eus pas besoin d'être longtems chez ce Bourgeois, pour m'appercevoir qu'il étoit tel qu'on me l'avoit dépeint. Il me parut même d'une si grande simplicité, que je ne pus m'empêcher de penser que j'aurois bien de la peine à m'abstenir de lui jouer quelque tour. Il étoit veuf depuis quatre années, et il avoit deux enfans, un garçon qui achevoit son cinquième lustre, et une fille qui commençoit son troisieme. La fille élevée par une Duegne sévere, et dirigée par le Pere Alexis, marchoit dans le sentier de la vertu : mais Gaspard Vélasquez son frere, quoiqu'on n'eût rien épargné pour en faire un honnête-homme, avoit tous les vices d'un jeune libertin. Il passoit quelquefois des deux ou trois jours hors du logis ; et si à son retour son pere s'avisoit de lui en faire des reproches, Gaspard lui

imposoit

impofoit filence, et le prenant.fur un ton plus haut que
le fien.

Scipion, me dit un jour le Vieillard, j'ai un fils qui fait
toute ma peine.   Il eft plongé dans toute forte de débau-
ches : cela m'étonne, car fon éducation n'a point été ne-
gligée.   Je lui ai donné de bons Maîtres ; et le Pere A-
lexis, mon ami, a fait tous fes efforts pour le mettre dans
le bon chemin.   Il n'a pu en venir à bout, Gafpard s'eft
jetté dans le libertinage.   Tu me diras peut-être que je
l'ai traité avec trop de douceur dans fa puberté, et que c'eft
cela qui l'a perdu : mais non ; il a été châtié quand j'ai
jugé à propos d'ufer de rigueur ; car tout débonnaire que
je fuis, j'ai de la fermeté dans les occafions qui en demandent. Je l'ai même fait enfermer dans une Maifon de force,
et il n'en eft devenu que plus méchant.   En un mot, c'eft
un de ces mauvais fujets que le bon exemple, les remontrances et les châtimens mêmes ne fauroient corriger.   Il
n'y a que le Ciel qui puiffe faire ce miracle.

Si je ne fus pas fort touché de la douleur de ce malheureux pere, du moins je fis femblant de l'être.   Que je
vous plains, Monfieur, lui-dis-je ! un homme de bien
comme vous, méritoit d'avoir un meilleur fils.   Que veux-
tu, mon enfant, me répondit-il ? Dieu m'a voulu priver
de cette confolation.   Entre les fujets que Gafpard me
donne de mè plaindre de lui, pourfuivit-il, je te dirai confidemment qu'il y en a un qui me caufe beaucoup d'inquiétude ; c'eft l'envie qu'il a de me voler, et qu'il ne trouve
que trop fouvent moyen de fatisfaire, malgré ma vigilance.
Le laquais à qui tu fuccedes s'entendoit avec lui, et c'eft
pour cela que j'ai chaffé ce domeftique.   Pour toi, je
compte que tu ne te laifferas pas corrompre par mon fils.
Tu épouferas mes intérêts, je ne doute pas que le Pere
Alexis ne te l'ait bien recommendé.   Je vous en répons,
lui dis-je : Sa Révérence m'a exhorté pendant une heure
à n'avoir en vue que votre bien ; mais je puis vous affurer
que je n'avois pas befoin pour cela de fon exhortation.   Je
me fens difpofé à vous fervir fidelement, et je vous promets enfin un zele à toute épreuve.

Qui n'entend qu'une partie, n'entend rien. Le jeune
Vélafquez, Petit-Maître en diable, jugeant à ma phifionomie que je ne ferois pas plus difficile à féduire que mon
prédéceffeur, m'attira dans un endroit écarté, et me par-

la dans ces termes. Ecoute, mon cher, je fuis perfuadé que mon pere t'a chargé de m'efpionner ; prends y garde, je t'en avertis, cet emploi n'eft pas fans defagrément. Si je viens à m'appercevoir que tu m'obferves, je te ferai mourir fous le bâton ; au-lieu que fi tu veux m'aider à tromper mon pere, tu peus tout attendre de ma reconnoif-ance. Faut-il te parler plus clairement ? tu auras ta part des coups de filet que nous ferons enfemble. Tu n'as qu'à choifir : declare toi dans ce moment pour le pere ou pour le fils, point de neutralité.

Monfieur, lui répondis-je, vous me ferrez furieufement le bouton ; je vois bien que je ne pourrai me défendre de me ranger de votre parti, quoique dans le fonde je me fente de la répugnance à trahir le Seigneur Vélafquez. Tu ne dois t'en faire aucun fcrupule, reprit Gafpard ; c'eft un vieil avare, qui voudroit encore me mener par la lifiere ; un vilain, qui me refufe mon néceffaire en refufant defournir à mes plaifirs, car le plaifirs font des befoins à vingt-cinq ans. C'eft dans ce point de vue qu'il faut que tu regardes mon pere. Voilà qui eft fini, Monfieur, lui dis-je, il n'y a pas moyen de tenir contre un fi jufte fujet de plainte. Je m'offre à vous feconder dans vos louables entreprifes ; mais cachons bien tous deux notre intelligence, de peur qu'on ne mette à la porte votre fidele ajoint. Vous ne ferez point mal, ce me femble, d'affecter de me haïr, parlez moi brutalement devant le monde, ne mefurez pas les termes. Quelques fouflets même, et quelques coups de pié au cul ne gateront rien ; au contraire, plus vous me donnerez de marques d'averfion, plus le Seigneur Baltazar aura de confiance en moi. De mon côté, je ferai femblant d'éviter votre converfation. En vous fervant à table, je paroîtrai ne m'en acquiter qu'à regret ; et quand je m'entretiendrai de votre Seigneurie avec les garçons de bou-tique, ne trouvez pas mauvais que je dife pis que pendre de vous.

Vive Dieu ! s'écria le jeune Vélafquez à ces dernieres paroles. Je t'admire, mon ami ; tu fais paroître à ton âge un génie étonnant pour l'intrigue, j'en conçois pour moi le plus heureux préfage. J'efpere qu'avec le fecours de ton efprit, je ne laifferai pas une piftole à mon pere. Vous me faites trop d'honneur, lui dis-je, de tant compter fur mon induftrie. Je ferai mon poffible pour juftifier la bonne opi-

opinion que vous avez de moi ; et si je ne puis y réussir, du moins ce ne sera pas ma faute.

Je ne tardaî gueres à faire connoître à Gaspard, que j'étois effectivement l'homme qu'il lui falloit ; et voici quel fut le premier service que je lui rendis. Le coffre-fort de Baltazar étoit dans la chambre de ce bonne homme, à la ruelle de son lit, et lui servoit de Prie-Dieu. Toutes les fois que je le regardois, il me réjouissoit la vue, et je lui di-sois souvent en moi-même : Coffre-fort, mon ami, seras tu toujours fermé pour moi ? N'aurai-je jamais le plaisir de contempler le trésor que tu receles ? Comme j'allois quand il me plaisoit dans la chambre dont l'entrée n'étoit interdite qu'à Gaspard, il arriva un jour que j'aperçus son pere, qui croyant n'être vu de personne, après avoir ouvert et refermé son coffre-fort, en cacha la clé derriere une tapisserie. Je remarquai bien l'endroit, et fis part de cette découverte à mon jeune Maître, qui me dit en m'em-brassant de joi : Ah ! mon cher Scipion, que viens-tu m'apprendre ? Notre fortune est faite, mon enfant. Je te donnerai dès aujourd'hui de la cire, tu prendras l'em-preinte de la clé, et tu me la remettras entre les mains. Je n'aurai pas de peine à trouver un Serrurier obligeant dans Cordoue, qui n'est pas la ville d'Espagne où il y a le moins de fripons

Hé pourquoi, dis-je à Gaspard, voulez-vous faire faire une fausse clé ? nous pouvons nous servir de la véritable. Ou, me répondit-il ; mais je crains que mon pere, par défiance ou autrement, ne s'avise de la cacher ailleurs, et le plus sûr est d'en avoir une qui soit à nous. J'approu-vai sa crainte ; et me rendant à son sentiment, je mé pré-parai à prendre l'empreinte de la clé ; ce qui fut exécuté un beau matin, tandis que mon vieux Patron faisoit une visite au Pere Alexis, avec lequel il avoit ordinairement de fort longs entretiens. Je n'en demeurai pas-là : je me servis de la clé pour ouvrir le coffre-fort, qui se trouvant rempli de grands et de petits sacs, me jetta dans un embar-ras charmant. Je ne savois lequel choisir, tant je me sen-tois d'affection pour les uns et pour les autres : néanmoins, comme la peur d'être surpris ne me permettoit pas de faire un long examen, je me saisis à tout hazard d'un de plus gros. Ensuite, ayant refermé le coffre et remis la clé der-riere la tapisserie, je sortis de la chambre avec ma proie,

que

que j'allai cacher fous mon lit dans une petite garderobe où je couchois.

Ayant fait fi heureufement cette opération, je rejoignis promptement le jeune Vélafquez, qui m'attendoit dans une maifon où il m'avoit donné rendez-vous, et je le revis en lui apprenant ce que je venois de faire. Il fut fi content de moi qu'il m'accabla de careffes, et m'offrit généreufement la moitie des efpeces qui étoient dans le fac, ce que je refufai. Non, non, Monfieur, lui dis-je, ce prémier fac eft pour vous feul, fervez-vous-en pour vos befoins. Je retournerai inceffamment au coffre-fort, où, graces au Ciel, il y a de l'argent pour nous deux. En effet trois jours après, j'enlevai un fecond fac, où il y avoit, ainfi que dans le premier, cinq cens écus, defquels je ne voulus accepter que le quart, quelques inftances que me fit Gafpard pour m'obliger à les partager avec lui fraternellement.

Sitôt que ce jeune homme fe vit fi bien en fonds, et par confequent en état de fatisfaire la paffion qu'il avoit pour les Femmes et pour le Jeu, il s'y abandonna tout entier; il eut même le malheur de s'entêter d'une de ces fameufes Coquettes qui dévorent en engloutiffent en peu de tems les plus gros patrimoines; il fe jetta pour elle dans une dépenfe effroyable; ce qui me mit dans la néceffité de rendre tant de vifites au coffre-fort, que le vieux Vélafquez s'apperçut enfin qu'on le voloit. Scipion, me dit-il un matin, il faut que je te faffe une confidence: quelqu'un me vole, mon ami; on a ouvert mon coffre-fort; on en a tiré plufieurs facs; c'eft un fait conftant. Qui dois-je accufer de ce larcin? ou plutôt, quel autre que mon fils peut l'avoir fait? Gafpard fera furtivement entré dans ma chambre, ou bien tu l'y auras toi-même introduit; car je fuis tenté de te croire d'accord avec lui, quoique vous paroiffiez tous deux fort mal enfemble. Néanmoins je ne veux pas écouter ce foupçon, puifque le Pere Alexis m'a répondu de ta fidélité. Je répondis que, graces à Dieu, le bien d'autrui ne me tentoit point, et j'accompagnai ce menfonge d'une grimace hypocrite qui me fervit d'apologie.

Effectivement le Vieillard ne m'en parla plus; mais il ne laiffa pas de m'envelopper dans fa defiance, et prenant des précautions contre nos attentats, il fit mettre à fon coffre-fort une nouvelle ferrure, dont il porta toujours depuis

puis

puis la clé dans ses poches. Par ce moyen tout commerce
étant rompu entre nous et les sacs, nous demeurâmes fort
sots, particulierement Gaspard, qui ne pouvant plus faire
la même dépense pour sa Nymphe, craignit d'être obligé
de ne la plus voir. Il eut pourtant l'esprit d'imaginer un
expédient qui le fit rouler encore quelques jours, et cet ingénieux expédient fut de s'approprier par forme d'emprunt
tout ce qui m'étoit revenu des saignées que j'avois faites
au coffre-fort. Je lui donnai jusqu'à la derniere piece : ce
qui pouvoit, ce me semble, passer pour une restitution an-
ticipée que je faisois au vieux Marchand dans la personne
de son héritier.

Ce jeune homme, lorsqu'il eut épuisé cette ressource,
considérant qu'il n'en avoit plus aucune, tomba dans une
profonde et noire mélancholie, qui troubla peu à peu sa
raison. Il ne regarda plus son pere que comme un homme
qui faisoit tout le malheur de sa vie. Il entra dans un
vif desespoir ; et sans être retenu par la voix du sang, le
miserable conçut l'horrible dessein de l'empoisonner. Il
ne se contenta pas de me faire confidence de cet exécrable
projet, il me proposa même de servir d'instrument à sa
vengeance. A cette proposition, je me sentis saisi d'effroi :
Monsieur, lui dis-je, est-il possible que vous soyez assez
abandonné du Ciel pour avoir formé cette abominable résolution ? Quoi ! vous seriez capable de donner la mort à
l'auteur de vos jours ! On verroit en Espagne, dans le sein
du Christianisme, commettre un crime dont la seule idée
feroit horreur aux Nations les plus barbares ! Non, mon
cher Maître, ajoutai-je, en me mettant à ses genoux, non,
vous ne ferez point un action qui souleveroit contre vous
toute la terre, et qui feroit suivie d'un infame châtiment !

Je tins encore d'autres discours à Gaspard, pour le détourner d'un enterprise si coupable. Je ne sai où j'allai
prendre tous les raisonnemens d'honnête homme dont je
me servis pour combattre son desespoir ; mais il est certain
que je lui parlai comme un Docteur de Salamanque, tout
jeune, et tout fils que j'étois de la Coscolina. Cependant
j'eus beau lui représenter qu'il devoit rentrer en lui-même,
et rejetter courageusement les pensées détestables dont son
esprit étoit assailli, tout mon éloquence fut inutile. Il
baissa la tête sur son estomac, et gardoit un morne silence ;

quelque chofe que je puffe lui dire, il me fit juger qu'il n'en démordroit point.

Là-deffus prenant mon parti, je demandai un fecret entretien à mon vieux Maître, avec qui m'étant enfermé: Monfieur, lui dis-je, fouffrez que je me jette à vos pieds, et que j'implore votre miféricorde. En achevant ces paroles, je me profternai devant lui avec beaucoup d'emotion et le vifage baigné de larmes. Le Marchand furpris de mon action et de mon air troublé, me demanda ce que j'avois fait. Une faute dont je me repens, lui répondis-je, et que je me reprocherai toute ma vie. J'ai eu la foibleffe d'écouter votre fils, et de l'aider à vous voler. En même tems je lui fis un aveu fincere de tout ce qui s'étoit paffé à ce fujet: après quoi je lui rendis compte de la converfation que je venois d'avoir avec Gafpard, dont je lui révélai le deffein fans oublier la moindre circonftance. Quelque mauvaife opinion que le vieux Vélafque eût de fon fils, à peine pouvoit-il ajouter foi à ce difcours. Néanmoins, ne doutant point que mon rapport ne fût véritable, Scipion, me dit-il en me relevant, car j'etois toujours à fes pieds, je te pardonne en faveur de l'avis important que tu viens de me donner. Gafpard, pourfuivit-il en élevant la voix, Gafpard en veut à mes jours? Ah! fils ingrat, monftre qu'il eût mieux valu étouffer en naiffant, que laiffer vivre pour devenir un parricide! quel fujet as-tu d'attenter fur ma vie? Je te fournis tous les ans une fomme raifonnable pour tes plaifirs, et tu n'es pas content! Faut-il donc pour te fatisfaire, que je te permette de diffiper tous mes biens! Ayant fait cette apoftrophe amere, il me recommanda le fecret, et me dit de le laiffer feul fonger à ce qu'il avoit à faire dans une conjoncture fi délicate.

J'étois fort en peine de favoir quelle réfolution prendroit ce pere infortuné, lorfque le même jour il fit appeller Gafpard et lui tint ce difcours, fans lui rien témoigner de ce qu'il avoit dans l'ame: Mon fils, j'ai reçu une lettre de Mérida, d'où l'on me mande que fi vous voulez vous marier, on vous offre une fille de quinze ans, parfaitement belle, et qui vous apportera une riche dot. Si vous n'avez point de répugnance pour le mariage, nous partirons demain au lever de l'aurore pour Mérida, nous verrons la perfonne qu'on vous propofe, et fi elle eft de votre goût

vous l'épouferez. Gafpard entendant parler d'une riche
dot, et croyant déja la tenir, répondit fans héfiter qu'il
étoit prêt à faire ce voyage : fi bien qu'ils partirent le lendemain dès la pointe du jour, tous deux feuls, et montés
fur de bonnes mules.

Quand ils furent dans les montagnes de Féfira, et dans
un endroit auffi chéri des voleurs que redouté des paffans,
Baltazar mit pié à terre en difant à fon fils d'en faire autant. Le jeune homme obeit, et demanda pourquoi dans
ce lieu-là on le faifoit defcendre de fa mule : Je vais te l'a-
prendre, lui répondit le Vieillard en l'envifageant avec
des yeux où fa douleur et fa colere étoient peintes : Nous
n'irons point à Mérida ; et l'hymen dont je t'ai parlé, n'eft
qu'une fable que j'ai inventée pour t'attirer ici. Je n'ignore pas, fils ingrat et dénaturé! je n'ignore pas le forfait
que tu médites. Je fai qu'un poifon préparé par tes foins
me doit être préfenté: mais infenfé que tu es! as-tu pu
te flatter que tu m'ôterois de cette façon impunément la
vie ? Quelle erreur! Ton crime feroit bientôt découvert,
et tu perirois par la main d'un Bourreau. Il eft, continua-
t-il, un moyen plus fûr de contenter ta rage, fans t'expofer à une mort ignominieufe : nous fommes ici fans témoins, et dans un endroit où fe commettent tous les jours
des affaffinats : puifque tu es fi altéré de mon fang, enfonce
ton poignard dans mon fein, on imputera ce meurtre à des
brigands. A ces mots, Baltazar, découvrant fa poitrine, et
marquant la place de fon cœur à fon fils : Tiens Gafpard,
ajouta-t-il, porte-moi là un coup mortel, pour me punir
d'avoir produit un fcélérat comme toi.

Le jeune Vélafquez, frappé de ces paroles comme d'un
coup de tonnere, bien loin de chercher à fe juftifier,
tomba tout-à-coup fans fentiment aux pieds de fon pere.
Ce bon Vieillard le voyant dans cet état, qui lui parut un
commencement de repentir, ne put s'empêcher de céder
à la foibleffe de la paternité, il s'empreffa de le fecourir ;
mais Gafpard n'eût pas fitôt repris l'ufage de fes fens, que
ne pouvant foutenir la préfence d'un pere fi juftement irrité, il fit un effort pour fe relever ; il remonta fur la mule,
et s'éloigna fans dire une parole. Baltazar le laiffa difparoître, et l'abandonnant à fes remords revint à Cordoue,
où fix mois après il apprit qu'il s'étoit jetté dans la Char-

treufe de Séville, pour y paffer le refte de fes jours dans la pénitence.

CHAPITRE XII.

Fin de l'Hiftoire de Scipion.

LE mauvais exemple produit quelquefois de très bons effets. La conduite que le jeune Vélafquez avoit tenue, me fit faire de férieufes réflexions fur la mienne. Je commençai à combattre mes inclinations furtives, et à vivre en garçon d'honneur. L'habitude que j'avois de me faifir de tout l'argent que je pouvois prendre, étoit formée par tant d'actes réitérés, qu'elle n'étoit pas aifée à vaincre. Cependant j'efpérois en venir à bout, m'imaginant que pour devenir vertueux, il ne falloit que le vouloir véritablement. J'entrepris donc ce grand ouvrage, et le Ciel fembla bénir mes efforts. Je ceffai du regarder d'un œil de cupidité le coffre-fort du vieux Marchand ; je crois même qu'il n'eût tenu qu'à moi d'en tirer des facs, que je n'en aurois rien fait : j'avoûrai pourtant qu'il y auroit eu de l'imprudence à mettre à cette épreuve mon intégrité naiffante : auffi Vélafquez s'en garda bien.

Don Manrique de Médrano, jeune Gentilhomme et Chevalier de l'Ordre d'Alcantara, venoit fouvent au logis. Nous avions fa pratique, qui étoit une de nos plus nobles, fi elle n'étoit pas une de nos meilleures. J'eus le bonheur de plaire à ce Cavalier, qui toutes les fois qu'il me rencontroit, m'agaçoit toujours pour me faire parler, et paroiffoit m'écouter avec plaifir. Scipion, me dit-il un jour, fi j'avois un laquais de ton humeur, je croirois poffeder un tréfor ; et fi tu n'appartenois pas à un homme que je confidere, je n'épargnerois rien pour te débaucher. Monfieur, lui répondis-je, vous auriez peu de peine à y réuffir ; car j'aime d'inclination les perfonnes de qualité, c'eft ma folie, leurs manieres aifées m'enlevent. Cela étant, reprit Mon Manrique, je veux prier le Seigneur Baltazar de confentir que tu paffes de fon fervice au mien, je ne crois pas qu'il me refufe cette grace. Véritablement Vélafquez la lui accorda d'autant plus facilement, qu'il ne croyoit pas la perte d'un laquais fripon irréparable. De mon côté, je fus bien-aife de ce changement, le valet d'un Bourgeois

ne

ne me paroissant qu'un gredin en comparaison du valet
d'un Chevalier d'Alcantara.

Pour vous faire un portrait fidele de mon nouveau Patron, je vous dirai que c'étoit un Cavalier doué de la plus
aimable figure, et qui revenoit à tout le monde par la
douceur de ses mœurs et par son bon esprit. D'ailleurs il
avoit beaucoup de valeur et de probité, il ne lui manquoit
que du bien : mais cadet d'une Maison plus illustre que
riche, il étoit obligé de vivre aux dépens d'une vieille
tante qui demeuroit à Tolede, et qui l'aimant comme un
fils, avoit soin de lui faire tenir l'argent dont il avoit besoin
pour s'entretenir. Il étoit toujours vétu proprement, on
le recevoit fort bien par-tout Il voyoit les principales
Dames de la ville, et entr'autres la Marquise d'Alménara. C'étoit une Veuve de soixante-douze ans, qui par
ses manieres engageantes et les agrémens de son esprit, attiroit chez elle tout la Noblesse de Cordoue. Les hommes
ainsi que les femmes se plaisoient à son entretien, et l'on
appelloit sa maison *la bonne compagnie.*

Mon Maître étoit un des plus assidus courtisans de cette
Dame. Un soir qu'il venoit de la quiter, il me parut avoir un air animé, qui ne lui étoit pas naturel. Seigneur,
lui dis-je, vous voilà bien agité; votre fidele serviteur
peut-il vous en demander la cause? Ne vous seroit-il
point arrivée quelque chose d'extraordinaire? Le Chevalier sourit à cette question, et m'avoua qu'effectivement
il étoit occupé d'une conversation sérieuse, qu'il venoit
d'avoir avec la Marquise d'Alménara. Je voudrois bien,
lui dis-je en riant, que cette Mignonne septuagénaire vous
eût fait une déclaration d'amour. Ne pense pas te moquer, me répondit-il : aprends, mon ami, que la Marquise m'aime. Chevalier, m'a-t-elle dit, je connois votre
peu de fortune comme votre noblesse, j'ai de l'inclination
pour vous, et j'ai résolu de vous épouser pour vous mettre à votre aise, ne pouvant honnétement vous enrichir
d'une autre maniere. Je sai bien que ce mariage me donnera un ridicule dans le monde ; et qu'on tiendra sur mon
compte des discours médisans ; et qu'enfin je passerai pour
une vieille folle qui veut se remarier. N'importe, je prétens mépriser les caquets pour vous faire un sort agréable.
Tout ce que je crains, a-t-elle ajouté, c'est que vous n'ayez
de la répugnance à répondre à mes intentions.

Y 3. Voila,

Voilà, pourſuivit le Chevalier, ce que m'a dit la Marquiſe ; j'en ſuis d'autant plus étonné, que c'eſt la femme de Cordoue la plus ſage et la plus raiſonnable ; auſſi lui ai-je répondu que j'étois ſurpris qu'elle me fît l'honneur de me propoſer ſa main, elle qui avoit toujours perſiſté dans la réſolution de ſoutenir juſqu'au bout ſon veuvage. A quoi elle a reparti, qu'ayant des biens conſidérables, elle étoit bien-aiſe de ſon vivant d'en faire part à un honnête-homme, qu'elle chériſſoit. Vous êtes apparemment, repris-je, déterminé à ſauter le foſſé. En peus tu douter, me répondit-il ? La Marquiſe a des biens immenſes avec les qualités du cœur et de l'éſprit. Il faudroit que j'euſſe perdu le jugement, pour laiſſér réchapper un établiſſement ſi avantageux pour moi.

J'approuvai fort de deſſein où mon Maître étoit de profiter d'une ſi belle occaſion de faire ſa fortune, et même je lui conſeillai de bruſquer les choſes, tant je craignois de les voir changer. Heureuſement la Dame avoit encore plus que moi cette affaire à cœur ; elle donna de ſi bons ordres, que les préparatifs de ſon hymenée furent bientôt faits. Dès qu'on fut dans Cordoue que la vieille Marquiſe d'Alménara ſe diſpoſoit à épouſer le jeune Don Manrique de Médrano, les railleurs commencerent à s'égayer aux depens de cette Veuve ; mais ils eurent beau s'épuiſer en mauvaiſes plaiſanteries, ils ne la détournerent point de ſon entrepriſe ; elle laiſſa parler toute la ville, et ſuivit ſon Chevalier à l'autel. Leurs nôces furént célébrées avec un éclat qui fournit une nouvelle matiere à la médiſance. La Mariée, diſoit-on, auroit du moins dû, par pudeur, ſupprimer la pompe et le fracas, qui ne conviennent point-du tout aux vieilles Veuves qui prennent de jeunes Epoux.

La Marquiſe, au-lieu de ſe montrer honteuſe d'être à ſon âge femme du Chevalier, ſe livroit ſans contrainte à la joie qu'elle en reſſentoit. Il y eut chez elle un grand repas accompagné de ſymphonie, et la fête finit par un bal, où ſe trouva toute la Nobleſſe de Cordoue de l'un et de l'autre ſexe. Sur la fin du bal, nos nouveaux Mariés s'échapperent pour gagner un appartement, où s'étant enfermés avec un femme de chambre et moi, la Marquiſe adreſſa ces paroles à mon Maître. Don Manrique, voici votre appartement, le mien eſt dans un autre endroit

de

de cette maifon ; nous pafferons la nuit dans des chambres
féparées, et le jour nous vivrons enfemble comme une
mere et fon fils. Le Chevalier y fut trompé d'abord : il
crut que la Dame ne parloit ainfi, que pour l'engager à
lui faire un douce violence ; et s'imaginant devoir par
politeffe paroître paffionné, il s'approcha d'elle, et s'offrit avec empreffement à lui fervir de valet de chambre :
mais bien loin de lui permettre de la deshabiller, elle le
repouffa d'un air férieux, et lui dit: Arrêtez Don Manrique : fi vous me prenez pour une de ces tendres Vieilles qui fe remarient par fragilité, vous êtes dans l'erreur ;
je ne vous ai point époufé pour vous faire acheter les a-
vantages que je vous fais par notre contrat de mariage ;
ce font des dons purs de mon cœur, et je n'exige de votre
reconnoiffance que des fentimens d'amitié. A ces mots,
elle nous laiffa mon Maître et moi dans notre appartement, et fe retira dans le fien avec fa Suivante, en défen-
dant abfolument au Chevalier de l'accompagner.

Après fa retraite nous demeurâmes affez longtems fort
etourdis de ce que nous venions d'entendre. Scipion, me
dit mon Maître, te ferois-tu jamais attendu au difcours que
la Marquife m'a tenu? Que penfes tu d'une pareille Dame ?
Je penfe Monfieur, lui répondis-je, que c'eft une femme
comme il n'y en a point. Quel bonheur pour vous de
l'avoir ! C'eft poff der un bénéfice fans être tenu d'acquiter les charges. Pour moi, reprit Don Manrique,
j'admire une époufe d'un caractere fi eftimable, et je prétens compenfer par toutes les attentions imaginables le fa-
crifice qu'elle fait à fa délicateffe. Nous continuâmes à
nous entretenir de là Dame, et nous allâmes enfuite nous
repofer, moi fur un grabat dans une garderobe, et mon
Maître dans un beau lit qu'on lui avoit préparé, et où je
crois qu'au fond de fon ame il ne fut pas fâché de coucher
feul, et d'en être quite pour la peur.

Les réjouiffances recommencerent le jour fuivant, et
la nouvelle Mariée parut de fi belle humeur, qu'elle donna beau jeu aux mauvais plaifans. Elle rioit toute la premiere de ce qu'ils difoient ; elle excitoit même les rieurs à
s'égayer, en fe prêtant de bonne grace à leurs faillies.
Le Chevalier de fon côté ne fe montroit pas moins content
de fon époufe ; et l'on eût dit a l'air tendre dont il la regardoit et lui parloit, qu'il étoit dans le goût de la vieilleffe.

lesse. Lés deux époux eurent le soir une nouvelle conversation, oú il fut décidé que sans se gêner l'un à l'autre, ils vivroient de la même façon qu'ils avoient vécu avant leur mariage. Cependant il faut donner cette louange à Don Manrique, il fit par considération pour sa femme, ce que peu de maris eussent fait à sa place ; il abandonna une petite Bourgeoise qu'il aimoit et dont il étoit aimé, ne voulant pas, disoit-il, entretenir un commerce qui sembleroit insulter à la conduite délicate que son épouse tenoit avec lui.

Tandisqu'il donnoit de si fortes marques de reconnoissance à cette vieille Dame, elle les payoit avec usure, quoiqu'elle les ignorât. Elle le rendit maître de son coffre-fort, qui valoit mieux que celui de Vélasquez. Comme elle avoit réformé sa maison pendant son veuvage, elle la remit sur le même pié où elle avoit été du vivant de son prémier époux ; elle grossit son domestique, remplit ses écuries de chevaux et de mules ; en un mot, par ses généreuses bontés le Chevalier, le plus gueux de l'Ordre d'Alcantara, en devint le plus riche. Vous me demanderez peut-être ce que je gagnai à tout cela : Je reçus cinquante pistoles de ma Maîtresse, et cent de mon Maître, qui de plus me fit son Sécrétaire avec quatre cens écus d'appointemens ; il eut même assez de confiance en moi, pour vouloir que je fusse son Trésorier.

Son Trésorier, m'écriai-je, en interrompant Scipion dans cet endroit et en faisant un éclat de rire ! Oui, Monsieur, repliqua-t-il d'un air froid et serieux, oui son Trésorier ; j'ose même dire que je me suis acquité de cet emploi avec honneur. Il est vrai que je suis peut-être redevable de quelque chose à la caisse ; car comme j'y prenois mes gages d'avance, et que j'ai quité brusquement le service du Chevalier, il n'est pas impossible que le comptable soit en reste : en tout cas c'est le dernier reproche qu'on ait à me faire, puisque j'ai toujours été depuis ce tems-là plein de droiture et de probité.

J'étois donc, poursuivit le fils de la Coscolina, Sécrétaire et Trésorier de Don Manrique, qui paroissoit aussi content de moi que j'étois satisfait de lui, lorsqu'il reçut une lettre de Tolede, par laquelle on lui mandoit que Donna Théodora Moscoso sa tante étoit à l'extrémité. Il fut sur le champ pour se rendre auprès de cette Dame, qui
lui

lui fervoit de mere depuis plufieurs années. Je l'accompagnai dans ce voyage avec un valet de chambre et un laquais feulement ; et tous quatre montés fur les meilleurs
chevaux de nos écuries, nous gagnâmes en diligence Tolede, ou nous trouvâmes Donna Théodora dans un état à
nous faire efpérer qu'elle ne mourroit point de fa maladie ;
et véritablement nos pronoftics, quoique contraires à celui d'un vieux Médecin qui la gouvernoit, ne furent pas
démentis par l'évenement.

Pendant que la fanté de notre bonne tante fe rétabliffoit
a vue d'œil, moins peut-être par les remedes qu'on lui
faifoit prendre, que par la préfence de fon cher neveu,
Monfieur le Tréforier paffoit fon tems le plus agréablement qu'il lui étoit poffible avec de jeunes gens, dont la
connoiffance étoit fort propre à lui procurer des occafions
de dépenfer fon argent. Ils m'entrainoient quelquefois
dans des tripots, ou ils m'engageoient à jouer avec eux ;
et n'étant pas auffi habile joueur que mon Ma tre Don
Abel, je perdois beaucoup plus fouvent que je ne gag-
nois ; je prenois goût infenfiblement au jeu ; et fi je
me fus entierement livré à cette paffion, elle m'auroit
réduit fans doute à tirer de la caiffe quelques quartiers
d'avance ; mais heureufement l'amour fauva la caiffe
et ma vertu. Un jour, comme je paffois auprès de
l'Eglife *de los Reyes* ; j'apperçus au travers d'une jaloufie
dont les rideaux étoient ouverts, une jeune fille qui me
parut moins une Mortelle qu'une Divinité. Je me fervirois d'un terme encore plus fort s'il y en avoit, pour
mieux vous exprimer l'impreffion que fa vue fit fur moi.
Je m'informai d'elle, et à force de perquifitions j'appris
qu'elle fe nommoit Béatrix, et qu'elle étoit Suivante de
Donna Julia, fille cadette du Comte de Polan.

Béatrix interrompit Scipion en riant à gorge déployée ;
puis addreffant la parole à ma femme : Charmante Antonia, lui dit-elle, regardez-moi bien, je vous prie, n'ai-je
pas votre avis l'air d'un Divinité ? Vous l'aviez alors
à mes yeux, lui dit Scipion, et depuis que votre infidélité
ne m'eft plus fufpecte, vous me paroiffez plus belle que
jamais. Mon Sécrtaire, après une repartie fi galante,
pourfuivit ainfi fon hiftoire.

Cette découverte acheva de m'enflammer, non à la vérite d'une ardeur légitime. Je m'imaginai que je triom-
pherois facilement de fa vertu, fi je la tentois par des préfens

fens capables de l'ébranler ; mais je jugeois mal de la chaſte Béatrix. J'eus beau lui faire propoſer par des femmes mercenaires ma bourſe et mes ſoins, elle rejetta fierement mes propoſitions. Sa réſiſtance irrita mes deſirs. J'eus recours au dernier expédient ; je lui fis offrir ma main, qu'elle accepta lorſqu'elle ſut que j'étois Sécrétaire et Treſorier de Don Manrique. Comme nous trouvâmes à propos de cacher notre mariage pendant quelque tems, nous nous mariâmes ſecretement en préſence de la Dame Lorença Séphora Gouvernante de Séraphine, et devant quelques autres Domeſtiques du Comte de Polan. Je n'eus pas plutôt épouſé Béatrix, qu'elle me facilita les moyens de la voir et de l'entretenir la nuit dans le jardin, où je m'introduiſois par une petite porte dont elle me donna une clé. Jamais deux epoux n'ont été plus contens que nous l'étions l'un de l'autre, Béatrix et moi : nous attendions avec une égale impatience l'heure du rendez-vous, nous y courions avec le même empreſſement ; et le tems que nous paſſions enſemble, quoiqu'il fût quelquefois aſſez long, nous ſembloit toujours trop court.

Une nuit, qui fut auſſi cruelle pour moi que les précédentes avoient été douces, je fus ſurpris, en voulant entrer dans le jardin, de trouver la petite porte ouverte. Cette nouveauté m'allarma, j'en tirai un mauvais augure. Je devins pâle et tremblant, comme ſi j'euſſe preſſenti ce qui m'alloit arriver ; et m'avançant dans l'obſcurité vers un cabinet de verdure où j'avois accoutumé de parler à mon épouſe, j'entendis la voix d'un homme. Je m'arrêttai tout-à-coup pour mieux ouïr, et mon oreille fut auſſitôt frappée de ces paroles: *Ne me faites donc point languir, ma chere Béatrix, achevez mon bonheur, ſongez que votre fortune y eſt attachée.* Au-lieu d'avoir la patience d'écouter encore, je crus n'avoir pas beſoin d'en entendre davantage ; une fureur jalouſe s'empara de mon ame, et ne reſpirant que vengeance, je tirai mon epeé et j'entrai bruſquement dans le cabinet. Ah ! lâche ſuborneur, m'écriai-je, qui que tu ſois, il faut que tu m'arraches la vie avant que tu m'ôtes l'honneur. En diſant ces mots, je chargeai le Cavalier qui s'entretenoit avec Béatrix. Il ſe mit promptement en défenſe, et ſe battit en homme qui ſavoit mieux faire des armes que moi, qui n'avois reçu que quelques leçons d'eſcrime à Cordoue.

Ce-

Cependant, tout grand fpadaffin qu'il étoit, je lui portai un coup qu'il ne put parer ; ou plutôt il fit un faux pas, je le vis tomber, et m'imaginant l'avoir mortellement bleffé, je m'enfuis à toutes jambes, fans vouloir répondre à Béatrix qui m'appelloit.

Oui vraiment, interrompit la femme de Scipion en nous addreffant la parole, je l'appellois pour le tirer d'erreur. Le Cavalier avec qui je m'entretenois dans le cabinet, étoit Don Fernand de Leyva. Ce Seigneur, qui aimoit Julie ma Maîtreffe, avoit formé la réfolution de l'enlever, croyant ne pouvoir l'obtenir que par ce moyen ; et je lui avois moi-même donné rendez-vous dans le jardin pour concerter avec lui cet enlevement, dont il m'affuroit que dépendoit ma fortune : mais j'eus beau appeller mon époux, il s'éloigna de moi comme d'un femme infidele.

Dans l'état où je me trouvai, réprit Scipion, j'étois capable de tout. Ceux qui favent par l'expérience ce que c'eft que la jaloufie, et quelles extravagances elle fait faire aux meilleurs efprits, ne feront point étonnés du defordre qu'elle produifit dans mon foible cerveau. Je paffai dans le moment d'une extrémité à l'autre. Je fentis fuccéder des mouvemens de haine, aux mouvemens de tendreffe que j'avois un inftant auparavant pour mon époufe. Je fis ferment de l'abandonner, et de la bannir pour jamais de ma mémoire. D'ailleurs je croyois avoir tué un Cavalier ; et dans cette opinion, craignant de tomber entre les mains de la Juftice, j'éprouvois ce trouble funefte qui fuit par tout, comme une furie, un homme qui vient de faire un mauvais coup. Dans cette horrible fituation, ne fongeant qu'à me fauver, je ne retournai point au logis, et je fortis à l'heure même de Tolede, n'ayant point d'autres hardes que l'habit dont j'étois revetu. Il eft vrai que j'avois dans mes poches une foixantaine de piftoles, ce qui ne laiffoit pas d'être une affez bonne reffource pour un jeune homme qui fe propofoit de vivre toujours dans la fervitude.

Je marchai toute la nuite, ou pour mieux dire je courus ; car l'image des Alguazils toujours préfenté à mon efprit, me donnoit fans ceffe un nouvelle vigueur. L'aurore me découvrit entre Rodillas et Maquéda. Lorfque je fus à ce dernier bourg, me trouvaut un peu fatigué, j'entrai dans l'Eglife qu'on venoit d'ouvrir, et après y avoir

voir

voir fait une courte priere, je m'affis fur un banc pour me
repofer.   Je me mis à rêver à l'état de més affaires, qui
n'avoient que trop de quoi m'occuper; mais je n'eus pas
le tems de faire bien des réflexions.   J'entendis retentir
l'Eglife de trois ou quatre coups de fouet, qui me firent
juger qu'il paffoit par-là quelque Muletier.   Je me levai
auffitôt pour aller voir fi je ne me trompois pas; et quand
je fus à la porte, j'en apperçus un, qui monté fur une
mule en menoit deux autres en leffe.   Arrêtez, mon ami,
lui dis-je; où vont ces mules?   A Madrid, me répondit-il.   J'ai amené de là ici deux bons Religieux de St.
Dominique, et je m'en retourne.

L'occafion qui fe prefentoit de faire le voyage de Madrid, m'en infpira l'envie; je fis marché avec le Muletier; je montai fur une de fes mules, et nous pouffâmes
vers Illefcas où nous devions aller coucher.   A peine
fûmes-nous hors de Maquéda, que le Muletier, homme
de trente cinq à quarante ans, commença d'entonner des
Chants d'Eglife à pleine tête; il débuta par les Prieres
que les Chanoines difent à Matines, enfuite il chanta le
Credo comme on le chante aux Grandes Meffes; puis
paffant aux Vêpres, il les dit fans me faire grace du *Mag-
nificat.*   Quoique le faquin m'étourdit les oreilles, je ne
pouvois m'empêcher de rire: je l'excitois même à continuer, quand il étoit obligé de s'arrêter pour reprendre
haleine: Courage, l'ami, lui difois-je, pourfuivez; fi le
Ciel vous a donné de bons poûmons, vous n'en faites pas
un mauvais ufage.   Oh pour cela non, s'écria-t-il, je ne
reffemble pas, Dieu merci, la plupart des Voituriers, qui
ne chantent que des chanfons infames ou impies; je ne
chante même jamais de Romances fur nos Guerres contre
les Maures; car fe font des chofes du moins frivoles, fi
elles ne font pas deshonnêtes.   Vous avez, lui repliquai-
je, une pureté de cœur que les Muletiers ont rarement:
avec votre extrême délicateffe fur le choix de vos chants,
avez-vous auffi fait vœu de chafteté dans les hôtelleries où
il y a de jeunes Servantes?   Affurément, me repartit-il;
la continence eft encore une chofe dont je me pique dans
ces fortes de lieux, je ne m'y occupe que du foin que je
dois avoir de mes mules.   Je ne fus pas peu étonné d'entendre parler de cette forte ce Phénix des Muletiers, et le

tenant

tenant pour un homme de bien et d'esprit, je liai avec
lui conversation après qu'il eut chanté tout son saoul.

Nous arrivâmes à Illescas sur la fin de la journée.
Lorsque nous fûmes à l'hôtellerie, je laissai à mon compagnon le soin des mules, et j'entrai dans la cuisine, où
j'ordonnai à l'hôte de nous préparer un bon souper ; ce
qu'il promit de faire si bien, que je me souviendrois, dit-
il, toute ma vie d'avoir logé chez lui. Demandez, ajouta-t-il, demandez à votre Muletier, quel homme je suis.
Vive Dieu ! je défierois tous les Cuisiniers de Madrid et de
Tolede de faire une *Olla podrida* comparable aux miennes.
Je veux vous régaler ce soir d'un civé de lapreau de ma
façon, vous verrez si j'ai tort de vanter mon savoir-faire.
Là-dessus me montrant une casserole, où il y avoit, à ce
qu'il disoit, un lapin déja tout haché : Voilà, continua-
t-il, ce que je pretens vous donner. Quand j'aurai mis
du poivre, du sel, du vin, un paquet de fines herbes, et
quelques autres ingrédiens que j'emploie dans mes sauces,
j'espere que je vous servirai tantôt un ragoût digne d'un
Contador Mayor.

L'hôte, après avoir ainsi fait son éloge, commença
d'aprêter le souper. Pendant qu'il y travailloit, j'entrai
dans une salle, où m'étant couché sur un grabat que j'y
trouvai, je m'endormis de fatigue, n'ayant pris aucun repos la nuit précédente. Au bout de deux heures, le Muletier vint me réveiller. Mon Gentilhomme, me dit-il,
votre souper est prêt ; venez, s'il vous plaît, vous mettre
à table. Il y en avoit dans la salle une sur laquelle étoient deux couverts. Nous nous y assîmes le Muletier et
moi, et l'on nous apporta le civé : je me jettai dessus a-
videment, et je le trouvai d'un goût exquis, soit que la
faim m'en fît juger trop favorablement, soit que ce fût
un effet des ingrédiens du Cuisinier. On nous servit ensuite un morceau de mouton rôti ; et remarquant que le
Muletier ne faisoit honneur qu'à ce dernier plat, je lui
demandai pourquoi il ne touchoit point à l'autre. Il me
répondit en souriant, qu'il n'aimoit pas les ragoûts. Cette
réponse, ou plutôt le souris dont il l'avoit accompagnée,
me parut mystérieux. Vous me cachez, lui dis-je, la véritable raison qui vous empêche de manger de ce civé,
faites-moi le plaisir de me l'aprendre. Puisque vous êtes
si curieux de la savoir, reprit-il, je vous dirai que j'ai de

la répugnance à me bourrer l'eſtomac de ces ſortes de ragoûts, depuis qu'en allant de Tolede à Cuença, on me
ſervit un loir dans une hôtellerie pour un lapin de ga-
renne un mâtou en hachis, cela m'a dégoûté des fricaſ-
ſées.

Le Muletier ne m'eût pas ſitôt dit ces paroles, que malgré la faim qui me dévoroit, l'appétit me manqua tout-
à-coup. Je me mis en tête que je venois de manger d'un
lapin ſuppoſé, et je ne régardai plus le ragoût qu'en faiſ-
ſant la grimace. Mon compagnon ne me guerit pas l'e-
ſprit là-deſſus, en me diſant que les Maîtres d'hotelleries
en Eſpagne faiſoient aſſez ſouvent ce *qui pro quo,* de même
que les Pâtiſſiers. Le diſcours, comme vous voyez, étoit
fort conſolant : auſſi je n'eus plus aucune envie de retourner au civé, pas même de toucher au plat de rôti, de peur
que le mouton ne fût pas mieux vérifié que le lapin. Je
me levai de table en maudiſſant le ragoût, l'hôte et l'hôtellerie ; et m'étant recouché ſur le grabat, j'y paſſai la
nuit plus tranquillement que je ne m'y étois attendu. Le
jour ſuivant de grand matin, après avoir payé mon hôte
auſſi graſſement que s'il m'eût fort bien traité, je m'éloignai d'Illeſcas, l'imagination encore ſi remplie du civé,
que je prenois pour des chats tous les animaux que j'appercevois.

J'arrivai de bonne heure à Madrid, où ſitôt que j'eus
ſatisfait mon Muletier, je louai une chambre garnie auprès de la Porte du Soleil. Mes yeux, quoiqu'accoutumés au grand monde, ne laiſſerent pas d'être éblouis du
concours de Seigneurs qu'on voit ordinairement dans le
quartier de la Cour. J'admirai la prodigieuſe quantité de
caroſſes, et le nombre infini de Gentilshommes, de pages
et de laquais qui étoient à la ſuite des Grands. Mon admiration redoubla, lorſqu'étant allé au lever du Roi, j'apperçus ce Monarque environné de ſes Courtiſans. Je fus
charmé de ce ſpectacle, et je dis en moi-même : Je ne
m'étonne plus d'avoir oui dire qu'il faut voir la Cour de
Madrid, pour en concevoir toute la magnificence ; je ſuis
ravi d'y être venu, j'ai un preſſentiment que j'y ferai quelque choſe. Je n'y fis pourtant rien, que quelques con-
noiſſances infructueuſes. Je dépenſai peu à peu mon argent, et je fus trop heureux de me donner avec tout mon
mérite à un Pédant de Salamanque, qu'une affaire de famille

mille avoit attiré à Madrid, où il étoit né, et que le hazard me fit connoître. Je devins son *factotum*, et je le
suivis à son Université lorsqu'il y retourna.

Mon nouveau Patron se nommoit Don Ignacio de Ipigna-
na. Il prenoit le *Don* pour avoir été Précepteur d'un
Duc, qui lui faisoit par reconnoissance une pension à
vie ; il en avoit une autre comme Professeur émérite du ⟵
College ; et de plus il tiroit tous les ans du public un revenu de deux ou trois cens pistoles, par les Livres de Morale dogmatique qu'il avoit coutume de faire imprimer.
La maniere dont il composoit ses ouvrages, merite bien
que j'en fasse une glorieuse mention. Il passoit presque
toute la journée à lire les Auteurs Hébreux, Grecs et
Latins, et a mettre sur un petit carré de papier chaque a-
pophtegme ou pensée brillante qu'il y trouvoit. A mesure qu'il remplissoit des carrés, il m'employoit à les enfiler dans un fil de fer en forme de guirlande, et chaque
guirlande faisoit un tome. Que nous faisions de mauvais
Livres ! Il ne se passoit gueres de mois que nous ne fis-
sions pour le moins deux volumes, et aussitôt la presse en
gémissoit : ce qu'il y a de plus surprenant, c'est que ces
compilations se donnoient pour des nouveautés ; et si les
Critiques s'avisoient de reprocher à l'Auteur qu'il pilloit
les Anciens, il leur répondoit avec une orgueilleuse effronterie, *furto lætamur in ipso.*

Il étoit aussi grand Commentateur, et il y avoit tant d'é-
rudition dans ses commentaires, qu'il faisoit souvent des
remarques sur des choses qui n'étoient pas dignes d'être
remarquées ; comme sur ses carrés de papier il écrivoit
quelquefois très mal-à-propos des passages d'Hésiode et
d'autres Auteurs. Je ne laissai pas de profiter chez ce Savant. Il y auroit de l'ingratitude à n'en pas convenir :
j'y perfectionnai mon écriture à force de copier ses ouvrages ; et si me traitant en éleve plutôt qu'en valet, il eut
soin de me former l'esprit, il ne négligea point mes mœurs.
Scipion, me disoit-il, quand par hazard il entendoit dire
que quelque domestique avoit fait une friponnerie, prends
bien garde, mon enfant, de suivre le mauvais exemple de
ce fripon. Il faut qu'un valet serve son Maître avec autant de fidélité que de zele. En un mot, Don Ignacio
ne perdoit aucune occasion de me porter à la vertu ; et ses
exhortations faisoient sur moi un si bon effet, que je n'eus

pas la moindre tentation de lui jouer quelque tour pendant quinze mois que je demeurai chez lui.

J'ai déja dit que le Docteur de Ipigna étoit originaire de Madrid. Il y avoit une parente appellée Catalina, qui étoit femme de chambre de Madame la Nourice. Cette Soubrette, qui est la même dont je me suis servi depuis pour tirer de la Tour de Ségovie le Seigneur de Santillane, ayant envie de rendre service à Don Ignacio, engagea sa Maîtresse à demander pour lui un Bénéfice au Duc de Lerme. Ce Ministre le fit nommer à l'Archidiaconat de Grenade, lequel étant en pays conquis est à la nomination du Roi. Nous partîmes pour Madrid sitôt que nous eûmes appris cette nouvelle, le Docteur voulant remercier ses bienfaitrices avant que d'aller à Grenade. J'eus plus d'une occasion de voir Catalina, et de lui parler. Mon humeur enjouée et mon air aisé lui plûrent : de mon côté je la trouvai si fort à mon gré, que je ne pus me defendre de répondre aux petites marques d'amitié qu'elle me donna : enfin nous nous attachâmés l'un à l'autre. Pardonnez-moi cet aveu, ma chere Béatrix ; comme je vous croyois infidele, cette erreur doit me sauver de vos reproches.

Cependant le Docteur Don Ignacio se préparoit à partir pour Grenade. Sa parente et moi effrayés de la prochaine séparation qui nous menaçoit, nous eûmes recours à un expédient qui nous en préserva. Je feignis d'être malade, je me plaignis de la tête et de la poitrine, et fis toutes les démonstrations d'un homme accablé de tous les maux du monde. Mon Maître appelle un Médecin, qui me dit bonnement, après m'avoir bien observé, que ma maladie étoit plus sérieuse qu'on ne pensoit, et que selon toutes les apparences je garderois longtems la chambre. Le Docteur, impatient de se rendre à sa Cathédrale, ne jugea pas à propos de retarder son départ, il aima mieux prendre un autre garçon pour le servir ; il se contenta de m'abandonner aux soins d'une Garde, à qui il laissa une somme d'argent pour m'enterrer si je mourois, ou pour récompenser mes services si je revenois de ma maladie.

Sitôt que je sus Don Ignacio parti pour Grenade, je fus guéri de tous mes maux. Je me levai, je congédiai mon Médecin qui avoit tant de pénétration, et je me défis de ma Garde, qui me vola plus de la moitié des especes

qu'elle

qu'elle devoit me remettre. Tandis que je faisois ce personnage, Catalina jouoit un autre rôle auprès de Donna Anna de Guévara sa Maitresse, à laquelle faisant entendre que j'étois admirable pour l'intrigue, elle lui mit dans l'esprit de me choisir pour un de ses Agens. Madame la Nourrice, à qui l'amour des richesses faisoit former des entreprises, ayant besoin de pareils sujets, me reçut parmi ses domestiques, et ne tarda gueres à m'éprouver. Elle me donna des commissions qui demandoient un peu d'adresse, et sans vanité je ne m'en acquitai point mal ; aussi fut elle autant satisfaite de moi, que j'eus lieu d'être mécontent d'elle. La Dame étoit si avare, qu'elle ne me faisoit pas la moindre part des fruites quelle recueilloit de mon industrie et de mes peines. Elle s'imaginoit qu'en me payant exactement mes gages, elle en usoit avec moi assez généreusement. Cet excés d'avarice m'auroit bientôt fait sortir de chez elle, si je n'y eusse été rétenu par les bontés de Catalina, qui s'enflammant de plus en plus tous les jours, me proposa formellement de l'épouser.

Doucement, lui dis-je, mon aimable ; cette cérémonie ne se peut faire entre nous si promptement, il faut auparavant que j'apprenne la mort d'une jeune personne qui vous a prévenue, et dont je suis devenu l'époux pour mes péchés. A d'autres, me répondit Catalina, vous vous dites marié pour me cacher poliment la répugnance que vous avez à me prendre pour votre épouse. Je lui protestai vainement que je lui disois la vérité, mon aveu sincere lui parut une défaite ; et s'en trouvant offensée, elle changea de manieres à mon égard. Nous ne nous brouillâmes point ; mais notre commerce se refroidit à vue d'œil, et nous n'eûmes plus l'un pour l'autre que des égards de bienséance et d'honnêteté.

Dans cette conjoncture j'appris qu'il faloit un laquais au Seigneur Gil Blas de Santillane, Sécretaire du premier Ministre de la Couronne d'Espagne, et ce poste me flatta d'autânt plus, qu'on m'en parla comme du plus gracieux que je pusse occuper. Le Seigneur de Santillane, me dit-on, est un cavalier plein de mérite, un garçon chéri du Duc de Lerme, et qui par conséquent ne sauroit manquer de pousser loin sa fortune : d'ailleurs il a le cœur généreux, en faisant ses affaires vous ferez fort bien les vôtres. Je ne négligeai point cette occasion ; j'allai me

pré-

préfenter au Seigneur Gil Blas pour quoi d'abord je me fentis naître l'inclination,, et qui m'arrêta fur ma phifionomie. Je ne balançai point à quiter pour lui Madame la Nourrice ; et il fera, s'il plaît au Ciel, le dernier de mes Maîtres.

Scipion finit fon hiftoire en cet endroit, puis m'adreffant la parole : Seigneur de Santillane, ajouta-t-il, faites-moi la grace de témoigner à ces Dames que vous m'avez toujours connu pour un ferviteur auffi fidele que zélé. J'ai befoin de votre témoignage pour leur perfuader que le fils de la Cofcolina a purgé fes mœurs, et fait fuccéder de vertueux fentimens à fes mauvaifes inclinations.

Oui, Mefdames, dis-je alors, c'eft de quoi je puis vous répondre. Si dans fon enfance Scipion étoit un vrai *Picaro*, il s'eft depuis fi bien corrigé, qu'il eft dévenu le modele d'un parfait domeftique. Bien-loin d'avoir quelques reproches à lui faire fur la conduite qu'il à tenue avec moi, je dois plutôt avouer que je lui ai de grandes obligations. La nuit qu'on m'enleva pour me conduire à la Tour de Ségovie, il fauva du pillage et mit en fureté une partie de mes effets, qu'il pouvoit impunément s'approprier : il ne fe contenta pas même de fonger à conferver mon bien, il vint par pure amitié s'enfermer avec moi dans ma prifon, préférant aux charmes de la liberté le trifte plaifir de partager mes peines.

Fin du dixieme Livre.

LES
AVANTURES
DE
GIL BLAS,
DE SANTILLANE.

LIVRE ONZIEME.

CHAPITRE I.

De plus grand joie que Gil Blas ait jamais fentie, et du triffe accident qui la troubla. Des changemens qui arriverent à la Cour, et qui furent caufe que Santillane y retourna.

J'AI déja dit qu'Antonia et Béatrix s'accordoient enfemble parfaitement bien, l'une étant accoutumèe à vivre en Soubrette foumife, et l'autre s'accoutumant volontiers à faire la Maîtreffe. Nous étions, Scipion et moi, des maris trop galands et trop chéris de nos femmes, pour n'avoir pas bientôt la fatisfaction d'être peres : elles devinrent enceintes prefque en même tems. Béatrix accoucha la premier, mit au monde une fille, et peu de jours après Antonia nous combla tous de joie en me donnant un fils. J'envoyai mon Sécrétaire à Valence porter cette nouvelle au Gouverneur, qui vint à Lirias avec Séraphine et la Marquife de Pliégo tenir les enfans fur les Fonds, fe faifant un plaifir d'ajouter ce tèmoignage d'affection à tous ceux que j'avois déja reçus de lui. Mon fils, qui eut pour parain ce Seigneur, et pour maraine la Marquife, fut nommé Alphonfe ; et Madame la Gouvernante voulant que j'euffe l'honneur d'être doublement fon compere, tint avec moi la fille de Scipion, à laquelle nous donnâmes le nom de Séraphine.

La

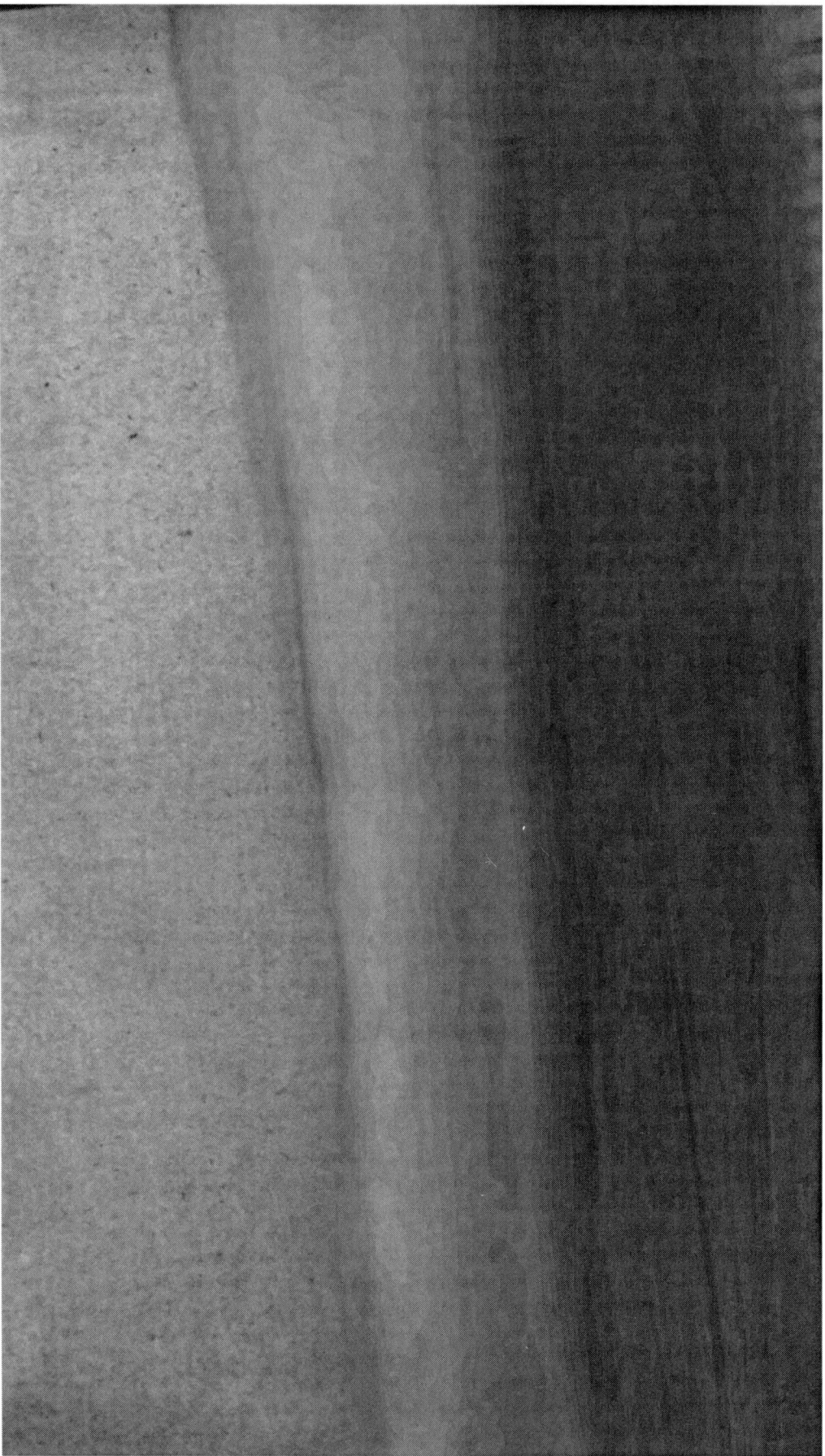

...ment qu'à ir-
...rieur. Lorfque
...le n'épargnerent
... ils mirent tour
...ropres à me dif-
...demeurai plongé
...me tirer. Il ne
...répeiffe ma tran-
...ence pour favoir
...tant plus trifte
...us ou moins de

... Monfieur, me
...dans la ville un
...on dit que Phi-
...n fils eft fur le
...que le Cardinal
...i eft même dé-
...fpard de Guz-
...premier Mi-
...nouvelle, fans
...me demanda
...gement. Eh !
...pondis-je, mon
...emens qui peu-
...

...fils de la Cof-
...à votre place
...montrer mon
...remettroit ;
...fentends, lui
...Cour pour y
...y redevenir
...urs s'y cor-
...? ayez plus
...Je vous
...que votre
...permettent
...vous har-
...les écueils.
...es-tu las de
me

La naissance de mon fils ne réjouit pas seulement les personnes du Château ; les habitans de Lirias la célébrerent aussi par des fêtes qui firent connoître que tout le hameau prenoit part au plaisir de son Seigneur. Mais hélas ! nos réjouissances ne furent pas de longue durée ; ou, pour mieux dire, elles se convertirent tout-à-coup en gémissemens, en plaintes, en lamentations, par un évenement que plus de vingt années n'ont pu me fair oublier, et qui sera toujours present à ma pensée : mon fils mourut ; et sa mere, quoiqu'elle fut heureusement accouchée de lui, le suivit de près ; une fievre violente emporta ma chere épouse, après quatorze mois de mariage. Que le Lectéur conçoive, s'il est possible, la douleur dont je fus saisi : je tombai dans un accablement stupide : à force de sentir la perte que je faisois, j'y paroissois, comme insensible. Je fus cinq ou six jours dans cet état, je ne voulois prendre aucune nourriture, et je crois que sans Scipion, je me serois laissé mourir de faim, ou que la tête m'auroit tourné: mais cet adroit Sécrétaire sut tromper ma douleur, en s'y conformant : il trouvoit le secret de me faire avaler des bouillons, en me les présentant d'un air si mortifié, qu'il sembloit me les donner, moins pour conserver ma vie, que pour nourrir mon affliction.

Cet affectionné Serviteur écrivit à Don Alphonse pour l'informer du malheur qui m'étoit arrivé, et de la situation pitoyable où je me trouvois. Ce Seigneur tendre et compâtissant, cet ami généreux, se rendit bientôt à Lirias. Je ne puis sans m'attendrir rappeller le moment où il s'offrit à mes yeux : Mon cher Santillane, me dit-il en m'embrassant, je ne viens point ici pour vous consoler ; j'y viens pleurer avec vous Antonia, comme vous pleureriez avec moi Séraphine si la Parque me l'eût ravie. Effectivement il répandit des larmes, et confondit ses soupirs avec le miens: tout accablé que j'étois de ma tristesse, je ressentis vivement les bontés de Don Alphonse.

Ce Gouverneur eut avec Scipion un long entretien, sur ce qu'il y avoit à faire pour vaincre ma douleur. Ils jugerent qu'il faloit pour quelque tems m'éloigner de Lirias, où tout me retraçoit sans cesse l'image d'Antonia. Sur quoi le fils de Don César me proposa de m'emmener à Valence, et mon Sécrétaire appuya si bien la proposition que je l'acceptai. Je laissai Scipion et sa femme au Châ-

Château, dont le féjour ne fervoit véritablement qu'à irriter mes ennuis, et je partis avec le Gouverneur. Lorfque
je fus à Valence, Don Céfar et fa belle-fille n'épargnerent
rien pour faire diverfion à mon chagrin ; ils mirent tour
à tour en ufage les amufements les plus propres à me diffiper ; mais malgré tous leurs foins, je demeurai plongé
dans une mélancholie dont ils ne purent me tirer.   Il ne
tenoit pas non-plus à Scipion que je ne repriffe ma tran-
quilité : il venoit fouvent de Lirias à Valence pour favoir
de mes nouvelles, et il s'en retournoit d'autant plus trifte
ou d'autant plus gai, qu'il me voyoit plus ou moins de
difpofition à me confoler.

Il entra un matin dans ma chambre : Monfieur, me
dit-il d'un air fort agité, il fe répand dans la ville un
bruit qui intéreffe toute la Monarchie : on dit que Philippe III. ne vit plus, et que le Prince fon fils eft fur le
trone. On ajoute à cela, pourfuivit-il, que le Cardinal
Duc de Lerme a perdu fon pofte, qu'il lui eft même défendu de paroître à la Cour, et que Don Gafpard de Guzman, Comte d'Olivarès, eft préfentement premier Miniftre. Je me fentis un peu ému de cette nouvelle, fans
favoir pourquoi ? Scipion s'en apperçut, et me demanda
fi je ne prenois aucune part à ce grand changement. Eh !
quelle part veux-tu que j'y prenne, lui répondis-je, mon
enfant ? j'ai quité la Cour, tous les changemens qui peuvent y arriver me doivent être indifférens.

Pour un homme de votre âge, reprit le fils de la Cofcolina, vous êtes bien détaché du monde. A votre place
j'aurois un defir curieux : j'irois à Madrid montrer mon
vifage au jeune Monarque, pour voir s'il me remettroit ;
c'eft un plaifir que je me donnerois.   Je t'entends, lui
dis-je ; tu voudrois que je retournaffe à la Cour pour y
tenter de nouveau la fortune, ou plutôt pour y redevenir
un avare et un ambitieux. Pourquoi vos mœurs s'y cor-
romproient-elles encore, me repartit Scipion ? ayez plus
de confiance que vous n'en avez en votre vertu. Je vous
répons de vous même.   Les faines réflexions que votre
difgrace vous a fait faire fur la Cour, ne vous permettent
point d'en rédouter les dangers. Rembarquez-vous hardiment fur une mer dont vous connoiffez tous les écueils.
Tais toi, flatteur, interrompis-je en fouriant, es-tu las de

me

me voir mener une vie tranquille ? je croyois que mon repos t'étoit plus cher.

Dans cet endroit de notre converſation, Don Céſar et
ſon fils arriverent. Ils me confirmerent la nouvelle de la
mort du Roi, ainſi que le malheur du Duc de Lerme. Ils
m'apprirent de plus que ce Miniſtre ayant fait demander la
permiſſion de ſe retirer à Rome n'avoit pu l'obtenir, et
qu'il lui étoit ordonné de ſe rendre à ſon Marquiſat de Dénia. Enſuite, comme s'ils euſſent été d'accord avec mon
Sécrétaire, ils me conſeillerent d'aller à Madrid me préſenter aux yeux du nouveau Roi, puiſque j'en étois connu,
et que je lui avois même rendu des ſervices que les Grands
récompenſent aſſez volontiers. Pour moi, dit Don Alphonſe, je ne doute pas qu'il ne les reconnoiſſe, Philippe
IV. doit payer les dettes du Prince d'Eſpagne. J'ai le
même preſſentiment, dit Don Céſar, et je regarde le voyage de Santillane à la Cour comme une occaſion pour lui
de parvenir aux grands Emplois.

En vérité, Meſſeigneurs, m'écriai-je, vous ne penſez
pas à ce que vous dites. Il ſemble, a vous entendre l'un
et l'autre, que je n'aye qu'à me rendre à Madrid pour a-
voir la Clé d'or ou quelque Gouvernement. Vous êtes
dans l'erreur. Je ſuis au contraire bien perſuadé que le
Roi ne feroit aucune attention à ma figure, ſi je m'offrois
à ces regards ; j'en ferai, ſi vous le ſouhaitez, l'épreuve
pour vous deſabuſer. Les Seigneurs de Leyva me prirent
au mot, et je ne pus me défendre de leur promettre que je
partirois inceſſamment pour Madrid. Sitôt que mon Sécrétaire me vit déterminé à faire ce voyage, il en reſſentit
une joie immoderée ; il s'imaginoit que je ne paroîtrois pas
plutôt devant le nouveau Monarque, que ce Prince me
déméleroit dans la foule, et m'accableroit d'honneurs et
de biens. Là-deſſus ſe berçant des plus brillantes chimeres,
il m'élevoit aux prémieres Charges de l'Etat, et ſe pouſſoit
à la faveur de mon élevation.

Je me diſpoſai donc à retourner à la Cour, non dans la
vue d'y ſacrifier encore à la fortune, mais pour contenter
Don Céſar et ſon fils, qui avoient dans l'eſprit que je poſ-
ſederois bientôt les bonnes graces du Souverain. Il eſt
vrai que je me ſentois au fond de l'ame quelque envie d'é-
prouver ſi ce jeune Prince me reconnoîtroit. Entraîné
par ce mouvement curieux, ſans eſpérance et ſans deſſein

de

de tirer quelque avantage du nouveau regne, je pris le chemin de Madrid avec Scipion, abandonnant le foin de mon Château à Béatrix, qui étoit une très bonne ménagere.

CHAPITRE II.

Gil Blas fe rend à Madrid, il paroit à la Cour. Le Roi le reconnoit, et le recommande à fon premier Miniftre. Suite de cette recommendation.

NOUS nous rendìmes à Madrid en moins de huit jours, Don Alphonfe nous ayant donné deux de fes meilleurs chevaux pour faire plus de diligence. Nous allâmes defcendre à un hôtel garni où j'avois déja logé, chez Vincent Forréro mon ancien hôte, qui fut bien-aife de me revoir.

Comme c'étoit un homme qui fe piquoit de favoir tout ce qui fe paffoit tant à la Cour qu'à la Ville, je lui demandai ce qu'il y avoit de nouveau. Bien des chofes, me répondit-il. Depuis la mort de Philippe III. les amis et les partifans du Cardinal Duc de Lerme fe font bien remués pour maintenir Son Eminence dans le Miniftre ; mais leurs efforts ont été vains, le Comte d'Olivarès l'a emporté fur eux. On prétend que l'Efpagne ne perd point au change, et que ce nouveau premier Miniftre a le génie d'une fi vafte étendue, qu'il feroit capable de gouverner le monde entier : Dieu le veuille. Ce qu'il y a de certain, continua-t-il, c'eft que le peuple a conçu la plus haute opinion de fa capacité ; nous verrons dans la fuite, fi le Duc de Lerme eft bien ou mal remplacé. Forréro s'étant mis en train de parler, me fit un détail de tous les changemens qui s'étoient faits à la Cour, depuis que le Comte d'Olivarès tenoit le gouvernail du Vaiffeau de la Monarchie.

Deux jours après mon arrivée à Madrid, j'allai chez le Roi l'après-dînée, et je me mis fur fon paffage comme il entroit dans fon cabinet ; il ne me regarda point. Je retournai le lendemain au même endroit, et je ne fus pas plus heureux. Le fur-lendemain il jetta fur moi les yeux en paffant, mais il ne parut pas faire la moindre attention à ma perfonne. Là-deffus je pris mon parti. Tu vois, dis-je à Scipion qui m'accompagnoit, que le Roi ne me reconnoit point, ou que s'il me remet, il ne fe foucie

gueres

gueres de renouveller connoiſſance avec moi. Je crois
que nous ne ferons point mal de reprendre le chemin de
Valence. N'allons pas ſi vite, Monſieur, me répondit
mon Sécrétaire ; vous ſavez mieux que moi qu'on ne réuſſit à la Cour que par la patience. Ne vous laſſez pas de
vous montrer au Prince : à force de vous offrir à ſes regards,
vous l'obligerez à vous conſidérer plus attentivement, et à
ſe rappeller les traits de ſon Agent auprès de la belle Catalina.

Afin que Scipion n'eût rien à me reprocher, j'eus la com-
plaiſance de continuer le même manege pendant trois ſemaines ; et un jour enfin il arriva que le Monarque, frappé
de ma vue, me fit appeller. J'entrai dans ſon cabinet,
non ſans être troublé, de me trouver tête à tête avec mon
Roi. Qui êtes-vous, me dit-il ? vos traits ne me ſont pas
inconnus ; où vous ai-je vu ? Sire, lui répondis-je en tremblant, j'ai eu l'honneur de conduire une nuit Votre Majeſté
avec le Comte de Lémos chez. . . Ah ! je m'en ſouviens,
interrompit le Prince ; vous étiez Sécrétaire du Duc de
Lerme, et, ſi je ne me trompe, Santillane eſt votre nom.
Je n'ai pas oublié que dans cette occaſion vous me ſervites
avec beaucoup de zele, et que vous fûtes aſſez mal payé
de vos peines. N'avez-vous pas été en priſon pour cette
avanture ? Oui, Sire, lui repartis-je, j'ai été ſix mois à la
Tour de Ségovie, mais vous avez eu la bonté de m'en faire
ſortir. Cela, reprit-il, ne m'acquite point envers Santillane : il ne ſuffit pas de l'avoir fait remettre en liberté, je
dois lui tenir compte des maux qu'il a ſoufferts pour l'a-
mour de moi.

Comme le Prince achevoit ces paroles, le Comte d'O-
livarès entra dans le cabinet. Tout fait ombrage aux Favoris : il fut étonné de voir-là un inconnu, et le Roi redoubla ſa ſurpriſe en lui diſant : Comte, je mets ce jeune
homme entre vos mains ; occupez-le, je vous charge du
ſoin de l'avancer. Le Miniſtre affecta de recevoir cet ordre d'un air gracieux, en me conſidérant depuis les pieds
juſq'à la tête, et fort en peine de ſavoir qui j'étois. Allez, mon ami, ajouta le Monarque en m'adreſſant la parole,
et en me faiſant ſigne de me retirer, le Comte ne manquera pas de vous employer utilement pour mon ſervice et
pour vos intérêts.

Je

Je fortis auffitôt du cabinet, et rejoignis le fils de la Cofcolina, qui très impatient d'apprendre ce que le Roi m'avoit dit, étoit dans une agitation inconcevable. Il me demanda d'abord s'il faloit retourner à Valence, ou demeurer à la Cour. Tu en vas juger, lui répondis-je ; en même tems je le ravis, en lui racontant mot pour mot le petit entretien que je venois d'avoir avec le Monarque. Mon cher Maître, me dit alors Scipion dans l'excès de fa joie, prendrez vous une autre fois de mes Almanacs ? A- vouez que nous n'avions pas tort, les Seigneurs de Leyva et moi, de vous exhorter à faire le voyage de Madrid. Je vous vois déja dans un pofte éminent, vous deviendrez le Calderon du Comte d'Olivarès. C'eft ce que je ne fouhaite point-du-tout, interrompis-je ; cette place eft environnée de trop de précipices pour exciter mon envie. Je voudrois un emploi où je n'euffe aucune occafion de faire des injuftices, ni un honteux trafic des bienfaits du Prince. Après l'ufage que j'ai fait de ma faveur paffée, je ne puis être affez en garde contre l'avarice et contre l'ambition. Allez Monfieur, reprit mon Sécrétaire, le Miniftre vous donnera quelque bon pofte, que vous pourrez remplir fans ceffer d'être honnête homme.

Plus preffé par Scipion que par ma curiofité, je me rendis le jour fuivant chez le Comte d'Olivarés avant le lever de l'aurore, ayant appris que tous les matins, foit en été, foit en hiver il écoutoit à la clarté des bougies tous ceux qui avoient à lui parler. Je me mis modeftement dans un coin de la falle, et de-là j'obfervai bien le Comte quand il parut ; car j'avois fait peu d'attention à lui dans le cabinet du Roi. Je vis un homme d'une taille au deffus de la médiocre, et qui pouvoit paffer pour gros dans un pays où il eft rare de voir des perfonnes qui ne foient pas maigres. Il avoit les épaules fi élevées qui je le crus boffu, quoiqu'il ne le fût pas ; fa tête, qui étoit d'une groffeur exceffive, lui tomboit fur la poitrine ; fes cheveux étoient noirs et plats, fon vifage long, fon teint olivâtre, fa bouche enfoncée, et fon menton pointu et fort relevé.

Tout cela enfemble ne faifoit pas un beau Seigneur ; néanmoins, comme je le croyois dans une difpofition obligeante pour moi, je le regardois avec indulgence, je le trouvois agréable. Il eft vrai qu'il recevoit tout le monde

d'un air affable et débonnaire, et qu'il prenoit gracieusement les Placets qu'on lui préfentoit ; ce qui fembloit lui
tenir lieu de bonne mine.   Cependant, lorfqu'à mon tour
je m'avançai pour le faluer et me faire connoître, il me
lança un regard rude et menaçant ; puis me tournant le
dos fans daigner m'entendre ; il rentra dans fon cabinet.
Je trouvai alors ce Seigneur encore plus laid qu'il n'étoit
naturellement, je fortis de la falle fort étourdi d'un accueil
fi farouche, et ne fachant ce que j'en devois penfer.

Ayant rejoint Scipion, qui m'attendoit à la porte : Sais-
tu bien, lui dis-je, la reception qu'on m'a faite ? Non,
me répondit-il, mais elle n'eft pas difficile · deviner : le
Miniftre, prompt à fe conformer aux volontés du Prince,
vous aura propofé fans doute un emploi confiderable.
C'eft ce qui te trompe, lui repliquai-je : en même tems
je lui appris de quelle façon j'avois été reçu.   Il m'écouta fort attentivement, et me dit : Il faut que le Comte ne
vous ait pas remis, ou qu'il vous ait pris pour un autre.
Je vous confeille de le revoir, je ne doute pas qu'il ne
vous faffe meilleure mine. Je fuivis le confeil de mon Sécrétaire, je me montrai pour la feconde fois devant le
Miniftre, qui me traitant encore plus mal que la premiere, fronça le fourcil en m'envifageant, comme fi ma
vue lui eût fait de la peine ; puis il détourna de moi fes
regards, et fe retira fans me dire mot.

Je fus piqué de ce procédé jufqu'au vif, et tenté de partir fur le champ pour retourner à Valence : mais c'eft à
quoi Scipion ne manqua pas de s'oppofer, ne pouvant fe
réfoudre à renoncer aux efpérances qu'il avoit conçues,
Ne vois-tu pas, lui dis-je, que le Comte veut m'écarter
de la Cour? Le Monarque lui a témoigné de la bonne
volonté pour moi, cela ne fuffit-il pas pour m'attirer l'a-
verfion de fon favori ?   Cédons, mon enfant, cédons dè
bonne grace au pouvoir d'un ennemi fi redoutable.   Monfieur, répondit-il en colere contre le Comte d'Olivarès,
je n'abandonnerois pas fi facilement le terrain. J'irois me
plaindre au Roi du peu de cas que le Miniftre fait de fa
recommandation.   Mauvais confeil, lui dis-je, mon ami ;
fi je faifois cette démarche imprudente, je ne tarderois
gueres à m'en repéntir.   Je ne fais même fi je ne cours
pas quelque péril à m'arrêter dans cette ville. ·

                                                  Mon

Mon Sécrétaire à ce discours rentra en lui-même, et considérant qu'en effet nous avions affaire à un homme qui pouvoit nous faire revoir la Tour de Ségovie, il partagea ma crainte. Il ne combattit plus l'envie que j'avois de quitter Madrid, d'où je résolus de m'éloigner dès le lendemain.

CHAPITRE III.

De ce qui empêcha Gil Blas d'exécuter la résolution où il étoit d'abandonner la Cour ; et du service important que Joseph Navarro lui rendit.

EN m'en retournant à mon hôtel garni, je rencontrai Joseph Navarro, Chef-d'Office de Don Baltazar de Zuniga, et mon ancien ami. Je le saluai, l'abordai, et lui demandant s'il me reconnoissoit, et s'il seroit encore assez bon pour vouloir parler à un misérable qui avoit payé d'ingratitude son amitié. Vous avouez donc me dit-il, que vous n'en avez pas trop bien usé avec moi? Oui, lui, répondis-je, et vous êtes en droit de m'accabler de reproches ; je le mérite, si toutefois je n'ai pas expié mon crime par les remords qui l'ont suivi. Puisque vous vous êtes repenti de votre faute, reprit Navarro en m'embrassant, je ne dois plus m'en ressouvenir. De mon côté je pressai Joseph entre mes bras, et tous deux nous reprîmes l'un pour l'autre nos premiers sentimens.

Il avoit appris mon emprisonnement et la déroute de mes affaires, mais il ignoroit tout le reste. Je l'en informai ; je lui racontai jusqu'à la conversation que j'avois eue avec le Roi, et je ne lui cachai pas la mauvaise reception que le Ministre venoit de me faire, non plus que le dessein où j'étois de me retirer dans ma solitude. Gardez-vous bien de vous en aller, me dit-il ; puisque le Monarque à témoigné de l'amitié pour vous, il faut bien que cela vous serve à quelque chose. Entre nous, le Comte d'Olivarès a l'esprit un peu singulier ; c'est un Seigneur plein de fantaisies ; quelquefois, comme dans cette occasion, il agit d'une maniere qui révolte, et lui seul a la clé de ses actions hétéroclites. Au reste, quelques raisons qu'il ait de vous avoir mal reçu, tenez ici pié à boule ; il n'empêchera pas que vous ne profitiez des bontés du

Prince,

Prince, c'eft de quoi je puis vous affurer ; j'en dirai deux mots ce foir au Seigneur Don Baltazar de Zuniga mon Maître, que eft oncle du Comte d'Olivarès et qui partage avec lui les foins du Gouvernement. Navarro m'ayant ainfi parlé, me demanda où je demeurois, et là-deffus nous nous féparâmes.

Je ne fus pas longtems fans le revoir, il vint le jour fuivant me retrouver. Seigneur de Santillane, me dit-il vous avez un protecteur ; mon Maître veut vous prêter fon appui : fur le bien que je lui ai dit de votre Seigneurie, il m'a promis de parler pour vous au Comte d'Olivarès fon neveu, et je ne doute pas qu'il ne le prévienne en votre faveur. Mon ami Navarro ne voulant pas me fervir à demi, me préfenta deux jours après à Don Baltazar, qui me dit d'un air gracieux. Seigneur de Santillane, votre ami Jofeph m'a fait votre éloge dans des termes qui m'ont mis dans vos intérêts. Je fis une profonde révérence au Seigneur de Zuniga, et lui répondis que je fentirois vivement toute ma vie l'obligation que j'avois à Navarro, de m'avoir procuré la protection d'un Miniftre qu'on appelloit à jufte titre *la Flambeau du Confeil.* Don Baltazar à cette réponfe flateufe, me frapa fur l'épaule en riant, et reprit de cette forte : Vous pouvez dès demain retourner chez le Comte d'Olivarès, vous ferez plus content de lui.

Je reparus donc pour la troifieme fois devant le premier Miniftre, qui m'ayant démêlé dans la foule, jetta fur moi un regard accompagné d'un fouris dont je tirai un bon augure. Cela va bien, dis-je en moi-même, l'oncle a fait entendre raifon au neveu. Je ne m'attendis plus qu'à un accueil favorable, et mon attente fut remplie. Le Comte, après avoir donné audience à tout le monde, me fit paffer dans fon cabinet, où il me dit d'un air familier : Ami Santillane, pardonne-moi l'embarras où je t'ai mis pour me divertir ; je me fuis fait un plaifir de t'inquiéter pour éprouver ta prudence, et voir ce que tu ferois dans ta mauvaife humeur. Je ne doute pas que tu ne te fois imaginé que tu me déplaifois ; mais au contraire, mon enfant, je t'avoûrai que ta perfonne me revient. Quand le Roi mon Maître ne m'auroit pas ordonné de prendre foin de ta fortune, je le ferois par ma propre inclination. D'ailleurs Don Baltazar de Zuniga mon oncle, à qui je ne puis rien refufer, refuser, m'a prié de te regarder comme un homme pour lequel il s'intéresse ; il n'en faut pas-davantage pour me déterminer à t'attacher à moi.

Ce début fit une si vive impression sur mes sens qu'ils en furent troublés. Je me prosternai aux pieds du Ministre, qui m'ayant dit de me relever, poursuivit de cette maniere : Reviens ici cette après-dînée, et demande mon Intendant ; il t'apprendra les ordres dont je l'aurai chargé. A ces mots, Son Excellence sortit de son cabinet pour aller entendre la Messe ; ce qu'elle avoit coutume de faire tous les jours après avoir donné audience, ensuite elle se rendoit au lever du Roi.

CHAPITRE IV.

Gil Blas se fait aimer du Comte d'Olivarès.

JE ne manquai pas de retourner l'après-dinée chez le prémier Ministre, et de demander son intendant, qui s'appelloit Don Raimon Caporis. Je ne lui eus pas sitôt décliné mon nom, que me saluant avec des marques de respect : Seigneur me dit-il, suivez-moi s'il vous plaît ; je vais vous conduire à l'appartement qui vous est destiné dans cet Hôtel. Après avoir dit ces paroles, il me mena par un petit escalier à une enfilade de cinq à six pieces de plein pié, qui composoient le second étage d'une aile du logis, et qui étoient assez modestement meublées. Vous voyez, reprit-il, le logement que Monseigneur vous donne ; et vous y aurez une table de six couverts entretenue à ses dépens. Vous serez servi par ses propres domestiques, et il y aura toujours un carosse à vos ordres. Ce n'est pas tout, ajouta-t-il ; Son Excellence m'a fortement recommandé d'avoir pour vous les mêmes attentions, que si vous étiez de la Maison de Guzman.

Que diable signifie tout ceci, dis-je en moi-même ? Comment dois-je prendre ces distinctions ? N'y auroit-il point de la malice là dedans, et ne seroit ce pas encore pour se divertir que le Ministre me feroit un traitement si honorable ? Pendant que j'étois dans cette incertitude, flottant entre la crainte et l'espérance, un Page vint m'avertir que le Comte me demandoit. Je me rendis dans le moment auprès de Monseigneur, qui étoit tout seul dans

A a 3   son

ſon cabinet. Hé bien, Santillane, me dit-il, es tu ſatisfait de ton apartement, et des ordres que j'ai donnés à
Don Raimon ; Les bontés de Votre Excellence, lui répondis-je, me paroiſſent exceſſives, et je ne m'y prête
qu'en tremblant. Pourquoi donc, repliqua-t-il ? Puis-
je faire trop d'honneur à un homme que le Roi m'a confié, et dont il veut que je prenne ſoin ? Non ſans doute ;
je ne fais que mon devoir en te traitant honorablement.
Ne t'étonne donc plus de ce que je fais pour toi, et compte
qu'une fortune brillante et ſolide ne ſauroit t'échaper, ſi
tu m'es auſſi attaché que tu l'étois au Duc de Lerme.

Mais à propos de ce Seigneur, pourſuivit-il, on dit que
tu vivois familierement avec lui. Je ſuis curieux de ſavoir comment vous fites tous deux connoiſſance, et quel
emploi ce Miniſtre te fit exercer. Ne me déguiſe rien,
j'exige de toi un récit ſincere. Je me ſouvins alors de
l'embarras où je m'étois trouvé avec le Duc de Lerme en
pareil cas, et de quelle façon je m'en étois tiré : ce que je
pratiquai encore fort heureuſement, c'eſt-à-dire, que dans
ma narration j'adoucis les endroits rudes, et paſſai legére-
ment ſur les choſes qui me faiſoient peu d'honneur. Je
ménageai auſſi le Duc de Lerme, quoiqu'en ne l'épargnant
point du-tout, j'euſſe fait plus de plaiſir à mon auditeur.
Pour Don Rodrigue de Caldérone, je ne lui fis grace de
rien. Je détaillai tous les beaux coups que je ſavois qu'il
avoit faits dans le trafic des Commanderies, des Bénéfices
et des Gouvernemens.

Ce que tu m'apprens de Caldérone, interrompit le Miniſtre, eſt conforme à certains memoires qui m'ont été
préſentés contre lui, et qui contiennent des chefs d'accu-
ſation encore plus importans. On va bientôt lui faire
ſon procès ; et ſi tu ſouhaites qu'il ſuccombe dans cette
affaire, je crois que tes vœux ſeront ſatisfaits. Je ne deſire
point ſa mort, lui dis-je, quoiqu'il n'ait point tenu à
lui que je n'aye trouvé la mienne dans la Tour de Ségovie, où il a été cauſe que j'ai fait un aſſez long ſe-
jour. Comment reprit ſon Excellence, c'eſt Don Rodrigue qui a cauſé ta priſon ? voilà ce que j'ignorois.
Don Baltazar, à qui Navarro à raconté ton hiſtoire, m'à
bien dit que le feu Roi te fit empriſonner, pour te punir
d'avoir mené la nuit le Prince d'Eſpagne dans un lieu ſu-
ſpect ; mais je n'en ſais pas davantage, et je ne puis deviner quel rôle Caldérone a joué dans cette piece. Le rôle
d'un

d'un Amant qui fe venge d'un outrage reçu, lui répondis-
je. En même tems je lui fis un détail de l'avanture, qu'il
trouva fi divertiffante, que tout grave qu'il étoit, il ne put
s'empêcher d'en rire, ou plutôt d'en pleurer de plaifir.
Catalina, tantôt nièce et tantôt petite-fille, le réjouit infiniment, auffi-bien que la part qu'avoit eue à tout cela
le Duc de Lerme.

Lorfque j'eus achevé mon récit, le Comte me renvoya,
en me difant que le lendemain il ne manqueroit pas de
m'occuper. Je courus auffi-tôt à l'hotel de Zuniga, pour
remercier Don Baltazar de fes bons offices, et pour rendre compte à mon ami Jofeph de la difpofition favorable
où le premier Miniftre étoit pour moi.

CHAPITRE V.

*De l'entretien fecret que Gil Blas eut avec Navarro, et
de la prémiere occupation que le Comte d'Olivarès lui
donna.*

D'ABORD que je vis Jofeph, je lui dis avec agitation que j'avois bien des chofes à lui apprendre. Il
me mena dans un endroit particulier, où l'ayant mis au
fait, je lui demandai ce qu'il penfoit de ce que je venois
de lui dire. Je penfe, me repondit-il, que vous êtes en
train de faire un groffe fortune, tout vous rit : vous plaî-
fez au premier Miniftre ; et ce qui ne doit pas être compté pour rien, c'eft que je puis vous rendre le même fervice que vous rendit mon oncle Melchoir de la Ronda,
quand vous entrâtes à l'Archevêché de Grenade. Il vous
épargna la peine d'étudier le Prélat et fes principaux Officiers, en vous découvrant leurs différens caracteres ; je
veux à fon exemple vous faire connoître le Comte, la Com-
teffe fon époufe, et Donna Maria de Guzman leur fille
unique.

Le Miniftre a l'efprit vif, pénétrant, et propre à former de grands projets. Il fe donne pour un homme uni-
verfel, parce qu'il a une légere teinture de toutes les Sciences, et il fe croit capable de décider de tout. Il s'imagine être un profond Jurifconfulte, un grand Capitaine,
et un Politique des plus rafinés. Ajoutez à cela qu'il eft
fi entêté de fes opinions, qu'il les veut toujours fuivre pré-
fé-

férablement à celles des autres, de peur de paroître défé-
rer aux lumieres de quelqu'un.   Entre nous ce défaut
peut avoir d'étranges suites, dont le Ciel veuille préserver
la Monarchie. Il brille dans le Conseil par une éloquence
naturelle, et il écriroit aussi-bien qu'il parle, s'il n'af-
fectoit pas, pour donner plus de dignité a son stile de le
rendre obscur et trop recherché.   Il pense singulierement,
il est capricieux et chimérique. Tel est le portrait de son
esprit, et voici celui de son cœur.   Il est généreux et bon
ami.   On le dit vindicatif; mais quel Espagnol ne l'est
pas ? De plus on l'accuse d'ingratitude, pour avoir fait
exiler le Duc d'Uzede et le Frere Louis Aliaga auquels
il avoit, dit-on, de grandes obligations: c'est ce qu'il faut
encore lui pardonner, l'envie d'etre premier Ministre dis-
pense d'être reconnoissant.

Donna Agnez de Zuniga à Vélasco, Comtesse d'Olivarès, poursuivit Joseph, est une Dame à qui je ne connois
que le défaut de vendre au poids de l'or les graces qu'elle
fait obtenir.   Pour Donna Maria de Guzman qui sans
contredit est aujourd'hui le premier parti d'Espagne, c'est
une personne accomplie et l'idole de son pere.   Reglez-
vous là-dessus; faites bien votre cour à ces deux Dames,
et paroissez encore plus dévoué au Comte d'Olivarès que
vous ne l'étiez au Duc de Lerme avant votre voyage de
Ségovie, vous deviendrez un haut et puissant Seigneur.

Je vous conseille encore, ajouta-t-il, de voir de tems en
tems Don Baltazar mon Maître; quoique nous n'ayez plus
besoin de lui pour vous avancer, ne laissez pas de le ménager.   Vous êtes bien dans son esprit; conservez son
estime et son amitié, il peut dans l'occasion vous servir.
Comme l'oncle et le neveu, dis-je à Navarro, gouvernent
ensemble l'Etat, n'y auroit-il point un peu de jalousie entre
ces deux collegues? Au contraire, me repondit-il, ils sont
dans la plus parfaite union. Sans Don Baltazar, le Comte
d'Olivarès ne seroit peut-être pas prémier Ministre : car
enfin, après la mort de Phillippe III. tous les amis et les
partisans de la Maison de Sandoval se donnerent de grands
mouvemens, les uns en faveur du Cardinal, et les autres
pour son fils: mais mon Maître, le plus délié des Courtisans,
et le Comte qui n'est gueres moins fin que lui, rompirent
leurs mesures, et en prirent de si justes pour s'assurer cette
place, qu'ils l'emporterent sur leurs concurrens. Le

Comte d'Olivarès étant devenu prémier Miniſtre, a fait part de ſon adminiſtration à Don Baltazar ſon oncle, lui a laiſſé le ſoin des affaires du dehors, et s'eſt réſervé celles du dedans. De ſorte que reſſerrant par-là les nœuds de l'amitié, qui doit naturellement lier les perſonnes d'un même ſang, ces deux Seigneurs, indépendans l'un de l'autre, vivent dans une intelligence qui me paroit inaltérable.

Telle fut la converſation que j'eus avec Joſeph, et dont je me promis bien de profiter ; aprè s quoi j'allai remercier le Seigneur de Zuniga, de ce qu'il avoit eu la bonté de faire pour moi. Il me dit fort poliment qu'il ſaiſiroit toujours les occaſions oú il s'agiroit de me faire plaiſir, et qu'il étoit bien-aiſe que je fuſſe ſatisfait de ſon neveu, auquel il m'aſſura qu'il parleroit encore en ma faveur : voulant, du moins, diſoit-il, me faire voir par-là que mes intérêts lui étoient chers, et qu'au-lieu d'un protecteur j'en avois deux. C'eſt ainſi que Don Baltazar, par amitié pour Navarro, prenoit ma fortune à cœur.

Dès ce ſoir-là même j'abandonnai mon hôtel garni pour aller loger chez le premier Miniſtre, où je ſoupai avec Scipion dans mon appartement. Nous y fûmes ſervis tous deux par des domeſtiques du logis, qui pendant le repas, tandis que nous affections une gravité impoſante, rioient peut être en eux-mêmes du reſpect de commande qu'ils avoient pour nous. Lorſqu'après avoir deſſervi ils ſe furent retirés, mon Sécrétaire ceſſant de ſe contraindre, me dit mille folies, que ſon humeur gaye et ſes eſpérances lui inſpirerent. Pour moi, quoique ravi de la brillante ſituation oú je commençois à me voir, je ne me ſentois encore aucune diſpoſition à m'en laiſſer éblouir. Auſſi m'étant couché je m'endormis tranquillement, ſans livrer mon eſprit aux idées agréables dont je pouvois l'occuper, au-lieu que l'ambitieux Scipion prit peu de repos. Il paſſa plus de la moitié de la nuit a théſauriſer, pour marier ſa fille Séraphine.

J'étois à peine habillé le lendemain matin, qu'on me vint chercher de la part de Monſeigneur. Je fus bientôt auprès de Son Excellence, qui me dit : Oh ça, Santillane, voyons un peu ce que tu ſais faire. Tu m'as dit que le Duc de Lerme te donnoit des Mémoires à rédiger, j'en ai un que je te deſtine pour ton coup d'eſſai. Je vais t'en

dire

dire la matiere. Il eſt queſtion de compoſer un ouvrage qui prévienne le public en faveur de mon Miniſtere. J'ai déja fait courir le bruit ſecretement, que j'ai trouvé les affaires fort dérangées ; il s'agit préſentement, d'expoſer aux yeux de la Cour et de la Ville le miſérable état où la Monarchie eſt réduite. Il faut faire la-deſſus un tableau qui frappe le peuple, et l'empéche de regretter mon prédéceſſeur. Après cela tu vanteras les meſures que j'ai priſes pour rendre le regne du Roi glorieux, ſes Etats floriſſans, et ſes Sujets parfaitement heureux.

Après que Monſeigneur m'eût parlé de cette ſorte, il me mit entre les mains un papier, qui contenoit les juſtes ſujets qu'on avoit de ſe plaindre de l'adminiſtration précédente ; et je me ſouviens qu'il y avoit dix articles, dont le moins important étoit capable d'allarmer les bons Eſpagnols ; puis m'ayant fait paſſer dans un petit cabinet voiſin du ſien, il m'y laiſſa travailler en liberté. Je commençai donc à compoſer mon Mémoire le mieux qu'il me fut poſſible. J'expoſai d'abord le mauvais état où ſe trouvoit le Royaume, les Finances diſſipées, les Revenus Royaux engagés à des Partiſans, et la Marine ruinée. Je rapportai enſuite les fautes commiſes par ceux qui avoient gouverné l'Etat ſous le dernier regne, et les ſuites fâcheuſes qu'elles pouvoient avoir. Enfin je peignis la Monarchie en péril, et cenſurai ſi vivement le précédent Miniſtere, que la perte du Duc de Lerme étoit, ſuivant mon Mémoire, un grand bonheur pour L'Eſpagne. Pour dire la vérité, quoique je n'euſſe aucun reſſentiment contre ce Seigneur, je ne fus pas fâché de lui rendre ce bon office. Voilà l'homme.

Enfin, après une peinture effrayante des maux qui menaçoient l'Eſpagne, je raſſurois les eſprits en faiſant avec art concevoir aux peuples de belles eſpérances pour l'avenir. Je faiſois parler le Comte d'Olivarès comme un Reſtaurateur envoyé du Ciel pour le ſalut de la Nation, je promettois monts et merveilles. En un mot, j'entrai ſi bien dans les vues du nouveau Miniſtre, qu'il parut ſurpris de mon ouvrage. Lorſqu'il l'eut lu tout entier : Santillane, me dit-il, ſais-tu bien que tu viens de faire un morceau digne d'un Sécrétaire d'Etat ? Je ne m'étonne plus ſi le Duc de Lerme exerçoit ta plume. Ton ſtile eſt concis, et même élégant ; mais je le trouve un peu trop naturel.

En

En même tems m'ayant fait remarquer les endroits qui n'é-
toient pas de son goût, il les changea, et je jugeai par ses
corrections, qu'il aimoit, comme Navarro me l'avoit dit,
les expressions recherchées et l'obscurité. Néanmoins,
quoiqu'il voulût de la noblesse, ou, pour mieux dire, du
précieux dans la diction, il ne laissa pas de conserver les
deux tiers de mon Mémoire ; et pour me témoigner jusqu'à quel point il en étoit satisfait, il m'envoya par Don
Raimon trois cens pistoles à l'issue de mon diner.

CHAPITRE VI.

*De l'usage que Gil Blas fit de ses trois cens pistoles, et des
soins dont il chargea Scipion. Succès du Mémoire dont
on vient de parler.*

CE bienfait du Ministre fournit à Scipion un nouveau
sujet de me féliciter d'être venu à la Cour : Vous
voyez, me dit-il, que la fortune a de grands desseins sur
votre Seigneurie. Etes-vous fâché présentement d'avoir
quité votre solitude ? Vive le Comte d'Olivarès ! c'est bien
un autre patron que son prédécesseur. Le Duc de Lerme,
quoique vous lui fussiez fort attaché, vous laissa languir
plusieurs mois sans vous faire présent d'une pistole ; et le
Comte vous a déja fait une gratification, que vous n'auriez osé espérer qu'après de long services.

Je voudrois bien, ajouta-t-il, que les Seigneurs de Leyva fussent témoins du bonheur dont vous jouissez, ou du
moins qu'ils le sussent. Il est tems de les en informer, lui
répondis-je; et c'est de quoi j'allois te parler. Je ne doute
pas qu'ils n'ayent une extreme impatience d'apprendre de
mes nouvelles; mais j'attendois pour leur en donner, que
je me visse dans un état fixe, et que je pusse leur mander
positivement si je demeurerois ou non à la Cour. A présent que je suis sûr de mon fait, tu n'as qu'à partir pour
Valence quand il te plaira, pour aller instruire ces Seigneurs de ma situation, que je regarde comme leur ouvrage,
puisqu'il est certain que sans eux je ne me serois jamais déterminé à faire le voyage de Madrid. Mon cher Maître,
s'écria le fils de la Coscolina, que je vais leur causer de
joie en leur racontant ce qui vous est arrivé? Que ne suis-
je déja aux portes de Valence! mais j'y serai bientôt. Les
deux

deuz chevaux de Don Alphonfe fon tout prêts. Je vais me mettre en chemin avec un laquais de Monfeigneur. Outre que je ferai bien-aife d'avoir un compagnon fur la route, vous favez que la livrée d'un prémier Miniftre jette de la poudre aux yeux.

Je ne pus m'empêcher de rire de la fotte vanité de mon Sécretaire ; et cependant plus vain peut-être encore que lui, je le laiffai faire ce qu'il voulut : Pars, lui dis-je, et reviens promptement, car j'ai une autre commiffion à te donner. Je veux t'envoyer aux Afturies, porter de l'argent a ma mere. J'ai par négligence laiffé paffer le tems auquel j'ai promis de lui faire tenir cent piftoles, que tu t'es obligé de lui remettre toi-même en main propre. Ces fortes de paroles doivent être fi facrées pour un fils, que je me reproche mon peu d'exactitude à les garder. Monfieur, me répondit Scipion, dans fix femaines je vous rendrai compte de ces deux commiffions ; j'aurai parlé aux Seigneurs de Leyva, fait un tour à votre Château, et revu la ville d'Oviédo, dont je ne pus me rappeller le fouvenir, fans donner au diable les trois quarts et demi de fes habitans. Je comptai donc au fils de la Cofcolina, cent piftoles pour la penfion de ma mere, avec cent autres pour lui, voulant qu'il fît gracieufement le long voyage qu'il alloit entreprendre.

Quelques jours après fon départ, Monfeigneur fit imprimer notre Mémoire, qui ne fut pas plutôt rendu public, qu'il devint le fujet de toutes les converfations de Madrid. Le peuple, ami de la nouveauté, fut charmé de cet Ecrit ; l'epuifement des Finances qui étoit peint avec de vives couleurs, le révolta contre le Duc de Lerme ; et fi les coups de griffe qu'y recevoit ce Miniftre ne furent pas applaudis de tout le monde, du moins ils trouvérent des approbateurs. Quant aux magnifiques promeffes que le Comte d'Olivarès y faifoit, et entr'autres celle de fournir par une fage économie aux depenfes de l'Etat fans incommoder les Sujets, elles éblouirent les Citoyens en général, et les confirmerent dans la grande opinion qu'ils avoient déja de fes lumieres. Si bien que toute la ville retentit de fes louanges.

Ce Miniftre ravi de fe voir parvenu à fon but, qui n'avoit été dans cet ouvrage que de s'attirer l'affection publique,

blique, voulut la mériter véritablement par une action
louable, et qui fut utile au Roi.   Pour cet effet il eut recours à l'invention de l'Empereur Galba, c'est-a-dire, qu'il
fit rendre gorge aux particuliers qui s'étoient enrichis,
Dieu fait comment, dans les Régies Royales. Quand il
eut tiré des ces Sangfues le fang qu'elles avoient fuccé, et
qu'il en eut rempli les coffres du Roi, il entreprit de l'y
conferver, en faifant fupprimer toutes les penfions, fans en
excepter la fienne auffi-bien que les gratifications qui fe
faifoient des deniers du Prince.   Pour réuffir dans ce deffein, qu'il ne pouvoit exécuter fans changer la face du
Gouvernement, il me chargea de compofer un nouveau
Mémoire, dont il me dit la fubftance et la forme. Enfuite
il me recommanda de m'élever autant qu'il me feroit poffible au-deffus de la fimplicité ordinaire de mon ftile, pour
donner plus de nobleffe à mes frafes.   Cela fuffit Monfeigneur, lui dis-je, Votre Excellence veut du fublime et du
lumineux, elle en aura.   Je m'enfermai dans le même cabinet où j'avois déja travaillé, et là je me mis à l'ouvrage
après avoir invoqué le génie éloquent de l'Archevêque de
Grenade.

Je débutai par repréfenter qu'il faloit garder avec foin
tout l'argent qui étoit dans le Tréfor Royal, et qu'il ne devoit être employé qu'aux feuls befoins de la Monarchie,
comme étant un fond facré qu'il étoit à propos de referver
pour tenir en refpect les ennemis de l'Efpagne.   Enfuite
je faifois voir au Monarque, car c'étoit à lui que s'adref-
foit le Mémoire, qu'en ôtant toutes les penfions et les gratifications qui fe prenoient fur les revenus ordinaires, il ne
fe priveroit point pour cela du plaifir de récompenfer ceux
de fes Sujets qui fe rendroient dignes de fes graces, puifque, fans toucher à fon, Tréfor il étoit en étant de leur donner de grandes recompenfes: qu'il avoit pour les uns des
Viceroyautés, des Gouvernemens, des Ordres de Chevaleries, et des Emplois Militaires ; pour les autres, des
Commanderies et penfions deffus, des Titres avec des
Magiftratures, et enfin toutes fortes de Bénéfices pour les
perfonnes confacrées au culte des Autels.

Ce Mémoire, qui étoit beaucoup plus long que le prémier, m'occupa près de trois jours ; et heureufement je le
fis à la fantaifie de mon Maître, qui le trouvant écrit avec
emphafe, et farci de métaphores, m'accabla de louanges.

Je fuis bien content de cela, me dit-il en me montrant les endroits les plus enflés, voilà des expreſſions marquées au bon coin. Courage, mon ami, je prévois que tu me feras d'une grande utilité. Cependant, malgré les applaudiſſemens qu'il me prodigua, il ne laiſſa, pas de retoucher le Mémoire. Il y mit beaucoup du ſien, et fit une piece d'éloquence qui charma le Roi et toute la Cour. La Ville y joignit ſon approbation, augura bien pour l'avenir, et ſe flatta que la Monarchie reprendroit ſon ancien luſtre ſous le Miniſtere d'un ſi grand Perſonnage. Son Excellence voyant que cet Ecrit lui faiſoit beaucoup d'honneur, voulut, pour la part que j'y avois, que j'en recueilliſſe quelque fruit : elle me fit donner une penſion de cinq cens écus ſur la Commanderie de Caſtile ; ce qui me fut d'autant plus agréable, que ce n'étoit pas un bien mal acquis, quoique je l'euſſe gagné bien aiſément.

CHAPITRE VII.

Par quel hazard, dans quel endroit, et dans quel état Gil Blas retrouva ſon ami Fabrice ; et de l'entretien qu'ils eurent enſemble.

RIEN ne faiſoit plus de plaiſir à Monſeigneur, que d'apprendre ce qu'on penſoit à Madrid de la conduite qu'il tenoit dans ſon Miniſtere. Il me demandoit tous les jours ce qu'on diſoit de lui dans le monde. Il avoit même des eſpions qui pour ſon argent lui rendoient un compte exact de tout ce qui ſe paſſoit dans la ville. Ils lui rapportoient juſqu'aux moindres diſcours qu'ils avoient entendus ; et comme il leur ordonnoit d'être ſincere, ſon amour-propre en ſouffroit quelquefois ; car le peuple a une intempérance de langue qui ne reſpecte rien.

Quand je m'apperçus que le Comte aimoit qu'on lui fît des rapports ; je me mis ſur le pié d'aller l'après-dîné dans des lieux publics, et de me mêler à la converſation des honnêtes gens, quand il s'y en trouvoit. Lorſqu'ils parloient du Gouvernement, je les écoutois avec attention ; et s'ils diſoient quelque choſe qui méritât d'être redit à Son Excellence, je ne manquois pas de lui en faire part. Mais il faut obſerver que je ne lui rapportois rien qui ne fut à ſon avantage.

Un

Un jour en revenant de l'un de ces endroits, je paſſai
devant la porte d'un hôpital. Il me prit envie d'y entrer.
Je parcourus deux ou trois ſalles remplies de Maladesalités,
en promenant ma vue de toutes parts. Parmi ces malheureux, que je ne regardois pas ſans compaſſion, j'en remarquai un qui me frappa, je crus reconnoître en lui Fabrice-
mon ancien camarade et mon compatriote. Pour le voir
de plus près je m'approchai de ſon lit, et ne pouvant douter que ce ne fût le Poete Nugnez, je demeurai quelques
momens à le conſidérer ſans rien dire. De ſon côté il me
remit auſſi, et m'enviſagea de la même façon. Enfin rompant le ſilence : Mes yeux, lui dis-je, ne me trompent-ils
point ? eſt ce en effet Fabrice que je rencontre ici ? C'eſt
lui-même, répondit-il froidement ; et tu ne dois pas t'en
étonner. Depuis que je t'ai quité, j'ai toujours fait le
métier d'Auteur ; j'ai compoſé des Romans, des Comédies, toutes ſortes d'Ouvrages d'eſprit. J'ai fait mon chemin, je ſuis à l'Hôpital.

Je ne pus m'empêcher de rire de ces paroles, et encore
plus de l'air ſérieux dont il les avoit accompagnées. Hé
quoi ! m'écriai-je, ta Muſe t'a conduit dans ce lieu ? elle
t'a joué ce vilain tour-là ? Tu le vois, répondit-il, cette
maiſon ſert ſouvent de retraite aux Beaux-Eſprits. Tu as
bien fait, mon enfant, de prendre une autre route que
moi ; mais tu n'es plus ce me ſemble à la Cour, et tes affaires ont changé de face ; je me ſouviens même d'avoir
ouï dire que tu étois en priſon par ordre du Roi. On t'a
dit la vérité, lui repliquai-je ; la ſituation charmante où
tu me laiſſas quand nous nous ſéparames, fut peu de tems
après ſuivie d'un revers de fortune qui m'enleva mes biens
et ma liberté. Cependant, mon ami, tu me revois dans
un état plus brillant encore que celui où tu m'as vu. Cela
n'eſt pas poſſible, dit Nugnez, ton maintien eſt ſage et
modeſte ; tu n'as pas l'air vain et inſolent, que donne ordinairement la proſpérité. Les diſgraces, repris-je, ont
purifié ma vertu ; et j'appris à l'école de l'adverſité, à
jouir des richeſſes ſans m'en laiſſer poſſéder.

Dis-moi donc, interrompit Fabrice en ſe mettant avec
tranſport ſur ſon ſéant, quel peut être ton emploi ? Que
fais-tu préſentement ? Ne ferois-tu pas Intendant d'un
grand Seigneur ruiné, ou de quelque Veuve opulente ? J'ai
un meilleur poſte, lui repartis-je, mais diſpenſe-moi je te

prie de t'en dire davantage à préſent, je ſatisferai une autrefois ta curioſité.   Je me contente en ce moment de
t'apprendre que je ſuis en état de te faire plaiſir, ou plutôt de te mettre à ton aiſe pour le reſte de tes jours,
pourvu que tu me promettes de ne plus compoſer d'Ouvrages d'eſprit, ſoit en vers, ſoit en proſe. Te ſens-tu capable de me faire un ſi grand ſacrifice ? Je l'ai déja fait
au Ciel, me dit-il, dans une maladie mortelle dont tu me
vois échappé.   Un Pere de Saint Dominique m'a fait abju-
rer la Poeſie, comme un amuſement qui, s'il n'eſt pas criminel, détourne du moins du but de la ſageſſe.

Je t'en félicite, lui repliquai-je, mon cher Nugnez ; mais
gare la rechute. C'eſt ce que je n'appréhende point-du-
tout, repartit-il ; j'ai pris une ferme réſolution d'abandonner les Muſes ; quand tu es entré dans cette ſalle, je com-
poſois des vers pour leur dire un éternel adieu.   Monſieur
Fabrice, lui dis-je alors en branlant la tête, je ne ſai ſi
nous devons, le Pere de Saint Dominique et moi, nous fier
à votre abjuration, vous me paroiſſez furieuſement épris
de ces doctes Pùcelles.   Non, non, me répondit-il, j'ai
rompu tous les nœuds qui m'attachoient à elles. J'ai plus
fait, j'ai pris le Public en averſion.   Il ne mérite pas qu'il
y ait des Auteurs qui veuillent lui conſacrer leurs travaux,
je ſerois fâché de faire quelque production qui lui plût.
Ne crois pas, continua-t-il, que le chagrin me dicte ce
language, je te parle de ſang froid. Je mépriſe autant
les applaudiſſemens du Public que ſes ſiflets. On ne ſait
qui gagne ou qui perd avec lui. C'eſt un capricieux qui
penſe aujourd'hui d'une façon, et qui demain penſera
d'une autre.   Que les Poetes Dramatiques ſont fous,
de tirer vanité de leurs Pieces quand elles réuſſiſſent !
Quelque bruit qu'elles faſſent dans leur nouveauté, ſi on
les remet au Théâtre vingt ans après, elles ſont pour la
plupart aſſez mal reçues. La génération préſente accuſe
de mauvais goût celle qui l'a précédée, et ſes jugemens
ſont contredits à leur tour par ceux de la génération ſui-
vante. D'où je conclus, que les Auteurs qui ſont applaudis préſentement, doivent s'attendre à être ſiflés dans la
ſuite. Il en eſt de même des Romans, et des autres Livres
amuſans qu'on met au jour : quoiqu'ils ayent d'abord une
approbation générale, ils tombent inſenſiblement dans le
mépris. L'honneur qui nous revient de l'heureux ſuccès
d'un Ouvrage, n'eſt donc qu'une pure chimere, qu'une il-

lufion de l'efprit, qu'un feu de paile dont la fumée fe diffipe bientôt dans les airs.

Quoique je jugeaffe bien que le Poete des Afturies ne parloit ainfi que par mauvaife humeur, je ne fis pas femblant de m'en appercevoir. Je fuis ravi, lui dis-je, que tu fois dégoûté du bel-efprit, et radicalement guéri de la rage d'écrire. Tu peus compter que je te ferai donner inceffamment un emploi, où tu pourras t'enrichir fans être obligé de faire une grande dépenfe de génie. Tant mieux, s'écria-t-il, l'efprit me put, et je le regarde à l'heure qu'il eft comme le préfent le plus funefte que le Ciel puiffe faire à l'homme. Je fouhaite, repris-je, mon cher Fabrice, que tu conferves toujours les fentimens où tu es. Si tu perfiftes à vouloir quiter la Poefie, je te le répete, je te ferai obtenir bientôt un pofte honnête et lucratif : mais en attendant que je te rende ce fervice, ajoutai-je en lui préfentant une bourfe où il y avoit une foixantaine de piftoles, je te prie de recevoir cette petite marque d'amitié.

O généreux ami ! s'écria le fils du Barbier Nugnez, tranfporté de joie et de reconnoiffance ; quelles graces n'ai-je pas à rendre au Ciel de t'avoir fait entrer dans cet Hôpital, d'où je vais dès ce jour fortir par ton affiftance ! comme effectivement il fe fit transporter dans une chambre garnie. Mais avant que de nous féparer, je lui enfeignai ma demeure, et l'invitai à me venir voir auffitôt que fa fanté feroit rétablie. Il fit paroître une extrême furprife, lorfque je lui dis que j'étois logé chez le Comte d'Olivarès. O trop heureux Gil Blas, me dit-il, dont le fort eft de plaire au Miniftre ! je me rejouis de ton bonheur, puifque tu en fais un fi bon ufage.

CHAPITRE VIII.

Gil Blas fe rend de jour en jour plus cher à fon Maître.
Du retour de Scipion à Madrid, et de la relation qu'il
fit de fon voyage à Santillane.

LE Comte d'Olivarès, que j'appellerai deformais *le Comte-Duc*, parce qu'il plut au Roi dans ce tems-là de l'honorer de ce titre, avoit un foible que je ne découvris pas infruétueufement ; c'étoit de vouloir être

aimé. Dès qu'il s'appercevoit que quelqu'un s'attachoit
à lui par inclination, il le prenoit en amitié. Je n'eus
garde de négliger cette obfervation. Je ne me contentois
pas de bien faire ce qu'il me commandoit, j'exécutois fes
ordres avec des démonftrations de zele qui le raviffoient.
J'étudiois fon goût en toutes chofes pour m'y conformer,
et prévenois fes defirs autant qu'il m'étoit poffible.

Par cette conduite, qui mene prefque toujours au but,
je devins infenfiblement le favori de mon Maître, qui de
fon côté, comme j'avois le même foible que lui, me gagna
l'ame par les marques d'affection qu'il me donna. Je
m'infinuai fi avant dans fes bonnes graces, que je parvins
à partager fa confiance avec le Seigneur Carnéro, fon
premier Sécrétaire.

Carnéro s'étoit fervi du même moyen que moi pour
plaîre à Son Excellence; et il y avoit fi bien réuffi, qu'elle
lui faifoit part des myfteres du Cabinet. Nous étions donc,
ce Séctétaire et moi, les deux confidens du premier Miniftre, et les dépofitaires de fes fecrets : avec cette différence, qu'il ne parloit à Carnéro que d'affaires d'Etat, et
qu'il ne m'entretenoit moi que de fes intérêts particuliers;
ce qui faifoit, pour ainfi dire, deux départemens féparés,
dont nous étions également fatisfaits l'un et l'autre. Nous
vivions enfemble fans jaloufie comme fans amitié. J'avois
fujet d'être content de ma place, qui me donnant fans
ceffe occafion d'être avec le Comte-Duc, me mettoit à
portée de voir le fond de fon ame, que, tout diffimulé
qu'il étoit naturellement, il ceffa de me cacher, lorfqu'il
ne douta plus de la fincérité de mon attachement pour
lui.

Santillane, me dit-il un jour, tu as vu le Duc de Lerme
jouir d'une autorité qui reffembloit moins à celle d'un
Miniftre favori, qu'à la puiffance d'un Monarque abfolu :
cependant je fuis encore plus heureux qu'il n'étoit au plus
haut point de fa fortune. Il avoit deux ennemis redou-
tables dans le Duc d'Uzede fon propre fils, et dans le
Confeffeur de Philippe III. au-lieu que je ne vois
perfonne auprès du Roi, qui ait affez de crédit pour me
nuire, ni même que je foupçonne de mauvaife volonté
pour moi.

Il eft vrai, pourfuivit-il, qu'à mon avenèment au Miniftere, j'ai eu grand foin de ne fouffrir auprès du Prince
que des Sujets à qui le fang ou l'amitié me lient. Je me

fuis défait par des Viceroyautés, ou par des Ambaffades,
de tous les Seigneurs qui par leur mérite perfonnel auroient pu m'enlever quelque portion de bonnes graces du
Souverain, que je veux poffléder entierement; de forte
que je puis dire à l'heure qu'il eft, qu'aucun Grand ne
fait ombre à mon crédit. Tu vois, Gil Blas, ajouta-t-il,
que je te découvre mon cœur. Comme j'ai lieu de penfer
que tu m'es tout dévoué, je t'ai choifi pour mon confident.
Tu as de l'efprit, je te crois fage, prudent, difcret; en
un mot, tu me parois propre à te bien acquiter de vingt
fortes de commiffions, qui demandent un garçon plein
d'intelligence, et qui foit dans mes intérêts.

Je ne fus point à l'épreuve des images flatteufes que ces
paroles offrirent à mon efprit. Quelques vapeurs d'avarice et d'ambition me monterent fubitement à la tête, et
réveillerent en moi des fentimens dont je croyois avoir
triomphé. Je proteftai au Miniftre, que je répondrois de
tout mon pouvoir a fes intentions, et je me tins prêt à exécuter fans fcrupule, tous les ordres dont il jugeroit à propos de me charger.

Pendant que j'étois ainfi difpofé à dreffer de nouveaux
autels à la Fortune, Scipion revint de fon voyage. Je
n'ai pas, me dit-il, un long récit à vous faire. J'ai
charmé les Seigneurs de Leyva, en leur apprenant l'accueil que le Roi vous a fait lorfqu'il vous a reconnu,
et la maniere dont le Comte d'Olivarès en ufe avec vous.

J'interrompis Scipion: Mon ami, lui dis-je, tu leur
aurois fait encore plus de plaifir, fi tu leur avois peu dire
fur quel pié je fuis aujourd'hui auprès de Monfeigneur.
Ç'eft une chófe prodigieufe, que la rapidité des progrès
que j'ai faits depuis ton départ dans le cœur de fon Excellence. Dieu en foit loué, mon cher Maître, me répondit-il, je preffens que nous aurons de belles deftinées
à remplir.

Changeons de matiere, lui dis-je, parlons d'Oviédo.
Tu as été aux Afturies. Dans quel état y as-tu laiffé ma
mere? Ah! Monfieur, me repartit-il en prenant tout-à-
coup un air trifte, je n'ai que des nouvelles affligeantes à
vous annoncer de ce côté-là. O Ciel! m'écriai-je, ma
mere eft morte affurément! Il y a fix mois, dit mon Sécrétaire, que la bonne Dame a payé le tribut a la nature,
auffi-bien que le Seigneur Gil-Pérez votre oncle.

La

La mort de ma mere me caufa une vive affliction, quoique dans mon énfance je n'eufle point reçu d'elle ces careffes dont les enfans ont grand befoin pour devenir reconnoiffans dans la fuite. Je donnai auffi au bon Chanoine les larmes que je lui devois, pour le foin qu'il avoit eu de mon éducation. Ma douleur à la vérité ne fut pas longue, et dégénéra bientôt en un fouvenir tendre que j'ai toujours confervé de mes parens.

CHAPITRE IX.

Comment et à qui le Comte-Duc maria fa fille unique, et des fruits amers que ce marriage produifit.

PEU de tems après le retour du fils de la Cofcolina, le Comte-Duc tomba dans une rêverie où il demeura plongé pendant huit jours. Je m'imaginois qu'il méditoit quelque grand coup d'Etat ; mais ce qui le faifoit rêver, ne regardoit que fa famille. Gil Blas, me dit-il une après-dinée, tu dois t'être apperçu que j'ai l'efprit embarraffé. Oui, mon enfant, je fuis occupé d'une affaire d'où dépend le repos de ma vie. Je veux bien t'en faire confidence.

Donna Maria ma fille, continua-t-il, eft nubile, et il fe préfente un grand nombre de Seigneurs qui fe la difputent. Le Comte de Niébles, fils ainé du Duc de Médina Sidonia, chef de la maifon de Guzman, et Don Louis de Haro, fils ainé du Marquis de Carpio et de ma fœur ainée, font les deux concurrens qui paroiffent le plus en droit d'obtenir la préference. Le dernier fur-tout a un mérite fi fupérieur à celui de fes rivaux, que toute la Cour ne doute pas que je ne faffe choix de lui pour mon gendre. Néanmoins, fans entrer dans les raifons que j'ai de lui donner l'exclufion, de même qu'au Comte de Niébles, je te dirai que j'ai jetté les yeux fur Don Ramire Nugnez de Guzman, Marquis de Toral, chef de la maifon des Guzman, d'Abrados. C'eft à ce jeune Seigneur, et aux enfans qu'il aura de ma fille, que je prétens laiffer tous mes biens, et les annexer au titre de Comte d'Olivarès, au-quel je joindrai la Grandeffe : de maniere que mes petits-fils, et leurs defcendans fortis de la branche d'Abrados et de celle

d'Oli-

d'Olivarès, pafferont pour les ainés de la maifon de Guzman.

Hé bien, Santillane, ajouta-t-il, n'approuve-tu pas mon
deffein ? Pardonnez-moi, Monfeigneur, lui répondis-je,
ce projet eft digne du génie qui l'a formé ; tout ce que
je crains, c'eft que le Duc de Médina Sidonia pourra bien
en murmurer. Qu'il en murmure s'il veut, reprit le Miniftre, je m'en mets fort peu en peine. Je n'aime point
fa branche, qui a ufurpé fur celle d'Abrados le droit d'aineffe et les titres qui y font attachés. Je ferai moins
fenfible à fes plaintes, qu'au chagrin qu'aura la Marquife
de Carpio ma fœur, de voir échapper ma fille à fon fils.
Mais après tout je veux me fatisfaire, et Don Ramire
l'emportera fur fes rivaux, c'eft une chofe décidée.

Le Comte-Duc ayant pris cette réfolution, ne l'exécuta pas fans donner une nouvelle marque de fa politique
finguliere. Il préfenta un Mémoire au Roi, pour le prier
auffi-bien que la Reine, de vouloir bien marier eux-mêmes
fa fille, en leur expofant les qualités des Seigneurs qui la
recherchoient, et s'en remettant entierement au choix que
feroient Leurs Majeftés ! mais il ne laiffoit pas, en parlant du Marquis de Toral, de faire connoître que c'étoit
celui de tous qui lui étoit le plus agréable. Auffi le Roi,
qui avoit une complaifance aveugle pour fon Miniftre, lui
fit cette réponfe : *Je crois Don Ramire Nugnez digne de
Donna Maria ; cependant choififfez vous-même. Le parti qui vous conviendra le mieux, fera celui qui me plaira
davantage.*   L e R o i.

Le Miniftre affecta de montrer cette réponfe : et feig-
nant de la regarder comme un ordre du Prince, il fe hâta de marier fa fille au Marquis de Toral ; ce qui piqua
vivement la Marquife de Carpio, de même que tous les
Guzmans, qui s'étoient flattés de l'efpérance d'époufer
Donna Maria. Néanmoins les uns et les autres ne pouvant empêcher ce mariage, affecterent de le célebrer avec
les plus grandes démonftrations de joie. On eût dit que
toute la famille en étoit charmée ; mais les mécontens furent bientôt vengés d'une maniere très cruelle pour le
Comte-Duc. Donna Maria accouche au bout de dix mois
d'une fille qui mourut en naiffant, et fut elle-même peu
de jours après la victime de fa couche.

Quelle

Quelle perte pour un pere qui n'avoit, pour ainfi dire, des yeux que pour fa fille, et qui voyoit avorter par-là le deffein d'ôter le droit d'aineffe à la branche de Médina Sidonia ! Il en fut fi pénétré, qn'il s'enferma pendant quelques jours, et ne voulut voir perfonne que moi, qui me conformant à fa vive douleur, parus auffi touché que lui. Il faut dire la vérité, je me fervis de cette occafion pour donner de nouvelles larmes à la mémoire d'Antonia. Le rapport que fa mort avoit avec celle de la Marquife de Toral, rouvrit une plaie mal fermée, et me mit fi bien en train de m'affliger, que le Miniftre, tout accablé qu'il étoit de fa propre douleur, fut frappé de la mienne. Il étoit étonné de me voir entrer fi chaudement dans fes chagrins. Gil Blas, me dit-il un jour que je lui parus plongé dans une trifteffe mortelle, c'eft une affez douce confolation pour moi, d'avoir un confident fi fenfible à mes peines. Ah ! Monfeigneur, lui répondis-je en lui faifant tout l'honneur de mon affliction, il faudroit que je fuffe bien ingrat et d'un naturel bien dur, fi je ne les fentois pas vivement ! Puis-je penfer que vous pleurez une fille d'un merite accompli, et que vous aimiez fi tendrement, fans méler mes pleurs aux vôtres ? Non, Monfeigneur, je fuis trop plein de vos bontés, pour ne partager pas toute ma vie vos plaifirs et vos ennuis.

CHAPITRE X.

Gil Blas rencontre par hazard le Poete Nugnez, qui lui apprend qu'il a fait une Tragédie qui doit être inceffamment répréfentée fur le Théatre du Prince. Du malheureux fuccès de cette Pièce, et du bonheur étonnant dont il fut fuivi.

LE Miniftre commençoit à fe confoler, et moi par conféquent à reprendre ma bonne humeur, lorfqu'un foir je fortis tout feul en caroffe pour aller à la promenade. Je rencontrai en chemin le Poete des Afturies, que je n'avois pas revu depuis fa fortie de l'Hôpital. Il étoit fort proprement vêtu. Je l'appellai, je le fis monter dans mon caroffe, et nous nous promenâmes enfemble dans le Pré St. Jérôme.

Mon-

Monſieur Nugnez, lui dis-je, il eſt heureux pour moi de vous avoir rencontré par hazard ; ſans cela je n'aurois pas le plaiſir que j'ai de. . . . . Point de reproches, Santillane, interrompit-il avec précipitation ; je t'avoûrai de bonne foi, que je n'ai pas voulu t'aller voir ; je vais t'en dire la raiſon. Tu m'as promis un bon poſte, pourvu que j'abjure la Poeſie ; et j'en ai trouvé un très ſolide, à condition que je ferai des vers. J'ai accepté ce dernier, comme le plus convenable à mon humeur. Un de mes amis m'a placé auprès de Don Bertrand Gomez de Ribéro, Tréſorier des Galeres du Roi. Ce Don Bertrand, qui vouloit avoir un Bel-Eſprit à ſes gages, ayant trouvé ma verſification très brillante, m'a choiſi preférablement à cinq ou ſix Auteurs, qui ſe préſentoient pour remplir l'emploi de Sécrétaire de ſes Commandemens.

J'en ſuis ravi, mon cher Fabrice, lui dis-je, car ce Don Bertrand eſt apparemment fort riche. Comment riche, me répondit-il ! on dit qu'il ignore lui-mê juſqu'à quel point il l'eſt. Quoi qu'il en ſoit, voici en quoi conſiſte l'emploi que j'occupe chez lui. Comme il ſe pique d'être galant, et qu'il veut paſſer pour homme d'eſprit, il eſt en commerce de lettres avec pluſieurs Dames fort ſpirituelles, et je lui prête ma plume pour compoſer des billets remplis de ſel et d'agrément. J'écris pour lui à l'une en vers, à l'autre en proſe, et je porte quelquefois les lettres moi-même, pour faire voir la multiplicité de mes talents.

Mais tu ne m'apprens pas, lui dis-je, ce que je ſouhaite le plus de ſavoir. Es-tu bien payé de tes Epigrammes épiſtolaires ? Très graſſement, répondit-il ; les gens riches ne ſont pas tous généreux, et j'en connois qui ſont de francs vilains ; mais Don Bertrand en uſe avec moi fort noblement. Outre deux cens piſtoles de gages fixes, je reçois de lui de tems en tems de petites gratifications ; ce qui me met en état de faire le Seigneur, et de bien paſſer mon tems avec quelques Auteurs, ennemis comme moi du chagrin. Au reſte, repris-je, ton Tréſorier a-t-il aſſez de goût pour ſentir les beautés d'un Ouvrage d'eſprit et pour en appercevoir les défauts ? Oh que non, me répondit Nugnez ; quoiqu'il ait un babil impoſant, ce n'eſt point un connoiſſeur. Il ne laiſſe pas de ſe donner pour un *Tarpa*. Il décide hardiment, et ſoutient ſon o-

pinion

pinion d'un ton fi haut et avec tant d'opiniâtreté, que le plus fouvent lorfqu'il difpute, on eft obligé de lui céder, pour éviter une grêle de traits defobligeans dont il a coutume d'accabler fes contradicteurs.

Tu peus croire, pourfuivit-il, que j'ai grand foin de ne le contredire jamais, quelque fujet qu'il m'en donne ; car outre les épithetes defagréables que je ne manquerois pas de m'attirer, je pourrois fort bien me faire mettre à la porte. J'approuve donc prudemment ce qu'il loue, et je defapprouve de même tout ce qu'il trouve mauvais. Par cette complaifance qui ne me coute gueres, poffédant, comme je fais, l'art de de m'accommoder au caractere des perfonnes qui me font utiles, j'ai gagné l'eftime et l'amitié de mon Patron. Il m'a engagé à compofer une Tragédie, dont il m'a donné l'idée. Je l'ai faite fous fes yeux ; et fi elle réuffit, je devrai à fes bons avis une partie de ma gloire.

Je demandai à notre Poete le titre de fa Tragédie. C'eft, répondit-il, *Le Comte de Saldagne :* cette Piece fera repréfentée dans trois jours fur le Théatre du Prince. Je fouhaite, lui répliquai-je, qu'elle ait une grande réuffite, et j'ai affez bonne opinion de ton génie pour l'efpérer. Je l'efpere bien auffi, me dit-il ; mais il n'y a point d'efpérance plus trompeufe que celle-là, tant les Auteurs font incertains de l'évenement d'un Ouvrage Dramatique.

Enfin, le jour de la premiere repréfentation arriva. Je ne pus aller à la Comédie, Monfeigneur m'ayant chargé d'une commiffion qui m'en empêcha. Tout ce que je pus faire, fut d'y envoyer Scipion, pour favoir du moins dès le foir-même le fuccès d'une Piece à laquelle je m'intèreffois. Aprés l'avoir impatiemment attendu je le vis revenir d'un air qui me fit concevoir un mauvais préfage. Hé bien, lui dis-je, comment *Le Comte de Saldagne* a-t-il été reçu du Public ? Fort brutalement, répondit-il ; jamais Piece n'a été plus cruellement traitée, je fuis forti indigné de l'infolence du Parterre. Et moi je le fuis, lui repliquai-je, de la fureur que Nugnez a de compofer des Poemes Dramatiques. Ne faut-il pas qu'il ait perdu le jugement, pour préférer les huées ignominieufes des Spectateurs, à l'heureux fort que je puis lui faire ? C'eft ainfi que par amitié je peſtois contre le poete des Aſturies, et que je m'affligeois du malheur de ſa Piece, pendant qu'il s'en applaudiſſoit.

En effet je le vis deux jours après entrer chez moi, tout tranſporté de joie. Santillane, s'écria-t-il, je viens te faire part du raviſſement où je ſuis. J'ai fait ma fortune, mon ami, en faiſant une mauvaiſe Piece. Tu ſais l'é-\ trange accueil qu'on a fait au *Comte de Saldagne*; tous les Spectateurs à l'envi ſe ſont déchaînés contre lui; et c'eſt à ce déchaînement général que je dois le bonheur de ma vie.

Je fus aſſez étonné d'entendre parler de cette maniere le Poete Nugnez. Comment donc Fabrice, lui dis-je, ſe-roit-il poſſible que la chute de ta Tragédie eût de quoi juſ-tifier ta joie immodérée? Oui ſans doute, répondit-il: Je t'ai déja dit que Don Bertrand avoit mis du ſien dans ma Piece, par conſéquent il la trouvoit excellente. Il a été piqué vivement de voir les Spectateurs d'un ſentiment contraire au ſien. Nugnez, m'a-t-il dit ce matin, *Victrix cauſa Diis placuit, ſed victa Catoni.* Si ta Piece a déplu au Public, en récompenſe elle me plaît à moi, et cela doit te ſuffire. Pour te conſoler du mauvais goût du ſiecle, je te donne deux mille écus de rente à prendre ſur tous mes biens, allons de ce pas chez mon Notaire en paſſer le con-trat. Nous y avons été ſur le champ, le Tréſorier a ſigné l'acte de la donation, et m'a payé la premiere année d'avance.

Je félicitai Fabrice ſur la malheureuſe deſtinée du *Comte de Saldagne*, puiſqu'elle avoit tourné au profit de l'Au-teur. Tu as bien raiſon, continua-t-il, de me faire com-pliment là-deſſus. Que je ſuis heureux d'avoir été ſifflé à double carillon! Si le Public plus bénévole m'eût ho-noré de ſes applaudiſſemens, à quoi cela m'auroit-il me-né? A rien. Je n'aurois tiré de mon travail qu'une ſom-me aſſez médiocre, au-lieu que les ſifflets m'ont mis tout-d'un-coup à mon aiſe pour le reſte de mes jours.

CHAPITRE XI.

Santillane fait donner un Emploi à Scipion, qui part pour la Nouvelle Espagne.

MON Sécrétaire ne regarda pas sans envie le bonheur inopiné du Poete Nugnez, il ne cessa de m'en parler pendant huit jours. J'admire, disoit-il, le caprice de la Fortune, qui se plait quelquefois à combler de biens un détestable Auteur, tandis qu'elle en laisse de bons dans la misere : Je voudrois bien qu'elle s'avisât de m'enrichir aussi du soir au lendemain. Cela pourra bien arriver, lui disois-je, et plutôt que tu ne penses. Tu es ici dans son temple ; car il me semble qu'on peut appeller le temple de la Fortune la maison d'un premier Ministre, où l'on accorde souvent des graces qui engraissent tout-à-coup ceux qui les obtiennent. Cela est véritable, Monsieur, me répondit-il, mais il faut avoir la patience de les attendre. Encore une fois Scipion, lui repliquois-je, sois tranquille ; peut-être es-tu sur le point d'avoir quelque bonne Commission. Effectivement il s'offrit peu de jours après une occasion de l'employer utilement au service du Comte-Duc, et je ne la laissai point échapper.

Je m'entretenois un matin avec Don Raimon Caporis, Intendant de ce premier Ministre, et notre conversation rouloit sur les revenus de Son Excellence. Monseigneur jouit, disoit-il, des Commanderies de tous les Ordres Militaires, ce qui lui vaut par an quarante mille écus, et il n'est obligé que de porter la Croix d'Alcantara. De plus, ses trois Charges de Grand-Chambellan, de Grand-Ecuyer et de Grand-Chancelier des Indes, lui rapportent deux cens mille écus ; et tout cela n'est rien encore, en comparaison des sommes immenses qu'il tire des Indes. Savez-vous bien de quelle maniere ? Lorsque les Vaisseaux du Roi partent de Séville ou de Lisbonne pour ce pays-là, il y fait embarquer du vin, de l'huile et des grains, que lui fournit sa Comté d'Olivarès ; il ne paye point de port. Avec cela il vend dans les Indes ces marchandises quatre fois plus qu'elles ne valent en Espagne ; ensuite il en emploie l'argent à acheter des épiceries, des couleurs, et d'autres choses qu'on a presque pour rien dans le Nou-

veau

veau Monde, et qui se vendent fort cher en Europe. Il a
déja par ce trafic gagné plusieurs millions, sans faire le
moindre tort au Roi.

Ce qui ne vous paroîtra pas étonnant, continua-t-il,
c'est que les personnes employées à faire ce commerce, reviennent toutes chargées de richesses, Monseigneur trouvant bon qu'elles fassent leurs affaires avec les siennes.

Le fils de la Coscolina, qui écoutoit notre entretien, ne
peut entendre parler ainsi Don Raimon sans l'interrompre:
Parbleu, Seigneur Caporis, s'écria-t-il, je serois ravi d'ê-
tre une de ces personnes-là; aussi-bien il y a longtems que
je souhaite de voir le Mexique. Votre curiosité sera bientôt satisfaite, lui dit l'Intendant, si le Seigneur de Santillane ne s'oppose point à votre envie. Quelque délicat
que je sois sur le choix des gens que j'envoie aux Indes
faire ce trafic (car c'est moi qui les choisis) je vous mettrai aveuglément sur mon régître, si votre Maître le veut.
Vous me ferez plaisir, dis je à Don Raimon, donnez-moi
cette marque d'amitié. Scipion est un garçon que j'aime,
d'ailleurs très intelligent, et qui se gouvernera de façon
qu'on n'aura pas le moindre reproche à lui faire. En un
mot, j'en répons comme de moi-même.

Cela étant, reprit Caporis, il n'a qu'à se rendre incessamment à Séville, les Vaisseaux doivent mettre à la voile
dans un mois pour les Indes. Je le chargerai à son départ
d'une lettre pour un homme qui lui donnera toutes les instructions necessaires pour s'enrichir, sans porter aucun
préjudice aux intérêts de Son Excellence, qui doivent
être sacrés pour lui.

Scipion, charmé d'avoir cet emploi, se hâta de partir
pour Séville avec mille écus que je lui comptai, pour a-
cheter dans l'Andalousie du vin et de l'huile, et le mettre
en état de trafiquer pour son compte dans les Indes. Cependant tout ravi qu'il étoit de faire un voyage dont il e-
spéroit tirer tant de profit, il ne put me quiter sans répandre des pleurs, et je ne vis pas de sang froid son départ.

CHAPITRE XII.

Don Alphonse de Leyva vient à Madrid; motif de son voyage. De l'affliction qu'en eut Gil Blas, et de la joie qui la suivit.

A PEINE eus-je perdu Scipion, qu'un Page du Ministre m'apporta un billet qui contenoit ces paroles. *Si le Seigneur de Santillane veut se donner la peine de se rendre à l'Image Saint Gabriel dans la rue de Tolede, il y verra un de ses meilleurs amis.*

Quel peut être cet ami qui ne se nomme point, dis-je en moi-même ? pourquoi me cache-t-il son nom ? il veut apparemment me causer le plaisir de la surprise Je sortis sur le champ, je pris le chemin de la rue de Tolede ; et en arrivant au lieu marqué, je ne fus pas peu étonné d'y trouver Don Alphonse de Leyva. Que vois-je ! m'écriai-je. Vous ici, Seigneur ! Oui, mon cher Gil Blas, répondit-il en me serrant étroitement entre ses bras, c'est Don Alphonse lui-même qui s'offre à votre vue. He ! qui vous amene à Madrid, lui dis-je ? Je vais vous surprendre, me repartit-il, et vous affliger en vous apprenant le sujet de mon voyage. On m'a ôté le Gouvernement de Valence et le premier Ministre me mande à la Cour pour rendre compte de ma conduite. Je demeurai un quart-d'heure dans un stupide silence, puis reprenant la parole ; De quoi, lui dis-je, vous accuse-t-on ? Je n'en sai rien, répondit-il ; mais j'impute ma disgrace à la visite que j'ai faite, il y a trois semaines, au Cardinal Duc de Lerme, qui depuis un mois est relegué dans son château de Dénia.

Oh vraiment, interrompis-je, vous avez raison d'attribuer votre malheur à cette visite indiscrette ; n'en cherchez point la cause ailleurs ; et promettez-moi de vous dire que vous n'avez pas consulté votre prudence ordinaire, lorsque vous avez été voir ce Ministre disgracié. La faute en est faite, me dit-il, et j'ai pris de bonne grace mon parti : Je vais me retirer avec ma famille au château de Leyva, où je passerai dans un profond repos le reste de mes jours. Tout ce qui me fait de la peine, ajouta-t-il, c'est d'être obligé de paroître devant un superbe Ministre, qui pourra me recevoir peu gracieusement. Quelle mortification

tification pour un Espagnol! Cependant c'est une nécessité ; mais avant que de m'y soumettre, j'ai voulu vous parler. Seigneur, lui dis-je, ne vous présentez pas devant le Ministre, que je n'aye su auparavant de quoi l'on vous accuse ; le mal n'est peut-être pas sans remede. Quoi qu'il en soit, vous trouverez bon, s'il vous plaît, que je me donne pour vous tous les mouvemens qu'exigent de moi la reconnoissance et l'amitié. A ces mots je le laissai dans son hôtellerie, en l'assurant qu'il auroit incessamment de mes nouvelles.

Comme je ne me mêlois plus d'affaires d'Etat depuis les deux Mémoires dont il a été fait une si éloquente mention, j'allai trouver Carnéro, pour lui demander, s'il étoit vrai qu'on eût ôté à Don Alphonse de Leyva le Gouvernement de la Ville de Valence. Il me répondit qu'oui, mais qu'il en ignoroit la raison. Là-dessus je pris, sans balancer, la résolution de m'adresser à Monseigneur même, pour aprendre de sa propre bouche les sujets qu'il pouvoit avoir de se plaindre du fils de Don César.

J'étois si pénétré de ce fâcheux évenement, que je n'eus pas besoin d'affecter un air de tristesse pour paroître affligé aux yeux du Comte-Duc. Qu'as-tu donc, Santillane, me dit-il aussi-tôt qu'il me vit ? J'apperçois sur ton visage une impression de chagrin, je vois même des larmes pretes à couler de tes yeux. Quelqu'un t'auroit-il fait quelque offense ? Parle, tu seras bientôt vengé. Monseigneur, lui répondis-je en pleurant, quand je voudrois vous cacher ma douleur, je ne le pourrois pas, je suis au désespoir : On vient de me dire que Don Alphonse de Leyva n'est plus Gouverneur de Valence, on ne pouvoit m'annoncer une nouvelle plus capable de me causer une mortelle affliction. Que dis-tu, Gil Blas. reprit le Ministre étonné ? quel intérêt peus-tu prendre à ce Don Alphonse et à son Gouvernement ? Alors je lui fis un détail des obligations que j'avois aux Seigneurs de Leyva : ensuite je lui racontai de quelle façon j'avois obtenu du Duc de Lerme pour le fils de Don César, le Gouvernement dont il s'agissoit.

Quand Son Excellence m'eut écouté jusqu'au bout avec une attention pleine de bonté pour moi, il me dit : Essuye tes pleurs, mon ami. Outre que j'ignorois ce que tu viens de m'apprendre, je t'avoûrai que je regardois

Don Alphonfe comme une créature du Cardinal de Lerme. Je te mets à ma place ; la vifite qu'il a faite à cette Eminence, ne te l'auroit-il pas rendu fufpect ? Je veux bien croire pourtant qu'ayant été pourvu de fon Emploi par ce Miniftre, il peut avoir fait cette démarche par un pur mouvement de reconnoiffance. Je fuis fâché d'avoir déplacé un homme qui te devoit fon pofte ; mais fi j'ai détruit ton ouvrage, je puis le réparer. Je veux même encore plus faire pour toi que le Duc de Lerme : Don Alphonfe ton ami n'étoit que Gouverneur de la Ville de Valence, je le fais Viceroi du Royaume d'Arragon : c'eft ce que je te promets de lui faire favoir, et tu peus lui mander de venir prêter ferment.

Lorfque j'eus entendu ces paroles, je paffai d'une extrême douleur à un excès de joie, qui me troubla l'efprit à un point, qu'il y parut au remerciment que je fis à Monfeigneur : mais le defordre de mon difcours ne lui déplut point ; et comme je lui appris que Don Alphonfe étoit à Madrid, il me dit que je pouvois le lui préfenter dès ce jour-là même. Je courus auffi-tòt à l'Image Saint Gabriel, où je ravis le fils de Don Céfar en lui annonçant fon nouvel Emploi. Il ne pouvoit croire ce que je lui difois, tant il avoit de peine à fe perfuader que le premier Miniftre, quelqu'amitié qu'il eût pour moi, fût capable de donner des Viceroyautés à ma confidération. Je le menai au Comte-Duc, qui le reçut trés poliment, et lui dit qu'il s'étoit fi bien conduit dans fon Gouvernement de la Ville de Valence, que le Roi le jugeant propre à remplir une plus grande place, l'avoit nommé à la Viceroyauté d'Arragon. D'ailleurs, ajouta-t-il, cette Dignité n'eft point au-deffus de votre naiffance, et la Nobleffe Arragonoife ne fauroit murmurer contre le choix de la Cour,

Son Excellence ne fit aucune mention de moi, et le Public ignora la part que j'avois à cette affaire ; ce qui fauva Don Alphonfe et le Miniftre des mauvais difcours, qu'on auroit pu tenir dans le monde fur un Viceroi de ma façon.

Sitôt que le fils de Don Céfar fut fûr de fon fait, il dépêcha un Exprès à Valence, pour en informer fon pere et Séraphine, qui fe rendirent bientôt à Madrid. Leur premier foin fut de me venir trouver, pour m'accabler de

remer-

remercimens. Quel spectacle touchant et glorieux pour
moi, de voir les trois personnes du monde qui m'étoient
les plus cheres m'embrasser à l'envi! Aussi sensibles à
mon zele et à mon affection qu'à l'honneur que le Poste
de Viceroi alloit faire à leur Maison, ils ne pouvoient se
lasser de me tenir des discours reconnoissans. Ils me parloient même, comme s'ils eussent parlé à un homme d'une
condition égale à la leur. Ils sembloit qu'ils eussent oublié qu'ils avoient été mes Maîtres. Ils croyoient ne pouvoir me temoigner assez d'amitié. Pour supprimer les
circonstances inutiles, Don Alphonse, après avoir reçu
ses Patentes, remercié le Roi et son Ministre, et prêté le
serment ordinaire, partit de Madrid avec sa famille, pour
aller établir son séjour à Saragosse. Il y fit son entrée a-
vec toute la magnificence imaginable ; et les Arragonois
firent connoître par leurs acclamations, que je leur avois
donné un Viceroi qui leur étoit fort agréable.

CHAPITRE XIII.

Gil Blas rencontre chez le Roi, Don Gaston de Cogollos
et Don André de Tordésillas. Où ils allerent tous
trois. Fin de l'histoire de Don Gaston et de Donna
Héléna de Galistéo. Quel service Santillane rendit. à
Tordésillas.

JE nageois dans la joie d'avoir si heureusement changé
en Viceroi un Gouverneur déplacé. Les Seigneurs
de Leyva même en étoient moins ravis que moi. J'eus
bientôt encore une autre occasion d'employer mon crédit
pour un ami ; ce que je crois devoir rapporter, pour faire
connoître à mes Lecteurs, que je n'étois plus ce même
Gil Blas, qui sous le Ministere precédent vendoit les graces de la Cour.

J'étois un jour dans l'antichambre du Roi, où je m'entretenois avec des Seigneurs, qui me connoissant pour un
homme chéri du premier Ministre, ne dédaignoient pas
ma conversation. J'apperçus dans la foule Don Gaston
de Cogollos, ce Prisonnier d'Etat que j'avois laissé dans
la Tour de Ségovie. Il étoit avec le Châtelain Don André de Tordésillas. Je quitai volontiers ma compagnie,
pour aller embrasser ces deux amis. S'ils furent étonnés

de

de me revoir-là, je le fus bien davantage de les y rencontrer. Après de vives accolades de part et d'autre, Don Gaſton me dit : Seigneur de Santillane nous avons bien des queſtions à nous faire mutuellement, et nous ne ſommes pas ici dans un lieu commode pour cela ; permettez que je vous emmene dans un endroit, où le Seigneur de Tordéſillas et moi nous ſerons bien-aiſes d'avoir avec vous un long entretien. J'y conſentis, nous fendîmes la preſſe, et nous ſortîmes du Palais. Nous trouvâmes le caroſſe de Don Gaſton qui l'attendoit dans la rue, nous y montâmes tous trois, et nous nous rendîmes à la grande place du Marché où ſe font les Courſes de Taureaux. Là démeuroit Cogollos, dans un fort bel hôtel.

Seigneur Gil Blas, me dit Don André, lorſque nous fûmes dans une ſalle magnifiquement meublée, il me ſemble qu'à votre départ de Ségovie vous haïſſiez la Cour, et que vous étiez dans la réſolution de vous en éloigner pour jamais. C'étoit en effet mon deſſein, lui répondis-je ; et tant qu'à vécu le feu Roi, je n'ai pas changé de ſentiment : mais quand j'ai ſu que le Prince ſon fils étoit ſur le trône, j'ai voulu voir ſi le nouveau Monarque me reconnoitroit. Il m'a reconnu, et j'ai eu le bonheur d'en être reçu favorablement ; il m'a recommandé lui même au premier Miniſtre, qui m'a pris en amitié, et avec qui je ſuis beaucoup mieux que je ne l'ai jamais été avec le Duc de Lerme. Voilà, Seigneur Don André, ce que j'avois à vous apprendre ; et vous, dites-moi ſi vous êtes toujours Châtelain de la Tour de Ségovie ? Non vraiment, me répondit-il ; le Comte-Duc en a mis un autre à ma place; il m'a cru apparemment tout devoué à ſon prédéceſſeur. Et moi, dit alors Don Gaſton, j'ai été remis en liberté par une raiſon contraire. Le premier Miniſtre n'a pas ſitôt ſu que j'étois dans les priſons de Ségovie par ordre du Duc de Lerme, qu'il m'en a fait ſortir. Il s'agit à préſent, Seigneur Gil Blas, de vous conter ce qui m'eſt arrivé depuis que je ſuis libre.

· La premiere choſe que je fis, pourſuivit-il, après avoir remercié Don André des attentions qu'il avoit eues pour moi pendant ma priſon, fut de me rendre à Madrid. Je me préſentai devant le Comte-Duc d'Olivarès, qui me dit : Ne craignez pas que le malheur qui vous eſt ſurvenu, faſſe le moindre tort à votre réputation ; vous êtes

pleine-

pleinement juftifié : je fuis d'autant plus affuré de votre
innocence, que le Marquis de Villaréal, dont on vous a
foupçonné d'être complice, n'étoit pas coupable. Quoique Portugais, et parent même du Duc de Bragance, il
eft moins dans fes intérêts que dans ceux du Roi mon
Maître.   On n'a donc point dû vous faire un crime de
votre liaifon avec ce Marquis ; et pour réparer l'injuftice
qu'on vous a faite en vous accufant de trahifon, le Roi
vous donne une Lieutenance dans fa Garde Efpagnole.
J'acceptai cet emploi en fuppliant Son Excellence de me
permettre, avant que d'entrer en exercice, d'aller a Coria
pour y voir Donna Eleonor de Laxarilla ma tante. Le
Miniftre m'accorda un mois pour faire ce voyage, et je
partis accompagné d'un feul laquais.

Nous avions déja paffé Colmenar, et nous étions engagés dans un chemin creux entre deux montagnes, quand
nous apperçumes un Cavalier qui fe défendoit vaillamment
contre trois hommes qui l'attaquoient tous enfemble. Je
ne balançai point à le fecourir, je me hâtai de le joindre,
et je me mis à fon côté. Je remarquai en me battant que
nos ennemis étoient mafqués, et que nous avions affaire
à de vigoureux Spadaffins. Cependant, malgré leur force
et leur addreffe, nous demeurâmes vainqueurs : je perçai
un des trois, il tomba de cheval, et les deux autres prirent la fuite à l'inftant.   Il eft vrai que la victoire ne nous
fut gueres moins funefte qu'au malheureux que j'avois tué,
puifqu'après l'action nous nous trouvâmes, mon compagnon et moi, dangereufement bleffés. Mais repréfentez-
vous quelle fut ma furprife, lorfque je reconnus dans ce
cavalier Combados, le mari de Donna Héléna.   Il ne fut
pas moins étonné de voir que j'étois fon défenfeur : Ah !
Don Gafton, s'écria-t-il ! quoi ? c'eft vous qui venez me
fecourir ? Quand vous avez fi généreufement pris mon
parti, vous ignoriez que c'étoit celui d'un homme qui
vous a enlevé votre Maîtreffe. Je l'ignorois en effet, lui
répondis-je ; mais quand je l'aurois fu, penfez-vous que
j'euffe balancé à faire ce que j'ai fait ? Jugeriez-vous affez mal de moi, pour me croire une ame fi baffe ? Non,
non, reprit-il, j'ai meilleure opinion de vous ; et fi je
meurs des bleffures que je viens de recevoir, je fouhaite
que les vôtres ne vous empechent point de profiter de ma
mort. Combados, lui dis-je, quoique je n'aye pas encore

core oublié Donna Héléna, fachez que je ne defire point
fa poffeffion aux dépens de votre vie ; je m'applaudis
même d'avoir contribué à vous fauver des coups de trois
affaffins, puifqu'en cela j'ai fait une action agréable à votre époufe.

Pendant que nous nous parlions de cette forte, mon laquais defcendit de cheval, et s'étant approché du Cavalier
qui étoit étendu fur la pouffiere, il lui ôta fon mafque, et
nous fit voir des traits que Combados reconnut d'abord.
C'eft Caprara, s'ecria-t-il, ce perfide coufin qui de dépit
d'avoir manqué une riche fucceffion qu'il m'avoit injuftement difputée, nourriffoit depuis longtems le defir de m'af-
faffiner, et avoit enfin choifi ce jour pour le fatisfaire ;
mais le Ciel a permis qu'il ait été la victime de fon at-
tentat.

Cependant notre fang couloit à bon compte, et nous
nous affoibliffions à vue d'œil. Néanmoins tout bleffés
que nous étions, nous eûmes la force de gagner le bourg
de Villaréjo, qui n'eft qu'à deux portées de fufil du champ
de bataille. En arrivant à la premiere hôtellerie, nous
demandâmes des Chirurgiens. Il en vint un, qu'on nous
dit être fort habile. Il vifita nos plaies, qu'il trouva très
dangereufes ; il nous panfa ; et le lendemain il nous dit,
après avoir levé l'appareil, que les bleffures de Don Blas
étoient mortelles. Il jugea des miennes plus favorablement, et fes pronoftics ne furent point faux.

Combados fe voyant condamné à la mort, ne fongea
plus qu'à s'y préparer. Il dèpêcha un Exprés à fa femme,
l'informer de ce qni s'étoit paffé, et du trifte état où il
fe trouvoit. Donna Héléna fut bientôt à Villaréjo. Elle
y arriva, l'efprit travaillé d'une inquiétude qui avoit deux
caufes différentes ; le péril que couroit la vie de fon é-
poux, et la crainte de fentir, en me revoyant rallumer
un feu mal éteint : cela lui caufoit une agitation terrible.
Madame, lui dit Don Blas lorfqu'elle fut en fa préfence,
vous arrivez affez à tems pour recevoir mes adieux. Je
vais mourir, et je regarde ma mort conme une punition
du Ciel, de vous avoir par une tromperie arrachée à Don
Gafton : bien loin d'en murmurer, je vous exhorte moi
même à lui rendre un cœur que je lui ai ravi. Donna
Héléna ne lui répondit que par des pleurs ; et véritablement c'étoit la meilleure réponfe qu'elle lui pût faire, n'é-

tant

tant pas encore affez détachée de moi, pour avoir oublié l'artifice dont il s'étoit fervi pour la déterminer à me manquer de foi.

Il arriva, comme le Chirurgien l'avoit pronoftiqué, qu'en moins de trois jours Combados mourut de fes blef-fures, au-lieu que les miennes annonçoient une prochaine guérifon. La jeune Veuve, uniquement occupée du foin de faire tranfporter à Coria le corps de fon époux pour lui rendre tous les honneurs qu'elle devoit à fa cendre, partit de Villaréjo pour s'en retourner, après s'être in-formée, comme par pure politeffe, de l'état où je me trou-vois. Dès que je pus la fuivre, je pris le chemin de Co-ria, où j'achevai de me rétablir. Alors Donna Eléonor, ma tante, et Don George de Galiftéo réfolurent de nous marier promptement Héléne et moi, de peur que la for-tune ne nous féparât encore par quelque nouvelle traverfe. Ce marriage fe fit fans éclat, à caufe de la mort trop ré-cente de Don Blas ; et peu de jours après je revins à Ma-drid avec Donna Héléna. Comme j'avois paffé le tems prefcrit par le Comte-Duc pour mon voyage, je craig-nois que ce Miniftre n'eût donné à un autre la Lieute-nance qu'il m'avoit promife ; mais il n'en avoit point dif-pofé, et il eut la bonté de recevoir les excufes que je lui ſis de mon retardement.

Je fuis donc, pourfuivit Cogollos, Lieutenant de la Garde Efpagnole, et j'ai de l'agrément dans mon emplói. J'ai fait des amis d'un commerçe agréable, et je vis con-tent avec eux. Je voudrois pouvoir en dire autant, s'é-cria Don André, mais je fuis bien éloigné d'être fatisfait de mon fort : j'ai perdu mon pofte, qui ne laiffoit pas de m'être fort utile, et je n'ai point d'amis qui ayent affez de crédit pour m'en procurer un folide. Pardonnez-moi, Seigneur Don André, interrompis-je en fouriant, vous a-vez en moi un ami qui peut vous être bon à quelque chofe. Je vous ai déja dit que je fuis encore plus aimé du Comte-Duc que je ne l'étois du Duc de Lerme, et vous ofez me dire en face que vous n'avez perfonne qui puiffe vous faire obtenir un folide emploi. Ne vous ai-je pas déja rendu un pareil fervice ? Souvenez-vous que par le crédit de l'Archevêque de Grenade je vous fis nommer pour aller remplir au Mexique un pofte, où vous auriez fait votre fortune, fi l'amour ne vous eût point arrêté dans la ville
d'Ali-

d'Alicante. Je fuis bien plus en état de vous fervir préfentement, que j'ai l'oreille du premier Miniftre. Je m'abandonne donc vous, répliqua Tordéfillas ; mais ajouta-t-il en fouriant à fon tour, ne m'envoyez pas de grace à la Nouvelle Efpagne ; je n'y voudrois point aller, quand on m'y voudroit faire Préfident de l'Audience même de Mexique.

Nous fûmes interrompus dans cet endroit de notre entretien par Donna Héléna, qui arriva dans la falle, et dont la perfonne toute gracieufe remplit l'idée charmante que je m'en étois formée. Madame, lui dit Cogollos, je vous préfente le Seigneur de Santillane, dont je vous ai parlé quelquefois, et dont l'aimable compagnie a fouvent fufpendu mes ennuis dans ma prifon. Oui, Madame, dis-je à Donna Héléna, ma converfation lui plaifoit, car vous en faifiez toujours la matiere. La fille de Don George répondit modeftement à ma politeffe ; après quoi je pris congé de ces deux époux, en leur proteftant que j'étois ravi que l'hymen eût enfin fuccédé à leurs longues amours. Enfuite m'adreffant à Tordéfillas, je le priai de m'apprendre fa demeure : et lorfqu'il me l'eût enfeignée : Sans adieu, lui dis-je, Don André, j'efpere qu'avant huit jours vous verrez que je joins le pouvoir à la bonne volonté.

Je n'en eus pas le démenti. Dès le lendemain même, le Comte-Duc me fournit une occafion d'obliger ce Châtelain. Santillane, me dit Son Excellence, la place de Gouverneur de la Prifon Royale de Valladolid eft vacante, elle raporte plus de trois cens piftoles par an, il me prend envie de te la donner. Je n'en veux point, Monfeigneur, lui répondis-je, valût-elle dix mille ducats de rente : je renonce à tous les poftes que je ne puis occuper fans m'éloigner de vous. Mais, reprit le Miniftre, tu peus fort bien remplir celui-là fans être obligé de quiter Madrid, que pour aller de tems en tems à Valladolid vifiter la Prifon. Vous direz, lui repartis-je, tout ce qu'il vous plaira ; je ne veux de cet emploi, qu'à condition qu'il me fera permis de m'en démettre en faveur d'un brave Gentilhomme, appellé Don André de Tordéfillas, ci-devant Châtelain de la Tour de Ségovie : j'aimerois à lui faire ce préfent, pour reconnoître les bons traitemens qu'il ma faits pendant ma prifon.

Ce

Ce difcours fit rire le Miniftre, qui me dit : A ce que je vois, Gil Blas, tu veux faire un Gouverneur de Prifon Royale comme tu as fait un Viceroi. Hé bien foit, mon ami, je t'accorde la place vacante pour Tordéfillas ; mais dis-moi tout naturellement quel profit il doit t'en revenir : car je ne te crois pas affez fot pour vouloir employer ton crédit pour rien. Monfeigneur, lui répondis-je, ne faut-il pas payer fes dettes ? Don André m'a fait fans intérêt tous les plaifirs qu'il a pû, ne dois-je pas lui rendre la pareille ? Vous êtes devenu bien defintéreffé, Monfieur de Santillane, me repliqua Son Excellence ; il me femble que vous l'étiez beaucoup moins fous le dernier Miniftre. J'en conviens, lui repartis-je, le mauvais exemple corrompoit mes mœurs : comme tout fe vendoit alors, je me conformai à l'ufage : et comme aujourd'hui tout fe donne j'ai repris mon intégrité.

Je fis donc pourvoir Don André de Tordéfillas du Gouvernement de la Prifon Royale de Valladolid, et je l'envoyai bientôt dans cette ville, auffi fatisfait de fon nouvel établiffement, que je l'étois de m'être acquité envers lui des obligations que je lui avois.

CHAPITRE XIV.

Santillane va chez le Poete Nugnez. Quelles perfonnes il y trouva, et quels difcours y furent tenus.

IL me prit envie une après-dînée d'aller voir le Poete des Afturies, me fentant fort curieux de favoir comment il étoit logé. Je me rendis à l'hôtel du Seigneur Don Bertrand Gomez del Ribéro, et j'y demandai Nugnez. Il ne demeure plus ici, me dit un laquais qui étoit à la porte ; c'eft-là qu'il loge à préfent, ajouta-t-il en me montrant une maifon voifine, il y occupe un corps-de-logis fur le derriere. J'y allai ; et après avoir traverfé une petite cour, j'entrai dans une falle toute nue, où je trouvai mon ami Fabrice encore à table, avec cinq ou fix de fes confreres qu'il régaloit ce jour-là.

Ils étoient fur la fin du repas, et par conféquent en train de difputer ; mais auffitôt qu'ils m'apperçurent ils firent fuccéder un profond filence à leurs bruyans difcours. Nugnez fe leva d'un air empreffé pour me recevoir, en

s'écriant : Meſſieurs, voilà le Seigneur de Santillane, qui
veut bien m'honorer d'une de ſes viſites ; rendez avec
moi vos homages au Favori du premier Miniſtre.   A ces
paroles tous les convives ſe leverent auſſi pour me ſaluer ;
et en faveur du titre qui m'avoit été donné, ils me firent
des civilités très reſpectueuſes.   Quoique je n'euſſe beſoin
ni de boire ni de manger, je ne pus me défendre de me
mettre à table avec eux, et même de faire raiſon à une
brinde qu'ils me porterent.

Comme il me parut que ma préſence les empechoit de
continuer à s'entretenir librement : Meſſieurs, leur dis-je,
il me ſemble que j'ai rompu votre entretien ; reprenez-le
de grace, ou je m'en vais.   Ces Meſſieurs, dit alors Fabrice, parloient de l'Iphigénie d'Euripide.   Le Bachelier
Melchior de Villégas, qui eſt un Savant du premier ordre,
demandoit au Seigneur Don Jacinte de Romarate, ce qui
l'intéreſſoit dans cette Tragédie.   Oui, dit Don Jacinte,
je lui ai répondu que c'étoit le péril où ſe trouvoit Iphigénie.   Et moi, dit le Bachelier, je lui ai repliqué, (ce
que je ſuis prêt à démontrer) que ce n'eſt point ce péril
qui fait le véritable intérêt de la Piece.   Qu'eſt-ce que
c'eſt donc, s'écria le vieux Licentié Gabriel de Léon ?
C'eſt le vent, repartit le Bachelier.

Toute la compagnie fit un éclat de rire à cette repartie,
que je ne crus pas ſérieuſe ; je m'imaginai que Melchior
ne l'avoit faite que pour égayer la converſation.   Je ne
connoiſſois pas ce Savant : c'étoit un homme qui n'entendoit nullement raillerie.   Riez tant qu'il vous plaîra,
Meſſieurs, reprit-il froidement ; je vous ſoutiens que c'eſt
le vent ſeul qui doit intéreſſer, frapper, émouvoir le
Spectateur : repreſentez-vous, pourſuivit-il, une nombreuſe Armée qui s'eſt aſſemblée pour aller faire le ſiege de
Troye : concevez toute l'impatience qu'ont les Chefs et
les Soldats d'exécuter leur entrepriſe, pour s'en retourner
promtement dans la Grece, où ils ont laiſſé ce qu'ils ont
de plus cher, leurs Dieux domeſtiques, leurs femmes et
leurs enfans ; cependant un maudit vent contraire les retient en Aulide, ſemble les clouer au port, et s'il ne
change point, ils ne pourront aller aſſiéger la ville de
Priam.   C'eſt donc le vent qui fait l'intérêt de cette Tragédie.   Je prens parti pour les Grecs, j'épouſe leur deſſein, je ne ſouhaite que le départ de leur Flotte, et je vois
d'un

d'un œil indifférent Iphigénie dans le péril, puisque sa mort est un moyen d'obtenir des Dieux un vent favorable.

Sitôt que Villégas eut achevé de parler, les ris se renouvellerent à ses dépens. Nugnez eut la malice d'appuyer son sentiment pour donner encore plus beau jeu aux railleurs, qui se mirent à faire à l'envie de mauvaises plaisanteries sur le vents. Mais le Bachelier les regardant tous d'un air flegmatique et orgueilleux, les traita d'ignorans et d'esprits vulgaires. Je m'attendois à tout moment à voir ces Messieurs s'échauffer et se prendre au crin, fin ordinaire de leurs dissertations ; cependant je fus trompé dans mon attente ; ils se contenterent de se dire des injures réciproquement, et se retirerent quand ils eurent bu et mangé à discrétion.

Après leur retraite je demandai à Fabrice pourquoi il ne demeuroit plus chez son Trésorier, et s'ils s'étoient brouillés tous deux ? Brouillés ! me répondit-il, le Ciel m'en préserve : je suis mieux que jamais avec le Seigneur Don Bertrand, qui m'a permis de loger en mon particulier : ainsi j'ai loué ce corps-de-logis pour y recevoir mes amis, et me réjouir avec eux en toute liberté, ce qui m'arrive fort souvent : car tu sais bien que je ne suis pas d'humeur à vouloir laisser de grandes richesses à mes héritiers : et ce qu'il y a d'heureux pour moi, je suis présentement en état de faire tous les jour des parties de plaisir. J'en suis ravi, repris-je, mon cher Nugnez ; et je ne puis m'empêcher de te féliciter encore sur le succès de ta derniere Tragédie ; les huit cent Pieces Dramatiques du grand Lope ne lui ont pas rapporté le quart de ce que t'a valu ton *Comte de Saldagne.*

Fin de l'onzieme Livre.

LES
AVANTURES
DE
GIL BLAS,
DE SANTILLANE.

LIVRE DOUZIEME.

CHAPITRE I.

Gil Blas est envoyé par le Ministre à Tolede. Du motif
et du succès de son voyage.

IL y avoit déja près d'un mois que Monseigneur me disoit tous les jours ; Santillane, le tems approche où je
veux mettre ton addresse en œuvre ; et ce tems ne venoit
point. Il arriva pourtant, et Son Excellence enfin me
parla dans ces termes. On dit qu'il y a dans la Troupe
des Comédiens de Tolede, une jeune Actrice qui fait du
bruit par ses talens : on pretend qu'elle danse et chante
divinement, et qu'elle enleve le Spectateur par sa déclamation : on assure même qu'elle a de la beauté. Un pareil sujet mérite bien de paroître à la Cour. Le Roi aime
la Comédie, la Musique et la Danse ; il ne faut pas qu'il
soit privé du plaisir de voir et d'entendre une personne
d'un mérite si rare. J'ai donc résolu de t'envoyer à Tolede, pour juger par toi-même si c'est en effet une Actrice
si merveilleuse : je m'en tiendrai à l'impression qu'elle aura faite sur toi, je m'en fie à ton discernement.

Je répondis à Monseigneur que je lui rendrois bon
compte de cette affaire, et je me disposai à partir avec un
seul laquais, à qui je fis quitter la livrée du Ministre, pour
faire les choses plus mystérieusement ; ce qui fut fort du

goût

goût de Son Excellence. Je pris donc le chemin de Tolede, où étant arrivé, j'allai defcendre à une hôtellerie près
du château. A peine eus-je mis pié à terre, que l'hôte
me prenant fans doute pour quelque Gentilhomme du Pays,
me dit : Seigneur Cavalier, vous venez apparemment dans
cette ville pour voir l'augufte cerémonie de l'*Auto da Fé*†,
qui doit fe faire demain. Je lui répondis qu' oui, jug-
ant plus à propos de le lui laiffer croire, que de lui donner occafion de me queftionner fur ce qui m'amenoit à
Tolede. Vous verrez, reprit-il, une des plus belles Proceffions qui ayent jamais été faites : il y a, dit-on, plus
de cent prifonniers, parmi lefquels on en compte plus de
dix qui doivent être brulés.

Véritablement le lendemain, avant le lever du foleil,
j'entendis fonner toutes les cloches de la ville ; et l'on
faifoit ce carillon, pour avertir les peuples qu'on alloit
commencer l'*Auto da Fé*. Curieux de voir cette fête, je
m'habillai à la hâte et me rendis à l'Inquifition. Il y a-
voit tout auprès, et le long des rues par où la Proceffion
devoit paffer, des échaffauts, fur l'un defquels je me plaçai pour mon argent. J'apperçus bientôt les Domini-
cains qui marchoient les premiers, précédés de la banni-
ere de l'Inquifition. Ces bons Peres étoient immédiatement fuivis des triftes victimes que le Saint Office vouloit
immoler ce jour là. Ces malheureux alloient l'un aprés
l'autre, la tête et les pieds nuds, ayant chacun un cierge à
la main, et fon parain ‡ à fon côté. Les uns avoient un
grand Scapulaire de toile jaune, parfemé de croix de St.
André peintes en rouge, et appellé *Sambénito* ; les autres
portoient des *Carochas*, qui font des bonnets de carton é-
levés en forme de pain de fucre, et couverts de flammes et
de figures diaboliques.

Comme je regardois de tous mes yeux ces infortunés a-
vec une compaffion que je me gardois bien de laiffer paroître, de peur qu'on ne m'en fît un crime, je crus reconnoître, parmi ceux qui avoient la tête ornée de *Carochas*,
le Révérend Pére Hilaire et fon compagnon le Frere Ambroife. Ils pafferent près de moi, que ne pouvant m'y
trom-

D d 3

† Acte de Foi.
‡ On appelle *Parains* toutes les perfonnes que l'Inquifiteur
nomme pour accompagner les Prifonniers dans l'*Auto da Fé*,
et qui font obligés d'en répondre.

tromper: Que vois-je, dis-je en moi-même! Le Ciel, las des defordres de la vie de ces deux fcélérats, les a donc livrés à la Juſtice de l'Inquiſition! En parlant de cette forte, je me fentis faiſi d'effroi, il me prit un trem-blement univerſel, et mes eſprits fe troublerent au point que je penſai m'évanouïr. La liaiſon que j'avois eue a-vec ces fripons, l'avanture de Xelva, enfin tout ce que nous avions fait emfemble, vint dans ce moment s'offrir à ma penſée, et je m'imaginai ne pouvoir aſſez remercier Dieu de m'avoir préſervé du Scapulaire et des *Carochas.*

Lorſque la cérémonie fut achevée je m'en retournai à mon hôtellerie, tout tremblant du fpectacle affreux que je venois de voir ; mais les images affligeantes dont j'avois l'eſprit rempli, ſe diſſiperent inſenſiblement, et je ne pen-ſai plus qu'à me bien acquiter de la commiſſion dont mon Maître m'avoit chargé. J'attendis avec impatience l'heure de la Comédie pour y aller, jugeant que c'étoit par-là que je devois commencer ; et ſitôt qu'elle fut venue, je me rendis au Théatre, où je m'aſſis auprès d'un Chevalier d'Alcantara. J'eus bientôt lié converſation avec lui: Seigneur, lui dis-je, eſt-il permis à un Etranger d'oſer vous faire une queſtion ? Seigneur Cavalier, me répon-dit-il fort poliment, c'eſt de quoi je me tiendrai fort ho-noré. On m'a vanté, repris-je, les Comédiens de To-lede ; auroit-on eu tort de m'en dire du bien ? Non, re-partis le Chevalier, leur Troupe n'eſt pas mauvaiſe, il y a même parmi eux de grands ſujets. Vous verrez entr'-autres la belle Lucrece, une Actrice de quatorze ans, qui vous étonnera. Vous n'aurez pas beſoin, lorſqu'elle ſe montrera fur la fcene, que je vous la faſſe remarquer, vous la démêlerez aiſément. Je demandai au Chevalier ſi elle joueroit ce jour-là. Il me répondit qu' oui, et même qu'elle avoit un rôle très brillant dans la Piece qu'on al-loit repréſenter.

La Comédie commença. Il parut deux Actrices qui n'avoient rien négligé de tout ce qui pouvoit contribuer à les rendre charmantes ; mais malgré l'éclat de leurs dia-mans, je ne pris ni l'une ni l'autre pour celle que j'atten-dois. Enfin Lucrece fortit du fond du Théatre, et fon arrivée fur la fcene fut annoncée par un battement de mains long et général. Ah' la voici, dis-je en moi-même: Quel air de no-bleſſe! que de graces! les béaux yeux! la piquante crea-ture !

ture! Effectivement j'en fus fort satisfait, où plutôt sa
personne me frappa vivement.   Dès la premiere tirade
de vers qu'elle récita, je lui trouvai du naturel, du feu,
une intelligence au-dessus de son âge, et je joignis volontiers mes applaudissemens à ceux qu'elle reçut de toute
l'assemblée pendant la Piece.   Hé bien, me dit le Chevalier, vous voyez comme Lucrece est avec le Public.   Je
n'en suis pas surpris, lui répondis-je   Vous le seriez encore moins, me repliqua-t-il, si vous l'eussiez entendu
chanter, c'est une Syrene : malheur à ceux qui l'écoutent
sans se boucher les oreilles.   Sa danse, poursuivit-il, n'est
pas moins redoutable ; ses pas, aussi dangereux que sa voix,
charment les yeux, et forcent les cœurs à se rendre.   Sur
ce pié-là, m'écriai-je, il faut avouer que c'est un prodige.
Quel heureux mortel a le plaisir de se ruiner pour une si
amiable fille ?   Elle n'a point d'Amant déclaré, me dit-il,
et la médisance même ne lui donne aucune intrigue se-
crete : cependant, ajouta-t-il, elle pourroit en avoir ; car
Lucrece est sous la conduite de sa tante Estelle, qui sans
contredit est la plus adroit de toutes les Comédiennes.

Au nom d'Estelle, j'interrompis avec précipitation le
Chevalier, pour lui demander si cette Estelle étoit une
Actrice de la Troupe de Tolede.   C'en est une des meilleures, me dit-il : elle n'a pas joué aujourd'hui, et nous
n'y avons pas gagné : elle fait ordinairement la Suivante,
et c'est un emploi qu'elle remplit admirablement bien.
Qu'elle fait voir d'esprit dans son jeu! peut-être même en
met-elle trop : mais c'est un beau défaut qui doit trouver
grace.   Le Chevalier me dit donc des merveilles de cette
Estelle ; et sur le portrait qu'il me fit de sa personne, je
ne doutai point que ce ne fût Laure, cette même Laure
dont j'ai tant parlé dans mon histoire, et que j'avois laissée
à Grenade.

Pour en être plus sûr, je passai derriere le Théâtre a-
près la Comédie.   Je demandai Estelle, et la cherchant
des yeux par-tout, je la trouvai dans les foyers, où elle
s'entretenoit avec quelques Seigneurs, qui ne regardoient
peut-être en elle que la tante de Lucrece.   Je m'avançai
pour saluer Laure : mais soit par fantaisie, soit pour me
punir de mon départ précipité de la ville de Grenade, elle
ne fit pas semblant de me connoître, et reçut mes civilités
d'un air si sec que j'en fus un peu déconcerté.   Au-lieu de
lui

lui reprocher en riant son accüeil glacé, je 'fus assez sot
pour m'en fâcher ; je me retirai même brusquement, et je
résolus dans ma colere de m'en retourner à Madrid dès
le lendemain.   Pour me venger de Laure, disois-je, je ne
veux pas que sa niece ait l'honneur de paroître devant le
Roi ; je n'ai pour cela qu'à faire au Ministre le portrait
qu'il me plaîra de Lucrece : je n'ai qu'à lui dire qu'elle
danse de mauvaise grace, qu'il y a de l'aigreur dans sa
voix, et qu'enfin ses charmes ne consistent que dans sa
jeunesse ; je suis assuré que Son Excellence perdra l'envie
de l'attirer à la Cour.

Telle étoit la vengeance que je me promettois de tirer
du procédé de Laure à mon égard ; mais mon ressentiment ne fut pas de longue durée. Le jour suivant, comme
je me préparois à partir, un petit laquais entra dans ma
chambre, et me dit : Voici un billet que j'ai à remettre au
Seigneur de Santillane. C'est moi, mon enfant, lui répondis-je en prenant la lettre que j'ouvris, et qui contenoit ces paroles : *Oubliez la maniere dont vous avez été*
reçu hier au soir dans les foyers comiques, et laissez vous
conduire ou le porteur vous menera. Je suivis aussi-tôt
le petit laquais, qui, quand nous fûmes auprès de la Comédie, m'introduisit dans une fort belle maison, où dans
un appartement des plus propres je trouvai Laure à sa toilette.

Elle se leva pour m'embrasser, en me disant : Seigneur
Gil Blas, je sais bien que vous n'avez pas sujet d'être content de la reception que je vous ai faite quand vous m'ê-
tes venu saluer dans nos foyers, un ancien ami comme
vous, étoit en droit d'attendre de moi un accueil plus gracieux : mais je vous dirai pour m'excuser, que j'étois de
la plus mauvaise humeur du monde. Lorsque vous vous
êtes montré à mes yeux, j'etois occupée de certains discours médisans qu'un de nos Messieurs a tenus sur le compte
de ma niece, dont l'honneur m'intéresse plus que le mien.
Votre brusque retraite, ajouta-t-elle, me fit tout-à-coup ap-
perçevoir de ma distraction, et dans le moment je chargeai mon petit laquais de vous suivre pour savoir votre demeure, dans le dessein de réparer aujourd'hui ma faute.
Elle est toute réparée, lui dis-je, ma chere Laure, n'en
parlons plus : apprenons-nous plutôt mutuellement ce qui
nous est arrivé depuis le jour malheureux où la crainte

d'un jufte châtiment me fit fortir de Grenade avec précipitation.   Je vous laiffai, s'il vous en fouvient, dans un
affez grand embarras.   Comment vous en tirâtes-vous ?
N'eft-il pas vrai que vous eûtes befoin de toute votre a-
dreffe pour appaifer votre Amant Portugais ? Point du
tout, répondit Laure : ne favez-vous pas bien qu'en pareil cas les hommes font fi foibles, qu'ils épargnent quelquefois aux femmes jufqu'à la peine de fe juftifier.

Je foutins, continua-t-elle, au Marquis de Marialva que
tu étois mon frere.   Pardonnez-moi, Monfieur de Santillane, fi je vous parle auffi familierement qu'autrefois ;
mais je ne puis me défaire de mes vieilles habitudes.   Je
te dirai donc que je payai d'audace.   Ne voyez-vous pas,
dis-je au Seigneur Portugais, que tout ceci eft l'ouvrage
de la jaloufie et de la fureur.   Narciffa ma camarade et
ma rivale, enragée de me voir pofféder tranquillement un
cœur qu'elle a manqué, m'a joué ce tour-là ; elle a cor-
rompu le fous-moucheur de chandelles, qui pour fervir
fon reffentiment, a l'effronterie de dire qu'il m'a vue à
Madrid femme de chambre d'Arfénie.   Rien n'eft plus
faux : la Veuve de Don Antonio Coello a toujours eu des
fentiments trop relevés, pour vouloir fe mettre au fervice
d'une Fille de Théatre.   D'ailleurs, ce qui prouve la fauffeté de cette accufation, et le complot de mes accufateurs,
c'eft la retraite précipitée de mon frere ; s'il étoit prefent, il pourroit confondre la calomnie, mais Narciffa fans
doute aura employé quelque nouvel artifice pour le faire
difparoître.

Quoique ces raifons, pourfuivit Laure, ne fiffent pas
trop bien mon apologie, le Marquis eut la bonté de s'en
contenter, et ce débonnaire Seigneur continua de m'aimer
jufqu'au jour qu'il partit de Grenade pour retourner en
Portugal.   Véritablement fon départ fuivit de fort près le
tien, et la femme de Zapata eut le plaifir de me voir perdre l'Amant que je lui avois enlevé.   Après cela je demeurai encore quelques années à Grenade ; enfuite la divifion s'étant mife dans notre Troupe, (ce qui arrive quelquefois parmi nous) tous les Comédiens fe féparerent ;
les uns s'en allerent à Séville, les autres à Cordoue ; et
moi je vins à Tolede, où je fuis depuis dix ans avec ma
niece Lucrece, que tu as vu jouer hier au foir, puifque tu
étois à la Comédie.

Je

Je ne pus m'empecher de rire dans cet endroit ; Laure m'en demanda la caufe. Ne la devinez-vous pas bien, lui dis-je ? Vous n'avez ni frere ni fœur, par conféquent vous ne pouvez être tante de Lucrece. Outre cela, quand je calcule en moi-même le tems qui s'eft écoulé depuis notre derniere féparation, et que je confronte ce tems a-vec l'âge de votre niece, il me femble que vous pourriez être toutes deux encore plus proches parentes.

Je vous entens, Monfieur Gil Blas, reprit, en rougiffant un peu, la Veuve de Don Antonio : comme vous faififfez les époques ! il n'y a pas moyen de vous en faire accroire. Hé bien oui, mon ami, Lucrece eft fille du Marquis de Marialva et la mienne, elle eft le fruit de notre union, je ne faurois te le celer plus longtems. Le grand effort que vous faites, lui dis-je, ma Princeffe, en me revelant ce fecret, après m'avoir fait confidence de vos équipées avec l'Econome de l'Hôpital de Zamora ! Je vous dirai de plus que Lucrece eft un fujet d'un mérite fi fingulier, que le Public ne peut affez vous remercier de lui avoir fait ce préfent. Il feroit à fouhaiter que toutes vos camarades ne lui en fiffent pas de plus mauvais.

Si quelque Lecteur malin, rappellant ici les entretiens particuliers que j'eus à Grenade avec Laure, lorfque j'é-tois Sécrétaire du Marquis de Marialva, me foupçonne de pouvoir difputer à ce Seigneur l'honneur d'être pere de Lucrece, c'eft un foupçon dont je veux bien à ma honte lui avouer l'injuftice.

Je rendis compte à mon tour à Laure de mes princi-pales avantures, et de l'état préfent de mes affaires. Elle écouta mon récit avec une attention qui me fit connoître qu'il ne lui étoit pas indifférent. Ami Santillane, me dit-elle quand je l'eus achévé, vous jouez à ce que je vois un affez beau rôle fur le théatre du monde, vous ne fau-riez croire jufqu'à quel point j'en fuis ravie. Lorfque je menerai Lucrece à Madrid pour la faire entrer dans la Troupe du Prince, j'ôfe me flatter qu'elle trouvera dans le Seigneur de Santillane un puiffant protecteur. N'en doutez nullement, lui répondis-je, vous pouvez compter fur moi, je ferai recevoir votre fille dans la Troupe du Prince quand il vous plaîra ; c'eft ce que je puis vous pro-mettre fans trop préfumer de mon pouvoir. Je vous pren-drois au mot, reprit Laure, et je partirois dès demain

pour

pour Madrid, fi je n'étois pas liée ici par des engagemens
avec ma Troupe. Un ordre de la Cour peut rompre vos
liens, lui repartis-je, et c'eſt de quoi je me charge, vous
e recevrez avant huit jours. Je me fais un plaiſir d'enlever Lucrece aux Toledans ; une Actrice ſi jolie eſt faite
pour les gens de Cour, elle nous appartient de croît.

Lucrece entra dans la chambre au moment que j'achevois ces paroles. Je crus voir la Déeſſe Hébé, tant elle
étoit mignonne et gracieuſe. Elle venoit de ſe lever ; et
ſa beauté naturelle brillant ſans le ſecours de l'art, preſen-
toit à la vue un objet raviſſant. Venez, ma niece, lui
dit ſa mere, venez remercier Monſieur de la bonne volonté qu'il a pour nous : c'eſt un de mes anciens amis, qui a
beaucoup de crédit à la Cour, et qui ſe fait fort de nous
mettre toutes deux dans la Troupe du Prince. Ce diſcours parut faire plaiſir à la petite fille, qui me fit une profonde révérence, et me dit avec un ſouris enchanteur : Je
vous rends de très humbles graces de votre obligeante intention ; mais en voulant m'ôter à un Public qui m'aime,
êtes-vous ſûr que je ne déplairai point à celui de Madrid ?
Je perdrai peut-être au change. Je me ſouviens d'avoir
oui dire à ma tante, qu'elle a vu des Acteurs briller dans
une ville, et révolter dans une autre, cela me fait peur :
craignez de m'expoſer au mépris de la Cour, et vous à ſes
reproches. Belle Lucrece, lui répondis-je, c'eſt ce que
nous ne devons appréhender ni l'un ni l'autre : je crains
plutôt qu'enflammant tous les cœurs, vous ne cauſiez de
la diviſion parmi nos Grands. La frayeur de ma niece,
me dit Laure, eſt mieux fondée que la vôtre ; mais j'e-
ſpere qu'elles ſeront vaines toutes deux : ſi Lucrece ne peut
faire de bruit pas ſes charmes, en récompenſe elle n'eſt
pas aſſez mauvaiſe Actrice pour devoir être mépriſée.

Nous continuâmes encore quelque tems cette converſation, et j'eus lieu de juger par tout ce que Lucrece y mit
du ſien, que c'étoit une fille d'un eſprit ſupérieur : enſuite je pris congé de ces deux Dames, en leur proteſtant
qu'elles auroient inceſſamment un ordre de la Cour pour
ſe rendre à Madrid.

C H A-

CHAPITRE II.

Santillane rend compte de fa commiffion au Miniftre, qui le charge du foin de faire venir Lucrece à Madrid. De l'arrivée de cette Comédienne, et de fon début à la Cour.

A MON retour à Madrid je trouvai le Comte-Duc fort impatient d'apprendre le fuccès de mon voyage. Gil Blas, me dit-il, as-tu vu la Comédienne en queftion ? vaut-elle la peine qu'on la faffe venir à la Cour ? Monfeigneur, lui répondis-je, la renommée qui loue ordinairement plus qu'il ne faut les belles perfonnes, ne dit pas affez de bien de la jeune Lucréce ; c'eft un fujet admirable, tant pour fa beauté, qne pour fes talens.

Eft-il poffible ! s'écria le Miniftre avec une fatisfaction intérieure, que je lus dans fes yeux, et qui me fit penfer que c'étoit pour fon propre compte qu'il m'avoit envoyé à Tolede, eft-il poffible qu'elle foit auffi aimable que tu le dis ? Quand vous la verrez, lui repartis-je, vous avoûrez qu'on ne peut faire fon éloge qu'au rabais de fes charmes. Santillane, reprit Son Excellence, fais-moi une fidele relation de ton voyage, je ferai bien-aife de l'entendre. Alors prenant la parole pour contenter mon Maître, je lui contai jufqu'à l'hiftoire de Laure inclufivement. Je lui appris que cette Actrice avoit eu Lucrece du Marquis de Marialva, Seigneur Portugais, qui s'étant arrêté à Grenade en voyageant, étoit devenu amoureux d'elle. Enfin, quand j'eus fait à Monfeigneur un détail de ce qui s'étoit paffé entre ces Comédiennes et moi, il me dit : Je fuis ravi que Lucrece foit fille d'un homme de qualité, cela m'intéreffe encore davantage pour elle, il faut l'attirer ici. Mais continue, ajouta-t-il, comme tu as commencé ; ne me mêle point là-dedans ; que tout roule fur Gil Blas de Santillane.

J'allai trouver Carnéro, à qui je dis que Son Excellence vouloit qu'il expédiât un ordre par lequel le Roi recevoit dans fa Troupe Eftelle et Lucrece, Actrices de la Comédie de Tolede. Oui-da, Seigneur de Santillane, répondit Carnéro avec un fouris malin, vous ferez bientôt fervi, puifque felon toutes les apparences vous vous inté-

reffez

reffez pour ces deux Dames. En même tems il dreffa
l'ordre lui-même, et m'en délivra l'expédition, que j'envoyai fur le champ à Eftelle par le même laquais qui m'avoit accompagné à Toledo. Huit jours apres, la mere et
la fille arriverent à Madrid. Elles allerent loger dans un
hôtel garni à deux pas de la Troupe du Prince, et leur
premier foin fut de m'en donner avis par un billet. Je me
rendis dans le moment à cet hôtel, ou après mille offres
de fervice de ma part, et autant de remercimens de la leur,
je les laiffai fe préparer à leur début, que je leur fouhaitai
heureux et brillant.

Elles fe firent annoncer au Public comme deux Actrices
nouvelles, que la Troupe du Prince venoit de recevoir
par ordre de la Cour. Elles débuterent par une Comédie, qu'elles avoient coutume de jouer à Toledo avec applaudiffement.

Dans quel endroit du monde n'aime-t-on pas la nouveauté en fait de Spectacles? Il fe trouva ce jour-là dans
la falle des Comédiens, un concours extraordinaire de
Spectateurs. On juge bien que je ne manquai pas cette
repréfentation. Je fouffris un peu avant que la Piece commençât. Tout prévenu que j'étois en faveur des talens
de la mere et de la fille, je tremblai pour elles, tant j'étois dans leurs intérets. Mais à peine eurent-elles ouvert
la bouche, qu'elles m'ôterent toute ma crainte par les applaudiffemens qu'elles reçurent. On regarda Eftelle comme
une Actrice confommée dans le Comique, et Lucrece comme
un prodige pour les rôles d'Amoureufes. Cette derniere
enleva tous les cœurs. Les uns admirent la beauté de fes
yeux, les autres furent touchés de la douceur de fa voix ;
et tous, frappés de fes graces et du vif éclat de fa jeuneffe,
fortirent enchantés de fa perfonne.

Le Comte-Duc, qui prenoit encore plus de part que je
ne croyois au début de cette Actrice, étoit à la Comédie
ce foir-là. Je le vis fortir fur la fin de la Piece, fort fatiffait, à ce qu'il me parut, de nos deux Commédiennes. Curieux de favoir s'il en étoit véritablement bien affecté, je
le fuivis chez lui, et m'introduifant dans fon cabinet, où il
venoit d'entrer : Hé bien, Monfeigneur, lui dis-je, Votre
Excellence eft elle contente de la petite Marialva ? Mon
Excellence, répondit-il en fouriant, feroit bien difficile, fi
elle refufoit de joindre fon fuffrage à celui du Public:

Oui, mon enfant, je fuis charmé de ta Lucrece, et je ne doute pas que le Roi ne prenne plaifir à la voir.

CHAPITRE III.

Lucrece fait grand bruit à la Cour et joue devant le Roi, qui en devient amoureux. Suites de cet amour.

LE début des deux nouvelles Actrices fit bientôt du bruit à la Cour : des le lendemain il en fut parlé au lever du Roi. Quelques Seigneurs vanterent fur-tout la jeune Lucrece : ils en firent un fi beau portrait, que le Monarque en fut frappé : mais diffimulant l'impreffion que leurs difcours faifoient fur lui, il gardoit le filence, et fembloit n'y prêter aucune attention.

Cependant, d'abord qu'il fe trouva feul avec le Comte-Duc, il lui demanda ce que c'étoit que certaine Actrice qu'on louoit tant. Le Miniftre lui répondit que c'étoit une jeune Comédienne de Tolede, qui avoit débuté le foir précédent avec beaucoup de fuccès. Cette Actrice, ajouta-t-il, fe nomme Lucrece, nom fort convenable aux perfonnes de fa profeffion : elle eft de la connoiffance de Santillane, qui m'a dit tant de bien d'elle, que j'ai jugé à propos de la recevoir dans la Troupe de Vôtre Majefté. Le Roi fourit en entendant prononcer mon nom ; peut-être parce qu'il fe reffouvint dans ce moment, que c'étoit moi qui lui avoit fait connoître Catalina, et qu'il eut un preffentiment que je lui rendrois le même fervice dans cette occafion. Comte, dit-il au Miniftre je veux voir jouer dès demain cette Lucrece, je vous charge du foin de le lui faire favoir.

Le Comte-Duc m'ayant rapporté cet entretien, et appris l'intention du Roi, m'envoya chez nos deux Comédiennes pour les en avertir. Je viens, dis-je à Laure que je rencontrai la premiere, vous annoncer une grand nouvelle : Vous aurez demain parmi vos Spectateurs le Souverain de la Monarchie ; c'eft de quoi le Miniftre m'a ordonné de vous informer. Je ne doute pas que vous ne faffiez tous vos efforts, votre fille et vous, pour répondre à l'honneur que ce Monarque veut vous faire ; mais je vous confeille de choifir une Piece où il y ait de la danfe et de la mufique, pour lui faire admirer tous les talens que Lucrece

poffede.

poffede. Nous fuivrons votre confeil, me répondit Laure,
et il ne tiendra pas à nous que le Prince ne foit fatisfait.
Il ne fauroit manquer de l'être, lui dis-je en voyant arriver Lucrece dans un defhabillé qui lui prétoit plus de
charmes que fes habits de Théatre les plus fuperbes : il
fera d'autant plus content de votre aimable piece, qu'il
aime plus que toute autre chofe la danfe et le chant ; il
pourroit bien même être tenté de lui jetter le mouchoir.
Je ne fouhaite point du tout, reprit Laure, qu'il ait cette
tentation : tout puiffant Monarque qu'il eft, il pourroit
trouver des obftacles à l'accompliffement de fes defirs.
Lucrece, quoiqu' élevée dans les couliffes d'un Théatre, a
de la vertu, et quelque plaifir qu'elle prenne à fe voir applaudir fur la Scene, elle aime encore mieux paffer pour
honnête fille, que pour bonne Actrice.

Ma tante, dit alors la petite Marïalva en fe mêlant à la
converfation, pourquoi fe faire des monftres pour les combattre ? Je ne ferai jamais dans la peine de repouffer les
foupirs du Roi ; la délicateffe de fon goût le fauvera des
reproches qu'il mériteroit, s'il abaiffoit fes regards jufqu'à
moi. Mais charmante Lucrece, lui dis-je, s'il arrivoit
que ce Prince voulût s'attacher à vous, et vous choifir pour
fa Maîtreffe, feriez-vous affez cruelle pour le laiffer languir
dans vos fers comme un Amant ordinaire ? Pourquoi
non, répondit-elle ? Oui fans doute ; et vertu à part,
je fens que ma vanité feroit plus flattée d'avoir refift: a fa
paffion, que fi je m'y étois rendue. Je ne fus pas peu
étonné d'entendre parler de cette forte une éleve de Laure,
et je quitai ces Dames, en louant la derniere d'avoir donné
à l'autre une fi belle éducation.

Le jour fuivant, le Roi impatient de voir Lucrece, fe
rendit à la Comédie. On joua une Piece entremêlée de
chants et de danfes, et dans laquelle notre jeune Actrice
brilla beaucoup. Depuis le commencement jufqu'à la fin,
j'eus les yeux attachés fur le Monarque, et je m'appliquai
à démêler dans les fiens ce qu'il penfoit ; mais il mit en
défaut ma pénétration, par un air de gravité qu'il affecta
de conferver toujours. Je ne fus que le lendemain ce
que j'étois en peine de favoir. Santillane, me dit le Miniftre, je viens de quiter le Roi, qui m'a parlé de Lucrece avec tant de vivacité, que je ne doute pas qu'il ne
foit épris de cette jeune Comédienne ; et comme je lui ai

dit que c'eſt toi qui l'as fait venir de Tolede, il m'a témoigné qu'il ſeroit bien-aiſe de t'entretenir la deſſus en
particulier : Va de ce pas te préſenter à la porte de ſa
chambre, où l'ordre de te faire entrer eſt déja donné ;
cours, et reviens promptement me rendre compte de cette
converſation. ―

Je volai d'abord chez le Roi, que je trouvai ſeul. Il
ſe promenoit à grands pas en m'attendant, et paroiſſoit a-
voir la tête embarraſſée. Il me fit pluſieurs queſtions ſur
Lucrece, dont il m'obligea de lui conter l'hiſtoire : enſuite il me demanda ſi la petite perſonne n'avoit pas déja
eu quelque galanterie. J'aſſurai hardiment que non, malgré la témérité de ces ſortes d'aſſurances ; ce qui me parut faire au Prince un fort grand plaiſir. Cela étant, reprit-il, je te choiſis pour mon agent auprès de Lucrece ;
je veux que ce ſoit par ton entremiſe qu'elle apprenne ſa
victoire. Va la lui annoncer de ma part, ajouta-t-il en
me mettant entre les mains un écrin où il y avoit pour
plus de cinquante mille écus de pierreries, et dis-lui que
je la prie d'accepter ce préſent, en attendant de plus ſolides marques de ma paſſion.

Avant que de m'acquiter de cette commiſſion, j'allai rejoindre le Comte-Duc, à qui je fis une fidele rapport de
ce que le Roi m'avoit dit. Je m'imaginois que ce Miniſtre en ſeroit plus affligé que réjoui ; car je croyois,
comme je l'ai déja dit, qu'il avoit des vues amoureuſes ſur
Lucrece, et qu'il apprendroit avec chagrin que ſon Maître
étoit devenu ſon rival : mais je me trompois. Bien-loin
d'en paroître mortifié, il en eut une ſi grande joie, que ne
pouvant la contenir, il laiſſa échapper quelques paroles
qui ne tomberent point à terre : *Oh ! parbleu, Philippe,*
s'écria-t-il, *je vous tiens ; c'eſt pour le coup que les affaires
vont vous faire peur.* Cette apoſtrophe me découvrit
toute la manœuvre du Comte-Duc : je vis par-là que ce
Seigneur craignant que le Prince ne voulût s'occuper de
choſes ſérieuſes, cherchoit à l'amuſer par les plaiſirs les
plus convenables à ſon humeur. Santillane, me dit-il enſuite, ne perds point de tems ; hâte-toi, mon ami, d'aller
exécuter l'ordre important qu'on t'a donné, et dont il y a
bien des Seigneurs à la Cour qui feroient gloire d'être
chargés. Songe, pourſuivit-il, que tu n'as point ici de
Comte de Lémos qui t'enleve la meilleure partie de l'hon-

neur

neur du service rendu ; tu l'auras tout entier, et de plus tout le fruit.

C'est ainsi que Son Excellence me dora la pilule, que j'avalai tout doucement, non sans en sentir l'amertume ; car depuis ma prison je m'étois accoutumé à regarder les choses dans un point de vue moral, et je ne trouvois pas l'emploi de Mercure en chef aussi honorable qu'on me le disoit : cependant si je n'étois point assez vicieux pour m'en acquiter sans remords, je n'avois pas non plus assez de vertu pour refuser de le remplir. J'obéis donc d'autant plus volontiers au Roi, que je voyois en même tems que mon obéissance seroit agréable au Ministre, à qui je ne songeois qu'à plaire.

Je jugeai à propos de m'adresser d'abord à Laure, et de l'entretenir en particulier. Je lui exposai ma mission en termes mesurés, et lui présentai l'écrin à la fin de mon discours. A la vue des pierreries, la Dame ne pouvant cacher sa joie, la fit éclater en liberté : Seigneur Gil Blas, s'écria t-elle, ce n'est pas devant le meilleur et le plus ancien de mes amis que je dois me contraindre : j'aurois tort de me parer d'une fausse sévérité de mœurs, et de faire des grimaces avec vous. Oui, n'en doutez pas, continua-t-elle, je suis ravi que ma fille ait fait une conquête si précieuse, j'en conçois tous les avantages ; mais entre nous je crains que Lucrece ne les regarde d'un autre œil que moi : quoique fille de Théatre, elle a la sagesse si fort en recommandation, qu'elle a déja rejetté les vœux de deux jeunes Seigneurs aimables et riches. Vous me direz, poursuivit-elle, que ces deux Seigneurs ne sont pas des Rois. J'en conviens, et vrai-semblablement l'amour d'un Amant couronné doit étourdir la vertu de Lucrece : néanmoins je ne puis m'empêcher de vous dire que la chose est incertaine, et je vous déclare que je ne contraindrai pas ma fille : si bien-loin de se croire honorée de la tendresse passagere du Roi, elle envisage cet honneur comme une infamie, que ce grand Prince ne lui sache pas mauvaise gré de s'y dérober. Revenez demain, ajouta-t-elle, je vous dirai s'il faut lui rendre une réponse favorable, ou ses pierreries.

Je ne doutois point du tout que Laure n'exhortât plutôt Lucrece à s'écarter de son devoir qu'à s'y maintenir, et je comptois fort sur cette exhortation. Néanmoins j'ap-

pris avec furprife le jour fuivant, que Laure avoit eu autant de peine à porter fa fille au mal, que les autres meres
en ont à porter les leurs au bien ; et ce qu'il y a de plus
étonnant encore, c'eft que Lucrece, après avoir eu
quelques entretiens fecrets avec le Monarque, eut tant de
regret de s'être livrée à fes defirs, qu'elle quita tout-à-coup
le Monde, et s'enferma dans le Monaftere de l'Incarnation,
où bientôt elle tomba malade et mourut de chagrin.
Laure de fon côté ne pouvant fe confoler de la perte de fa
fille, et d'avoir fa mort à fe reprocher, fe retira dans le
Couvent des *Filles Pénitentes,* pour y pleurer les plaifirs
de fes beaux jours.   Le Roi fut touché de la retraite in-
opinée de Lucrece ; mais ce jeune Prince n'étant pas d'humeur à s'affliger longtems, s'en confola peu-à-peu.   Pour
le Comte-Duc, quoiqu'il ne parút gueres fenfible à cet
incident, il ne laiffa pas d'en être très mortifié ; ce que le
Lecteur n'aura pas de peine à croire.

CHAPITRE IV.

Du nouvel Emploi que donna le Miniftre à Santillane.

JE fentis auffi très vivement le malheur de Lucrece, et
j'eus tant de remords d'y avoir contribué, que me regardant comme un infame, malgré la qualité de l'Amant
dont j'avois fervi les amours, je refolus d'abandonner pour
jamais le Caducée ; je témoignai même au Miniftre la répugnance que j'avois à le porter, et je le priai de m'employer à toute autre chofe.   Santillane, me dit-il, ta délicateffe me charme ; et puifque tu es un fi honnête garçon, je veux te donner une occupation plus convenable à
ta fageffe.   Voici ce que c'eft, écoute attentivement la
confidence que je vais te faire.

Quelques années avant que je fuffe en faveur, continua-
t-il, le hazard offrit un jour à ma vue une Dame qui me
parut fi bien faite et fi belle, que je la fis fuivre.   J'appris
que c'étoit une Génoife, nommée Donna Margarita Spinola, qui vivoit à Madrid du revenu de fa beauté : on me
dit même que D. Francifco de Valcafar, Alcade de Cour,
homme riche, vieux et marié, faifoit pour cette Coquette
une dépenfe confidérable.   Ce rapport, qui n'auroit dû
m'infpirer que du mépris pour elle, me fit concevoir un

defir

defir violent de partager fes bonnes graces avec Valéafar.
J'eus cette fantaifie ; et pour la fatisfaire, j'eus recours à
une mediatrice d'amour, qui eut l'adreffe de me ménager
en peu de tems une fecrette entrevue avec la Génoife, et
cette entrevue fut fuivie de plufieurs autres ; fi bien que
mon rival et moi nous étions également bien traités pour
nos préfens. Peut-être même avoit elle encore quelqu'
autre galant auffi heureux que nous.

Quoi qu'il en foit, Marguerite, en recevant tant d'hommages confus, devint infenfiblement mere, et mit au
monde un garçon, dont elle voulut faire honneur à chacun de fes Amans en particulier : mais aucun ne pouvant
en confcience fe vanter d'être pere de cet enfant, ne voulut le reconnoître, de forte que la Génoife fut obligée de
le nourir du fruit de fes galanteries : ce qu'elle a fait pendant dix-huit années, au bout defquelles étant morte,
elle a laiffé fon fils fans bien, et qui pis eft fans education.

Voilà, pourfuivit Monfeigneur, la confidence que j'a-
vois à te faire, et je vais préfentment t'inftruire du grand
deffein que j'ai formé. Je veux tirer du néant cet enfant malheureux, et le faifant paffer d'une extrémité à
l'autre, l'elever aux honneurs, et le reconnoître pour mon
fils.

A ce projet extravagant il me fut impoffible de me
taire. Comment, Seigneur, m'écriai-je, Votre Excellence peut-elle avoir pris une réfolution fi étrange ? pardonnez-moi ce terme, il échappe à mon zele. Tu la
trouveras raifonnable, reprit-il avec précipitation, quand
je t'aurai dit les raifons qui m'ont déterminé à la prendre.
Je ne veux point que mes collatéraux foient mes héritiers.
Tu me diras que je ne fuis point encore dans un âge affez
avancé pour defefpérer d'avoir des enfans de Madame
d'Olivarès. Mais chacun fe connoit ; qu'il te fuffife d'apprendre que la Chymie n'a pas de fecrets que je n'aye
inutilement mis en ufage pour redevenir pere. Ainfi,
puifque la fortune fuppléant au défaut de la nature me préfente un enfant, dont peut-être dans le fond je fuis le veritable pere, je l'adopte, c'eft une chofe réfolue.

Quand je vis que le Miniftre avoit en tête cette adopti-
on, je ceffai de la combattre, le connoiffant pour un
homme capable de faire une fottife, plutôt que de dé-
mordre

mordre de fon fentiment. Il ne s'agit plus ajouta-t-il,
que de donner de l'education à D. Henry Philippe de
Guzman, (car c'eft le nom que je prétens qu'il porte
dans le monde, jufqu' à ce qu'il foit en état de poſſéder
les Dignités qui l'attendent.) C'eft toi, mon cher Santillane, que je choifis pour le conduire : je me repofe fur
ton efprit, et fur ton attachement pour moi, du foin de
faire fa maifon, de lui donner toutes fortes de Maîtres, en
un mot de le rendre un cavalier accompli. Je voulus me
défendre d'accepter cet emploi, en repréfentant au
Comte-Duc qu'il ne me convenoit gueres d'élever de
jeunes Seigneurs, n'ayant jamais fait ce métier, qui demandoit plus de lumieres et de mérite que je n'en avois.
mais il m'interrompit et me ferma la bouche, en me difant
qu'il prétendoit abfolument que je fuffe le Gouverneur de
ce fils adopté, qu'il deftinoit aux premieres Charges de la
Monarchie. Je me préparai donc à remplir cette place
pour contenter Monfeigneur, qui pour prix de ma complaifance groffit mon petit revenu d'une penfion de mille
écus qu'il me fit obtenir, ou plutôt qu'il me donna fur la
Commanderie de Mamdra.

C H A P I T R E V.

Le Fils de la Génoife eft reconnu par Acte autentique, et
nommé D. Henry Philippe de Guzman. Santillane fait
la maifon de ce jeune Seigneur, et lui donne toutes fortes
de Maîtres.

EFfectivement le Comte-Duc ne tarda gueres à reconnoître le fils de Donna Margarita Spinola, et l'Acte
de reconnoiffance s'en fit avec l'agrément et fous le bon-
plaifir du Roi. D. Henri Philippe de Guzman (c'eft le nom
que l'on donna à cet enfant de plufieurs peres) y fut déclaré unique héritier de la Comté d'Olivarès et du Duché
de San-Lucar. Le Miniftre, afin que perfonne n'en ignorât, fit favoir par Carnéro cette déclaration aux Ambaf-
fadeurs et aux Grands d'Efpagne, qui n'en furent pas peu
furpris. Les rieurs de Madrid en eurent pour longtems
à s'égayer, et les Poëtes fatyriques ne perdirent pas une
fi belle occafion de faire couler le fiel de leur plume.
Je demandai au Comte-Duc où étoit le fujet qu'il vouloit

loit confier à mes foins. Il eft dans cette ville, me répondit-il, fous la conduite d'une tante, à qui je l'ôterai
d'abord que tu auras fait préparer une maifon pour lui ;
ce qui fut bientôt exécuté. Je louai un hôtel, que je fis
meubler magnifiquement ; j'arrêtai des pages, un porteur
des eftafiers ; et à l'aide de Caporis, je remplis les places
d'Officiers. Quand j'eus tout mon monde, j'allai en a-
vertir Son Excellence, qui fur le champ envoya chercher
l'équivoque et nouveau rejetton de la tige des Guzmans.
Je vis un grand garçon, d'une figure affez agréable. D.
Henri, lui dit Monfeigneur en me montrant du doigt, ce
cavalier que vous voyez eft le guide que j'ai choifi pour
vous conduire dans la carriere du Monde : j'ai une entiere
confiance en lui, et je lui donne un pouvoir abfolu fur
vous. Oui, Santillane, ajouta-t-il en m'adreffant la parole, je vous l'abandonne, et je ne doute pas que vous ne
m'en rendiez bon compte. A ce difcours le Miniftre en
joignit encore d'autres, pour exhorter le jeune homme à
fe conformer à mes volontés ; après quoi j'emmenai D.
Henri avec moi à fon hôtel.

Auffitôt que nous y fûmes arrivés, je fis paffer en revue
devant lui tous fes domeftiques, en lui difant l'emploi que
chacun avoit dans fa maifon. Il ne parut point étourdi du
changement de fa condition ; et fe prêtant volontiers au
refpect et aux déférences attentives qu'on avoit pour lui,
il fembloit avoir toujours été ce qu'il étoit devenu par hazard. Il ne manquoit pas d'efprit, mais il étoit d'une
ignorance craffe ; à peine favoit-il lire et écrire. Je mis
auprès de lui un Précepteur pour lui enfeigner les élemens
de la Langue Latine, et j'arrêtai un Maître de Géo-
graphie, un Maître d'Hiftoire, avec un Maître d'Efcrime.
On juge bien que je n'eus garde d'oublier un Maître à
danfer : je ne fus embarraffé que fur le choix : il y en
avoit dans ce tems-là un grand nombre de fameux a
Madrid, et je ne favois auquel je devois donner la préférence.

Tandis que j'étois dans cet embarras, je vis entrer dans
la cour de notre hôtel un homme richement vétu. On
me dit qu'il demandoit à me parler. J'allai au devant de
lui, m'imaginant que c'étoit tout au moins un Chevalier
de St. Jaques ou d'Alcantara. Je lui demandai ce qu'il
　　　　　　　　　　　　　　　　　　　　y avoit

y avoit pour fon fervice. Seigneur de Santillane, me répondit-il, après m'avoir fait plufieurs revérences qui fentoient bien fon métier, comme on m'a dit que c'eft Votre Seigneurie qui choifit les Maîtres du Seigneur D. Henri, je viens vous offrir mes fervices : je m'appelle Martin Ligéro, et j'ai, graces au Ciel, quelque réputation. Je n'ai pas coutume d'aller mandier des Ecoliers, cela ne convient qu'à de petits Maîtres à danfer. J'attens ordinairement qu'on me vienne chercher : mais montrant au Duc de Médina Sidonia, à D. Luis de Haro, et à quelques autres Seigneurs de la Maifon de Guzman, dont je fuis en quelque façon le ferviteur-né, je me fais un devoir de vous prévenir. Je vois par ce difcours, lui repondis-je, que vous êtes l'homme qu'il nous faut. Combien prenez-vous par mois ? Quatre double piftoles, reprit-il, c'eft le prix courant, et je ne donne que deux leçons par femaine : Quatre doublons par mois ! m'écriai-je, c'eft beaucoup. Comment beaucoup ! repliqua-t-il d'un air étonné ; vous donneriez bien une piftole par mois à un Maître de Philofophie.

Il n'y eut pas moyen de tenir contre une fi plaifante replique, j'en ris de bon cœur, et je demandai au Seigneur Ligéro, s'il croyoit véritablement qu'un homme de fon métier fût préférable à un Maître de Philofophie. Je le crois fans doute, me dit-il, nous fommes d'une plus grande utilité que fes Meffieurs. Que font les hommes avant qu'ils paffent par nos mains ? Des corps tout d'une piece, des ours mal lechés ; mais nos leçons les développent peu-à-peu, et leur font prendre infenfiblement une forme: en un mot nous leur enfeignons à fe mouvoir avec grace, nous leur donnons des attitudes avec des airs de nobleffe et de gravité.

Je me rendis aux raifons de ce Maître à danfer, et je le retins pour montrer à D. Henri fur le pied de quatre doubles-piftoles par mois, puifque c'étoit un prix fait par les grands Maîtres de l'Art.

C H A-

CHAPITRE VI.

Scipion revient de la Nouvelle Espagne. Gil Blas le place auprès de Don Henri. Des études de ce jeune Seigneur. Des honneurs qu'on lui fit, et à quelle Dame le Comte-Duc le maria. Comment Gil Blas fut fait noble malgré lui.

JE n'avois point encore fait la moitié de la Maison de D. Henri, lorsque Scipion revint du Mexique. Je lui demandai s'il étoit satisfait de son voyage. Je dois l'être, me repondit-il, puisqu' avec trois mille ducats en espèces, j'ai apporté pour deux fois autant en marchandises de défaite en ce pays-ci. Je t'en felicite, repris-je, mon enfant ; voilà ta fortune commencée ; il ne tiendra qu'à toi de l'achever, en retournant aux Indes l'année prochaine : ou bien, si tu préferes à la peine d'aller si loin amasser du bien, un poste agréable à Madrid, tu n'as qu'à parler, j'en ai un à te donner. Oh parbleu, dit le fils de la Coscolina, il n'y a point à balancer ! j'aime mieux remplir un bon emploi auprès de Votre Seigneurie, que de m'exposer de nouveau aux périls d'une longue navigation : expliquez-vous, mon Maître, quelle occupation destinez-vous à votre serviteur ?

Pour le mettre mieux au fait, je lui contai l'histoire du petit Seigneur que le Comte-Duc venoit d'introduire dans la maisons de Guzman. Après lui avoir appris que ce Ministre m'avoit nommé Gouverneur de D. Henri, je lui dis que je voulois le faire valet de chambre de ce fils adopté. Scipion, qui ne demandoit pas mieux, accepta volontiers ce poste, et se remplit si bien, qu'en moins de trois ou quatre jours il s'attira la confiance et l'amitié de son nouveau Maître.

Je m'étois imaginé que les Pédagogues dont j'avois fait choix pour endoctriner le fils de la Génoise, y perdroient leur latin, le croyant à son âge un sujet peu disciplinable ; néanmoins il trompa mon attente. Il comprenoit et retenoit aisement tout se qu'on lui enseignoit, ses Maîtres en étoient très contens. J'allai avec empressement annoncer cette nouvelle au Comte-Duc, qui la reçut avec une joie excessive. Santillane, s'écria-t-il avec transport, tu me

ravis

ravis en m'apprenant que D. Henri a beaucoup de mémoire et de pénétration ; je reconnois en lui mon sang ; et ce qui acheve de me persuader qu'il est mon fils, c'est que je me sens autant de tendresse pour lui que si je l'eusse eu de Madame d'Olivarès. Tu vois par-là, mon ami, que la nature se déclare. Je n'eus garde de dire à Monseigneur ce que je pensois là-dessus ; et respectant sa foiblesse, je le laissai jouir du plaisir faux ou véritable de se croire pere de D. Henri.

Quoique tous les Guzmans eussent une haine mortelle pour ce jeune Seigneur de fraîche date, ils la dissimulerent par politique ; il y en eut même qui affecterent de rechercher son amitié ; les Ambassadeurs et les Grands qui étoient alors à Madrid, le visiterent, et lui firent tous les honneurs qu'ils auroient rendu à un enfant légitime du Comte-Duc. Ce Ministre, ravi de voir encenser son idole, ne tarda gueres à le parer de Dignités. Il commença par demander au Roi pour D. Henry la Croix d'Alcantara avec une Commanderie de dix mille écus. Peu de tems après il le fit recevoir Gentilhomme de la Chambre ; ensuite ayant pris la resolution de le marier, et voulant lui donner une Dame de la plus noble Maison d'Espagne, il jetta les yeux sur Donna Juanna de Vélosco, fille du Duc de Castille, et il eut assez d'autorité pour la lui faire épouser en dépit de ce Duc et de ses parens.

Quelques jours avant ce marriage, Monseigneur m'ayant envoyé chercher, me dit en me mettant des papiers entre les mains : tiens Gil Blas, voici des Lettres de Noblesse que j'ai fait expédier pour toi. Monseigneur, lui repondis-je, assez surpris de ces paroles, Votre Excellence sait que je suis fils d'une Duegne et d'un Ecuyer ; ce seroit, ce me semble, profaner la Noblesse que de m'y aggréger ; et c'est de toutes les graces que Sa Majesté me peut faire, celle que je mérite et que je desire le moins. Ta naissance reprit le Ministre, est un obstacle facile à lever ; tu as été occupé des affaires de l'Etat sous le Ministére du Duc de Lerme et sous le mien : d'ailleurs, ajouta-t-il avec un souris, n'as-tu pas rendu au Monarque des services qui méritent une récompense ? En un mot, Santillane, tu n'es pas indigne de l'honneur que j'ai voulu te faire : de plus, le rang que tu tiens auprès de mon fils, demande que tu sois noble ; c'est à cause de cela que je t'ai donné des

Lettres

Lettres de Noblesse. Je me rends, Monseigneur, lui repliquai-je, puisque Votre Excellence le veut absolument. En achevant ces mots, je sortis avec mes Patentes que je serrai dans ma poche.

Je suis donc présentement Gentilhomme, dis-je en moi-même lorsque je fus dans la rue, me voila noble sans que j'en aye l'obligation à mes parens : je pourrai quand il me plaira me faire appeller Don Gil Blas ; et si quelqu'un de ma connoissance s'avise de me rire au nez en me nommant ainsi, je lui ferai signifier mes Lettres : mais lisons-les, continuai-je en les tirant de ma poche, voyons un peu de quelle façon on y décrasse le vilain. Je lus donc mes Patentes, qui portoient en substance, que le Roi, pour reconnoître le zele que j'avois fait paroître en plus d'une occasion pour son service et pour le bien de l'Etat, avoit jugé à propos de me gratifier de Lettres de Noblesse. J'ose dire à ma louange qu'elles ne m'inspirerent aucun orgueil. Ayant toujours devant les yeux la bassesse de mon origine, cet honneur m'humilioit au lieu de me donner de la vanité : aussi je me promis bien de renfermer mes Patentes dans un tiroir, sans me vanter d'en être pourvu.

CHAPITRE VII.

Gil Blas rencontre encore Fabrice par hazard. De la derniere conversation qu'ils eurent ensemble, et de l'avis important que Nugnez donna à Santillane.

LE Poëte des Asturies, comme on a dû le remarquer, me négligeoit assez volontiers. De mon côté, mes occupations ne me permettoient gueres de l'aller voir. Je ne l'avois point revu depuis le jour de la dissertation sur l'Iphigénie d'Euripide, lorsque le hazard me le fit encore rencontrer près de la Porte du Soleil. Il sortoit d'une Imprimerie. Je l'abordai en lui disant : Ho, ho ! Monsieur Nugnez, vous venez de chez un Imprimeur : cela semble menacer le Public d'un nouvel ouvrage de votre composition

C'est à quoi il doit en effet s'attendre, me répondit-il ; j'ai sous la presse actuellement une brochure qui doit faire du bruit dans la République des Lettres. Je ne doute pas du mérite de ta Production, lui repliquai-je ; mais je m'étonne que tu t'amufes à compofer des brochures ; il me femble que ce font des colifichets qui ne font pas grand honneur à l'efprit. Je le fai bien, repartit Fabrice, et je n'ignore pas qu'il n'y a que les gens qui lifent tout, qui s'amufent à lire des brochures ; cependant en voila une qui m'échappe, et je t'avoûrai que c'eft un enfant de la néceffité. La faim, comme tu fais, fait fortir le loup hors du bois.

Comment ! m'écriai-je, eft ce l'Auteur du *Comte de Saldagne* qui me tient ce difcours ? Un homme qui a deux mille écus de rente peut-il parler ainfi ? Douce-ment, mon ami, interrompit Nugnez, je ne fuis plus ce Poëte fortuné qui jouiffoit d'une penfion bien payée. Le defordre s'eft mis fubitement dans les affaires du Tréforier D. Bertrand : il a manié, diffipé les deniers du Roi ; tous fes biens font faifis, et ma penfion eft allée à tous les di-ables. Cela eft trifte, lui dis-je, mais ne te refte-t-il pas encore quelque efpérance de ce côté-là ? Pas la moindre, me répondit-il ; le Seigneur Gomez del Ribéro, gueux que fon Bel-Efprit, eft abîmé : il ne reviendra, dit-on, ja-mais fur l'eau.

Sur ce pied-là, lui repliquai-je, mon enfant, il faut que je te cherche quelque pofte qui te confole de la perte de ta penfion. Je te difpenfe de ce foin-là, me dit-il ; quand tu m'offrirois dans les Bureaux du Miniftre un em-ploi de trois mille écus d'appointemens, je le refuferois : des occupations de Commis ne conviennent pas au génie d'un nourriffon des Mufes, il me faut des amufemens litéraires. Que te dirai-je enfin ? Je fuis né pour vivre et mourir en Poëte, et je me veux remplir mon fort.

Au refte, continua-t-il, ne t'imagine pas que nous foy-ons fort malheureux : outre que nous vivons dans une parfaite indépendance, nous fommes des gaillards fans fouci : on croit que nous faifons fouvent des repas de Dé-mocrite, et l'on eft là-deffus dans l'erreur. Il n'y a pas un de mes confreres, fans en excepter les faifeurs d'Alma-nacs, qui ne foit commenfal dans quelque bonne maifon ; pour moi j'en ai deux où l'on me reçoit avec plaifir : j'ai deux couverts affurés ; l'un chez un gros Directeur des Fermes, à qui j'ai dédié un Roman ; et l'autre chez un riche Bourgeois de Madrid, qui a la rage de vouloir toujours avoir à fa table de Beaux-Efprits ; heureufement il n'eſt pas fort délicat ſur le choix, et la ville lui en fournit autant qu'il en veut.

Je ceſſe donc de te plaindre, dis-je au Poëte des Aſturies, puiſque tu es content de ta condition. Quoi qu'il en ſoit, je te proteſte de nouveau que tu as toujours dans Gil Blas un ami à l'épreuve de ta négligence à le cultiver ; ſi tu as beſoin de ma bourſe, viens hardiment à moi ; qu'une mauvaiſe honte ne te prive point d'un ſecours infallible, et ne me raviſſe pas le plaiſir de t'obliger.

A ce ſentiment généreux, s'écria Nugnez, je te reconnois Santillane, et je te rends mille graces de la diſpoſition favorable où je te vois pour moi : il faut, par reconnoiſſance, que je te donne un avis ſalutaire. Pendant que le Comte-Duc peut tout encore, et que tu poſſedes ſes bonnes graces, profite du tems : hâte-toi de t'enrichir ; car ce Miniſtre, à ce qu'on m'a dit, branle dans la manche. Je demandai à Fabrice s'il ſavoit cela de bonne part, et il me répondit : Je tiens cette nouvelle d'un vieux Chevalier de Calatrave, qui a un talent tout particulier pour découvrir les choſes les plus ſecretes ; on écoute cet homme comme un Oracle, et voici ce que je lui ai entendu dire hier. Le Comte-Duc, diſoit-il, a un grand nombre d'ennemis, qui ſe réuniſſent tous pour le perdre ; il compte trop ſur l'aſcendant qu'il a ſur l'eſprit du Roi : ce Monarque, à ce qu'on prétend, commence à prêter l'oreille aux plaintes qui déja vont juſqu'à lui. Je remerciai Nugnez de ſon avertiſſement ; mais j'y fis peu d'attention, et je m'en retournai au logis, perſuadé que l'autorité de mon Maître étoit inébranlable, le regardant comme un de ces vieux chênes qui ont pris racine dans une forêt, et que les orages ne ſauroient abattre.

CHAPITRE VIII.

Comment Gil Blas apprit que l'avis de Fabrice n'étoit point faux. Du voyage que le Roi fit à Saragoce.

CEpendant ce que le Poëte des Aſturies m'avoit dit, n'étoit pas ſans fondement. Il y avoit au Palais une confédération furtive contre le Comte-Duc, de laquelle on prétendoit que la Reine étoit le chef, et toutefois il ne tranſpiroit rien dans le public de meſures que les confédérés prenoient pour déplacer ce Miniftre. Il s'écoula même depuis ce tems-là plus d'une année, fans que je m'apperçuffe que fa faveur eût reçu la moindre atteinte.

Mais la révolte des Catalans foutenus par la France, et les mauvais fuccès de la guerre contre ces Rebelles, exciterent les murmures du Peuple, qui fe plaignit du Gouvernement. Ces plaintes donnerent lieu à la tenue d'un Confeil en préfence du Roi, qui voulut que le Marquis de Grana, Ambaffadeur de l'Empereur à la Cour d'Efpagne, s'y trouvât. Il y fut mis en délibération, s'il étoit plus à propos que le Roi demeurât en Caftille, ou qu'il paffât en Arragon pour fe faire voir à fes troupes. Le Comte-Duc, qui avoit envie que ce Prince ne partît point pour l'Armée, parla le premier. Il repréfenta qu'il étoit plus convenable à Sa Majefté Royale de ne pas fortir du centre de fes Etats, et il appuya fon fentiment de toutes les raifons que fon éloquence put lui fournir. Il n'eut pas plutôt achevé fon difcours, que fon avis fut généralement fuivi de toutes les perfonnes du Confeil, à la réferve du Marquis de Grana, qui n'écoutant que fon zele pour la Maifon d'Autriche, et fe laiffant aller à la franchife de fa nation, combattit le fentiment du premier Miniftre, et foutint l'avis contraire avec tant de force, que le Roi, frappé de la folidité de fes raifonnemens, embraffa fon opinion, quoiqu'elle fût oppofée à toutes les voix du Confeil, et marqua le jours de fon départ pour l'Armée.

C'étoit pour la premiere fois de fa vie que ce Monarque avoit ofé penfer autrement que fon Favori, qui regardant cette nouveauté comme un fanglant affront, en fut très mortifié. Dans le tems que ce Miniftre alloit fe retirer dans fon cabinet pour y ronger en liberté fon frein, il m'apperçut, m'appella, et m'ayant fait entrer avec lui, il me raconta d'un air agité ce qui c'étoit paffé au Confeil ; enfuite, comme un homme qui ne pouvoit revenir de fa furprife : Oui, Santillane, continua-t-il, le Roi qui depuis plus de vingt ans ne parle que par ma bouche, et ne voit que par mes yeux, a préféré l'avis de Grana au mien ; et de quelle maniere encore ? en comblant d'éloges cet Ambaffadeur, et fur-tout en louant fon zele pour la Maifon d'Autriche, comme fi cet Allemand en avoit plus que moi.

Il

Il eſt aiſé de juger par-la, pourſuivit le Miniſtre, qu'il y a un parti formé contre moi, et que la Reine eſt à la tête. Hé, Monſeigneur, lui dis-je, de quoi vous inquiétez-vous ! La Reine depuis plus de douze ans n'eſt-elle pas accoûntumée à vous voir maître des affaires, et n'avez-vous pas mis le Roi dans l'habitude de ne la pas conſulter? A l'égard du Marquis de Grana, le Monarque peut s'être rangé de ſon ſentiment, par l'envi qu'il a de voir ſon Armée et de faire une campagne. Tu n'y es pas, interrompit le Comte-Duc : dis plutôt que mes ennemis eſperent que le Roi étant parmi ſes troupes, ſera toujours environné des Grands qui l'auront ſuivi, et qu'ils s'en trouvera plus d'un aſſez mécontent de moi, pour oſer lui tenir des diſcours injurieux à mon Miniſtere. Mais ils ſe trompent, ajouta-t-il, je ſaurai bien pendant le voyage rendre ce Prince inacceſſible à tous les Grands : ce qu'il fit en effet d'une maniere qui mérite bien d'être détaillée.

Le jour du départ du Roi étant venu, ce Monarque, après avoir chargé la Reine du ſoin du Gouvernement en ſon abſence, ſe mit en chemin pour Saragoce : mais avant que d'y arriver, il paſſa par Aranjuez, dont il trouva le ſéjour ſi délicieux, qu'il s'y arrêta près de trois ſemaines. D'Aranjuez le Miniſtre le fit aller à Cuença, où il l'amuſa encore plus longtems par les divertiſſemens qu'il lui donna. Enſuite les plaiſirs de la chaſſe occuperent ce Prince à Molina d'Arragon, après quoi il fut conduit à Sarragoce. Son Armée n'étoit pas loin de-là, et il ſe préparoit à s'y rendre ; mais le Comte-Duc lui en ôta l'envie, en lui faiſant accroire qu'il ſe mettroit en danger d'être pris par les François, qui étoient maîtres de la plaine de Monçom : de ſorte que le Roi, épouvanté d'un péril qu'il n'avoit nullement à craindre, prit le parti de demeurer enfermé chez lui comme dans une priſon. Le Miniſtre profitant de ſa terreur, et ſous prétexte de veiller à ſa ſureté, le garda, pour ainſi dire, à vue ; ſi bien, que les Grands, qui avoient fait une exceſſive dépenſe pour ſe mettre en état de ſuivre leur Souverain, n'eurent pas même la ſatisfaction d'obtenir de lui une audience particuliere. Philippe enfin s'ennuyant d'être mal logé à Sarragoce, d'y paſſer, encore plus mal ſon tems, ou, ſi vous voulez, d'être priſonnier, s'en retourna bientôt à Madrid. Ce Monarque finit ainſi ſa campagne, laiſſant au Marquis de los Vélez, Général de fes Troupes, le foin de foutenir l'honneur des armes d'Efpagne.

CHAPITRE IX.

De la révolution de Portugal, et de la difgrace du Comte-Duc.

PEU de jours aprés le retour du Roi, il fe répandit à Madrid une fâcheufe nouvelle. On apprit que les Portugais regardant la révolte des Catalans comme une belle occafion que la fortune leur offroit de fecouer le joug Efpagnol, avoient pris les armes, et choifi pour leur Roi le Duc de Bragance ; qu'ils étoient dans la réfolution de le maintenir fur le trône, et qu'ils comptoient bien de n'en pas avoir le démenti, l'Efpagne ayant alors fur les bras des ennemis en Allemagne, en Italie, en Flandre et en Catalogne. Ils ne pouvoient effectivement trouver une conjoncture plus favorable, pour s'affranchir d'une domination qu'ils déteftoient.

Ce qu'il y a de fingulier, c'eft que le Comte-Duc, dans le tems que la Cour et la Ville paroiffoient confternées de cette nouvelle, en voulut plaifanter avec le Roi aux dépens du Duc de Bragance ; mais Philippe, bien loin de fe prêter à fes mauvaifes plaifanteries, prit un air férieux qui le déconcerta et lui fit preffentir fa difgrace. Ce Miniftre ne douta plus de fa chute, quand il apprit que la Reine s'étoit ouvertement déclarée contre lui, et qu'elle l'accufoit hautement d'avoir, par fa mauvaife adminiftration, caufé la révolte du Portugal. La plupart des Grands, et fur-tout ceux qui avoient été à Sarragoce, ne s'apperçurent pas plutôt, qu'il fe formoit un orage fur la tête du Comte-Duc, qu'ils fe joignirent à la Reine ; et ce qui porta le dernier coup à fa faveur, c'eft que la Ducheffe Douairiere de Mantoue, ci-devant Gouvernante de Portugal, revint de Lifbonne à Madrid, et fit voir clairement au Roi, que la révolution de ce Royaume n'étoit arrivée que par la faute de fon Premier Miniftre.

Les difcours de cette Princeffe firent toute l'impreffion qu'ils pouvoient faire fur l'efprit du Monarque, qui revenant enfin de fon entêtement pour fon Favori, fe dépouilla de toute l'affection qu'il avoit pour lui. Lorfque ce Mi-

niftre

niftre fut informé que le Roi écoutoit fes ennemis, il lui écrivit un billet, pour lui démander la permiffion de fe démettre de, fon emploi, et de s'éloigner de la Cour, puifqu'on lui faifoit l'injuftice de lui imputer tous les malheurs arrivés à la Monarchie pendant le cours de fon Miniftere. Il croyoit que cette lettre feroit un grand effet, et que le Prince confervoit encore pour lui affez d'amitié, pour ne vouloir pas confentir à fon éloignement; mais toute la réponfe que lui fit Sa Majefté, fut qu'elle lui accordoit la permiffion qu'il demandoit, et qu'il pouvoit fe retirer où bon lui fembleroit.

Ces paroles, écrites de la main du Roi, furent un coup de tonnere pour Monfeigneur, qui ne s'y étoit nullement attendu. Néanmoins, quoiqu'il en fût étourdi, il affecta un air de conftance, et me demanda ce que je ferois à fa place. Je prendrois, lui dis-je, aifement mon parti; j'abandonnerois la Cour, et j'irois à quelqu'une de me terres paffer tranquillement le refte de mes jours. Tu penfes fainement, repliqua mon Maître, et je prétends bien aller finir ma carriere à Loéches, après que j'aurai feulement une fois entretenu le Monarque : je fuis bien aife de lui remontrer que j'ai fait humainement tout ce que j'ai pu pour bien foutenir le pefant fardeau dont j'étois chargé, et qu'il n'a pas dépendu de moi de prévenir les triftes évenemens dont on me fait un crime ; n'étant point en cela plus coupable qu'un habile Pilote, qui, malgré tout ce qu'il peut faire, voit fon vaiffeau emporté par les vents et par les flots. Ce Miniftre fe flattoit encore qu'en parlant au Prince il pourroit rejufter les chofes et regagner le terrain qu'il avoit perdu ; mais il ne peut en avoir audience, et de plus on lui envoya demander la clé dont il fe fervoit pour entrer, quand il lui plaifoit, dans l'appartement de Sa Majefté.

Jugeant alors qu'il n'y avoit plus d'efpérance pour lui, il fe determina tout de bon à la retraite. Il vifita fes papiers, dont il brula prudemment une grand quantité ; enfuite il nomma les Officiers de fa Maifon et les Valets dont il vouloit être fuivi, donna des ordres pour fon départ, et en fixa le jour au lendemain. Comme il craignoit d'être infulté par la populace en fortant du Palais, il s'échappa de grand matin par la porte des cuifines, monta dans un méchant caroffe avec fon Confeffeur et moi, et

prit

prit impunément la route de Loéches, village dont il étoit Seigneur, et où la Comtesse son épouse a fait bâtir unmagnifique Couvent de Religieuses de l'Ordre de St. Dominique. Nous nous y rendîmes en moins de quatre heures, et toutes les personnes de sa suite y arriverent peu de tems après nous.

CHAPITRE X.

De l'inquiétude et des soins qui troublerent d'abord le repos du Comte-Duc, et de l'heureuse tranquillité qui leur succéda. Des Occupations de ce Ministre dans sa retraite.

MAdame d'Olivarès laissa partir son mari pour Loéches, et demeura quelques jours après lui à la Cour, dans le dessein d'essayer si par ses prieres et par ses larmes elle ne pourroit pas le faire rappeller : mais elle eut beau se prosterner devant Leurs Majestés, le Roi n'eut aucun égard à ses remontrances quoique préparées avec art ; et la Reine qui la haïssoit mortellement, vit avec plaisir couler ses pleurs. L'épouse du Ministre ne se rebuta point, elle s'humilia jusqu'à implorer les bons offices des Dames de la Reine : mais le fruit qu'elle recueillit de ses bassesses, fut de s'appercevoir qu'elles excitoient le mépris plutôt que la pitié. Désolée d'avoir fait en vain tant de démarches humiliantes, elle alla rejoindre son époux, pour s'affliger avec lui de la perte d'une place, qui sous un regne tel que celui de Philippe IV. étoit peut-être la premiere de la Monarchie.

Le rapport que cette Dame fit de l'état où elle avoit laissé Madrid, redoubla le chagrin du Comte-Duc : Vos ennemis, lui dit-elle en pleurant, le Duc de Médina Celi et les autres Grands qui vous haïssent, ne cessent de louer le Roi de vous avoir ôté du Ministere, et le peuple célébre votre disgrace avec une joie insolente, comme si la fin des malheurs de l'Etat étoit attachée à celle de votre administration. Madame, lui dit mon Maître, suivez mon exemple, dévorez vos chagrins, il faut céder à l'orage qu'on ne peut détourner. J'avois cru, il est vrai, que je pourrois perpétuer ma faveur jusqu'à la fin de ma vie : illusion ordinaire des Ministres et des Favoris, qui oublient

que leur fort dépend de leur Souverain. Le Duc de
Lerme n'y a-t-il pas été trompé auffi-bien que moi, quoiqu'il s'imaginât que la pourpre dont il étoit revétu, fût
un fûr garant de l'éternelle durée de fon auto.ité.

C'eft de cette façon que le Comte-Duc exhortoit fon é-
poufe à s'armer de patience, pendant qu'il étoit lui-même
dans une agitation qui fe renouvelloit tous les jours par
les dépêches qu'il recevoit de Don Henri, qui étant demeuré à la Cour pour obferver ce qui s'y pafferoit, avoit
foin de l'en informer exactement. C'étoit Scipion qui
apportoit les lettres de ce jeune Seigneur, auprès de qui
il étoit encore, et avec qui je ne demeurois plus depuis
fon mariage avec Donna Juanna. Les dépêches de ce fils
adopté étoient toujours remplis de facheufes nouvelles, et
malheureufement on n'en attendoit pas d'autres de lui.
Tantôt il mandoit que les Grands ne fe contentoient pas
de fe-réjouir publiquement de la retraite du Comte-Duc,
qu'ils s'étoient encore tous réunis pour faire chaffer fes
créatures des charges et des emplois qu'elles poffédoient,
et les faire remplacer par fes ennemis. Une autre fois il
écrivoit que Don Luis de Haro commençoit d'entrer en
faveur, et que fuivant toutes les apparences il alloit devenir Premier Miniftre. De toutes les chofes chagri-
nantes que mon Maître apprit, celle qui parut l'affliger
davantage, fut le changement qui fe fit dans la Viceroyauté de Naples, que la Cour, pour le mortifier feulement, ôta au Duc de Médina de las Torrès qu'il aimoit,
pour la donner à l'Amirante de Caftille qu'il avoit toujours haï.

On peut dire que pendant trois mois Monfeigneur ne
fentit dans fa folitude que trouble et que chagrin ; mais
fon Confeffeur, qui étoit un Religieux de l'Ordre de St.
Dominiqne, et qui joignoit à une folide pieté une mâle é-
loquence, eut le pouvoir de le confoler. A force de repréfenter avec énergie qu'il ne devoit plus penfer qu'à
fon falut, il eut, avec le fecours de la Grace, le bonheur
de détacher fon efprit de la Cour. Son Excellence ne
voulut plus favoir de nouvelles de Madrid, et n'eut plus
d'autre foin que de fe difpofer à bien mourir. Madame
d'Olivarès de fon côté faifant auffi un bon ufage de fa retraite, trouva dans le Couvent, dont elle étoit Fondatrice,
une confolation préparée par la providence. Il y eut parmi

mi les Religieuses de saintes filles, dont les discours pleins
d'onction tournerent insensiblement en douceur l'amertume de sa vie. A mesure que mon Maître détournoit sa
pensée des affaires du Monde, il devenoit plus tranquile.
Voici de quelle maniere il regloit sa journée.   Il passoit
presque toute la matinée à entendre des Messes dans l'E-
glise des Religieuses, ensuite il revenoit dîner ; après quoi
il s'amusoit pendant deux heures à jouer à toutes sortes
de jeux avec moi et avec quelques-uns de ses plus affectionnés domestiques ; puis il se retiroit ordinairement tout
seul dans son cabinet, où il demeuroit jusqu'au coucher
du Soleil : alors il faisoit le tour de son jardin, ou bien il
alloit en carosse se promener aux environs de son château,
accompagné de son Confesseur, et tantôt de moi.

Un jour que j'étois seul avec lui, et que j'admirois la
sérénité qui brilloit sur son visage, je pris la liberté dé lui
dire, Monseigneur, permettez moi de laisser éclater ma
joie : à l'air de satisfaction que je vous vois, je juge que
Votre Excellence commence à s'accoutumer à la retraite.
J'y suis déja tout accoutumé, me répondit-il ; et quoique
je sois depuis longtems dans l'habitude de m'occuper d'affaires, je te proteste, mon enfant, que je prends de jour
en jour plus de goût à la vie douce et paisible que je
mene ici.

CHAPITRE XI.

*Le Comte-Duc devient tout-à-coup triste et rêveur.   Du
sujet étonnant de sa tristesse, et de la suite fâcheuse
qu'elle eut.*

MOnseigneur, pour varier ses occupations, s'amusoit
aussi quelquefois à cultiver son jardin.   Un jour
que je le regardois travailler, il me dit en plaisantant:
Tu vois, Santillane, un Ministre banni de la Cour devenu Jardinier à Loéches.   Monseigneur, lui répondis-
je sur le même ton, je m'imagine voir Denis de Syracuse
Maître d'Ecole à Corinthe.   Mon Maître sourit de ma
réponse, et ne me sut pas mauvais gré de la comparaison.

Nous étions tous ravis au château, de voir le Patron,
supérieur à sa disgrace, trouver des charmes dans une vie

ſi différente de celle qu'il avoit toujours menée, lorſque nous nous apperçûmes avec douleur qu'il changeoit à vue d'œil. Il devint ſombre, reveur, et tomba dans une mélancholie profonde. Il ceſſa de jouer avec nous, et ne parut plus ſenſible à tout ce que nous pouvions inventer pour le divertir. Il s'enfermoit après ſon dîner dans ſon cabinet, où il demeuroit tout ſeul juſqu'au ſoir. Nous nous imaginions que ſa triſteſſe étoit cauſée par des retours de ſa grandeur paſſée, et dans cette opinion nous lâchions après lui le Pere Dominicain, dont pourtant l'éloquence ne pouvoit triompher de la mélancolie de Monſeigneur, la quelle, au-lieu de diminuer, ſembloit aller en augmentant.

Il me vint dans l'eſprit que la triſteſſe de ce Miniſtre pouvoit avoir une cauſe particuliere qu'il ne vouloit pas dire, ce qui me fit former le deſſein de lui arracher ſon ſecret. Pour y parvenir, j'épiai le moment de lui parler ſans témoins, et l'ayant trouvé: Monſeigneur, lui dis-je d'un air mêlé de reſpect et d'affection, eſt-il permis à Gil Blas d'oſer faire une queſtion à ſon Maître? Tu peux parler, me répondit-il, je te le permets. Qu'eſt devenu, repris-je, cet air content qui paroiſſoit ſur le viſage de Votre Excellence? N'auriez-vous plus l'aſcendant que vous aviez pris ſur la Fortune? Votre faveur perdue exciteroit-elle en vous de nouveaux regrets? Seriez-vous replongé dans cet abîme d'ennuis d'où votre vertu vous avoit tiré? Non, graces au Ciel, repartit le Miniſtre, ma mémoire n'eſt plus occupée du perſonnage que j'ai fait à la Cour, et j'ai pour jamais oublié les honneurs qu'on m'y a rendus. Hé pourquoi donc, lui repliquai-je, ſi vous avez la force de n'en plus rappeller le ſouvenir, avez-vous la foibleſſe de vous abandonner à une mélancolie qui nous allarme tous? Qu'avez-vous, mon cher Maître, pourſuivis-je en me jettant à ſes genoux? vous avez ſans doute un ſecret chagrin qui vous dévore: pouvez-vous en faire un myſtere à Santillane, dont vous connoiſſez la diſcrétion, le zele et la fidélité? Par quel malheur ai-je perdu votre confiance?

Tu la poſſedes toujours, me dit Monſeigneur, mais je t'avoûrai que j'ai de la répugnance à te réveler ce qui fait le ſujet de la triſteſſe où tu me vois enſeveli: cependant je ne puis tenir contre les inſtances d'un ſerviteur et

d'un

d'un ami tel que toi. Apprends donc ce qui fait ma peine : ce n'eſt qu'au ſeul Santillane que je puis me réſoudre à faire une pareille confidence. Oui, continua-t-il, je ſuis la proie d'une noire mélancolie, qui conſume peu à peu mes jours. Je vois preſqu'à tout moment un ſpectre qui ſe préſente devant moi ſous une forme effroyable. J'ai beau me dire à moi-même que ce n'eſt qu'une illuſion, qu'un phantôme qui n'a rien de réel, ſes apparitions continuelles me bleſſent la vue et m'inquietent. Si j'ai la tête aſſez forte pour être perſuadé qu'en voyant ce ſpectre je ne vois rien, je ſuis aſſez foible pour m'affliger de cette viſion. Voilà ce que tu m'as forcé de te dire, ajouta-t-il ; juge à préſent ſi j'ai tort de vouloir cacher à tout le monde la cauſe de ma mélancolie.

J'appris avec autant de douleur que d'étonnement une choſe ſi extraordinaire, et qui ſuppoſoit un dérangement dans la machine. Monſeigneur, dis-je au Miniſtre, cela ne viendroit-il point du peu de nourriture qué vous prenez ? car votre ſobriété eſt exceſſive. C'eſt ce que j'ai penſé d'abord, répondit-il ; et pour éprouver ſi c'étoit à la diete que je m'en devois prendre, je mange depuis quelques jours plus qu'à l'ordinaire, et tout cela eſt inutile, le phantôme ne diſparoit point. Il diſparoîtra, repris-je pour le conſoler ; et ſi Votre Excellence vouloit un peu ſe diſſiper en jouant encore avec ſes fideles ſerviteurs, je crois qu'elle ne tarderoit gueres ſe voir délivrée de ſes noires vapeurs.

Peu de tems après cet entretien Monſeigneur tomba malade, et ſentant que l'affaire deviendroit ſérieuſe il envoya chercher deux Notaires à Madrid pour faire ſon teſtament. Il fit venir auſſi trois fameux Médicins, qui avoient la réputation de guérir *quelquefois* leurs malades. Auſſitôt que le bruit de l'arrivée de ces derniers ſe répandit dans le château, on n'y entendit que des plaintes et des gémiſſemens ; on y regarda la mort du Maître comme prochaine, tant on y étoit prévenu contre ces Meſſieurs. Ils avoient amené avec eux un Apoticaire et un Chirurgien, ordinaires executeurs de leurs ordonnances. Ils laiſſerent d'abord les Notaires faire leur métier, apres quoi ils ſe diſpoſerent à faire le leur. Comme ils étoient dans les principes du Docteur Sangrado, dès la premiere conſultation ils ordonnerent ſaignées ſur ſaignées ; enſorte

qu'au

qu'au bout de fix jours ils réduifirent le Comte-Duc à l'extrémité, et le feptieme ils le délivrerent de fa vifion.

Après la mort de ce Miniftre il regna dans le château de Loéches une vive et fincere douleur. Tous fes domeftiques le pleurerent amerement. Bien-loin de fe confoler de fa perte par la certitude d'être compris dans fon teftament, il n'y en avoit pas un qui n'eût volontiers renoncé à fon legs pour le rappeller à la vie. Pour moi, qu'il avoit le plus chéri, et qui m'étois attaché à lui par pure inclination pour fa perfonne, j'en fus encore plus touché que les autres. Je doute qu'Antonia m'ait couté plus de larmes que le Comte-Duc.

CHAPITRE XII.

De ce qui fe paffa au Château de Loéches après la mort du Comte-Duc, et du parti que prit Santillane.

LE Miniftre, ainfi qu'il l'avoit ordonné, fut inhumé fans pompe et fans éclat dans le Monaftere des Religieufes, au bruit de nos lamentations. Après les funerailles, Madame d'Olivarès nous fit lire le teftament, dont tous les domeftiques eurent fujet d'être fatisfaits. Chacun avoit un legs proportionné à la place qu'il occupoit, et le moindre legs étoit de deux mille écus : le mien étoit le plus confidérable de tous : Monfeigneur me laiffoit dix mille piftoles pour marquer l'affection finguliere qu'il avoit eue pour moi. Il n'oublia pas les Hôpitaux, et fonda des Services annuels dans plufieurs Couvens.

Madame d'Olivarès renvoya tous les Domeftiques à Madrid toucher leurs legs chez l'Intendant D. Raimon Caporis, qui avoit ordre de les leur délivrer ; mais je ne pus partir avec eux : une groffe fievre, fruit de mon affliction, me retint au château fept à huit jours. Pendant ce tems-là, le Pere de St. Dominique ne m'abandonna point. Ce bon Religieux m'avoit pris en amitié, et s'intereffant à mon falut, il me demanda, quand il me vit convalefcent, ce que je voulois devenir. Je n'en fai rien, lui repondis-je, mon Révérend Pere, je ne fuis point encore d'accord avec moi-même là-deffus : il y a des momens où je fuis tenté de m'enfermer dans une cellule pour y faire pénitence. Momens précieux! s'écria le Dominicain ; Seigneur de Santillane, vous feriez bien d'en profiter. Je vous conseille en ami, sans que vous cessiez pour cela d'être seculier, de vous retirer dans notre Couvent de Madrid, par exemple ; de vous en rendre bienfaicteur par une donation de tous vos biens, et d'y mourir sous l'habit de St. Dominique. Il y a bien des personnes qui expient une vie mondaine par une pareille fin.

Dans la disposition où étoit mon esprit, le conseil du Religieux ne me révolta point, et je répondis à sa Révérence que je ferois mes réflexions sur cela. Mais ayant consulté là-dessus Scipion, que je vis un moment après le Moine, il s'éleva contre cette pensée, qui lui parut une idée de malade. Fi donc, Seigneur de Santillane, me dit-il, une semblable retraite peut-elle vous flatter ? Votre château de Lirias ne vous en offre-t-il pas une plus agréable ? Si vous en étiez autrefois charmé, vous en goûterez encore mieux les douceurs, présentement que vous êtes dans un âge plus propre à vous laisser toucher des beautés de la nature.

Le fils de la Coscolina n'eut pas de peine à me faire changer de sentiment. Mon ami, lui dis-je, tu l'emportes sur le Pere de St. Dominique. Je vois bien en effet que je ferai mieux de retourner à mon château, je m'arrête à ce parti. Nous regagnerons Lirias aussi-tôt que je serai en état d'en reprendre le chemin : ce qui arriva bientôt ; car n'ayant plus de fievre, je me sentis en peu de tems assez fort pour exécuter cette résolution. Nous nous rendîmes à Madrid Scipion et moi. La vue de cette ville ne me fit plus autant de plaisir qu'elle m'en avoit fait auparavant. Comme je savois que presque tous ses habitans avoient en horreur la mémoire d'un Ministre dont je conservois le plus tendre souvenir, je ne pouvois la regarder de bon œil : aussi je n'y demeurai que cinq ou six jours, que Scipion employa aux préparatifs de notre départ pour Lirias. Pendant qu'il songeoit à notre équipage, j'allai trouver Caporis, qui me donna mon legs en doublons. Je vis aussi les Receveurs des Commanderies sur lesquelles j'avois des pensions ; je pris des arrangemens avec eux pour le payement ; en un mot je mis ordre à toutes mes affaires.

La veille de notre départ, je demandai au fils de la Coscolina s'il avoit pris congé de Don Henri. Ouï, me répondît-

répondit-il, nous nous sommes séparés ce matin tous deux
à l'amiable : il m'a pourtant témoigné qu'il étoit faché
que je le quitasse ; mais s'il étoit content de moi, je ne
l'étois gueres de lui.   Ce n'est point assez que le valet
plaîse au Maître, il faut en même tems que le Maître
plaîse au valet ; autrement ils sont l'un et l'autre fort mal
ensemble. D'ailleurs, ajouta-t-il, Don Henri ne fait plus
à la Cour qu'une pitoyable figure, il y est tombé dans
le dernier mépris, on le montre au doigt dans les rues,
et on ne l'appelle plus que le fils de la Génoise. Jugez
s'il est gracieux pour un garçon d'honneur de servir un
homme deshonoré.

    Nous partîmes enfin de Madrid un beau jour au lever
de l'Aurore, et nous prîmes la route de Cuença ; voici
dans quel ordre et dans quel équipage.   Nous étions
mon confident et moi dans une chaise tirée par deux mules
conduites par un postillion ; trois mulets chargés de nos
hardes et de notre argent, et menés par deux palfreniers,
nous suivoient immédiatement ; et deux grands laquais,
choisis par Scipion, venoient ensuite montés sur deux
mules, et armés jusqu'aux dents : les palfreniers de leur
côté portoient des sabres, et le postillion avoit deux bons
pistolets à l'arçon de sa selle.   Comme nous étions sept
hommes, dont il y en avoit six fort résolus, je me mis
gayement en chemin, sans appréhender pour mon legs
Dans les villages par où nous passions, nos mulets faisoient orgueilleusement entendre leurs sonnettes ; les Paysans accouroient à leurs portes voir défiler notre équipage, qui leur paroissoit tout au moins celui d'un Grand
qui alloit prendre possession d'une Viceroyauté.

CHAPITRE XIII.

Du retour de Gil Blas dans son Château.   De la joie qu'il
eut de trouver Séraphine sa filleule, nubile ; et de quelle
Dame il devint amoureux.

J'Employai quinze jours à me rendre à Lirias, rien ne
   m'obligeant d'y aller à grandes journées ; tout ce que
je souhaitois, c'étoit d'y arriver heureusement, et mon
souhait fut exaucé.   La vue de mon château m'inspira
d'abord quelques pensées tristes, en me rappellant le sou-

venir d'Antonia : mais je fus bientôt m'en diftraire, ne
voulant m'occuper que de ce qui pouvoit me faire plaifir ;
outre que vingt-deux ans qui s'etoient écoulés depuis fa
mort, en avoient fort affoibli le fentiment.

Sitôt que je fus entré dans le château, Béatrix et fa fille
vinrent me faluer d'un air empreffé ; enfuite le pere, la
mere et la fille s'accablerent d'accolades avec des tranfports de joie qui me charmerent. Après tant d'embraffe-
mens, je dis en regardant avec attention ma filleule : eft-il
poffible que ce foit-là cette Séraphine, que je laiffai au
berceau quand je partis de Lirias ? Je fuis ravi de la revoir
fi grande et fi jolie, il faut qne nous fongions à l'établir.
Comment donc mon cher parrain, s'écria ma filleule en
rougiffant un peu de mes dernieres paroles, il n'y a qu'un
inftant que vous me voyez, et vous fongez déja à vous
défaire de moi ! Non, ma fille, lui repliquai-je, nous ne
prétendons point vous perdre en vous mariant : nous
voulons un mari qui vous poffede fans qu'il vous enleve
à vos parens, et qui vive pour ainfi dire avec nous.

Il s'en préfente un de cette efpece, dit alors Béatrix.
Un Gentilhomme de ce pays-ci a vu Séraphine un jour à
la Meffe, dans la Chapelle de ce hameau, et en eft devenu
amoureux. Il m'eft venu voir, m'a déclaré fa paffion, et
demandé mon aveu. Quand vous l'auriez, lui ai-je dit,
vous n'en feriez pas plus avancé ; Séraphine dépend de
fon pere et de fon parrain, qui feuls peuvent difpofer
d'elle. Tout ce que je puis faire pour vous, c'eft de leur
écrire pour les informer de votre recherche, qui fait honneur à ma fille. Effectivement Meffieurs, pourfuivit-elle,
c'eft ce que j'allois inceffamment vous mander ; mais
vous voilà revenus, vous ferez ce que vous jugerez à propos.

Au refte, dit Scipion, de quel caractere eft cet *Hidalgo* ?
ne reffemble-t-il pas à la plupart de fes pareils ? n'eft-il
pas fier de fa nobleffe et infolent avec les roturiers ? Oh
pour cela, non, répondit Béatrix : c'eft un garçon d'une
douceur et d'une politeffe achevée, de bonne mine d'ailleurs : et qui n'a pas encore trente ans accomplis. Vous
nous faites, dis-je à Béatrix, un affez beau portrait de ce
Cavalier. Comment s'appelle-t-il ? Don Juan de Jutella
repartit la femme de Scipion : il n'y a pas longtems qu'il a
recueilli la fucceffion de fon pere, et il vit dans fon château

teau éloigné d'ici d'une lieue, avec une fœur cadette qù'il a fous fa conduite. J'ai autrefois, repris-je, entendu parler de la famille de ce Gentilhomme, c'eft une des plus nobles du Royaume de Valence. J'eftime moins la nobleffe, s'écria Scipion, que les qualités du cœur et de l'efprit, et ce Don Juan nous conviendra fi c'eft un honnête homme. Il en a la réputation, dit Séraphine en fe mêlant à l'entretien ; les habitans de Lirias qui le connoiffent, en difent tous les biens du monde. A ces paroles de ma filleule, je regardai avec un fouris fon pere, qui les ayant faifies auffi-bien que moi, jugea que le Galant ne déplaîfoit point à fa fille.

Ce Cavalier apprit bientôt notre arrivée à Lirias, puifque deux jours après nous le vîmes paroitre au château. Il nous aborda de bonne grace ; et bien-loin de démentir par fa prefence ce que Béatrix nous avoit dit de lui, il nous fit concevoir une haute opinion de fon mérite. Il nous dit qu'en qualité de voifin il venoit nous féliciter fur notre heureux retour. Nous le reçûmes le plus gracieufement qu'il nous fut poffible ; mais cette vifite ne fut que de pure civilité, elle fe paffa tout en complimens de part et d'autre ; et Don Juan, fans nous dire un mot de fon amour pour Séraphine, fe retira en nous priant feulement de lui permettre de nous revenir voir, et profiter d'un voifinage qu'il prévoyoit lui devoir être d'un grand agrément. Lorfqu'il nous eut quités, Beatrix nous demanda ce que nous penfions de ce Gentilhomme. Nous lui répondîmes qu'il nous avoit prévenus en fa faveur, et qu'il nous fembloit que la Fortune ne pouvoit offrir à Séraphine un meilleur parti.

Dès le jour fuivant, je fortis après le dîner avec le fils de la Cofcolina, pour aller rendre la vifite que nous devions à Don Juan. Nous prîmes la route de fon château conduits par un guide, qui nous dit après trois quarts d'heure de chemin : Voici le château du Seigneur Don Juan de Jutella. Nous eûmes beau regarder de tous nos yeux dans la campagne, nous fûmes longtems fans l'appercevoir : nous ne le découvrimes qu'en y arrivant, attendu qu'il étoit fitué au pied d'une montagne, au milieu d'un Bois dont les arbres élevés le déroboient à notre vue. Il avoit moins l'opulence de fon Maître, que fa nobleffe. Néanmoins, quand nous y fumes entrés, nous trouvâmes

la

la caducité du bâtiment compenfée par la propreté des meubles.

Don Juan nous reçut dans une falle bien ornée, où il nous préfenta une Dame, qu'il appella devant nous fa fœur Dorothée, et qui pouvoit avoir dix-neuf à vingt ans. Elle étoit fort parée, comme une perfonne qui s'étant attendue à notre vifite avoit envie de nous paroître aimable ; et s'offrant à ma vue avec tous fes charmes, elle fit fur moi la même impreffion qu' Antonia, c'eft-à-dire que je fus troublé ; mais je cachai fi bien mon trouble, que Scipion même ne le remarqua pas. Notre converfation roula comme celle du jour précédent, fur le plaifir mutuel que nous nous faifions de nous voir quelquefois, et de vivre enfemble en bons voifins. Il ne nous parla point encore de Séraphine, et nous ne lui dîmes rien qui pût l'engager à nous déclarer fon amour, nous étions bien-aife de le voir venir là-deffus. Pendant notre entretien je jettois fouvent la vue fur Dorothée, quoique j'affectaffe de l'envifager le moins qu'il m'étoit poffible ; et toutes les fois que mes regards rencontroient les fiens, c'étoient autant de traits nouveaux quelle me lançoit dans le cœur. Je dirai pourtant, pour rendre une exacte juftice à l'objet aimé, que ce n'étoit point une beauté parfaite ; fi elle avoit la peau d'une blancheur éblouiffante, et la bouche plus vermeille que la rofe, fon nez étoit un peu trop long, et fes yeux trop petits : cependant le tout enfemble m'enchantoit.

Enfin je ne fortis point du château de Jutella comme j'y étois entré ; et m'en retournant à Lirias l'efprit rempli de Dorothée, je ne voyois qu'elle, je ne parlois que d'elle. Comment donc mon Maître, me dit Scipion en me confidérant d'un air étonné, vous êtes bien occupé de la fœur de Don Juan ! vous auroit-elle infpiré de l'amour ? Oui, mon ami, lui répondis-je, et j'en rougis de honte : ô Ciel ! moi qui depuis la mort d'Antonia ai regardé mille jolies perfonnes avec indifférence, faut-il que j'en rencontre une qui m'enflamme à mon âge, fans que je puiffe m'en défendre ? Hé bien, Monfieur, reprit le fils de la Cofcolina, vous devez vous applaudir de l'avanture au-lieu de vous en plaindre : vous êtes encore dans un âge où il n'y a point de ridicule à bruler d'une amoureufe ardeur, et le tems n'a point affez flétri votre front pour vous ôter l'efpérance de plaire. Croyez moi, quand vous reverrez Don

Juan, demandez-lui hardiment sa sœur : il ne peut la refuser à un homme comme vous : et d'ailleurs, s'il faut absolument être Gentilhomme pour épouser Dorothée, ne
l'êtes-vous pas ? vous avez des Lettres de Noblesse, cela
suffit pour votre Postérité : lorsque le tems aura mis sur
ces Lettres le voile épais dont il couvre l'origine de toutes
les Maisons, après quatre ou cinq générations, la race des
Santillanes sera des plus illustres.

CHAPITRE DERNIER.

Du double mariage qui fut fait à Lirias, et qui finit en-
fin l'histoire de Gil Blas de Santillane.

SCipion m'encouragea par ses discours à me déclarer a-
mant de Dorothée, sans songer qu'il m'exposoit à essuyer un refus. Je ne m'y déterminai néanmoins qu'en
tremblant. Quoique je ne parusse pas avoir mon âge, et
que je pusse me donner dix bonnes années moins que je
n'en avois, je ne laissois pas de me croire bien fondé à
douter que je plusse à une jeune Beauté. Je pris pourtant
la résolution d'en risquer la demande sitôt que je verrois
son frere, qui de son côté n'étant pas sûr d'obtenir ma
filleule, n'étoit pas sans inquiétude.

Il revint à mon château le lendemain matin, dans le
tems que j'achevois de m'habiller. Seigneur de Santillane, me dit-il, je viens aujourd'hui à Lirias pour vous
parler d'une affaire sérieuse. Je le fis passer dans mon
cabinet, où d'abord entrant en matiere ; Je crois, continua-t-il, que vous n'ignorez pas le sujet qui m'amene,
j'aime Séraphine. Vous pouvez tout sur son pere ; je
vous prie de me le rendre favorable ; faites-moi obtenir
l'objet de mon amour ; que je vous doive le bonheur de
ma vie. Seigneur Don Juan, lui répondis-je, comme
vous allez d'abord au fait, vous ne trouverez pas mauvais que je suive votre exemple, et qu'après vous avoir
promis mes bons offices auprès du pere de ma filleule, je
vous demande les vôtres auprès de votre sœur.

A ces derniers mots Don Juan laissa éclater une agréable surprise, dont je tirai un augure favorable. Seroit-il
possible, s'écria-t-il ensuite, que Dorothée eût fait hier la
conquête de votre cœur ? Elle m'a charmé, lui dis-je,
et je me croirai le plus heureux de tous les hommes, si ma
recherche

recherche vous plaît à l'un et à l'autre. C'eſt de quoi
vous devez être aſſuré, me repliqua-t-il ; tous nobles que
nous ſommes, nous ne dédaignerons pas votre alliance.
Je ſuis bien-aiſe, lui repartis-je, que vous ne faſſiez pas
difficulté de recevoir pour beau-frere un roturier : je
vous en eſtime davantage, vous montrez en cela votre
bon eſprit: mais quand vous ſeriez aſſez vain pour ne vouloir accorder la main de votre ſœur qu'à un Noble, ſachez
que j'ai de quoi contenter votre vanité : j'ai travaillé
vingt ans dans les Bureaux du Miniſtre, et le Roi, pour
récompenſer les ſervices que j'ai rendus à l'Etat, m'a gratifié des Lettres de Nobleſſe que je vais vous faire voir.
En achevant ces paroles, je tirai mes Patentes d'un tiroir
où je les tenois cachées, et je les préſentai au Gentilhomme, qui les lut d'un bout à l'autre attentivement avec
une extreme ſatisfaction. Voilà qui éſt bon, reprit-il en
me les rendant, Dorothée eſt à vous. Et vous, m'écriai-
je, comptez ſur Séraphine.

Ces deux mariages furent donc ainſi réſolus entre nous.
Il ne fut plus queſtion que de ſavoir ſi les futures y con-
ſentiroient de bonne grace : car Don Juan et moi, également
délicats, nous ne prétendions point les obtenir malgré elles. Ce Gentilhomme retourna donc au château de
Jutella pour me propoſer à ſa ſœur ; et moi j'aſſemblai
Scipion, Béatrix et ma Filleule, pour leur faire part de
l'entretien que je venois d'avoir avec ce Cavalier. Béatrix fut d'avis qu'on l'acceptât pour époux ſans héſiter, et
Séraphine fit connoître par ſon ſilence qu'elle étoit du
ſentiment de ſa mere. Pour le pere, il ne fut pas à la vérité d'une autre opinion ; mais il témoigna quelque inquiétude ſur la dot qu'il faudroit, diſoit-il, donner à un Gentilhomme dont le château avoit un ſi preſſant beſoin de
réparations. Je fermai la bouche à Scipion, en lui diſant
que cela me regardoit, et que je faiſois préſent à ma filleule de quatre mille piſtoles pour payer ſa dot.

Je revis Don Juan dès le ſoir même. Vos affaires, lui
dis-je, vont à merveilles ; je ſouhaite que les miennes ne
ſoient pas dans un plus mauvais état. Elles vont auſſi le
mieux du monde, me répondit-il ; je n'ai pas été dans la
peine d'employer l'autorité pour avoir le conſentment
de Dorothée ; votre perſonne lui revient, et vos manieres
lui plaiſent. Vous appréhendiez de n'être pas de ſon

goût, et elle craint avec plus de raifon, que n'ayant à vous offrir que fon cœur et fa main. . . . Que voudrois-je de plus ! interrompis-je tout tranfporté de joie ; puifque la charmante Dorothée n'a point de répugnance à lier fon fort au mien, je n'en demande pas davantage : je fuis affez riche pour l'époufer fans dot, et fa feule poffeffion comblera tous mes vœux.

Don Juan et moi, fort fatisfaits d'avoir heureufement amené les chofes jufques-là, nous réfolûmes, pour hâter nos nôces, d'en fupprimer les cérémonies fuperflues. J'abouchai ce Gentilhomme avec les parens de Séraphine ; et après qu'ils furent convenus des conditions du mariage, il prit congé de nous, en nous promettant de revenir le lendemain avec Dorothée. L'envie que j'avois de paroître agréable à cette Dame, me fit employer trois bonnes heures pour le moins à m'ajufter, à m'adonifer ; encore ne pus-je parvenir à me rendre content de ma perfonne. Pour un adolefcent qui fe prépare à voir fa Maîtreffe, ce n'eft qu'un plaifir ; mais pour un homme qui commence à vieillir, c'eft une occupation. Cependant je fus plus heureux que je ne le méritois : je revis la fœur de Don Juan, et j'en fus regardé d'un œil fi favorable, que je m'imaginai valoir encore quelque chofe. J'eus avec elle un long entretien, je fus charmé du caractere de fon efprit, et je jugeai qu'avec de bonnes façons et beaucoup de complaifance je deviendrois un époux chéri. Plein d'une fi douce efpérance, j'envoyai chercher deux Notaires à Valence, qui firent le contrat de mariage ; puis nous eûmes recours au Curé de Paterna, qui vint à Lirias, et nous maria Don Juan et moi à nos maîtreffes.

Je fis donc allumer pour la feconde fois le flambeau de l'hymenée, et je n'eus pas fujet de m'en repentir. Dorothée, en femme vertueufe, fe fit un plaifir de fon devoir ; et fenfible au foin que je prenois d'aller au devant de fes defirs, elle s'attacha bientôt à moi comme fi j'euffe été jeune. D'une autre part, Don Juan et ma filleule s'enflammerent d'une ardeur mutuelle ; et ce qu'il y a de fingulier, les deux belles-fœurs conçurent l'une pour l'autre la plus vive et la plus fincere amitié. De mon côté, je trouvai dans mon beau-frere tant de bonnes qualités, que je me fentis naître pour lui une véritable affection, qu'il ne paya point d'ingratitude. Enfin, l'union qui regnoit

entre

entre nous tous étoit telle, que le soir, lorsqu'il faloit nous quiter pour nous rassembler le lendemain, cette séparation ne se faisoit pas sans peine ; ce qui fut cause que des deux familles nous résolûmes de n'en faire qu'une, qui demeuroit tantôt au château de Lirias, et tantôt à celui de Jutella, auquel pour cet effet on fit de grandes réparations des pistoles de Son Excellence.

Il y a déja trois ans, Ami Lecteur, que je mene une vie délicieuse avec des personnes si cheres. Pour comble de satisfaction, le Ciel a daigné m'accorder deux enfans, dont l'éducation va devenir l'amusement de mes vieux jours, et dont je crois pieusement être le pere.

Fin du douzieme et dernier Livre.

TABLE

TABLE
DES CHAPITRES.

CHAP.

TABLE.

LIVRE HUITIEME.

CHAP.

DES CHAPITRES.

LIVRE NEUVIEME.

TABLE

LIVRE DIXIEME.

LIVRE

DES CHAPITRES.

LIVRE ONZIEME.

TABLE

CHAP.

DES CHAPITRES.

Fin de la Table des Chapitres.

CPSIA information can be obtained at www.ICGtesting.com
Printed in the USA
245328LV00004B/66/P

9 781147 927825